博士论文
出版项目

中国电视文化史
（1978—2018）

A History of Chinese Television Culture
(1978-2018)

何天平　著

中国社会科学出版社

图书在版编目（CIP）数据

中国电视文化史：1978—2018 / 何天平著 . —北京：中国社会科学出版社，2023.4

ISBN 978 - 7 - 5227 - 1692 - 3

Ⅰ.①中… Ⅱ.①何… Ⅲ.①电视事业—文化史—研究—中国—1978 - 2018　Ⅳ.①G229.29

中国国家版本馆CIP数据核字（2023）第052882号

出 版 人	赵剑英
责任编辑	马　明
责任校对	刘文奇
责任印制	王　超

出　　版	中国社会科学出版社
社　　址	北京鼓楼西大街甲158号
邮　　编	100720
网　　址	http://www.csspw.cn
发 行 部	010 - 84083685
门 市 部	010 - 84029450
经　　销	新华书店及其他书店

印　　刷	北京君升印刷有限公司
装　　订	廊坊市广阳区广增装订厂
版　　次	2023年4月第1版
印　　次	2023年4月第1次印刷

开　　本	710×1000　1/16
印　　张	24.5
字　　数	352千字
定　　价	139.00元

凡购买中国社会科学出版社图书，如有质量问题请与本社营销中心联系调换
电话：010 - 84083683
版权所有　侵权必究

出 版 说 明

为进一步加大对哲学社会科学领域青年人才扶持力度，促进优秀青年学者更快更好成长，国家社科基金2019年起设立博士论文出版项目，重点资助学术基础扎实、具有创新意识和发展潜力的青年学者。每年评选一次。2021年经组织申报、专家评审、社会公示，评选出第三批博士论文项目。按照"统一标识、统一封面、统一版式、统一标准"的总体要求，现予出版，以飨读者。

全国哲学社会科学工作办公室

2022年

序　言

对于今天的视听传播业而言，这是一个高岸为谷、深谷为陵的时代。我们似乎已经无法用"广播电视"这个过去耳熟能详的语词，来对今天全面、深刻影响社会日常生活的视听文化做出准确界定。无论是视听媒介本身还是与之相关的种种视听传播机制，"广播电视"确是其中的重要构成，却早已不再是那股唯一的力量，用何天平博士书中的话来说，广播电视的黄金时代，恐怕早已是"远去的美丽"。

经历着从广播电视到视听传播的变迁，对于研究者而言，这无疑是一个极具挑战也极富机遇的时代：云谲波诡的实践提出了如此丰富的问题单，也期许着学术工作能从纷繁的变化背后提取出核心观念和内在线索，它考验着学者的智慧，更衡量着我们存在的价值。青年学者在其中发挥的作用，无疑是关键的。他们有着对"变化"更敏锐的洞察，也有着对"不变"的独特解释，构成了现在乃至未来阶段视听传播研究的中坚力量。

作为一名成长于"广播电视学"、面向"视听传播学"发展的青年学者，何天平博士一定是具有代表性的，他所作出的努力更让我们看到视听传播研究在今天所拥有的想象空间。他具备前沿的视野，也能保持稳健的审视，展示出新一代学者富有生命力的研究旨趣。这在他的这本基于博士学位论文修订而来的《中国电视文化史（1978—2018）》中得到了充分体现。

电视史研究在中国，相较其他的新闻传播专门史研究，并不是产出极为丰厚的学术领域。前辈学者做出了奠基性的研究工作，却也面临此后十余年的断裂式发展：有过经典之作，但遗憾未能充分体现出在不同代学者之间的有序传承和接力，这也使得有着极为丰富研究资源的电视史领域常常面临"被淡忘"的境况——长此以往，难免成为一块"难啃的骨头"。要进入并且研究电视的历史，既需要勇气，也需要充分的积累。同时，今天的青年学者见证并参与了更多鲜活的变化，他们当中的许多总会更愿意与前沿同频共振，要沉下心去扎实地做一个关于"过去"的研究，恐怕并不会是一个十分理想的选择。

难得的是，何天平博士选择了这块"难啃的骨头"并且较为出色地完成了这份研究。作为一份较为厚重的电视史研究，他展示出了一位优秀的青年学者所具备的研究质素和能力：未必总在追随潮流而动，而可以耐下性、沉下心去做一份或许"性价比"并不高的研究，这份坚守本身就很珍贵。当然，最终呈现出的这份成果，并不是他做博士学位论文时的"一时兴起"。在过去的七八年间，何天平一直在作相应的积累和努力，这同样是他经过漫长耕耘后收获的一颗成熟果实。

当然，何天平博士所开展的电视史研究，同样展现出这一代青年学者独特的研究视角和路径，这也使得这份研究并不只是停留在"巨人的肩膀"上，而有其自身的创新价值。传统的电视史研究作了较为充分的史料梳理和归纳，这是前辈研究者留给我们的宝贵财富。面向此前更侧重以媒介功能或者政治经济线索为核心展开的电视史考察，何天平选择以自下而上的视角切入电视史研究，通过对中国人"看电视"历史的关注，去发掘不一样的史料、开拓不一样的经验材料，尝试在电视扎根国人日常生活的过程中寻求一种体现普遍性的文化阐释，为中国电视史研究工作的传承和延续作出了他的贡献。同时，面对今天的大视听传播格局变革，对传统电视时代的回望也绝不仅仅是一种封闭的历史考察，而有着"以史为鉴、论从史出"的开放意义。今天的视听文化所形成的一系列变化，从来不是无根之水，我们自然也无法割裂、独立地看待这些状况。对过去的书写能够帮助我们从中探讨变化的线索以及可能的未来，我想，这就不仅仅关乎电视这种媒介本身，而是关乎在时代变迁之下对视听传播及其文化所具有的社会功能和价值的审视，在这一点上，何天平的探索无疑是能够带来重要启发的。

何天平博士对改革开放以来四十年中国电视文化的历史考察，既有作为一份历史研究的严肃性，也有作为一份文化研究的鲜活性，这也使得本书带有极强的"个人特色"。在过去的若干年中，我从何天平的身上看到了他对"电视"这一陪伴其成长和发展的媒介文化的青睐，也在见证其研究推进过程中感受到颇为深厚的人文情怀。如他所言："理解中国电视，并不仅仅是对其作为一种主流传播工具的审视，更是对使用并且依赖这一媒介的社会群体及其结构秩序、文化表达的认识。"就如同一代又一代观众在电视文化中找到的精神世界那样，这些曾给人们留下重要生活印迹的电视文化，同样也长久地留存在社会记忆之中，成为我们审视传播与社会的关键视点。某种程度上，理解中国电视的文化，也是理解当代中国最典型的大众文化或者社会文化的重要线索，这天然地构成了阅读本书的某种共情——与其说是在阐释电视文化，不如说是在关注曾被电视文化所包裹的人与社会。他试图去解析以电视为代表的主流视听文化是如何嵌入日常生活的，这就构成了这份研究的另一层重要意义。

这当然也与何天平拥有的跨学科背景有关。他在日本留学以及进行博士后研究期间都有社会学的学科背景，这直接启发甚至提升了这份研究。何天平选择从"看电视"作为生活方式的建构过程来把握电视文化进入中国社会生活的脉络，这本身就是颇具社会学视野的一种审视。在过去几年中，何天平主要的研究方向就着眼于视听传播与社会（文化）变迁的关系，通过将自身的交叉学科视角纳入其中，对主流视听媒介的文化及社会功能建构形成了持续性的关注和探索。他的博士学位论文正是循着这一研究脉络来进行的选题设计和研究开展，从日常生活研究中找到把握和阐释电视历史变迁的某种线索，探究中国社会历史语境对"看电视"建构国人生活方式的文化逻辑。结合历史语境、社会文化叙事以及对当前媒介环境的洞察，最终尝试为中国电视的转型寻求一种创新视角下的可能性路径探讨。这样的研究视野，同样是本书值得一读的重要理由。

数字媒体的异军突起和转型期中国社会环境的剧烈变化，使得传统广播电视媒体的辉煌不再；然而，作为后现代社会重要表征的"图像转向"却显现出视听传播在社会文化中日益重要的作用。传统意义上的广播电视机构所主导的视听发展格局被逐渐打破，一个全新的"大视听"生态正呼之欲出。电视的时代总有一天会变成"往事"，但我想，对"往事"的书写却始终具有着重要意义：这不仅关乎那些曾给人们带来难忘时刻的文化记忆，更关乎我们今天乃至未来如何把握变革中的视听传播及其文化的社会位置及其意义。在何天平的这份探索中，我们看到了这样一种可能性，而寓于其中的研究意识和关切，同样弥足珍贵。

中国人民大学新闻学院院长、教授、博士生导师

2023 年 1 月

摘　　要

　　中国电视自1958年诞生至今，已走过六十多年历史。在这一过程中，中国电视事业从无到有，逐渐确立起这一主流大众媒介的强势面貌，也不断建构着不同社会阶段的文化记忆，并塑造出人类历史迭代中极为特殊的"电视世代"。长期以来，电视的文化形塑着人们对社会外部世界的想象与认知，也生成了深入日常生活的文化机制，对于整合当代生活起着至关重要的作用。

　　因而，理解中国电视，并不仅仅是对其作为一种主流传播工具的审视，更是对使用并且依赖这一媒介的社会群体及其结构秩序、文化表达的认识。在过去的半个多世纪中，尤其是近四十年间，几乎没有什么比国人共同接受过的电视文化更足以用来解析印迹于人们身上体现普遍性的价值观与精神世界，而那些诞生于独特的社会历史语境、深刻而长久地留存于社会文化空间中的电视文化，显然也有着值得被阐释的重要价值。

　　中国电视的日常生活实践无疑为理解电视的社会文化功能构建提供了重要线索。关切与电视紧密互动的"日常生活"及其文化，亦是电视研究不可忽视的一支重要脉络。而从这一视角来重返中国电视史的叙事，也即考察日常生活中的电视媒介经验变迁，则能够对下述问题形成回应：电视如何伴随大众成长？如何形塑人们共同的思维方式与集体记忆？如何系统性地介入社会生活并将其统一成一个具有稳定性的媒介化的社会结构（以及如何逐步走向解体）？

　　基于此，本书采用新文化史的阐释框架，通过生活方式研究的视角，以"看电视"建构大众生活方式这一核心线索，对 1978—2018 年中国电视发展展开文化史考察。较之传统电视史研究偏重媒介功能史、政治经济史的路径，本书尝试从电视与日常生活的互动这一变迁脉络展开考察，关注和阐释国民的"看电视"历史，也即电视文化史。

相较传统电视史"自上而下"的研究传统，本书的研究创新有两个具体面向：其一，总体呈现以史为纲、史论结合的架构，不尽然拘泥于编年史的体例——描述历史，更重在阐释历史。对看电视作为一种生活方式建构的四十年考察，主要以传播过程里的接受端——观众——的视点，从电视之于中国社会文化生活的意义建构和流变切入。相对应的，研究所涉及的史料及考察方式，除了各类客观电视史料，也尽可能充分地将主观史料纳入其中，对观念史、心态史尤为关注。一方面，有助于电视史料库的素材扩充；另一方面，这种研究方法对中国电视史的历史书写也具有一定的延展价值。其二，以新文化史的视角来看，电视作为最具影响力的大众媒介的兴衰，是可以从主流社会生活的运行和变迁中得到解释的。电视这一主流媒介的地位确立和发展，很大程度上得益于其作为一种生活方式对大众社会构成的普遍影响，这种视角的构建，为解释电视发展命题提供了一种"自下而上"的视角补充。而对历史的阐释最终仍要与当下形成对话，从电视如何重构生活方式的视角商榷中国电视转型的可能路径，便构成了本书在理论价值之外的现实启发。

关键词：中国电视；文化史；生活方式

Abstract

Since its birth in 1958, China's television (TV) industry has gone through a history of more than 60 years. Chinese television has gradually established itself as a mainstream mass media from scratch, constructing the cultural memories of the public at different historical eras and shaping a unique "TV generation". As a cultural mechanism penetrating into the everyday lives of Chinese people, television viewing has long shaped their perceptions of social life and the outside world, playing a crucial role in integrating contemporary society.

Thus, we need to understand Chinese television not only as a mainstream communication tool, but also as a medium that bonds Chinese society, and therefore we need to consider how television affects the structure and culture of Chinese society. For more than half a century, and especially in the last forty years, there is hardly a better way to understand the universal values and spiritual cores imprinted on the public than analyze the television culture that the Chinese people have commonly embraced. Television culture, born in a unique historical context and remaining in contemporary socio-cultural space for a long time, obviously has important values that deserve to be interpreted.

The influence of Chinese television in everyday life provides important clues to understanding the social and cultural functions of television. The analysis of "everyday life" which interacts closely with television, is also an important clue of television studies that cannot be ignored. When we rethink the narrative of Chinese television history from this perspective, or in other words, after we examine the changing roles of television in everyday life, we can respond to the following questions: How did television accompany the growth of the generations? How can television shape people's consensus and collective memory? How can television systematically intervene in social life and integrate it into a stable mediated social structure, or how can television bring about its gradual disintegration?

Therefore, this book adopts a New Cultural History framework to explain the development of Chinese television over the past forty years since China's reform and opening up, focusing on how "watching television" has constructed the lifestyles of the Chinese public. In contrast to traditional television history studies that focus on the media function of television or the political economy of television, this book attempts to examine the interaction between television and everyday life, focusing on the history of Chinese people's "television watching", that is, the history of television culture.

Compared with the traditional "top-down" research paradigm of television history, this book has two specific innovations. First, the book is characterized by a combination of history and theory, with a focus on interpreting history rather than describing it, not being restricted by the chronicle style. The book examines the forty-year history of watching television as a lifestyle, exploring the significance of television in Chinese socio-cultural life and its changes. Apart from objective historical records, subjective historical materials, such as the people's comments on television, are also used in the book, which will not only expand the television history corpus but will also be valuable in developing the methodology of television history research. Second, from the perspective of the new cultural history, the rise and fall of TV as the most influential mass media can be explained from the changes in the common social life. The establishment and development of television as a mainstream media is largely due to its pervasive influence on the public as a lifestyle, which provides a complementary " bottom-up " perspective to explain the development of television. In general, the interpretation of history is meant to inspire the present. This book provides inspiration for real life by discussing possible paths for the transformation of Chinese television from the perspective of how television reconstructs lifestyles.

Key Words: Chinese Television, Cultural History, Lifestyle

目　录

第一章　绪论 ……………………………………………………（1）
　第一节　研究缘起 …………………………………………（2）
　　一　研究背景 ……………………………………………（2）
　　二　研究意义 ……………………………………………（4）
　第二节　既有研究述评 ……………………………………（7）
　　一　中国电视史研究的学术脉络与研究取向 …………（7）
　　二　史学研究的"文化转向" …………………………（11）
　　三　生活方式研究 ……………………………………（15）
　　四　电视研究的社会文化视角 ………………………（19）
　第三节　研究界定 …………………………………………（25）
　　一　研究语境、视角与对象 …………………………（25）
　　二　研究跨度 …………………………………………（30）
　　三　研究问题 …………………………………………（31）
　第四节　研究设计 …………………………………………（32）
　　一　阐释框架与理论来源 ……………………………（32）
　　二　研究方法 …………………………………………（35）
　　三　研究创新 …………………………………………（37）

第二章　电视、社会文化与日常生活 ………………………（39）
　第一节　电视与社会：一种审视媒介化生存的视角 ……（41）
　第二节　基本逻辑：电视作为一种社会语境 ……………（45）

一　走向"大众化"的旨归 …………………………………… (45)
　　二　技术作为一种构造性力量………………………………… (48)
　　三　社会话语的意义生成……………………………………… (51)
第三节　重要中介:电视如何沟通日常生活? …………………… (54)
　　一　电视:公与私的空间……………………………………… (57)
　　二　看电视:"阅听人"的身份与权力………………………… (60)
　　三　电视文化与中国社会的生活方式………………………… (64)

第三章　构建生活方式(1978—1990) …………………………… (72)
第一节　紧俏的电视机与新奇的电视……………………………… (75)
　　一　紧俏:拥有电视机是社会地位的象征 …………………… (77)
　　二　新奇:"黄金时间"是生活逻辑的再现 …………………… (86)
第二节　"如看电影般看电视":电视与大众生活的
　　　　 初遇 ………………………………………………………… (93)
　　一　组成生活要素:电视的物质性与"定居"的
　　　　意义 ………………………………………………………… (95)
　　二　构造生活场景:从"电影的电视"到"电视的
　　　　电影" ………………………………………………………… (98)
　　三　凝结集体记忆:从电视的仪式到作为仪式的
　　　　看电视 …………………………………………………… (103)
　　四　形塑社会认同:从安全感到美学热……………………… (108)
第三节　电视世代的叙事:电视、开放思想与
　　　　 启蒙精神 ………………………………………………… (114)
　　一　现代性的唤起:"文化电视"的精英话语与
　　　　启蒙精神 ………………………………………………… (115)
　　二　开放的意识:看电视与逐渐敞开的生活方式…………… (119)
　　三　理解电视:在真实的审美和社会控制之间……………… (122)
第四节　电视意味着什么,生活就意味着什么 ………………… (127)
　　一　消费意识和日常生活的审美…………………………… (128)
　　二　对社会影响的商榷……………………………………… (133)

第四章 生活方式主流化(1990—2000) （138）

第一节 万人空巷看《渴望》 （141）
第二节 客厅文化崛起:电视作为重要家庭成员 （146）
一 "客厅"的象征与家庭结构变迁:归属感、现代化与消费主义 （148）
二 情感的意涵:家庭媒介场景与"合家欢"式观看 （152）
三 看电视上瘾:一种不可忽视的"家庭病" （156）

第三节 柔软的娱乐工具,坚硬的价值堡垒 （159）
一 要闻第一时间看电视 （160）
二 获得专属的审美对象 （162）
三 加冕与祛魅 （168）
四 召唤共同体的精神 （170）

第四节 电视市场化与国际化带来的影响 （174）
一 "消费"创造的可能性及其反思 （175）
二 在本土和外来之间 （183）
三 未尽的主流化之路 （186）

第五章 焦虑初现的电视生活(2000—2008) （191）

第一节 守着电视的难忘时刻 （193）
一 "超女"现象和"想唱就唱"的草根力量 （194）
二 当电视面对"灾难" （198）
三 从申奥到办奥:电视狂欢和共同体意识的凝聚 （200）

第二节 "第一媒介"的社会影响力 （202）
一 公共性的强化:品质、权威与格调的象征 （204）
二 服务性的跃升:贴近群众、回应需求、改造生活 （209）

第三节 赋权的意义:"看电视"的内涵流变 …………… (214)
　一 不止是"观看"电视 ……………………………… (215)
　二 崛起中的互联网及其文化想象力 ……………… (222)
　三 悄然发生的变化 ………………………………… (226)
第四节 机遇还是危机:电视文化的"后现代状况" ……… (231)
　一 泛娱乐化现象及其影响 ………………………… (232)
　二 对文化商品化的反思 …………………………… (237)

第六章 走向衰落的生活方式(2008—2018) …………… (242)
第一节 消逝中的电视世代 ………………………… (246)
第二节 从观众到用户的变迁 ……………………… (253)
　一 媒介的"人性化趋势"与人的赛博化生存 …… (254)
　二 视听媒介的日常生活实践:观看还是体验? …… (257)
　三 看电视作为共同生活经验的消解 ……………… (263)
第三节 电视场景的浮沉 …………………………… (271)
　一 "屏"之变与电视场景的追随 ………………… (271)
　二 场景的惯性:电视对日常生活的意义生产 …… (275)
　三 场景的脱嵌:"看电视"的多元语境生成 ……… (286)
　四 惯性与变革之间的张力 ………………………… (294)
第四节 被解构的电视文化 ………………………… (298)
　一 以安全和消费之名 ……………………………… (299)
　二 作为怀旧素材的电视 …………………………… (305)

第七章 重返日常生活:"后电视时代"的可能路径 ………… (309)
第一节 消失的"大众"和变化中的生活方式 ……… (311)
第二节 电视转型:不可忽视的社会文化视角 ……… (315)
　一 社会文化语境中的电视危机 …………………… (316)
　二 重构"电视"及其日常生活实践 ……………… (318)

第三节 理解"后电视":两个关键概念 …………… (321)
　　一 观看 ……………………………………… (323)
　　二 观看者 …………………………………… (325)

第八章 终点,还是新的起点? …………………… (329)

参考文献 ………………………………………… (332)

索　引 …………………………………………… (362)

后　记 …………………………………………… (365)

Contents

Chapter Ⅰ Introduction ········· (1)

　Section Ⅰ　Research Origin ········· (2)

　　Ⅰ. Research Background ········· (2)

　　Ⅱ. Research Significance ········· (4)

　Section Ⅱ　Literature Review ········· (7)

　　Ⅰ. The Academic Lineage and Research Orientation of Chinese Television History Research ········· (7)

　　Ⅱ. The "Cultural Turn" in Historical Research ········· (11)

　　Ⅲ. Lifestyle Research ········· (15)

　　Ⅳ. Sociocultural Perspectives on Television Studies ········· (19)

　Section Ⅲ　Research Definition ········· (25)

　　Ⅰ. Research Context, Perspective and Objects ········· (25)

　　Ⅱ. Research Span ········· (30)

　　Ⅲ. Research Questions ········· (31)

　Section Ⅳ　Research Design ········· (32)

　　Ⅰ. The Framework of Interpretation and the Sources of Theory ········· (32)

　　Ⅱ. Research Methodology ········· (35)

　　Ⅲ. Research Innovation ········· (37)

Chapter II Television, Social Culture and Daily Life ········· (39)
　Section I　Television and Society: A Perspective on Mediated
　　　　　　　Survival ·· (41)
　Section II　Basic Logic: Television as a Social Context ········· (45)
　　I . The Purpose of Heading to Massification ······················· (45)
　　II . Technology as a Constructive Force ······························· (48)
　　III . Meaning-generating in Social Discourse ························· (51)
　Section III　Important Intermediaries: How Does TV Link with
　　　　　　　Daily Life? ··· (54)
　　I . TV: Public and Private Space ·· (57)
　　II . Watching TV: The Identity and Power of the Audiences ······ (60)
　　III . Television Culture and the Lifestyle of Chinese Society ······ (64)

Chapter III Building Lifestyles (1978 – 1990) ················· (72)
　Section I　Hot Selling and Novelty TVs ······························· (75)
　　I . Hot Selling: Owning a TV is a Symbol of Social Status ········· (77)
　　II . Novelty: The "Golden Hour" is a Reproduction of Life Logic ······ (86)
　Section II　"Watching TV Like a Movie": The First Encounter
　　　　　　　between TV and Public Life ··································· (93)
　　I . Components of Life: The Materiality and "Settled" Meaning of TV ······ (95)
　　II . Constructing Life Scenes: From "TVs of Movies"
　　　　to "Movies of TV" ·· (98)
　　III . Coagulation of Collective Memory: From the Ritual of TV to the
　　　　Ritual as Watching TV ··· (103)
　　IV. Shaping Social Identity: From Safety to Aesthetic Bloom ······ (108)
　Section III　Narratives of the TV Generation: TV, Open
　　　　　　　Minds and the Spirit of Enlightenment ················· (114)
　　I . The Evocation of Modernity: Elite Discourse and the Spirit of
　　　　Enlightenment in "Cultural Television" ······························ (115)

Ⅱ. Open Consciousness: Watching TV and the Gradual
　　　Opening of Lifestyles ……………………………………… (119)
　Ⅲ. Understanding TV: Between Real Aesthetics and Social Control …… (122)
Section Ⅳ　What TV Means, What Life Means ……………… (127)
　Ⅰ. Consumer Consciousness and the Aesthetics of Daily Life ………… (128)
　Ⅱ. Debate on Social Impact …………………………………… (133)

Chapter Ⅳ　Mainstreaming Lifestyle (1990 – 2000) ……… (138)
Section Ⅰ　Numbers of People Turned out for "Kewang" …… (141)
Section Ⅱ　Living Room Culture on the Rise: TV as an
　　　　　　Important Family Member …………………………… (146)
　Ⅰ. Symbols of the "Living Room" and the Changing Structure of the Family:
　　　Belonging, Modernization and Consumerism ………………… (148)
　Ⅱ. Emotional Connotations: Family-Mediated Scenes and "Family-friendly"
　　　Viewing ……………………………………………………… (152)
　Ⅲ. TV Addiction: A "Family Disease" that Cannot be Ignored ………… (156)
Section Ⅲ　A Soft Entertainment Tool, a Hard Bastion of
　　　　　　Value ………………………………………………… (159)
　Ⅰ. Watching TV at the First Place to Get the Important News ………… (160)
　Ⅱ. Access to Exclusive Aesthetic Objects …………………………… (162)
　Ⅲ. Coronation and Disenchantment …………………………… (168)
　Ⅳ. Calling the Spirit of Community …………………………… (170)
Section Ⅳ　The Impact of TV Marketization and
　　　　　　Internationalization ………………………………… (174)
　Ⅰ. The Innovation the Consumption Creates and Reflection ………… (175)
　Ⅱ. Between Local and Foreign ……………………………… (183)
　Ⅲ. The Unfinished Road to Mainstreaming ……………………… (186)

**Chapter V　The First Signs of Anxiety TV Life
　　　　　　（2000 – 2008）** ……………………………………（191）
　Section Ⅰ　Keep the Unforgettable Moment in TV …………（193）
　　Ⅰ. The "Super Girl" Phenomenon and the Grassroots Power in Singing ……（194）
　　Ⅱ. When TV Encounters with "Disasters" ………………………（198）
　　Ⅲ. From Apply to Hold the Olympic Games: The Carnival of TV and the Coalescence of a Sense of Community ………………………（200）
　Section Ⅱ　The Social Influence of "First Media" ……………（202）
　　Ⅰ. Reinforcement of Publicness: A Symbol of Quality, Authority and Style ………………………………………………………（204）
　　Ⅱ. A Leap in Service: Close to the Masses, Responding to Needs, Transforming Lives ………………………………………（209）
　Section Ⅲ　The Meaning of Empowerment: The Changing Connotations of "Watching TV" ……………………（214）
　　Ⅰ. More Than just "Watching" TV ………………………………（215）
　　Ⅱ. The Rising Internet and Its Cultural Imagination ……………（222）
　　Ⅲ. A Quiet Variation ………………………………………………（226）
　Section Ⅳ　Opportunity or Crisis: The "Postmodern Condition" of TV Culture ……………………………（231）
　　Ⅰ. The Phenomenon of Pan-entertainment and Its Impact ………（232）
　　Ⅱ. Reflections on the Commercialization of Culture ……………（237）

Chapter Ⅵ　The Declining Lifestyle（2008 – 2018） …………（242）
　Section Ⅰ　The Fading TV Generation …………………………（246）
　Section Ⅱ　The Variation from Audiences to Users ……………（253）
　　Ⅰ. The "Humanization Trend" of Media and the Cyber Survival of People ………………………………………（254）
　　Ⅱ. The Daily Practice of Audiovisual Media: Viewing or Experiencing ……（257）
　　Ⅲ. Watching TV as a Dissolution of Shared Life Experiences ……………（263）

Section III　The Boom and Bust of the TV Scenes ……………（271）
　　Ⅰ. The Change of "Screen", Following by the TV Scenes ……………（271）
　　Ⅱ. The Inertia of the Scene: TV's Meaningful Production for
　　　　Daily Life …………………………………………………（275）
　　Ⅲ. Disembedding of Scenes: The Generation of Multiple Contexts of
　　　　"Watching TV" ……………………………………………（286）
　　Ⅳ. The Tension between Inertia and Transformation …………（294）
Section Ⅳ　Deconstructed TV Culture ………………………（298）
　　Ⅰ. In the Name of Safety and Consumption ……………………（299）
　　Ⅱ. TV as Nostalgic Material ……………………………………（305）

**Chapter Ⅶ　Returning to Daily Life: Possible
　　　　　　　Paths in the "Post-TV Era"** ………………（309）
　　Section Ⅰ　The Disappearing "Masses" and Changing
　　　　　　　Lifestyles …………………………………………（311）
　　Section Ⅱ　TV Transformation: A Socio-Cultural Perspective
　　　　　　　that Cannot be Ignored …………………………（315）
　　　Ⅰ. TV Crisis in Sociocultural Context ………………………（316）
　　　Ⅱ. Reconstructing "TV" and Its Daily-life Practice …………（318）
　　Section Ⅲ　Understanding "Post-TV": Two
　　　　　　　Key Concepts ……………………………………（321）
　　　Ⅰ. Watching ……………………………………………………（323）
　　　Ⅱ. Viewer ………………………………………………………（325）

Chapter Ⅷ　The End, or a New Beginning? ………………（329）

References ……………………………………………………（332）

Index …………………………………………………………（362）

Postscript ……………………………………………………（365）

第 一 章
绪　　论

　　电视，作为"二战"以来影响人类文明最广泛、最持久、最深入的大众媒介，以充分的视觉性潜力开掘出全球性的社会文化想象空间，成为再现世界政治经济变迁的重要载体，也深度嵌入大众的日常生活，构成塑造人们身份的文化模具。在过去的半个多世纪，电视传播在社会历史演进中扮演着重要角色，"电视机"作为客厅文化的中心重构的家庭生活，诸种电视文本作为"社交货币"生成的互动价值，一并交织出专属电视的"社会图景"：文本意义上的现代性（modernity）、施于过程的受众的能动性（agency）、植根家庭生活（domesticity）的语境，令电视最终形成了区别于其他大众传媒的独特媒介底色。[1]

　　在与社会共同成长的过程中，电视媒介所催生出的电视文化，"为人们创造并逐渐使之适应了一种全新的生活秩序与价值规范"[2]，对削弱文化和社会交往的"距离感"发挥了重要作用：以一方荧屏容纳各种社会交往并借此消解了世界的"他性"而真正构成大多数人生活的一部分。某种程度上，电视作为一种社会建构力量所释出

---

　　[1] Roger Silverstone, *Television and Everyday Life*, London and New York: Routledge, 1994, p.165.
　　[2] 周可：《电视文化与现代人的社会心态——对电视作为一种文化现象的批判》，《文艺评论》1989年第5期。

的文化性、所共享的世界观、所形成的阐释空间,其价值远超其媒介功能本身。"作为一种文化容器,电视同时对人类社会几千年来形成的诗学、美学乃至哲学的传统进行着颠覆与重构,并最终塑造了人类历史迭代中极为特殊的'电视世代'。"[1] 对应着二十世纪美国的"婴儿潮一代"(the Baby-Boomer Generation),中国社会在二十世纪后半程伴随着电视发展成长起来的人们,都印迹有电视文化普遍影响之下的群体性特征:在电视中寻求的专属观看与审美对象、得益于电视传播形塑出的主流价值观、源自电视启发的思维方式、受到电视文化影响的精神世界……最终赋予电视这一强势视听媒介以更强劲的社会属性。

因而,对电视的社会文化史考察——而非单纯意义上的媒介功能史或媒介政治经济史考察——则呈现出更鲜活的研究价值。将电视视作一种普遍的社会话语并由此展开对其的历史解释与进路商榷,其落点不仅仅是对媒介本身的一种研究关注,更构成了对这一媒介的主流化之路如何参与人类历史进程、社会文明变迁进行系统化阐释的重要视角。

第一节 研究缘起

一 研究背景

中国电视自1958年诞生至今,筚路蓝缕,已走过六十余年的历程。在这一发展过程中,中国电视事业从无到有,不断定义着这一主流大众媒介的强势面貌,也建构起了中国社会不同阶段的文化记忆。对中国电视的历时性考察,在不同社会历史时期,从不同侧重维度,都有着值得深掘的现实价值和意义。国内外学界对中国电视史的关注方兴未艾,这源于过去几十年间中国电视持续输出的新现

---

[1] 常江:《中国电视史(1958—2008)》,北京大学出版社2018年版,第1页。

象、新状况、新问题。尤其到了当下,互联网与移动互联网的异军突起更为电视发展的纷繁图景带来诸种迷思,"电视的时代"是否会终结?赛博空间是否会重构今天的媒介化生存?在历史中厘清脉络、找到线索,构成一个常谈常新的学术议题,呈现出相当的重要性和显著性。从这一层面看来,面对汗牛充栋的中国电视史料,基于不同视角、路径和落点对中国电视史展开的研究,不仅能对在媒介/传播层面的洞悉形成相应的启示;将其置于社会历史语境中下的多元考察,更有助于管窥媒介与社会外部场域的互动,进而从另一个侧面来解释社会文化史的变迁。

另一方面,电视的社会功能构建,并不仅仅是"自上而下"的。除了媒介功能史与政治经济史视角下的电视事业发展研究,社会文化的叙事作为一条"自下而上"的关键线索,同样内在于中国电视的演进之中。纵观从第二次世界大战至今的人类历史,恐怕没有什么比电视对人的日常生活嵌入更深、影响力更大。[1] 对于在电视机前成长起来的一代代中国人,电视输出的看起来只是关于价值、伦理、道德的模糊认知,但它却在极短的时间内完成了社会基本观念的普及。[2] "看电视"的过程,就是通过传播(communication)将人们带入意识的过程,并使之沉浸于荧屏的"超脱尘世"(other-worldliness)[3],最终完成一个谓之"共同体"(community)的构建。因而,电视对基本社会秩序的结构稳定与功能延续扮演着不可或缺的重要角色,而对这种作用的剖析,则需要从传播的另一端——受众——找答案。本书对中国电视的社会文化史考察,同样是基于从这样一种具有现实性但在主流学界尚显稀缺的逻辑出发。能够看到,电视作为一种文化容器,在过去半个多世纪中对诸种社会意义的再

---

[1] 常江:《中国电视史(1958—2008)》,北京大学出版社2018年版,第1页。
[2] 何天平:《藏在中国电视剧里的40年》,浙江工商大学出版社2018年版,第1页。
[3] Roger Silverstone, "Television, Myth and Culture", in John W. C. and J. W. Carey (ed.), *Media, Myths and Narratives: Television and the Press*, London: Sage, 1988, p. 26.

现，其影响可谓无远弗届。电视如何"伴随"大众成长？如何形塑人们共同的思维方式与集体记忆？如何系统性地介入社会生活并将其统一成一个"家庭式国家"（Nation of Family）[①] 的牢固结构（以及如何逐步走向解体）？这些议题不仅作为本书的重要对象以及指导阐释的关键线索，同样也是洞察电视参与中国社会历史进程的具体注脚，能够更进一步地在延展本土电视研究视角的同时丰富相关研究的解释力。

二 研究意义

对文化史展开社会史的考察，或言"社会文化史"考察，这一研究取向在中国史学界已经形成相当规模的传统。其作为一种广泛的研究思潮出现，则是在改革开放后，文化史与社会史的对接更趋紧密，其着眼点在于"文化是一个整体，一个烙上人类时间活动特殊印记的整体……将文化定义为观念形态，在承认当作观念形态的文化是一定社会的政治和经济的反映的同时，又承认它给予影响和作用于一定社会的经济与政治"[②]；而对社会文化史的认知，便发轫于这样一个基本共识：文化与社会亲缘共生的状态，彼此难以割舍。[③] 尤其是在大众文化研究兴起后，对某种（大众）文化的日常社会实践开展整体性的解释则更显现出其重要价值，这一研究脉络的转向构成社会文化史研究的现实意义，也成为二十世纪八十年代新文化史研究崛起的重要背景（有学者认为，新文化史在相当大程度上可用社会文化史的概念来替代[④]）。

[①] Charlotte Brunsdon and David Morley, *Everyday Television*: "*Nationwide*", London: British Film Institute, 1978.
[②] 朱维铮：《中国文化史的过去和现在》，《复旦学报》1985 年第 5 期。
[③] 常建华：《日常生活与社会文化史——"新文化史"观照下的中国社会文化史研究》，《史学理论研究》2012 年第 1 期。
[④] 常建华：《日常生活与社会文化史——"新文化史"观照下的中国社会文化史研究》，《史学理论研究》2012 年第 1 期。

新文化史研究，是相对于传统的社会史研究的一种阐释框架转向，即对"文化"的研究"区别于思想史，主张将重心置于心态、习惯或情感上，而非尽然放在观念或思想体系的框架之中"①。这也是本书之所以选择从"看电视"作为一种生活方式建构的视角来重返中国电视史的动因：电视与日常生活之间的互动并非琐碎而无意义，恰恰有超乎想象的建构性力量在彼此之间产生作用，因为"即便是最普遍且不起眼的生活形态，也会是对更广泛的社会和文化秩序的有力阐释"②，由此构成理解电视与社会变迁的一条显性线索。

因而，本书立足于史学研究在"文化转向"后勃兴的新文化史阐释框架，对改革开放以来的中国电视进行社会文化史研究。传统视野下的中国电视史研究，"主要以国家宏观政治经济变革为背景，将电视视作一种国家上层建筑及其意识形态的媒介，在国家传播政策及体制框架内阐释电视内容及其媒介技术体系对民众和社会产生的重要乃至决定性影响"③。但另一方面，中国电视构建起一种主导型媒介地位的过程，是包括政治经济体制、媒介技术体系、电视节目内容、民众日常生活等多重社会因素复杂互动之下的结果。大众在整个中国电视历史演进中并非一个被动接受者（很大程度上正在不断变得更主动），其在不同阶段塑造出的群体性电视观看行为和接触习惯，也催生更丰富的电视解读方式，促成电视成为重构社会活动的重要中介。而"对于由此可能体现的民众基于电子媒介的新型文化生产、协商与主导能力等问题，目前国内学界还甚少涉及"④。

---

① ［英］彼得·伯克：《什么是文化史》，蔡王辉译，北京大学出版社2009年版，第10页。

② Georg Simmel, "Metropolis and Mental Life", in Kurt H. Wolff (trans. and ed.), *The Sociology of Georg Simmel*, New York: Free Press, 1950, p. 413.

③ 徐敏：《电视的兴起：1980年之际中国内地电子媒介与日常生活》，《文艺研究》2014年第12期。

④ 徐敏：《电视的兴起：1980年之际中国内地电子媒介与日常生活》，《文艺研究》2014年第12期。

本书的重要意义之一，在于关注与电视密切相关的"日常生活"，相比诸种制度建设对中国电视的形塑作用，在中国电视的主流化之路中，社会生活的日常实践也起到了不可或缺的关键作用。对这种力量的关切和发掘，则有助于提供审视电视媒介演进的新视角。

更进一步地，本书借助史学研究中的新文化史研究范式，也源于上述考察路径的需要。新文化史更重视叙述"人"的历史及其背后的塑造力量，关注个体生活经验的发掘，也在很大程度上整合进了包括个人史、心态史在内的鲜活素材。如埃文斯（Richard J. Evans）指出："历史学中宏大叙事和伟大目的论的瓦解，让作为个体的'人'恢复在历史记录中的位置……历史重回'人'的书写，尤其是那些卑微的、平凡的人们，历史中的无名之辈，社会转型进程中的败者和旁观者。"[①] 总体来看，新文化史对"社会文化"和"社会文化史"的解释更温和而包容，"一切皆文化"的立场对社会文化史研究中历史的"碎化"现象展开了纠偏；较之重宏大叙事的传统历史写作，这种更偏重个体经验和生活实践的微观史学视角采纳，也更有助于本书完成对"自上而下"的电视史研究传统的一种补充，构成了另一层学术意义。

基于上述特质，本书总体将呈现出一个史论结合的架构，不尽然拘泥于编年史的体例：既要描述历史，但重在阐释历史。一方面，在对"看电视"作为一种生活方式建构的四十年历史考察时，主要以传播过程里的接收端——观众——的视点，从电视这一主流媒介之于中国社会文化的意义构成和流变切入。从新文化史的视角来看，电视作为最具影响力的大众媒介的兴衰，是能够从主流社会生活的运行和变迁中得到解释的。此外，本书中所涉及的史料及研究方式，除了各类文献、档案、数据、年鉴、节目文本等客观史料的取得，也将更为重视对主观史料的充分解释，也即，对个人史、心态史的

[①] Richard J. Evans, "Prologue: What is History? -Now", in David Cannadine (ed.), *What is History Now?*, New York: Palgrave Macmillan UK, 2002, p. 8.

开掘。另一方面，对作为"生活方式"的电视观看传统变化的历时性研究，背后折射的则是电视作为一种主流媒介构造和再现社会文化的力量消长。而对历史的描摹和阐释，最终仍要归纳到一个现实命题的探讨中——当前中国电视面临的转型问题。从如何重构"看电视"这种生活方式的角度商榷未来电视的发展，这也构成了本书最终指向的现实启发。

第二节　既有研究述评

一　中国电视史研究的学术脉络与研究取向

电视史研究，顾名思义，就是电视媒体与电视行业发展演进的历史。在新闻传播史和媒介史研究的范畴中，电视史始终拥有着地位上的重要一席。[1] 作为新闻传播研究的重要学术版图，电视史研究所能开掘出的重要文献价值和现实意义不言而喻。然而囿于纸媒研究传统的主流取向，对于视听媒介和视听传播历史的考察在学科图谱中总体薄弱；在研究现状上，国内外学界对电视史研究的重视程度远未匹配其价值本身，总量较少、规模有限，"甚至于时常受到忽视"[2]。

具体到中国新闻传播学界，对中国电视史的研究总体呈现出"有高山、少丛林"的特征，也即，有名家著作，却在脉络上乏于更多视角、更多维度的观照与阐释，多以编年史或媒介功能史或媒介文本发展史为主导研究取向。因为广播与电视在媒介特征、发展渊源、事业性质等层面具有的共通性或延续性，中国电视史的研究首先发轫于二十世纪八十年代的广播史研究或广播电视史综合研究中。

---

[1] 常江：《中国电视史（1958—2008）》，北京大学出版社2018年版，第1页。
[2] Erin Bell and Ann Gray, "History on Television: Charisma, Narrative and Knowledge", in Helen Wheatley (ed.), *Reviewing Television History: Critical Issues in Television Historiography*, London and New York: I. B. Tauris & Co., Ltd., 2008, p. 182.

中国广播电视史研究领域的开拓者之一赵玉明，在此方面做出了扎实的奠基工作。其于1987年出版的《中国现代广播简史》，是我国第一部系统、全面阐释现代中国广播历史的专著，[①] 基于广播史料的阶段性积累、访问"活材料"老广播人、实地调查考察、征集回忆录等方式完成了中国现代广播史探索的初步成果，填补了中国视听媒介历史研究的空白。在本书出版前，赵玉明也参与了1984年出版的《中国新闻业史：从古代至1949》一书中"广播史"相应部分的编写，并"首开将广播史纳入新闻史考察范畴之先河"[②]。二十世纪九十年代初，赵玉明则更进一步地以广播电视"综合史"为对象开展系统性的中国广播电视通史研究，并于二十一世纪出版。另一部史料汇编性质较强的广播电视通史研究著作是1987年出版的由左漠野主编的《当代中国的广播电视》。本书的编写出版，"直接推动了各省、自治区、直辖市广播电视史调查研究工作的开展，编印了一系列本地广电事业资料性文稿，呈现一派盛世修史的景象"[③]。

真正开启具有独立性的中国电视史专门史研究的，则是来自郭镇之基于其博士学位论文修订而来并在1991年出版的专著《中国电视史》，该著"首次赋予当时远谈不上成熟、富庶的中国电视事业以独特社会地位，在很大程度上扭转了中国新闻传播史研究脉络中长期以来的'广播电视'并提、将电视视为广播系统不可分割的一部分的思维方式"[④]；遗憾也有之，这部出版于二十世纪九十年代初的中国电视史专门史研究，尚未能将此后中国电视近三十年的腾飞发展乃至危机显露纳入其中进行考察。而在此之后，中国电视史的专

[①] 王天根、张朋：《中国广播电视史研究的发端与历程——对话赵玉明教授》，《中国社会科学报》2014年5月21日。

[②] 王天根、张朋：《中国广播电视史研究的发端与历程——对话赵玉明教授》，《中国社会科学报》2014年5月21日。

[③] 赵玉明：《声屏史苑探索录——赵玉明自选集》，北京广播学院出版社2004年版，第130页。

[④] 常江：《中国电视史（1958—2008）》，北京大学出版社2018年版，第2页。

门史研究经历了长时间的空白期，直至新世纪后才陆续有成果涌现。赵玉明著《中国广播电视通史》在2004年出版，其研究视野则是着眼于对二十世纪中国广播电视发展历程的全景呈现。另有赵习良2007年版《中国电视史》，总体来看更多体现为史料汇编性质，学术色彩相对薄弱。如方汉奇所指出，在郭（镇之）作之后，"我国已有近30年无人从事中国电视史的总体性研究"。近年来涌现的具有相对完整性的中国电视史研究，是常江在2018年出版的《中国电视史（1958—2008）》，该著以社会史的范式阐释中国电视史。郭镇之评价该研究的创新价值在于"更注重历史的解释和观点的阐释……重在对历史的看法，不完全拘泥于历史本身"。

除了总体性的中国电视史研究，电视史研究的细分脉络在过去数十年中亦有相应的成果输出，但在专门史研究较为有限的背景下，相应分支的历史研究也相对分散。其一，电视文本发展的专门史研究：如钟艺兵、黄望南在1994年出版的《中国电视艺术发展史》，黄会林围绕"全民审美素养"[1]对中国电视艺术开展的系列研究，岳淼著《中国电视新闻发展史研究（1958—2008）》，吴素玲著《中国电视剧发展史纲》，王卫平主编的《中国电视剧60年大系》，等等。其二，地方广电史研究：如林青主编的《中国少数民族广播电视发展史》"是我国历史上第一部较为全面记述少数民族广播电视诞生发展历程的专著，是填补了中国少数民族广播电视史研究领域空白的奠基之作"[2]，杨秾著《北京电视史话》针对北京地区的电视文化史进行考察，张振东、李春武著《香港广播电视发展史》和陈飞宝、张敦财著《台湾电视发展史》则对中国港台地区的电视史开展了相对翔实的梳理，也有对地方广电志历史进行研究的，如刘书锋著《记录中国地方广播电视发展轨迹的权威载媒——广播电视理论

---

[1] 黄会林、绍武：《黄会林 绍武文集：电视研究卷》，北京师范大学出版社2009年版，第8页。

[2] 哈艳秋、庞亮：《举集体之力，成奠基之功——评〈中国少数民族广播电视发展史〉》，《现代传播》2001年第4期。

的实践初探》，作为方汉奇主编的《中国新闻史研究辑刊》系列中的一部，由台湾花木兰文化出版社出版。其三，广播电视组织机构史：比较有代表性的如杨伟光、赵化勇先后主编的《中央电视台发展史》，于广华主编的《中央电视台简史》，以及"第一次系统梳理国家电视台对外传播事业和管理经验"[1]的《中国中央电视台对外传播史》等。其四，电视从业者口述史，较有代表性的如夏之平著《铭心往事：一个广播电视人的记述》，洪民生著《我与电视》，为纪念上海电视50周年出版的《老电视人·口述历史》等。其他，也有广播电视学术史研究如《记录下广播电视学术发展的历史轨迹》[2]等散见于《中国广播电视学刊》《中国电视》《电视研究》《中国广播电视年鉴》等专业性期刊、辑刊之中。

能够看到，相较中国新闻传播史研究在过去几十年间的火热之姿，中国电视史研究呈现出的断裂和"有限声音"则显得冷清不少，如赵玉明所指出，"绝大多数中国广播电视史研究还处于历史事实的描述阶段，对广电事业发展规律只有初步的探讨和分析，但缺乏深度；少数著作涉及的研究领域也偏重事业建设与宣传概况，对其发展的综合研究不够"[3]。不仅有相当比重的史料仍然散见于各种官方汇编资料、行业媒体、电视人口述文章，有待于被进一步地充分挖掘与运用，对电视史的考察也时常"合并"在新闻传播通史或其他各类与电视有关的社会史书写中。总体而言，中国电视史的专门史研究尚且缺乏更多视角和维度的学术观照，有待于输出新观点、新阐释和新成果。

---

[1] 温世君：《海内存知己、天涯若比邻——评〈中国中央电视台对外传播史〉》，《电视研究》2014年第4期。

[2] 参见王锋《记录下广播电视学术发展的历史轨迹》，《中国广播电视学刊》1996年第1期。

[3] 赵玉明：《声屏史苑探索录——赵玉明自选集》，北京广播学院出版社2004年版，第135页。

二 史学研究的"文化转向"

二十世纪以降,全球范围内的史学研究出现了从传统史学向新史学研究路径的转向。其中,较为突出的一个特征就是不断壮大的"文化史转向"[①],"关注普通人的日常生活,从历史的复杂性和多样性着眼,描绘过去世界丰富多彩的画面"[②]。以新文化史范式为代表的肇始于二十世纪七十年代的全新史学研究实践,不断引领着西方史学的新动向,以"自下而上"的史观,融通后现代主义哲学、文化研究、人类学、社会学、新历史主义等潮流,形成一股巨大的力量影响着史学领域,"冲击了马克思主义决定论的基础上层说,取代了盛极一时的计量史学,动摇了以总体史和长时段为中心的年鉴史学,带动了整个史学朝'文化转向'"[③]。

新文化史学自崛起以来已有四十余年的发展历程。史学家彼得·伯克(Peter Burke)认为,从二十世纪九十年代末到二十一世纪前十年,新文化史在"清点库存的同时也完成了自身学术阵地的夯实"[④]。借助于相对社会史书写传统中更进一步的"建构""深描"等手法的运用,其催生了一系列具有影响力的重要著作,如《欧洲近代早期的大众文化》(Peter Burke,1978)、考察十八世纪法国市民文化的《屠猫记:法国文化史钩沉》(Robert Darnton,1984)、研究身体文化的《身体与社会》(Bryan S. Turner,1984)等。有学者指出,这些重要著作"尤以开发被传统文化所忽视、不屑或排斥的历史上或日常生活中的文化现象、符号、意识、观念等诸多领域而

---

① [美]伊格尔斯:《世纪之交西方史学的转折点》,《山东社会科学》2005年第11期。
② 李剑鸣:《隔岸观景》,社会科学文献出版社2012年版,第39页。
③ 蔡玉辉:《每下愈况:新文化史学与彼得·伯克研究》,译林出版社2012年版,第79页。
④ [英]彼得·伯克:《什么是文化史》,北京大学出版社2009年版,第118页。

广受注目"①。而在史学研究的"文化转向"之下，亦涌现一批史学家关注形形色色的文化史书写，并以不同的视角、手法、对象呈现出史学研究的全新面貌。例如，彼得·伯克、林·亨特（Lynn Hunt）对新文化史书写的建制与规范进行界定，戴维斯（Natalie Zemon Davis）是七十年代直接推动史学发生文化转向的代表人物之一，达恩顿（Robert Darnton）运用文化人类学的方法从符号象征体系的阐释中考察文化史，夏蒂艾（Roger Chartier）从事的新文化史研究则可以从中看到年鉴史学的发展流变与创新路径，等等。

总体上，新文化史的研究范畴可以触及人类生活的方方面面，包括从观念到物质再到实践的各个层面或维度，其史观着眼点在于：文化并非自然生成，而是人类活动的建构结果，具有延续和再生产的特质，故而"基于其符号性和隐喻性有进行解释的充分必要性"，同样可以融通跨学科（尤其是其他社会科学）的方法，例如人类学的"深描"、社会学的"惯习"、语言学和哲学的"建构"等。②

新文化史的成熟脉络，经历了发展的不同阶段，亦呈现出具有差异性的范式特点，但大体形成了体现共通性的价值取向和学术路径。早在二十世纪六十年代新文化史学尚未形成系统性实践时，英国新社会史学派重要代表人物之一的汤普森（Edward Palmer Thompson），其《英国工人阶级的形成》一书因"阶级作为一种社会和文化的形成"这一核心观点，在解释阶级意识形成过程中开掘出了文化的考量而常被视作"具有新文化史学特征的著作"。③ 而在以海登·怀特（Hayden White）的《元史学》和克利福德·格尔茨（Clifford Geertz）的《文化的解释》等为代表的研究形成新文化史学

---

① 蔡玉辉：《每下愈况：新文化史学与彼得·伯克研究》，译林出版社2012年版，第79页。
② 蔡玉辉：《每下愈况：新文化史学与彼得·伯克研究》，译林出版社2012年版，第80页。
③ 周兵：《西方当代新文化史研究》，复旦大学博士学位论文，2005年。

实践的开端①后，这种有别于年鉴史学和计量史学的"探求意义的解释科学"②便逐渐开始系统化地为历史书写走向"文化"的微观视域打开新的局面。彼得·伯克在其著作《西方新社会文化史》中提炼出了新文化史学实践的核心特点：文化建构、语言、历史人类学、微观史学和历史叙事，③对新文化史研究的总体脉络进行了概括和梳理，也成为此后相应路径研究的具有指导性的思路。当然，经过数十年的发展后，史学界尤其是西方史学界对新文化史学实践的反思也不曾缺席。以《超越文化转向》一书的出版为代表，部分学者开始思考"一切皆文化"指向的路径合理性，对于"文化"过于泛化的认知和考察是否会反向导致"反文化"效应的出现，④也随之带来研究取向朝更宏观的语境进而来把握文化现象的相应调适。

在中国学术语境里，改革开放以来，有关社会文化史的讨论趋向热门。⑤在很大程度上，新文化史基本构成了一个阶段以来社会文化史研究的一种主导范式，尤其是在大众文化研究兴起后，"作为大众的社会与文化合流，'新文化史'包括了社会与文化，所以相当大程度上可用社会文化史代替"⑥。在部分国内外学者看来，"新文化史"与"社会文化史"基本是同义词，或可统称为"新社会文化史"。⑦

---

① 李宏图：《当代西方新社会文化史述论》，《世界历史》2004年第1期。
② ［美］克利福德·格尔茨：《文化的解释》，韩莉译，译林出版社1999年版，第5页。
③ ［英］彼得·伯克：《西方新社会文化史》，刘华译，《历史教学问题》2000年第4期。
④ ［英］彼得·伯克：《什么是文化史》，北京大学出版社2009年版，第148页。
⑤ 李霞、杨豫：《走向开放的综合——新文化史学探析》，《国外社会科学》2001年第5期。
⑥ 常建华：《日常生活与社会文化史——"新文化史"观照下的中国社会文化史研究》，《史学理论研究》2012年第1期。
⑦ 持有这种观点的代表性学者及论著，如［英］彼得·伯克《西方新社会文化史》，刘华译，《历史教学问题》2000年第4期；李宏图：《当代西方新社会文化史述论》，《世界历史》2004年第1期；常建华：《日常生活与社会文化史——"新文化史"观照下的中国社会文化史研究》，《史学理论研究》2012年第1期；等等。

与之相对应的是在研究路径上与新文化史的"自下而上"、跨学科方法运用等有共通之处的新社会史研究。在二十世纪八十年代逐渐"取代新社会史成为美国史学的显学"[①] 的新文化史研究，常常"被视作对既成的社会史、经济史和人口史的一种突然爆发的批判"[②]，其以一种更广泛的文化概念，试图还原普通人在社会当中的文化与生活；而此前的新社会史亦为此做出了充分铺垫，其崛起并在较长时间内占据史学研究主流源于"对以往专注于革命史范式下'政治史'的一种反拨"[③]，某种程度上，新文化史和新社会史之间有可循的共同渊源，所不同之处是前者在后者基础上提供了一种具有互补性的观念和视角。有学者认为，"新文化史意在'拯救'个体，使之摆脱社会史将其归纳进某个结构的安排……并以人类能动性作为历史考察的出发点"[④]。也有中国台湾学者对二者的差异展开了进一步阐释，指出"新社会史侧重人的行动，是具体可见事物；新文化史则更进一步，强调人的行动背后的文化逻辑或文化密码"[⑤]。

总体而言，新文化史的兴起是对以"文化转向"为标志的整个当代西方社会思潮与人文社会科学研究风气转变的回应性范式建构，"被包容在广义的文化研究的范畴之内，既是一种在历史线索和框架下展开的文化研究，又是一种具有文化视野和取向的独立的历史研究"[⑥]。

[①] Victoria E. Bonnell and Lynn Hunt, eds., *Beyond the Cultural Turn: New Directions in the Study of Society and Culture*, Calif: University of California Press, 1999, p. 3.

[②] Richard Biernacki, "Method and Metaphor after the New Cultural History", *Beyond the Cultural Turn: New Directions in the Study of Society and Culture*, Victoria E. Bonnell & Lynn Hunt, eds., Berkeley, Calif: University of California Press, 1999, p. 62.

[③] 张俊峰：《也论社会史与新文化史的关系——新文化史及其在中国的发展》，《史林》2013年第2期。

[④] ［西］米格尔·卡布雷拉：《后社会史初探》，李康译，北京大学出版社2008年版，第14页。

[⑤] 卢建荣：《新文化史的学术性格及其在台湾的发展》，载陈恒、耿相新主编《新史学. 第四辑：新文化史》，大象出版社2005年版，第155页。

[⑥] 周兵：《新文化史：历史学的"文化转向"》，复旦大学出版社2013年版，第3页。

在史学研究的版图中，新文化史无疑是浓墨重彩的一笔，其走向跨学科、多学科的研究，让历史学不再置身于一个"孤岛"之中；"文化转向"也带来对大众经验史研究的兴趣激发，促使"关注那些通常在历史舞台上缺席的人如何经历、参与和理解社会与文化的变革"①。较之新社会史研究，这种史学实践"在对社会结构和进程进行考察的同时也一并纳入并重视了人类作为历史活动主体的个人经验和感受等文化因素的描摹"②，体现出重要意义。当然，这种范式本身也并非完美无瑕，对"文化"的过度推崇一度造成学术上的迷思，若要作出更准确意义上的理解和把握，则不应将新文化史与新社会史的脉络进行决裂，而可以将其视作拓展新社会史视野的一种新观念和新方法，当历史的目光投射向更大多数的普通人时，除了要考察这些群体所在社会的结构和政治经济秩序，也应充分纳入人类作为能动性主体的文化描述。由是，对于"人"的观照以及对于社会基本结构里文化叙事的考察，让新文化史得以开掘出史学研究真正的新方向，如伊格尔斯（Georg Iggers）所指出的："如果说社会科学取向的历史学曾经力图以对社会的研究取代对政治的研究的话，那么新的历史学就转向研究被人理解为是日常生活与日常经验的条件的文化。"③

三 生活方式研究

生活方式研究，"在对象上包括了一天中看起来平庸世俗的所有程序，以至于这样'平凡'的文化状况似乎根本不值一提"④。然

---

① ［英］戴维·钱尼：《文化转向：当代文化史概览》，戴从容译，江苏人民出版社2004年版，第55页。

② 俞金尧：《与时俱进的德国社会史——读科卡的〈社会史：理论与实践〉》，《科学文化评论》2007年第4期。

③ ［德］格奥尔格·G.伊格尔斯：《二十世纪的历史学：从科学的客观性到后现代的挑战》，何兆武译，辽宁教育出版社2003年版，第1页。

④ ［英］戴维·英格利斯：《文化与日常生活》，张秋月、周雷亚译，中央编译出版社2010年版，第1页。

而，潜藏在其中的社会学分析潜质无论于个体生活还是公共生活却都有着至关重要的阐释价值，"是未被解释的社会行动组织结构的一部分"①。换言之，只有知道某人/某类人日常生活方式是如何被塑造的，才能洞察其所置身的社会本身是如何得以形塑和组织的；与此同时，包括结构、秩序、体系等因素共同构造而来的社会生活，又是作为群体的人类在一定的观念、信仰、价值、规范等精神世界所共享之下的产物——"人类是文化的存在"②。故而，能够透过日常生活来理解"文化如何被制造的方法"③ 成为一种不容忽视的重要视角；再如雷蒙德·威廉斯（Raymond Henry Williams）所言，文化就是既定人群的"全部生活方式"④，经过社会化的过程而让大众所共享，因而以"生活文化"来洞察文化，便是理解社会文化之复杂性的一种有力阐释路径。⑤

由是，对于生活方式的研究，便成为理解社会文化的一种具有显著性的脉络。胡塞尔（Edmund Husserl）在二十世纪初对上述视角以"生活世界"（life world）研究加以描述，认为"当个体对世界'预设'的理解形成具有稳定性和确定性的感受时，人们生活里所感受到的世界才是我们所有人的世界"⑥。因而，日常生活中所构成的相对牢固的"惯例"（及其变化），则构成所谓"生活世界"在共享意义的过程中全面性地再生产社会文化意义的关键线索。尤其需要指出的是，正因为大多数人通常认为生活世界是"理所当然"（the ways

---

① John Tomlinson, *Cultural Imperialism: A Critical Introduction*, London: Pinter, 1997, p.174.

② Waal By Frans De, *The Ape and the Sushi Master*, Harmondsworth: Penguin, 2002.

③ ［英］安·格雷：《文化研究：民族志方法与生活文化》，许梦云译，重庆大学出版社2009年版，第15页。

④ Raymond Henry Williams, *Keywords: A Vocabulary of Culture and Society*, Glasgow: Fontana, 1976.

⑤ Raymond Henry Williams, *Culture*, Glasgow: Collins, 1981, p.11.

⑥ Edmund Husserl, *The Crisis of European Sciences and Transcendental Phenomenology*, trans. David Carr, Evanston, IL: Northwestern University Press, 1970, p.381.

things are）的，潜藏其背后的社会文化力量塑造才理应以"去熟悉化"（defamiliarizing）的方式加以厘清。如英格利斯（David Inglis）所指出，"去熟悉化意味着我们开始把以前认为是'自然'的生活世界看成并非是'完全自然的'——它只是一整套其他可能方式中的一种"①。哈贝马斯（Jürgen Habermas）则进一步批判继承了胡塞尔的理论，将"生活世界"所体现的知识界定为"一种深度的非主题化知识，是始终处于表层的视界知识和语境知识的基石"②，并创造性地以宏观社会学和实践社会学视角来考察生活世界，将其置于社会交往行动中进行交互阐释，进而形成了更为成熟的理论脉络。

当然，因为日常生活涵盖了社会方方面面的要素，故而也在其与学术的关系上显得有些暧昧不明，社会学研究在二十世纪后半期也出现过专业化取向远离日常生活议题的短暂潮流，拉莫特（Charles Lemert）曾在其著作《大危机过后的社会学》③ 中对实践社会学和专业社会学之间发生的微妙变化有过深入讨论。但不久后，全球性社会变迁的特征日益显著，其带来的后果形成了一个不可忽视的影响，也即，社会学"必须"重新强调"各种隐含社会力量对日常时间和经验的调控"④，以更准确地解释全球性的社会变迁及其所带来的社会结构秩序的变化。

由是，生活方式研究逐渐成为了社会学研究领域中的一个重要对象。事实上，二十世纪末以来，对"生活世界"的重阐已成为哲学和社会学领域多元主题中的重要一维。⑤ 也有诸多社会学家或者与经典社会理论关系密切的学者，如埃米尔·涂尔干（Emile

---

① ［英］戴维·英格利斯：《文化与日常生活》，张秋月、周雷亚译，中央编译出版社 2010 年版，第 12 页。

② ［德］于尔根·哈贝马斯：《后形而上学思想》，译林出版社 2001 年版，第 77 页。

③ Charles Lemert, *Sociology after the Crisis*, Second Edition, Boulder, Co.：Paradigm, 2004.

④ 安东尼·埃利奥特（Anthony Elliott）为《文化与日常生活》所写之序言，戴维·英格利斯《文化与日常生活》，张秋月、周雷亚译，中央编译出版社 2010 年版。

⑤ 刘悦笛：《论哈贝马斯"生活世界"的意蕴》，《河北学刊》2002 年第 3 期。

Durkheim)、马克斯·韦伯（Max Weber）等，在社会学元理论层面强调实践是人类知识的基础，这也为社会学视域下的日常生活研究提供了在观念和路径上的合理性。

在国内外社会学界的研究传统中，考察生活方式/生活世界的视角和线索有两种路径较为主流：其一，是以阿尔弗雷德·舒茨（Alfred Schutz）为代表的学者，从现象学入手把握日常世界的主体间性特点，认为生活世界是行动者的意义世界，而"行动的意义是一回事，我们把握意义的明晰程度又是另外一回事"①，进而结构出的"生活世界"理论影响颇为深远，后继学者如卢克曼（Thomas Luckmann）、伯格（Peter Berger）等进一步壮大这一研究枝干，并由此"逐步发展为有活力且不断臻于成熟的完整的现象学版图"②。在中国社会学界，受到二十世纪九十年代以来现象学研究热的影响，如杨善华、吕炳强等学者皆对现象学社会学的理论版图拓展及其本土化研究做出了相应努力；③ 其二，是以哈贝马斯为代表的学者（也部分受到舒茨等学者的影响），将公共领域的结构转型研究指向日常生活领域，其认为文化、社会和个性构成了"生活世界"的三维结构④，"生活世界"和"交往行动"的互相阐释让社会构成了一个繁复的意义网络，蕴含于日常交往和生活世界里的理性潜能——交往理性（communicative rationality）——才由此得以充分彰显⑤。

对生活方式/生活世界的研究，在社会学研究中的路径逐渐得到

---

① ［美］阿尔弗雷德·舒茨：《社会世界的意义构成》，游淙祺译，商务印书馆2012年版，第19页。

② Steven Vaitkus, *Phenomenology and Social Theory*, Hoboken: John Wiley&Sons, 1999, p. 278.

③ 代表性论述，如杨善华《感知与洞察：实践中的现象学社会学》，社会科学文献出版社2012年版；吕炳强《现象学在社会学里的百年沧桑》，《社会学研究》2008年第1期；等。

④ Jürgen Habermas, *The Theory of Communication Action*, Vol. 2, Polity Press, 1989.

⑤ 刘悦笛：《论哈贝马斯"生活世界"的意蕴》，《河北学刊》2002年第3期。

拓宽，交叉性研究不断生成具有广泛现实意义的成果。如美国政治学家帕特南（Robert D. Putnam），在其借助生活方式研究和新文化史视角对美国民主社会开展的研究《独自打保龄：美国社区的衰落与复兴》（Bowling Alone: The Collapse and Revival of American Community）中，廓清了一个重要观点：民主质量的好坏或民主制度的绩效，可以从公民社会的状况中得到解释。倘若某一社会的民主运转出现了某种危机，本质而言一定是公民社会（公民意识、公民组织、公民行为等公民生活）发生了变化。[1] 于中国学界，日常生活研究更为八十年代后的当代中国社会文化史考察提供了重要线索，循着社会史和文化史结合的交叉视野，以文化视角透视历史上的社会（生活）现象，或用社会学的方法研究历史上的文化（生活）问题。[2] 某种程度上，对生活方式的总体性研究是阐释社会文化变迁的有力印证。

四　电视研究的社会文化视角

社会学家鲍曼（Zygmunt Bauman）认为，当代社会文化某种意义上可以被视作后现代的电视文化。"当代文化的特点是多元主义，众望所归的权威的坍圮，等级差异的消解，解释的多元取向，意义的过度丰富……如同后现代艺术那样，当代文化正在迅速蜕变着。"[3] 电视作为长达半个多世纪在全球范围内的"社会实在"，"既无法否认，也无法回避，而且，电视在社会生活中几乎无处不在"[4]。着眼于电视与社会变迁之间颇为紧密而有机的联系，理解社

---

[1] ［美］罗伯特·帕特南：《独自打保龄：美国社区的衰落与复兴》，北京大学出版社2011年版，第1页。

[2] 李长莉：《交叉视角与史学范式——中国"社会文化史"的反思与展望》，《学术月刊》2010年第4期。

[3] Zygmunt Bauman, *Intimation of Postmodernity*, London and New York: Routledge, 1992, p. 31.

[4] ［美］罗伯特·C. 艾伦：《重组话语频道》，麦永雄、柏敬泽等译，中国社会科学出版社2000版，第17页。

会语境中的电视媒介以及人们如何在社会生活中运用电视，是一个值得关注和思考的重要命题。

故而，社会文化视角下的电视研究（Television Studies），伴随电视媒介主流化之路在数十年方兴未艾的发展中变成一种热门研究取向。自二十世纪七十年代以来，从社会理论与文化研究层面对电视媒介展开研究，伯明翰学派无疑是最富影响力的力量之一。[①] 伯明翰学派作为当代文化研究最有代表性的阵地，将电视纳入社会的、历史的语境中加以考察，借助符号学、叙事学、结构主义等视角，围绕电视的社会机制、受众接受、意义再生产等核心议题，旨在从更宏观的落点揭示当代大众文化的意义生产机制，于不断的批判继承中输出了电视研究丰厚的理论资源，亦为这一学术版图的壮大提供了充足养分，代表性学者如雷蒙德·威廉斯、斯图亚特·霍尔（Stuart Hall）、戴维·莫利（David Morley）、约翰·菲斯克（John Fiske）、夏洛特·布伦斯顿（Charlotte Brunsdon）等。

当然，西方电视研究的起点可追溯到法兰克福学派文化批判理论在电视研究中的运用，虽然该学派鲜有学者以电视作为专门的研究对象，但"其基于文化主义立场的传媒批判理论对此后的大众文化研究形成重要影响"[②]，这也为后来伯明翰学派的媒介与文化研究提供了思想源头（尽管两者在观念和路径上存在较大分野，伯明翰学派可以说是对法兰克福学派较为全面的批判继承）。如斯特里纳蒂（Dominic Strinati）所言："若是不了解法兰克福学派，无论如何都较难理解对于（包括电视文化在内的）通俗文化的分析。"[③]

在这样的学术传统之下，伯明翰学派着眼于与社会语境多元互动之下的媒介研究，以揭示潜藏在媒介文化背后的权力性质和权力

---

① 王臻：《伯明翰学派电视研究概论》，《甘肃广播电视大学学报》2004年第6期。
② 汪振城：《当代西方电视批评理论》，中国广播电视出版社2007年版，第197页。
③ ［英］多米尼克·斯特里纳蒂：《通俗文化理论导论》，阎嘉译，商务印书馆2001年版，第61页。

结构为旨归,侧重媒介的社会研究、客体研究,对电视文化形成了一系列批判阐释。①

威廉斯从电视作为一种科技形式所构筑的独特文化形态及其生成的社会意义切入,对"电视这种科技所产生的社会历史"以及"使用电视科技的社会历史"② 展开考察,指出技术作为电视媒介的构造力量,并非"自发""独立",而是在一定的社会意图和需求下受到包括社会阶层、社会机构等在内的诸种社会力量"指导"下有偏向地被发现和使用的,对"科技、社会制度和文化三者之间的关系考察,在电视身上找到了聚合的焦点"③。而原著出版于二十世纪七十年代的《电视:科技与文化形式》(*Television: Technology and Culture Form*)一书也因其对电视与社会互动的本质问题的揭示,被视作第一本较为专门和系统进行电视研究以及阐释电视与社会文化关系的理论著作。

霍尔则将符号学、结构主义等引入文化研究,认为电视的再现作为一种话语实践,背后具有对权力关系和意识形态运行的充分解释空间,指出"媒介(电视)的意义生产依托于解释的实践,而解释又靠积极将事物编入符码以及另一端的受众对意义进行解码来维系"④,其再现理论、编码/解码理论都对电视如何再现社会并展开意义再生产提供了重要的理论参照。

莫利在电视研究中偏重"受众"视角的考察形成了方法论层面的重要启发,其在七十年代末主导的基于对 BBC 新闻节目《全国新

---

① 宋瑜:《后现代语境下的传媒研究——戴维·莫利传播思想探析》,上海大学博士学位论文,2010 年。

② Raymond Williams:《电视:科技与文化形式》,冯建三译,台北:远流出版事业股份有限公司 1992 年版,第 27—33 页。

③ Raymond Williams:《电视:科技与文化形式》,冯建三译,台北:远流出版事业股份有限公司 1992 年版,第 3 页。

④ Stuart Hall, "Encoding/Decoding", in Stuart Hall (eds.), *Culture, Media, Language*, London: Hutchinson, 1980, p. 508.

闻》（Nationwide）所开展的民族志研究①，延承霍尔的编码/解码理论对受众解码电视传播的机制和特点进行了批判性阐释，后又对更具体的社会空间中的电视使用进行聚焦，对"看电视"这一家庭生活行为进行调查并对寓于"惯习"背后的权力关系进行阐发，形成《家庭电视：文化力量与家庭生活》（Family Television: Cultural Power and Domestic Leisure, 1986）一书。在莫利看来，自己的研究兴趣"始终集中在'如何看电视'的方式上——理解人们看电视的过程是如何作为一种社会活动来完成的"②，其代表性著作《电视、受众与文化研究》（Television, Audiences and Cultural Studies, 1992），便着眼于这一视角对电视作为社会公共领域和个体空间的连接、构架本土化与全球化对话的桥梁等进行了论述，形成基于人类学研究方法考察受众电视使用的方法论，"新受众研究"或言"主动受众研究"的影响颇为深远。莫利还进一步关注了消费主义对人们日常电视接触的塑造，亦构成对这一研究脉络的开拓和延展。在莫利之后，不少研究者"循着莫利的脚步"③，以受众视角考察电视与日常生活的多维互动，代表性著作如甘特莱特等（David Gauntlett & Annette Hill）著《电视生活：电视、文化与日常生活》（TV Living: Television, Culture and Everyday Life, 1999）等。这种学术传统得到持续壮大，尤其在消费文明影响不断加深的当下，更是成为电视研究领域举足轻重的一支力量。

  伯明翰学派的版图之纷繁、学者之众多、研究路径之丰富，亦使得理论的爬梳、整合有较高的难度，菲斯克（John Fiske）则对此

---

① 形成两部相关研究成果：David Morley, The "Nationwide" Audience, London: British Film Institute, 1980; Charlotte Brunsdon and David Morley, Everyday Television: Nationwide, London: British Film Institute, 1978。
② David Morley, Television, Audiences and Cultural Studies, London: Routledge, 1992, p. 133.
③ David Gauntlett and Annette Hill, TV Living: Television, Culture and Everyday Life, London: British Film Institute, 1999, p. 3.

作出了重要贡献，其结构化地对电视传播进行了大众文化解读，不仅促成了重新审视电视社会位置的重要价值，也提出了有如电视为现代工业社会提供黏合作用的文化再现的重要观点。在菲斯克看来，日常生活是大众文化的实践组成，而电视作为一种具有广泛性的大众文化产品，不仅成了再现社会生活的重要载体，也是大众发现意义、再生产意义的重要场域。"一个文本只有进入社会和文化关系中，其意义潜能才能被激活。而文本只有进入了读者的日常生活被加以阅读时才能真正产生社会关系。"[1] 电视对社会生活的深入更进一步地唤起了其作为一种典型大众文化所蕴含的民主化潜能，包括塑造社会共识、参与社会动员、肯定文化适用性、传递文化归属感等[2]，发挥了积极的社会中介作用。其理论体系与伯明翰学派一脉相承，且在莫利研究基础上更为侧重"受众对媒体做了什么"[3] 的商榷。当然，也有学者认为其对包括电视在内的大众文化存在过度美化，有"文化民粹主义"的倾向。

自二十世纪六十年代到八十年代的二十余年间，伯明翰学派对电视研究形成持续性的重要影响。虽然众多学人各有主张侧重和批判继承，但其构筑的理论版图中依然能找到具有共通性的线索，如强调电视的话语实践背后蕴含的权力关系和意识形态运作机制，强调电视与社会日常生活的紧密联系等。"尤其是文化社会学的分析范式，平民主义的文化立场，带来了电视理论的新思想、新观念"[4]，亦对着眼于社会语境和日常生活实践视野下的电视研究提供了有力的理论参照。

在伯明翰学派之后，对电视的媒介社会学或文化社会学考察不

---

[1] ［美］约翰·菲斯克：《解读大众文化》，杨全强译，南京大学出版社2001年版，第3页。

[2] John Fiske and John Hartley, *Reading Television*, Oxon: Routledge, 2003, pp. 66–67.

[3] 冯建三为《大众文化的神话》所写之导论，转引自阿兰·斯威伍德《大众文化的神话》，冯建三译，三联书店2003年版。

[4] 王卓慧：《伯明翰学派的电视观》，中国艺术研究院博士学位论文，2013年。

断壮大为一个成体系、有结构的学术领域，在研究路径和范式上也呈现出更丰富多元的特点，尤其对于电视与日常生活的互动，形成颇多有价值的论述。代表性著作如罗伯特·库贝（Robert Kubey）等著《电视与生活质量》（*Television and the Quality of Life*，1990），从电视对大众闲暇时间的构建及生活质量的影响入手，旨在"把看电视这一种当代文化现象呈现的意义碎片拼合……以一个足够广泛的时间来合理且有益地评估电视在日常生活中是如何使用和体验的"[①]；罗伯特·艾伦（Robert Allen）出于电视批评和电视教学研究的需要，在《重组话语频道》一书中较为系统性地汇编了诸种社会文化视角下的电视研究成果。其认为，当前已非常普及的电视，如何与千家万户的日常生活交织到一起，是一个微妙复杂且难于解释的议题。[②] 因而，令社会文化语境之下的电视研究"陌生化"（也即英格利斯所言的"去熟悉化"），不仅能够梳理出这种主流媒介看似"不言自明"的社会性背后的具体脉络，也能进一步商榷出电视作为一种"可观察"（visible）的社会要素是如何令社会结构化的；也有学者从受众研究和民族志方法出发研究特定国家地区的电视日常接触，如韩国学者金妍（Youna Kim）著《女性、电视和韩国的日常生活》（*Women, Television and Everyday Life in Korea*，2005），指出"电视是女性的重要资源，促使她们研究自己的生活和身份……并有潜力构建她们超越传统的生活基础"[③]，其与伯明翰学派布伦斯顿（Charlotte Brunsdon）对电视与女性主义的研究有相近的路径，成为更具体的学术脉络延续；同样关注电视与性别议题的美国学者洛茨（Amanda Lotz），除了在媒介与性别研究之外，也有更偏重宏观视野

[①] Robert Kubey and Mihaly Csikszentmihalyi, *Television and the Quality of Life: How Viewing Shapes Everyday Experience*, London and New York: Routledge, 1990, p. 18.

[②] [美] 罗伯特·C. 艾伦：《重组话语频道》，麦永雄、柏敬泽等译，中国社会科学出版社 2000 年版，第 19 页。

[③] Youna Kim, *Women, Television and Everyday Life in Korea: Journeys of Hope*, London and New York: Routledge, 2005, pp. 195–201.

的考察。其代表作《电视必将革命》(*The Television Will be Revolutionized*, 2007)① 基于观众对电视内容的使用方式创造性地提出数字化浪潮下的"后电视网时代"概念,并阐释了电视从"电视网时代"到"多频道切换期"再到呼之已出的"后电视网时代"的演进过程,以及这些变迁对电视媒介在不同社会阶段的社会角色的重塑。有学者认为,其重要的学术贡献在于"建立起一套严谨的、思考媒介与社会文化之间关系的逻辑框架,这对于我们在数字技术狂飙突进时代的媒介研究实践有重要的参考价值"②。

第三节 研究界定

本书基于史学研究的新文化史阐释范式,着眼于"看电视"作为一种生活方式的核心线索,对改革开放以来的中国电视文化史进行考察。较之传统电视史研究偏重媒介功能史、政治经济史的叙事,本书旨在从电视与国人生活方式的互动这一体现普遍性的变迁脉络展开研究。

一 研究语境、视角与对象

(一)研究语境:消费文化、电视景观与日常生活

伴随生产力的发展和社会的进步,消费文明的勃兴内在于大众文化演进之中并构成一条不容忽视的线索。由当代社会文明历史变迁观之,生产主导型社会向消费主导型社会的转向是社会历史演进具有显著性的关键特征,而对转型社会及其脉络的考察,则成为洞

---

① Amanda D. Lotz, *The Television Will be Revolutionized*, New York: New York University Press, 2007.
② 常江、石谷岩:《阿曼达·洛茨:未来的电视是一种非线性文化——数字时代的电视与电视研究》,《新闻界》2019 年第 7 期。

悉和理解社会文化变迁的重要视点。鲍德里亚（Jean Baudrillard）从生活方式的视点出发将浸润于大众文化并在文化发展路径上全方位受到大众消费行为支配的社会形态称为"消费社会"。当然，中国社会目前是否构成了完全意义上的消费社会尚无法形成盖棺定论的判断，但消费主义在二十世纪九十年代崛起后对中国社会产生的全面影响是毫无疑问的，也一并催生了大众文化和流行文化的新面貌。不可否认的是，变化中的社会景观与颇为强劲的文化的消费性生产互为表里、彼此构建，在借力大众传媒真正走向大众的过程中，将消费文化托举到了一个较高的社会位置之上。

在社会转型过程中，与诸种日常消费实践紧密勾连的大众文化意义建构，不仅伴随符号生产、行为实践与日常体验的重新组织，同时也使得权力的生产与再生产流动性不断加快[1]，消费文化的主张重塑着社会生产方式、日常生活方式以及人们认知社会的整体结构，尤其在"将个体张显成'个性化'的……使得人们在寻找独特性的消费行为中标识自我、互相区别"[2]等方面的作用举足轻重。而这种变化，在很大程度上依托于大众传媒得以实现；与此同时，"消费文化与商业逻辑的合力共谋持续性地对诸种文化生产场所进行渗透乃至于控制"[3]，消费主义对大众的塑造并不是一种无意识的结果，背后交织着各种权力关系的"意图"和"目标"，因而对其的批判性反思也构成理解消费文化的重要组成，而在这其中的一个重要环节——大众传媒——所扮演的角色也理应成为考察的重点之一。

电视，作为二十世纪以来最具影响力的大众传媒之一，以其独特的技术构造与视觉形态成为社会文化重要的反映者与形塑者。电

---

[1] [英]迈克·费瑟斯通：《消费文化与后现代主义》，刘精明译，译林出版社2000年版，第39页。
[2] [法]让·鲍德里亚：《消费社会》，刘成富、全志钢译，南京大学出版社2001年版，第86—87页。
[3] [法]皮埃尔·布尔迪厄：《关于电视》，许钧译，辽宁教育出版社2000年版，第15页。

视的这种力量植根于现代社会文化土壤的一个重要特质，即在于，向视觉的转向。视觉因素一跃成为当代文化的核心要素，成为创造、表征和传递意义的重要手段。①"视觉转向"带来的用以描述关于理解社会生活方法的"文化转向"②，催生独特的电视景观：以"日常的（everyday-life）、毋庸置疑和理所当然的（unquestioned and take for granted）社会实在"全面驱动着当代社会生活的文化构建和现代性唤起，与此同时，"视觉消费"的蓬勃生长之姿，也让电视文化呈现出更亲近于社会生活的样貌。因而，在日常生活的框架中考察电视媒介及其意义生产，并不是一种"不言不明"；对嵌入日常生活的"电视"予以学术语境的观照，在研究层面与当前主流的学术话语——将电视视作一种国家传播政策及体制的阐释框架——并重，这也构成了本书研究的逻辑起点和现实语境。

（二）研究视角：生活方式与生活史研究

生活方式研究，发轫于社会学分析的一个特定研究领域。作为文化社会学的研究方向之一，其主张在"文化"和"社会"的历史和政治割裂造成的矛盾张力中展开剖析。③ 对生活方式展开研究，旨在把握日常生活中的行为、实践、惯习所构筑起的诸种社会学现象，如何促成更具广泛意义的社会发展动力。

有观点指出，新时期的中国社会史研究，生活史应视作一个关注焦点。④ 改革开放以来的中国社会，经历了社会结构的显著变动。在这样的背景下，完全以社会发展史指代中国社会史，并不具有全面性和充分性。为社会史"正名"的首要一步，便在于要准确理解

---

① 周宪：《视觉文化的转向》，北京大学出版社 2008 年版，第 6—7 页。

② Rose Gillian, *Visual Methodologies：An Introduction to the Interpretation of Visual Materials*, London：Sage, 2007, p. 5.

③ ［英］戴维·英格利斯：《文化与日常生活》，张秋月、周雷亚译，中央编译出版社 2010 年版，第 2 页。

④ 常建华：《日常生活与社会文化史——"新文化史"观照下的中国社会文化史研究》，《史学理论研究》2012 年第 1 期。

"社会史是以人的社会生活历史演变过程及其规律为基本内容，也即，生活方式演进史"①。生活史研究之于改革开放后处在转型期的中国社会的洞察，在社会文化史研究层面有着相当的阐释空间。本书以电视对生活方式的塑造为线索考察中国电视的社会文化史，力图从社会学和历史学的交叉视角下对电视受众（或言电视的社会文化效果）变迁进行廓清，这同样是当前作为主流学术话语的以传统政治经济史或媒介功能史框架解读电视史的研究中体现相对薄弱的部分。基于电视对中国社会生活的参与式、动态式影响建构，从中管窥电视文化在不同的社会历史阶段如何塑造民众的身份认同、情感表达以及日常生活。

在社会学视野下，生活方式研究通常包括广义和狭义两种界定。广义上，生活方式意指人的全部生活活动，包括关于人满足生存和发展需要而进行的全部社会实践；狭义上，生活方式主要指生活资料的消费方式，也即"吃、喝、住、用、玩"等具体生活行为。②相比之下，本书所关涉的生活方式则体现着更为具体的语境。一方面，电视文化在中国的勃兴与发展，呈现出一种整体性的社会文化结构特征变化，其不只包含消费生活，也关涉劳动生活、政治生活和其他组成，因而研究所采纳的生活方式界定是广义上的概念理解；另一方面，相较于广泛社会生活中的生活方式洞察，本书所论及的生活方式主要指普罗大众围绕电视的媒介接触所形成的诸种日常生活实践及其影响，也即，电视对日常生活的各方面、各层次、各分支系统所发挥的作用。总体来看，电视参与社会生活并引起的具有一定连续性的群体社会生活变化，心理或行动、直接或间接的影响，都包括在本书的生活方式考察范畴内。

（三）研究对象："看电视"作为一种生活方式

中国电视的发展之路，除了刚兴起时因"先天发育不足"经历

---

① 王玉波：《为社会史正名》，《光明日报》1986年9月10日。
② 王玉波、王辉、潘允康：《生活方式》，人民出版社1986年版，第4页。

的二十年发展培育期,在改革开放后的四十余年中其作为主流媒介的构建轨迹一以贯之;对于中国社会而言,其"国民性"的媒介底色始终内在其中,即便是互联网和移动互联网异军突起的今天,电视作为一个优质视频内容的输出终端,仍然生成着具有普遍性的价值和意义。

另一方面,电视与国人生活方式的互动,作为理解中国电视的社会文化史的一条重要线索,源于电视在不同阶段的深度社会生活参与。能够看到,电视的前行在实质上是与中国社会的变迁轨迹紧密勾连的,中国电视与中国社会的相互建构始终内在于这一主流媒介真正走向大众化并持续实现影响力增量的逻辑之中。[①] 在社会结构变迁的过程中,"人"作为社会历史叙事的主体性地位被不断放大:身份鸿沟的逾越、思想观念的开化、宏大历史的消解等,最终让个人的体验与经历被置于极高的地位之上。而这个过程中,电视这一大众媒介所发挥的社会功能始终在场,其对于管窥嵌入社会基本结构中的广泛底层叙事的变化也有着充分的解释空间。

从这一层面看,在改革开放以来的四十余年间,"看电视"作为一种普遍的生活方式(无论鼎盛或衰落的阶段),能"自下而上"地找到一种社会学意义上的阐释空间;将其置于一个动态的历史演进过程中加以考察,亦能构架起一个反观主流社会文化变迁的重要参照系,这也是本书从中国电视的媒介化生存入题进行生活方式/生活史研究的路径合理性所在,也是研究最终指向的探讨新环境下电视如何寻求发展变化以重塑新的生活场景、生活方式的落脚点所在。

具体而言,本书关涉的研究对象,主要指人们通过诸种电视接触行为所构成的整体性的社会生活实践和社会文化风貌。从研究对象的内部视角(媒介接触)看,其包括电视技术(终端)的消费、电视文化的传播及其传播过程中引发的受众反馈等"使用"电视的

[①] 何天平、严晶晔:《媒介社会史视域下的中国电视 60 年》,《中州学刊》2019 年第 5 期。

诸种环节，也即日常生活中的电视媒介经验；从研究对象的外部视角（媒介的社会文化实践）看，其包括围绕电视生成的具有稳定性的社会文化结构和具有流动性的社会行为两个层面，前者观照使用电视作为一种社会文化地位的象征，后者观照电视文化塑造的变化中的日常生活场景，以及电视在社会文化地位赋予和生活场景制造之间所体现的张力作用，也即电视媒介在日常生活实践中所建构的象征意义和现实意义、自我认同和社会认同，更进一步的，体现在电视的媒介使用与社会文化发展之间的互相作用。

需要指出的是，本书的研究强调"以史为纲、史论结合"，故而取历时性而非共时性研究的思路结构全文。在历史梳理与阐释的部分，对"电视"的理解依托于电视机为终端的传统媒介定义；在转型问题探讨的部分，这一概念则会有相应推广，基于融媒体业态加以延展，这也是对不同社会历史阶段的电视媒介更准确的描述。

二 研究跨度

本书的研究时段跨度为1978—2018年。主要依据在于，中国电视虽诞生于1958年，但在前二十年的发展历程中其媒介特征和终端普及程度都十分有限，也大体呈现出一种在政治话语框架完全主导下的不完全媒介建构。中国电视取得实质性的发展则是在改革开放后，其作为一种社会文化的意义释出以及作为一种大众生活方式的建构，也是从这里开始发轫。基于此，本书考察"看电视"作为一种生活方式的总体历史分期，主要体现为四个阶段：

第一阶段：1978—1989年。改革开放至二十世纪八十年代，中国电视迎来第一个快速成长期，电视媒介有了初步的完整建构，大众对电视也在不断形成认识，这与彼时尚不成熟的电视技术、价格昂贵的电视终端之间构成一组矛盾，并催生一种独特的"看电视"景观，其属性近似于看电影的集会式观看，这也为此后中国电视的大众化传播打下基础。

第二阶段：1990—1999 年。以 1990 年电视剧《渴望》热播为一种具有代表性的典型社会文化现象，二十世纪九十年代，伴随电视媒介的属性丰富与电视机走向千家万户，"客厅文化"勃兴直至鼎盛，电视作为一种家庭结构关系的表征，也构筑起其作为情感纽带的文化新底色。

第三阶段：2000—2007 年。进入二十一世纪，电视作为主流媒介的地位对大众生活的强势影响，与各种崛起的新兴生活方式对撞之下矛盾渐显。一方面是电视召唤"大国意识"的能力在一系列重要社会记忆中得到体现；另一方面，初代互联网产品于二十一世纪落地中国，逐渐培育出更充分的文化想象力。

第四阶段：2008—2018 年。以 2008 年北京奥运会、汶川地震等媒介事件的电视参与为分野，及 2009 年至 2010 年以 BAT 为代表的应用入口崛起、移动互联网元年到来，电视在二十一世纪的第二个十年里进一步失去引领大众生活方式的话语权。当新媒体用了传统电视三分之一的发展时间迎来超过电视三倍的发展速度，技术驱动媒介新变革、新媒体全面崛起构筑跨屏传播时代，电视对观看场景和生活方式的维系面临消解和重构，亟待转型。

三 研究问题

本书的研究立足于中国电视文化史考察，探究中国社会历史语境对"看电视"作为一种生活方式的建构逻辑，从电视与国人生活方式的互动这条具有普遍性的变迁脉络展开文化阐释，结合历史语境、社会文化叙事以及对当前媒介环境的洞察，为当前面临生存危机的中国电视寻求另一种视角下的转型可能性路径。基于此，本书尝试回答以下问题：

（1）"看电视"作为一种生活方式的建构在四十年中经历了哪些发展阶段？

（2）不同阶段中电视传播的变化，形成了哪些不同的大众生活介入方式？

（3）电视在不同阶段对大众生活的不同程度卷入，带来大众生活方式的哪些特征变化？

（4）电视文化与国民生活方式的互动变化，投射出背后怎样的社会文化逻辑变迁？

（5）"看电视"这一主流生活方式，在当前面临怎样的衰落危机？

（6）复归到当下语境，中国电视的文化如何被多种社会力量重新建构？作为一种"新媒体"的电视，如何重回大众生活？

第四节　研究设计

一　阐释框架与理论来源

（一）研究前提：视觉文化以及作为权力的"观看"

有学者指出，从比较的意义上而言，我们如今越来越多地受到视觉媒介的支配，我们的价值观、见解和信仰也越来越显著地受到视觉文化强有力的作用和影响。[1] 自摄影术诞生以来，电影、电视和互联网不断改变着人类进行文化消费的方式，并最终使得整个世界呈现出普遍视觉性（visuality）的特点。

视觉文化作为最典型的当代文化，尤其是大众文化的主导特征，使得"观看的政治"（the politics of watching）成为当代文化研究中几乎所有理论脉络都关注的对象。而电视作为半个多世纪以来在全球范围内最为主流的一种视觉媒介，其构建的看/被看的视觉景观亦成为其中最具阐释价值的考察样本之一；另一方面，观众对电视的"观看"，并不仅仅是单纯意义上的文化审美实践，而是特定社会结构作用之下的结果。基于"视觉性"的图像/影像生产并不是对客观物质世界的无偏向反映，而能够普遍地折射出某些特定的视点和观

---

[1]　周宪：《视觉文化的转向》，北京大学出版社2008年版，第7页。

念。如本雅明（Walter Benjamin）所指出的，机械复制（Mechanical Reproduction）时代的到来破解了艺术的神秘感与权威性，"艺术不再以仪式为基础，开始建立在另一种实践——政治——之上"①，进而让文化充分涉入日常生活领域并催生出更为复杂的权力秩序。

因而，对视觉文化和视觉媒介的考察，并不仅仅着眼于对媒介或媒介文化本身的关注，理应进一步去洞悉其潜藏在背后的社会动员力量或政治性动力，"看"与"被看"的关系在学术层面应当被予以同等的重视，且由此对过程中流通的权力关系进行关注，对基于文化消费行为的"民主化"或"控制"进行批判反思。这一基本的（视觉）文化研究取向，构成指导本书研究的总体前提和背景。

（二）理论来源：新文化史与"生活世界"研究

二十世纪七八十年代，是当代西方史学研究发生重要转向的阶段。以反思传统社会史研究为线索的跨学科视角整合，催生了主张纳入社会学、人类学等理论与方法的新文化史研究，"在历史研究和写作的主流中，渐渐占据了主导"②。当然，作为对既成的社会史研究传统的一种批判，新文化史范式的出现并不意味着史学研究的传统路径全然清零，更重在历史考察的新思路、新方法、新理论的启示。尤其在社会史视野下充分涉入"文化"的视角，一来将历史学研究对象的关注从偏重政治经济结构转向更广泛的社会文化领域，二来也以"文化的观念来解释历史，借助文化人类学、语言学、文化研究等的理论与方法"③，在阐释文化象征、解析文化意涵的过程中以更广泛的文化概念来还原最具普遍性的社会历史面貌。

---

① Walter Benjamin, *Illuminations*, Edited and with an Introd, Hannah Arendt, New York: Schocken Books, 1968, p. 224.
② 周兵：《新文化史：历史学的"文化转向"》，复旦大学出版社2013年版，第43页。
③ 周兵：《新文化史：历史学的"文化转向"》，复旦大学出版社2013年版，第2页。

由此，对生活（方式）史的考察，以新文化史的视角阐释具有充分性。有学者指出，对我国社会史的研究应当从"社会生活"向"日常生活"转变，从中找到日常生活与历史变动之间的联系，进而挖掘出日常生活领域的非日常生活因素。① 基于这样的视角，新文化史的叙事成为具有借鉴意义的一种历史书写方式。其学术性格"下探民隐"且注目于下层社会，"更注重'人'行动背后的文化逻辑或文化密码解释"。② 故而以新文化史的框架来厘清中国电视的社会文化史脉络，既能提供一种"自下而上"的电视史观补充，在个人史、心态史书写等方面也为中国电视史的梳理带来更多鲜活生动的叙事。

另一方面，西方社会学界对"生活世界"的研究关注，亦能对考察电视构造生活（方式）史提供相应的理论参照。舒茨的现象社会学对生活方式的关注，认为社会世界是各种能动性主体共享意义的结果而非客观实在系统；哈贝马斯将公共领域的结构转型研究投射向日常生活领域，其提出的"交往理性"观点对人类社会交往行为予以结构化的重视等，都在很大程度上为本书的研究形成理论支撑。作为一项着眼于文化社会学的研究，上述关注视点亦能为研究的阐释提供路径合理性。

（三）内在线索：电视对社会文化的再现

电视作为一种社会文化，是使社会结构在一个不断生产和再生产的过程中得以维系的社会动力的重要组成部分。③ 伴随电视的主流化之路而来的，是其基于视觉性所构建的媒介现实对受众认知和理解社会所产生的深刻影响。故而，潜藏在电视对人的"培养"过程

---

① 常建华：《从社会生活到日常生活——中国社会史研究再出发》，《人民日报》2011年3月31日理论版。

② 卢建荣：《新文化史的学术性格及其在台湾的发展》，载陈恒、耿相新主编《新史学·第四辑：新文化史》，大象出版社2005年版，第155页。

③ [美]约翰·菲斯克：《电视文化》，周宪、许钧译，商务印书馆2010年版，第5页。

中的再现机制,就成为我们理解和阐释社会文化结构及其变迁的一种实用且有力的手段。

再现(representation),意指人们通过语言对诸种符号所开展的意义生产。[1]"再现"的过程,亦是将抽象的意识形态"嵌入"相应的符号能指中的具体实践,并由此构成一种"重塑"表意系统的社会话语机制,是一整套基于权力结构分析的阐释线索。某种程度上,"影像(image)是人为的,试图解释'你如何看事物的',并试图发现'他如何看事物的'"[2]。电视的再现,作为一种结构化的话语实践,其目的在于通过对意义的生产(以及再生产)和对差异的制造,以实现将有待于被揭示的寓于"如何看事物"背后的权力关系"伪装"或"矫饰"成一种非权力关系,进而实现对既存社会权力结构的维护或者再生产。将电视再现社会文化的变迁视作研究的内在线索,意在廓清"观看背后隐藏的复杂的视觉观念,即人们如何看并如何理解所看之物的方式"[3]。对于本书在历史梳理之外更侧重对历史的阐释这一价值旨归,这种解释路径是具有充分性和合理性的。

二 研究方法

本书在总体结构上遵循"以史为纲、史论结合"的特征,从"看电视"作为一种生活方式的构建出发,借助文化研究、史学研究、社会学研究的交叉学科视角,对中国电视文化史展开考察。在历史的梳理和阐释后,研究也将有针对性地进行理论提炼,并尝试用以解释电视及其文化在当下面临的困境和突围策略。依托于这样的思路,本书的研究采用如下方法:

---

[1] [英]斯图亚特·霍尔:《表征:文化表象与意指实践》,徐亮、陆兴华译,商务印书馆2003年版,第17页。

[2] [英]约翰·伯格:《观看之道》,戴行钺译,广西师范大学出版社2015年版,第5页。

[3] 周宪:《视觉文化的三个问题》,《求是学刊》2005年第3期。

史料研究：对中国电视史的考察，首先将依托于诸种具有权威性的客观史料：如各类电视文献、官方资料及数据汇编、档案、年鉴、节目文本等。出于本书研究的创新旨归，需纳入更多个人史、心态史的考察，故而研究也会更为重视对主观史料的挖掘与阐释，如官方资料（如《中国广播电视年鉴》《中国电视收视年鉴》、地方广播电视志）中涉及观众层面的素材；行业报刊与流行媒体（如《大众电视》《电视周报》《中国电视报》）的报道以及历年"读者来信"栏目；电视人口述史及回忆录；影像志素材；不同时期发布的相关研究成果、数据统计、专业报告；综合性著作中有关电视与电视文化的观点等。

文本分析与话语分析：对诸种能够反映"看电视"作为一种生活方式构建的史料与文本进行话语分析，重点揭示潜藏背后的内在规律、文化与权力结构、运作机制等。"话语既是语言，也是实践"①，其并不是一个封闭的系统，一方面通过复杂的社会实践建构了人与现实，另一方面又在社会过程中不断被重构。② 话语分析（discourse analysis）的研究方法，在于将话语视作一种特殊形式的社会互动过程，进而理解话语本身并不具备所谓的"天然底色"（natural being），而是需要置于复杂的语境和结构里进行意义结构再剖析的。

实地考察与深度访谈：生活方式研究属于社会学研究的一个重要对象，因而对于诸种原始资料的搜集，除了文献资料外也需取得更多一手研究素材。一方面，结合考察与电视传播有关的旧址、相关的广播电视台、电视播出场所等，以期取得更多与本研究相关的场景资料；另一方面，本书中涉及大量关于"人"的历史叙事，深度访谈法能够帮助研究掌握更扎实的史料。但考虑到本研究的特殊

---

① Vivien Burr, *An Introduction to Social Constructionism*, London: Routledge, 1995, p. 46.
② 杨莉萍：《心理学中话语分析的立场与方法》，《心理科学进展》2007 年第 3 期。

性，访谈作为一种方法全面运用于研究中存在一定困难。例如，在"看电视"作为一种生活方式的背景下，每一个"看电视"的观众在事实上都包含于研究对象中，抽样本身并不具备结构化的特征。因而，本书对深度访谈法的使用，主要会以非结构化的形态呈现，以期从电视人、电视观众的访谈中提取出有价值、有代表性的史料。

三　研究创新

第一，在研究视角上，本书借助新文化史的阐释框架，主要采纳以"人"为主体的微观历史叙事视角，从电视这一主流媒介之于中国社会文化生活的意义建构和流变切入，将观众与电视文化的互动作为主要的考察对象，进而对中国电视文化史展开考察。从新文化史的视角来看，电视作为最具影响力的大众媒介的兴衰，是可以从主流社会生活的运行和变迁中得到解释的。电视这一主流媒介的地位确立和发展，很大程度上得益于其作为一种"生活方式"对大众社会构成的普遍影响。这种视角的构建，为解释电视发展命题提供了一种"自下而上"的视角补充，也有助于更全面地厘清和阐释电视媒介的变化和未来进路。

第二，在理论贡献上，本书以交叉学科的视角考察中国电视史，这在一个阶段以来的中国电视史专门史研究中具有稀缺性，亦能输出一定的学术价值。目前来看，国内学界对中国电视史的研究，有权威著作但乏于"多点开花"的局面亦是现实状况；对中国电视史进行不同维度的研究考察，也有益于相关学术领域的理论开拓和活力注入。

第三，在研究方法上，本书中关涉的史料对象及考察方式，与传统电视史研究的思路有较大差异，这既是研究的难点，也是研究的创新之处。相比各类文献、档案、数据、年鉴、节目文本等客观史料的取得，本研究会重视对更多主观史料的阐释，即，对个人史、心态史的深掘。一方面，有助于整个电视史料库的素材扩充；另一方面，这种研究方法对中国电视史的历史书写也具有一定的延展价值。

第四，在现实价值上，中国电视史的研究直到今天已经积累相当的成果，要在这一领域中继续往下深掘，势必要找到新的维度和落点。本书的研究之所以选择对电视作为一种"生活方式"构建的变迁历程来考察媒介文化的历史演进，其目的也不仅仅停留在对史料的简单梳理和廓清。尤其是在今天这样一个纷繁巨变的传播环境中，视觉技术驱动新视听文化、跨屏传播颠覆终端传统，当"看电视"变成一个多义词，电视之于大众社会的价值也面临着被重新探讨和把握的新机遇。因而，本书的最终落点指向电视转型这一当前根本性的媒介生存问题，结合历史语境、底层叙事以及对当前媒介环境的洞察，研究的现实立意旨归在于，从兴起到兴盛再到衰落的"看电视"这一主流生活方式究竟可以走向何方、如何实现复兴？落实到研究中，也构成了今天考察电视史时容易被忽略的一条重要线索：电视的传播在发生变化，电视之于大众文化习惯的影响（或言电视对大众生活的介入方式）也随之变化。从大众生活的历史书写截面里寻找电视文化演进的线索，这既是观照当下性和现实性的，也是本书的创新点所在。

第 二 章

电视、社会文化与日常生活

　　没有电视的生活对于生活在现代文明中的人而言难以想象。这一方面固然在于电视为现代人的闲暇时间提供了最有效的精神消费；另一方面，电视也为人们创造并使之适应了一种全新的社会秩序和价值规范。[1] 中国电视长达半个多世纪叠经起伏的发展，培育而来的不仅仅是其作为"主流媒介"或"第一媒介"的媒介影响力，更在于其以文化为锚点深入日常生活的社会影响力。即便是在今天这个巨变的数字时代当中，从"同质化的观众"（homogeneous viewers）到"分化的观众"（polarization audience）的让渡[2]带来新受众环境的呼之欲出以及媒介接触使用习惯的颠覆性改变，但电视所具有的连接家庭社群的情感属性、聚合话题"破圈"传播的能力、凝聚共同体意识的潜质，以及最为重要的黏合"圈层"分野的大众化价值底色等，依然展现出了蓬勃壮大的互联网视听所无法比拟的优势。

　　有学者从人们的"社会性格"与社会的互动关系视角切入，区

---

[1] 周可：《电视文化与现代人的社会心态——对电视作为一种文化现象的批判》，《文艺评论》1989 年第 5 期。

[2] James G. Webster, "Audience Behavior in the New Media Environment", *Journal of Communication*, 1986, 36 (3), pp. 77–91.

分了不同社会阶段大众的社会性格培养机制。① 前工业时代，人们依赖于"传统"和"经验"并形成了传统导向型的社会性格；进入工业时代，启蒙的精神和对理性的求索促成了强调个性主张的内在导向型社会性格；而再到如今的后工业时代，消费文明和大众文化的崛起带来更趋复杂微妙的社会交往关系，大众的行为实践印迹上了更为显著的社会化特征，"面对迅速变化的社会和不断变动的社会地位，以电影、电视和广告为代表的大众传媒提供了一种现成的指导，输出了人们不易获得的如何把日子过得'更好'的知识"②，伴随大众传媒这种具有全面性的强势外力介入，他人导向型的社会性格得以形成，来自媒介的建构或社会控制作用持续凸显。由是，电视在全球范围内作为塑造社会性格、引领社会文化的重要载体活跃数十载，几乎可以说"日常生活正是通过电视的表征轰轰烈烈地重归我们的生活"③；当然，我们也需要看到如今正值危机的电视在各个社会维度上的话语权式微，而同样的，解释这个问题的线索也需要重新回到日常生活里，重新来审视电视的社会文化价值。"媒介变革的速度往往会与人们行为习惯的惰性形成张力，故而对媒介的考察更需要放到日常语境中媒介事件的习惯上来研究"④，电视的媒介化（mediatization）研究则提供了一个理想的视点。本章以基于电视的"媒介化生存"为考察起点，着重解析电视媒介、社会文化与日常生活实践之间存在的逻辑脉络以及能够进行合理化阐释的理论路径，以期进一步廓清从社会生活方式变迁来考察中国电视文化发展的必要性与重要性。

---

① 参见［美］大卫·理斯曼《孤独的人群》，王崑、朱虹译，南京大学出版社2002年版。
② ［美］丹尼尔·贝尔：《资本主义文化矛盾》，赵一凡、蒲隆、任晓晋译，生活·读书·新知三联书店1989年版，第26页。
③ 蔡骐、万颖：《论日常生活的电视表征》，《南华大学学报》（社会科学版）2009年第2期。
④ 骆世查：《"媒介化"：日常生活中的媒介实践——兼评〈媒介消费与公共联结的未来〉》，《全球传媒学刊》2019年第1期。

第一节　电视与社会：一种审视媒介化
　　　　　生存的视角

　　对当代社会及其文化的认识，离不开对诸种大众传媒手段及发展的洞察。"无处不在"的媒介，使得社会的不同维度建构或多或少体现出遵循媒介规律来运行的特质，落实到人们生活方方面面的具体影响，人们对于媒介的参照或依赖也逐渐内化成一种自觉的生活方式，媒介化生存已然变成一种普遍现实。

　　媒介化，强调大众媒介对社会的普遍性建构力量所带来的结构化影响，关涉政治、经济、文化等不同社会侧面，更"进一步体现到普通人的日常生活之中"①。从制度主义（institutionalist）的视角看，当"媒介"成为一种制度化要素深度作用在广泛的社会文化议题中时，理解媒介所扮演的社会重要角色就显现出至关重要的价值。换言之，我们对媒介的审视并不止于其作为一种传播工具的功能属性，还包括至少两个维度的建制要素：一是，其运行逻辑（也即媒介逻辑，media logic）作为一种独立的制度力量设置出了沟通其他社会领域沟通框架的制度化传统；二是，这种制度要素也深嵌于日常生活，与其他社会制度紧密勾连，作用于普通的社会方式并进而促成一种社会建构传统。② 也有学者从媒介化对社会的建构过程入手，概括了包括"扩展"（extension）、"代替"（substitution）、"融合"（amalgamation）、"适应"（accommodation）、"制造"（creation）等

---

① Mats Ekström and Johan Fornäs and André Jansson (eds.), "Three Tasks for Mediatization Research: Contributions to an Open Agenda", *Media, Culture & Society*, 2016, 38 (7).

② Andreas Hepp, "The Communicative Figurations of Mediatized Worlds: Mediatization Research in Times of the 'Mediation of Everything'", *European Journal of Communication*, 2013, 28 (6).

在内的媒介化引发社会变革的不同过程。① 但无论从哪种路径来加以考察，媒介化在社会转型过程中所释放出的全面性影响，俨然是值得当代传播研究关注的具有显著性的议题。而在这个方面，阐释媒介化进程中的普遍状况和特殊状况，也有助于描摹出媒介演进和社会演进之间的微妙而紧密的互动关系。

从"媒介研究"到"媒介化研究"的理论转向，成为近十余年来传播研究的一种范式更迭，也构成了相应的学术热点议题。媒介化关注"媒介与社会经验或过程之间的互动关系，且主要探讨后者因前者产生的变化"②，反映了媒介在文化和社会中日益加剧和变动的重要性的一种新的环境，预示着文化和社会逐渐依赖于媒介及其逻辑，而媒介则融入了文化和社会实践的不同层面。③ 媒介化过程在社会宏观视野上的研究价值不言而喻，譬如考察媒体制度与社会制度之间的关系、媒介环境变迁对舆论生态的影响、媒介文化与大众文化的互动、媒介形塑社会主流价值观念的过程，等等；但另一方面，这种宏观意义的生成，深度依托于媒介化更具体也更有广泛性的实践，"与人们日常生活相联系，研究个体的媒介化程度、日常媒介使用和依赖情况"④，进而推广到具有群体性特征的媒介化生存。尤其是在新媒体异军突起的当下，不同代际、地区、阶层的受众受到媒介变迁影响而发生变化的社会交往习惯、生活方式等，都理应有更具体而微的研究视角加以观照。深度浸润于大众传媒影响下的

---

① 前四种过程参见 Winfried Schulz, "Reconstructing Mediatization as an Analytical Concept", *European Journal of Communication*, 2004, 19 (1)."制造"的过程为后来补充，参见 Olivier Driessens, Karin Raeymaeckers (eds.), "Personalization According to Politicians: A Practice Theoretical Analysis of Mediatization", *Communications-European Journal of Communication Research*, 2010, 35 (3)。

② 戴海波、杨惠：《媒介与媒介化的互动机制》，《编辑之友》2018 年第 3 期。

③ ［丹］施蒂格·夏瓦、刘君、范伊馨：《媒介化：社会变迁中媒介的角色》，《山西大学学报（哲学社会科学版）》2015 年第 5 期。

④ 侯东阳、高佳：《媒介化理论及研究路径、适用性》，《新闻与传播研究》2018 年第 5 期。

社会个体，如中国台湾学者卢岚兰所指出的，具有一个共同的社会身份，即"阅听人"。"阅听人不只是传播研究中的研究对象，更是现代社会文化所造成的一种重要现象，同时，现代的社会个体就是以包含着某些阅听人身份及性质而被建构或定位的。"[1] 理解大众作为"阅听人"的这种生活形式或生活过程，进而透视出人们通过与媒介的互动关系来架构的现代社会的日常形态，并从中商榷诸种行为特征和经验惯习，这更构成了我们认知和探讨社会文化的重要基础。

而电视，作为二十世纪以来最具影响力的大众传媒之一，以其独特的视听表达形式已经成为社会文化重要的反映者和形塑者，亦在媒介化生存的社会景观生成和"阅听人"的社会身份构建中扮演了不可或缺的关键角色。作为一种现代性的视觉力量，电视在其媒介化的发展进程中无数次地以直接、生动的方式向大众展示正在发生的社会生活，"国民媒介"的地位确立，也恰恰是作为一种重要社会力量的电视有力再现社会文化、沟通社会生活的具体缩影。

在全世界范围内，电视作为主流媒介的发展历程，几乎内在于第二次世界大战之后全球性的社会格局变迁逻辑之中：电视的"媒介化"伴随着整体性的"社会化"过程而来；人们浸润于电视传播之中的媒介化生存也反身定义了更趋现代化的生活方式。依托于视听文化打破媒介与诸种社会关系互动壁垒的电视，"因社会的需要而诞生，特定的社会文化环境和经济基础造就了电视……而电视在回报社会、为社会环境的建设与发展服务的同时，自身也获得飞速发展"[2]。即便是在今天这个巨变的媒介环境下，电视之于社会生活方方面面的影响，其重要作用依然是任何一种大众媒介所无法比拟的。詹姆斯·凯瑞（James Carey）曾以传播的仪式观来阐释符号的构造

---

[1] 卢岚兰：《阅听人与日常生活》，台北：五南图书出版股份有限公司2007年版，第1页。

[2] 汪云天等著：《电视社会学研究》，上海三联书店1998年版，第4页。

和互动如何建构文化世界①,借助一种升格的媒介研究视角来理解传播如何"发生于文化又再生文化",进而可以提炼出其"凝聚社会生产、消费和再生符号的方式与规律"。②

反观全球范围内电视的媒介化之路,"电视世代"作为一种具有连续性、广泛性的社会群体特征,足以让人看到电视这一媒介如何参与文明形塑和社会改造的进程,又如何深度影响着半个多世纪以来主流社会的文化构建。在这一过程中,既包括电视之于社会文化、社会生活所施予的积极影响,例如"客厅文化"与家庭情感生活的重塑,电视的家庭化沟通促进家人互动、消弭代沟并成为家庭运行质量优劣和生活经验成败的重要指标;③ 也包括过度浸淫于"造梦"和"致幻"的电视文化当中,假想性地将电视构建的媒介现实视作客观实在的消极影响,以"沙发土豆"(Couch Potato)为代表的"电视迷"效应带来的身心伤害乃至社会能力退化,电视暗藏的攻击性对人的精神控制以及消费型人格的培养,"电视人"④ 效应对个体本身的异化,无个性、玩世不恭的犬儒、乏于进取和批判精神导致"空心人"状况的发生,等等。不胜枚举的文化现象或社会景观,无论造成怎样向度和程度的影响,都是电视与社会交互过程中得以实现媒介化生存的重要表征,而对此开展的阐释或批判,也理应是理解电视与社会文化变迁的重要线索。

---

① James Carey, *Communication as Culture: Essays on Media and Society*, New York & London: Routledge, 1992.

② 潘忠党:《传播媒介与文化:社会科学与人文科学研究的三个模式(下)》,《现代传播》1996 年第 10 期。

③ 持此种观点的代表性论著如:Millard J. Bienvenu, "Measurement of Parent-Adolescent Communication", *The Family Coordinator*, 1969, 18 (2); Frances H. Scherz, "Multiple-Client Interviewing: Treatment Implications", *Families in Society: The Journal of Contemporary Social Services*, 1962.

④ 周可:《电视文化与现代人的社会心态——对电视作为一种文化现象的批判》,《文艺评论》1989 年第 5 期。

第二节　基本逻辑：电视作为一种社会语境

当视觉性成为当代社会文化的重要特点，视觉传播成为当前最主流的传播样态，作为当前中国用户规模最大、发展基础最坚实的主流视觉媒介，中国电视的现实价值在短时间里自然不会被尽然瓦解，即便在当下的新媒体环境中视听传播正在迎来结构化的全面升级，电视所面临的发展困境也在实质上有别于其他传统媒体，并没有受到演进中的媒介环境实质性的颠覆。恰如原中央电视台副台长孙玉胜所言"视频是最高级的传播形态，未来也不会改变，改变的会是渠道、终端以及呈现方式"①，围绕优质视听文本的价值生成始终有生命力。但不可否认，传统意义上的"电视"较之蓬勃发展的诸种视听新媒体而言，更近似于一种"前现代"的存在，而这也恰恰提供了理解电视的社会价值的重要论据：中国电视经由六十余年发展在政治、经济、文化的共同建构下构筑出自身的一种独特的社会语境，虽然这种语境化的社会过程或许已然表现出了与今天的现代性不相适应的部分，"语境"的失灵揭示了媒介危机的本质，背后投射出的则是中国电视在媒介功能之外的更多解释空间。

一　走向"大众化"的旨归

从只有少部分领导干部、知识分子可以观看的"小众"媒介走向巅峰时期能创造万人空巷观看盛况的"大众"媒介，中国电视一度重构了中国人和中国社会的一种新型关系：既作为社会日常生活中权力和意义的中介，本身也是施予社会日常生活权力和意义的中

---

① 孙玉胜：《视频是传播的最高形态，未来也不会改变》（孙玉胜在 2018 中国网络媒体论坛的发言），央视网，检索于 http：//news.cctv.com/2018/09/08/ARTIm8o6zw5hjdnXrXnqQldU180908.shtml。

介，由此构建出一种可持续的社会语境。这意味着考察电视并不仅仅是理解媒介内部形态与功能的构架，更应将其所参与的诸种层面的社会现实一并考虑其中。很大程度上，电视不仅是一种媒介形式，也是一种政治形式和经济形式，更是一种心理形式、文化形式和社会形式。我们不应仅仅把电视视作一种来自媒介功能建构的影响之源，其绝非简单的有益或有害，更应该将其纳入日常生活的多重话语中进行考察。① 理解电视如何在其主流化过程中构筑大众化的话语，这些话语如何彼此交织并发生作用，是阐释中国电视在过去数十年中有别于其他主流媒介形态独特成长路径的重要视角。

中国电视走向大众化的过程，亦是理解媒介化的一个重要社会过程，这也决定了社会性是中国电视发展脉络中至关重要的线索。如图 2.1 所示，作为一种社会语境的中国电视，受到政治、经济、文化等社会外部力量的综合影响，作用于国民社会生活、文化消费等多元社会互动关系，体现在各类电视文本的生产与传播之中，是不同维度的共同建构，且在互相反哺中形成一种具有稳定性的结构。如西尔弗斯通（Roger Silverstone）所指出的："发展而来的电视不再是孤立的媒介技术的体现（如果它以前是的话），它已经迅速地嵌入到在技术和媒介汇合之后的社会文化之中……以电视为核心，其产生的权力、影响以及在社会日常生活中的位置，具有不可取代的重要作用。"②

中国电视构筑自身社会语境的最终落点在于，其实现了最广泛意义上的大众化传播，因而对电视的"大众化"阐释，一方面依托于日常社会生活中人们对电视媒介的动态（dynamics）接触（使用）的考察，另一方面也要对日常社会生活中最普遍意义上的政治进行提炼和归纳，如此便能解释在电视媒介的意义生产过程中是如何形

---

① Roger Silverstone, *Television and Everyday Life*, London and New York: Routledge, 1994, p. ix.

② Roger Silverstone, *Television and Everyday Life*, London and New York: Routledge, 1994, p. xi.

成如莫非（Robert F. Murphy）所言的"社会生活的所有表现都处于持续且有生产性的张力之中"①。

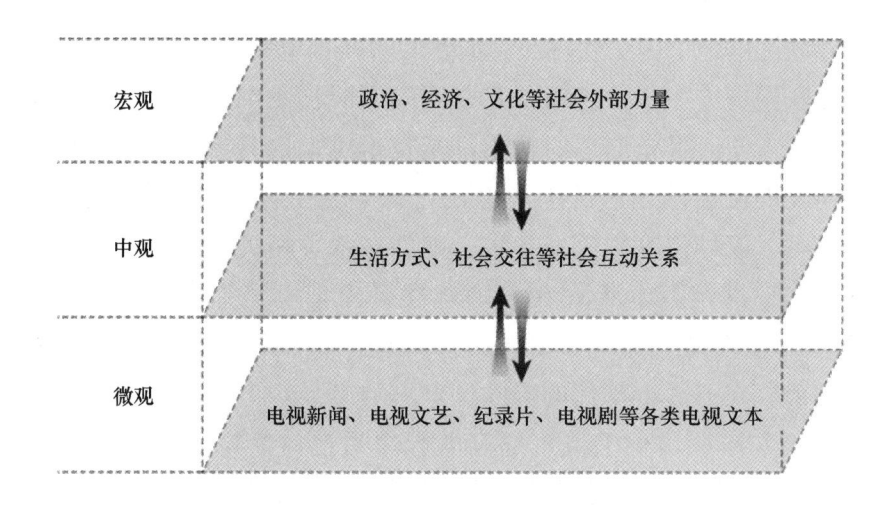

图2.1 作为一种社会语境的中国电视

当前，新媒体的出现和壮大破坏了这种社会语境结构的内部平衡，且分取了传统电视相当大比重的影响力，故而造成了"语境"在一定程度上的失灵以及电视这一大众媒介分众化危机的产生。对此的解释，同样可以回归到电视与社会文化、日常生活的关系之中。其矛盾的焦点看似在于"新"与"旧"之争，但若是置于"语境化"的过程里加以管窥，能发现内在其中的核心变量并非打破平衡的新势力，而在于新势力如何打破平衡，也即，关注电视要如何谋求自身的社会语境重构以实现顺应时代的发展。换言之，今天的电视面临最大的"敌人"不是新媒体，而是电视自身，是作为媒介的电视能够与社会文化、日常生活之间重塑一种怎样的全新互动关系；面对这个时代创造的历史机遇实现"再语境化"是中国电视必由的

---

① Robert F. Murphy, *The Dialectics of Social Life: Alarms and Excursions in Anthropological Theory*, London: George Allen & Unwin, 1972.

现实抉择，进而能够寻得完成自身蜕变的充足养料。

二 技术作为一种构造性力量

互联网落地中国，从崛起到成熟的时间是电视发展的三分之一；移动互联网更进一步，仅用了互联网发展时长的约三分之一就走向全面繁荣。任何媒介形态的演进都是技术驱动的直观结果，经历初创期向发展黄金期迈进的中国电视也曾充分受益于包括彩电技术、制播技术、信号传输与落地技术、硬件技术等相关技术条件的瓜熟蒂落。二十世纪五十年代在美国首次播出全电子扫描电视，哪怕"雪花粒"图像的质量并不尽如人意，但这种技术标准的开拓式创新也让电视"在五六十年代的美欧国家开始普及，电视在短短十年一跃成为西方媒介历史上继广播、电影之后最有影响力的'大众传媒'"[1]。哪怕是中国电视早期"土法上马"的诸种电视技术，凭借着舶来或自创等多种手段，技术的创新也为电视在八九十年代迅速走入千家万户奠定了重要基础。

无论是作为媒介还是作为终端的电视，依托于技术创新所形塑而来的媒介结构特征，其影响也是具有充分的社会性的。换言之，电视作为一种技术在日常生活或言整个社会文化当中的意义生成，微观到家庭内部，宏观到全球视野，都不仅体现在作为一种传播工具本身，故而也不能独立于诸种社会结构之外来加以考察。技术创造了"看电视"这样的一种社会文化行为，但"看电视"却不只是对技术形态的一种直接反馈，或者说"看电视"并不仅仅是一种技术实践。与其说"看电视"是透过一个窗口看媒介所再现的世界，但经过一方荧光屏介入后的"世界"在实质上受到了各种图像政治的影响（或好或坏），虽然未必直接将观众带入到一种强有力的意识形态与政治控制的话语当中，但至少，人们通过

---

[1] 余志为：《语法更新的历史：从"冷媒介"视角分析中国电视进化史》，《现代传播》2014 年第 11 期。

"看电视"进入了一个全新的有秩序的意义世界中。① 对于电视世代而言，人们的电视经验就是全部世界经验的重要组成部分："可能未必是大家所期待的，也不会是大家所能尽然想象的，但这些恰恰是创造和共享意义的社会性所在。"② 与此同时，"看电视"的经验虽在很大程度上作为构造社会秩序的一部分，但技术对电视的驱动作用也充分体现了自身"个性"，在人们理解其对日常生活和社会文化产生的意义时，这些落实到媒介之上的"个性"也令技术之于电视构成了一种与其他技术有本质差异的独立性，以及一并带出了相关的优势或问题。在很大程度上，技术构造了电视的面貌，也描摹了其作为一种最主流的大众媒介的底层运行逻辑：对于过去数十年间发展而来的中国电视，技术驱动的电视"语境化"建构实现了对社会不同层次的观照，无论是宏观意义上作为意识形态工作的重要保障、作为第三产业的市场价值、作为思想与文明传播的有力推手，或是中观意义上作为家庭结构的稳定因素、作为社会交往的必要中介，还是微观意义上作为流行文化的引领者，作为大众文化的创造者，电视始终是一种不可或缺的社会话语，持续输出自身的社会影响力。

也就是说，我们对于中国电视的理解，除了要将其视作一种功能主义主张下的技术予以关注，也理应将电视视作一整套技术结构（体系）的存在，这些技术以结构化的方式全面影响了社会的心理、文化和生活方式，一并纳入了与技术紧密相关的信息网络、社会组织以及每一个个体等视角，赋予了电视从生产到流通到消费的完整秩序，并释放出更进一步的社会意义，如电视文化的全球性、消费性等诸种特点。例如，技术驱动之下的电视媒介逻辑演变，使得麦克卢汉（Marshall McLuhan）所言的"地球村"

---

① Roger Silverstone, *Television and Everyday Life*, London and New York: Routledge, 1994, p. 79.

② Alfred Schutz, "On Multiple Realities", in Maurice Natanson (eds.), *Collected Papers*, Vol. 1, 1962, The Hague, Martinus Nijhoff, p. 220.

(global village）有机会变成现实。这种全球性的文化连接不仅内在于技术底色之中，存在于有关电视的跨国传播（如电视技术话语权的国际角力、电视文化产品的国际流通、电视产业的国际竞争等）之中，更嵌入在技术的诸种社会话语（包括家庭、社群、本土化等）之中，融合出一个有机的"电视语境"并在全球范围内持续生产与再生产关于社会生活的意义。这其中同时囊括了正面和负面影响的向度，也反过来让电视的社会控制变成了一个全球性的政治经济学议题。有学者考察了资本主义社会中全球性大型媒介集团的发展，其壮大重新制定了媒介规制的规则，假以大众利益之名义落实利益集团之"意图"，在影响政府权力的同时也干涉了公众的权利（以潜移默化的方式）。[1] 再如，电视的消费性也是其技术结构作用之下的一种结果。电视作为一种文化工业，源于其体系化诸种技术过程中的底层逻辑组织，由频道构成的电视网络提供了体系庞大的消费系统，尤其在高度现代化或后现代的社会中，人们对电视的消费，既包括了对电视技术（终端）的消费，也是对技术延伸出的电视生产与传播（电视内容及其意义分享）的一系列消费实践，"实质上是在消费一种社会地位的彰显，这种消费意义的生成，受到道德与政治的规训，也在对媒介生产与传播者的诸种引导下"[2]。同时，技术制造出的差异在大众传媒和消费主义的共同作用下得到进一步的消弭，一种去差异化的全新的平等秩序被以电视为代表的流行视听媒介所重构，技术的无差别共享与文本（节目内容）意义的无门槛接受，使得以技术打底的电视生产与传播结构得以全面深入社会文化，且一并再现出复杂错综的日常生活肌理；而这种对于媒介化过程的日常生活考察，更有助于我们洞察电视之于现代社会所扮演的不可或缺的角

---

[1] Herbert Schiller, *Culture Inc: The Corporate Takeover of Public Expression*, New York: Oxford University Press, 1989.

[2] Roger Silverstone, *Television and Everyday Life*, London and New York: Routledge, 1994, p. 87.

色；即便是在新媒介形态再次打破这种结构秩序的冲击下，对媒介、技术与日常生活的关系厘定，亦具有供以启示电视转型的重要线索。

三 社会话语的意义生成

相较于其他传统媒体，电视的社会语境构建具有路径上的特殊性，一个显著的特点在于，电视与社会之间存有一种紧密且牢固的互动关系，核心突破口是对家庭生活方式的深入影响。"节目的安排是由家庭生活模式决定的，反过来也是对的……家庭生活节奏围绕电视节目安排，这些电视节目可以使开饭、就寝、出门的时间规律化。"① 而这种以家庭为单位的文化惯习则进一步得到扩展、发散，电视在过去数十年中逐渐变成一种象征日常生活普遍安排逻辑的符号能指，并在不同的社会空间里指涉不同的所指意义，构成了影响社会发展进程（主要是城市化和都市化进程）的结构性力量。电视在全球范围内的崛起，正值西方发达国家城市化进程提速的阶段，电视作为一种建构性的社会力量在交织其中相机而动的郊区化（suburbanisation）趋向中形成重要影响：伴随人口从城区大规模地向郊区迁移带来的结构变化，人们原本在心理层面的城市化共识、在现实层面对地缘和公共性的认同，其牢固性逐渐被打破；而电视则作为一种弥合性的力量，依托于频道构建的电视网络及时地生成了一种替代性的"数码共性"（electronic community），填补了社会转型过程中"物质共性"（physical community）的缺失。② 而中国社会的现代都市化进程虽不及西方上百年的历史，但就在这轰轰烈烈前行的二十余年间，电视同样也作为类似的社会力量深植其中，形成推动中国都市群发展的重要力量：居于个体身份和社会关系的中

---

① ［英］尼古拉斯·阿伯克龙比：《电视与社会》，张永喜等译，南京大学出版社 2007 年版，第 202 页。

② Dolores Hayden, *Redesigning the American Dream: The Future of Housing, Work and Family Life*, New York: W. W. Norton, 1984, p. 105.

心位置，构筑沟通私领域和公领域、本土空间与全球空间的重要桥梁，诸种社会话语全方位释放出了人们通过"看电视"建构日常生活的意义。

在很大程度上，"看电视"作为过去数十年国人至关重要的一种社会生活，所形成的特定文化秩序也维系着电视构建准社会关系的内在动力，"电视进入了人的家庭，它的那种亲切、宽厚、惹人喜爱的面孔与现代人所体验的严肃刻板的机械生活形成了鲜明对比"①。以改造家庭生活为起点，中国电视的话语实践逐步寻求到了专属于自身的一整套社会文化再现机制，为包括家庭在内的诸种社会单元、社会群体创造出此前所有的大众传媒形式未曾有过的观照作用。另一方面，中国电视的大众化传播，本身就是一个社会过程的直观体现，多种多样的社会因素共同参与到媒介的接受过程中，调适着个体的文化心理、改变着人们运用媒介的习惯、影响着人们对媒介使用的预期以及参照媒介所采取的行动的判断，等等。

而上述社会话语持续性的意义生成，也使得中国电视在主流化过程中获得了空前的关注度和影响力，且在不同维度对社会生活构成深入影响。例如常态化的电视直播在重大社会事务跟进、节庆盛典仪式传播等方面扮演了重要角色，民生新闻和民生节目以社会帮扶为旨归陪伴百姓日常生活，纪录片、电视剧等以通俗化的美学获得大众喜爱并降低了跨代际群体传播的文化折扣，等等。电视作为"客厅文化"的核心要素，既是情感交流和沟通的重要纽带，也成为人际交往、群体交往中的社交突破口，这从过去的"西游记"现象、"超女"现象等可见一斑。

然而，社交媒体的崛起却在今天逐步打破电视一度稳定维系的家庭观看场景以及持续产出社会话题的强劲能力，新媒体在二次传

---

① 周可：《电视文化与现代人的社会心态——对电视作为一种文化现象的批判》，《文艺评论》1989年第5期。

播上的原生优势促使其在与诸种社会关系的互动中具有更灵活的能动性，传统电视的这一语境优势被消解，甚至大有电视内容仅沦为给新媒体输出话题的趋向：在微博、抖音上"吐槽"春晚比"观看"春晚更热闹，热播电视剧凭借表情包和"鬼畜视频"① 全面抬升传播热度、反向输出次生解读文本，等等。眼下的中国电视，对于多元社会互动关系的再现逐渐从"引领"降格为"跟随"，"客厅文化"的不可取代性遭到瓦解、社会价值的生成向社交网络新阵地迁移，这也对电视的发展存续构成了现实挑战。

可以说，（视觉）观念和实践的革新曾缔造中国电视业持续性的影响增量，亦让中国电视与中国社会之间的互动亲密无间。象征着品质、格调与主流的电视媒介，公信力就是内嵌在其社会语境中的价值底色，这也是电视在社会话语层面重回价值的机会窗口。危机背后，是重新审视中国电视的社会信任的必要性。电视的公信力一度为人们营造出了如吉登斯（Anthony Giddens）所言的"在时空关系中回应与自身相异的他者的安全感"②，也充分体现出电视作为一种传播媒介在社会日常生活中所扮演的核心角色，构造（framing）了大众"习惯"培养的稳定性与连续性。经由长时间的积累和培养，中国电视的专业化生产能力、社会责任意识不断促成其社会影响力得到跃升；而公信力，作为一种至关重要的注意力资源，也构架起了电视最大化自身社会效应的重要话语。在某种本质中，电视重回社会生活，这便是富于充分想象空间的可能性所在。

---

① 鬼畜，最早源于日本弹幕视频网站 NICONICO 动画，是"音 MAD"的昵称，体现为一种视频制作形式，特点在于画面和声音重复率极高，且富有强烈的节奏感。后逐渐演变成一种青年亚文化表达中的对抗性话语，即通过对话题的二次视频生产以达到颠覆经典、解构传统、张扬个性、讽喻现实的一种文化形式。

② Anthony Giddens, "A Reply to My Critics", in David Held and John B. Thompson, *Social Theory of Modern Societies: Anthony Giddens and His Critics*, Cambridge: Cambridge University Press, 1989, p. 278.

第三节　重要中介：电视如何沟通日常生活？

首届春晚（1983年）无章可循，倒采取了不少创新。电视节目曾经只有报幕员，没特定主持人，但这场晚会却靠马季、姜昆、王景愚、刘晓庆撑起了场子……采取直播，还提供电话点歌项目：李谷一连唱七首歌曲，包括破例演唱的那首"靡靡之音"《乡恋》……黄一鹤（总导演）对当时的景象颇为津津乐道：节目开播时北京城里鞭炮此起彼伏，后来渐渐稀疏，等到晚会结束鞭炮声才又骤然响起，"原来都看晚会呢！"……时至今日，"看春晚"与"吃饺子""放鞭炮"一样，已经成了人们大年三十的传统。没听到零点后的《难忘今宵》，就总觉得少了点儿年味。[1]

八十年代大多数人家里都还只有黑白电视，这也让少数人才拥有的彩色电视成为了一种社会地位的象征……为了"面子"，很多人会在电视机套上绣上"彩色电视"四个字[2]……农村里看彩色电视的欲望强烈，于是流行起了给黑白机贴彩膜，把黑白电视改造成"彩色"电视。[3]（如图2.2）

电视剧《渴望》在二十世纪九十年代初形成了怎样空前绝后的影响力呢？有流传坊间的鲜活例证能说明一些状况：某地突然停电，检修线路的值班电话随即被打爆，打来电话的人纷

---

[1] 李怡、修新羽、蒋肖斌：《春晚开创者黄一鹤去世，当年热线电话被打到冒烟来了消防队》，中国青年报客户端，2019年4月9日，http://shareapp.cyol.com/cmsfile/News/201904/09/share204915.html?t=1554760989。

[2] 《电影〈我和我的祖国〉之"夺冠"单元拍摄侧记》（导演徐峥口述）。

[3] 《电视普及40年，北方村民：83年为看带"色"的，给屏幕贴彩膜》，腾讯新闻，检索于https://new.qq.com/omn/20191104/20191104A0OPWD00.html。

纷表示"看不到《渴望》，急死了！"；某地公安局在当年受到了表彰，原因是《渴望》播出期间，没人在街上晃荡，就连小偷都回家追剧去了。①

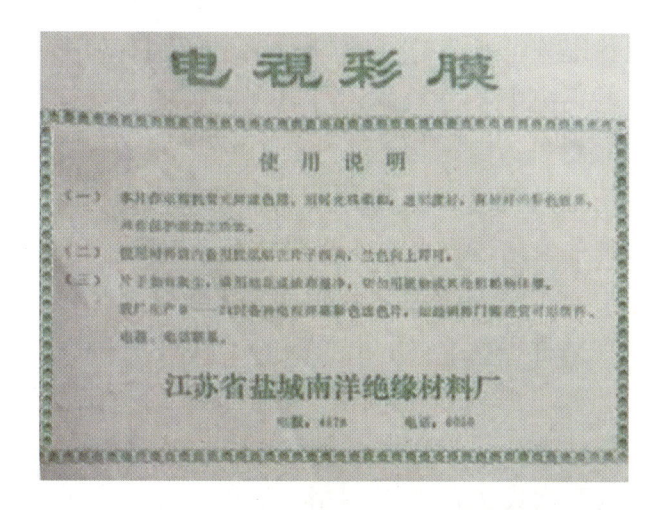

图 2.2　电视彩膜（上）、电视彩膜改造黑白电视后的效果（下）

---

① 何天平：《藏在中国电视剧里的 40 年》，浙江工商大学出版社 2018 年版，第 22 页。

"我们中的大多数人几乎一生会有电视陪伴,这种陪伴绝不只是字面意义上的。"① 电视在全球范围内的勃兴与发展,以及电视世代不断的延承与壮大,都让这一方小小的荧光屏以前所未有的力量全方位塑造着主流社会的面貌,尽管它常常以一种似乎不言自明的熟悉状况安静地存在于大众生活之间。有如上述案例的存在,在中国电视史中不胜枚举,与电视有关的社会记忆之丰富或许远超人们的想象:电视构造了中国社会诸多的仪式性传统,成为无论历时还是共时意义上都颇具显著性的国民记忆书写;电视也构造了中国社会化进程提速的步履,曾经再现了包括社会阶层、地域差异和物质水平的鸿沟,也在其主流化之路上慢慢消解了这些分野(或在某种程度上揭示出了新的矛盾);电视还构造了关于"自我"的身份,"看电视"既是一种消费性的文化主张,更成了一种人们参与社会互动的文化权利。电视对于国人的"陪伴",交织出了一张复杂而庞大的意义网络;它的"中介"意义,绝不仅限于作为传播介质的工具属性,更印迹有带着充分日常性的经验属性。

就某种本质而言,电视扮演了沟通日常生活的重要角色,也以这样的方式融入了社会生活并成为其中的重要组成:电视的传播是人们认识世界的重要来源,人们接受电视的方式也像是人们接受日常生活那般顺理成章,电视创造了一个微缩但一应俱全的社会空间,无论你的注意力是否集中、无论你是有意识或是无意识。在过去长达半个多世纪的时间里,人们通过电视沟通社会生活,却也在这一过程中自然而然地将电视的日常接触纳入社会生活本身,电视与中国社会之间由此形塑出了无法加以简单化和本质化阐释的紧密关系,这也为审视中国电视的发展之路提供了另一条理应予以重视的考察脉络。

---

① David Gauntlett and Annette Hill, *TV Living: Television, Culture and Everyday Life*, London: British Film Institute, 1999, p. 1.

一　电视：公与私的空间

电视构造了一个媒介化了的社会空间：作为一种传播工具，电视是"理性"的，传递信息、守望环境、协调社会关系、培养教育、提供娱乐，在一整套媒介运行的机制下寻求传播效果的价值多元化、最大化；作为一种社会要素，电视又是"感性"的，沟通日常生活、关联情感表达、再现社会文化，在深度嵌入社会生活的同时让看电视这一社会行为构筑成一种广泛而普遍的生活方式。电视的日常性是不同社会维度的多元体现，其展开的意义生产也体现出不同侧面的落脚点，既是属于媒介功能范畴的，也是深植于社会结构中的；既是理性的，也是感性的。有如西尔弗斯通所言，电视沟通日常生活的路径有许多：既能告诉人们准确的信息也会误传信息，这是它的认知价值所在；既可以是一股打搅的力量也是一股宽慰的力量，这是它的情感价值所在；既浓缩于一方荧光屏当中又扎根在社会生活的轨道里，这是它的时空价值所在……[1]电视的日常生活实践并不仅仅存在于"电视机"这个实体对象当中，更散落于社会的方方面面，在家庭的集体活动中、在青少年的成长教育中、在人们的社交谈资中、在社会经济的焕新中、在国际政治的较量中……就某种本质而言，电视的日常性正是其政治性的直观体现，作为描摹国家和社会现代性的一个重要社会机制，电视对人们日常生活的参与式建构，以及赋权于人们"看电视"这一生活方式实践当中的民主性，便是电视传播的"热门政治"所在。

一方面，电视的文化是一种私域的文化，在个体和家庭的情感与经验层面形成张力。"家"不仅是一个物理空间，也是一个文化建构而来的精神空间。这个"隔离"公众世界之外的私领域，有属于个人的快感、私密关系的维系以及各种不必屈从于主流的所谓个人

---

[1] Roger Silverstone, *Television and Everyday Life*, London and New York: Routledge, 1994, p. 3.

成见，是"支撑个体幻想世界的隐秘空间"[①]；而电视，恰恰是壮大这种想象和幻象的所在，以视觉化的方式将抽象之物具象化，以富于浪漫主义的手法强化幻觉的快感机制，它在很大程度上施予了大众以消遣、解压与娱乐，也经常性地导致误解、偏见与怠惰。与此同时，"家"的概念伴随地域、阶级和文化属性而起，"家"的日常化则源于其内部冲突的显著性取代外部矛盾而形成（哪怕这种取代只是假想性的），随之而来的问题是——如何来调和这种不稳定的因素？电视又在其中扮演了重要角色。可以说，半个多世纪以来，"家"的历史在很大程度上投射于（人们使用）电视的历史之上，电视作为重要的家庭成员，成为稳定家庭秩序、将人们带入消费文化的一种方式，人们观看它、讨论它，也熟悉它、时常忽略它，由此便构成了电视之于个人和家庭的特殊意义，这种意义甚至于可以更进一步被细化，关涉性别、代际、情感心理等各种要素。

众多学者从不同视点对电视之于家庭的关系进行阐释，都是对上述意义的具体回应。例如从家庭功能的角度理解电视，电视进入家庭生活的过程就是家庭结构得以组织确立的一个缩影，电视"成为家庭成员的亲密陪伴者、顶罪者、调停者、规范的制定者，电视的时间编排机制也组成了家庭生活的时间表……成为了家庭互动中的一个重要机制"[②]；电视对家庭时间的影响一度是学术上的热门议题，包括布莱斯（Jennifer Bryce）、莫利等都对此有过相关论述。布莱斯指出，看电视就如同其他家庭行为一样，无法跳脱于家庭时间组织和运行的权力之外。看电视的时间及其安排，体现了家庭互动中不同家庭个体的选择、优势和妥协。[③] 莫利则交叉考察了电视与家

[①] Walter Benjamin, *Charles Baudelaire: A Lyric Poet in the Era of High Capitalism*, London: Verso, 1976, p. 176.

[②] Irene F. Goodman, "Television's Role in Family Interactions: A Family Systems Perspective", *Journal of Family Issues*, 1983, 4（2）.

[③] Jennifer Bryce, "Family Time and Television Use", in Tom Lindlof (eds.), *Natural Audiences*, New Jersey: Norwood Ablex, 1987, pp. 122 – 123.

庭时间、性别权力之间的关系，家庭中的男性与女性在电视使用时间以及使用时心态的差异，尤其是男性对电视时间的高度掌控权[1]，背后指向的则是父权制影响之下家庭的历史与文化所存在的结构性问题。在很大程度上，电视是家庭生活的情感中心，也是能直观体现家庭权力结构及其变化的象征物；家庭结构秩序的生成，不只是"家"这个物理意义上的私人空间作用之下的结果，也是电视这个媒介空间建构而来的结果——除了电视机中展现的有关个人和家庭叙事的影响，更在于电视作为一个具有能动性的参与者影响之下的个人和家庭的现实生活。

另一方面，电视的文化是一种公共的文化，包孕着民主化（democratization）的潜力。从电视勃兴和发展的阶段来看，正如前文所述，是伴随城市化、都市化的社会转型而来的；同时，电视作为一种终端或媒介的诞生与普及，就是社会走向现代化的重要标志之一。依托于有线电视技术、信号传输和落地技术等的臻于成熟，由频道搭建起的电视网络连接着不同的电视文本，也联通了不同的个体、群体以及多种多样的社会关系。现代化进程的加速发展，带来的是包括地域、阶级等一系列社会结构问题的加剧撕裂，电视的走向大众于一定程度上恰逢其时地弥合了个中的裂痕，当然也制造出了新的社会矛盾。但无论如何，电视在媒介功能抑或社会功能层面的公共性也由此得以逐步确立，即便是在日常生活领域中，电视所营造的"在消解现实的同时从中生发出新的对日常生活的虚构"[2]的效用，也为置身转型社会中的大众提供了某种意义上的解决路径参照。更重要的是，电视走向大众的过程，也是（视觉）文化走向主流化、为大众所共享的过程，这种民主化的影响无疑是意义深远的，其赋

---

[1] David Morley, *Family Television: Cultural Power and Domestic Leisure*, London: Comedia, 1986, p.174.

[2] Margaret Morse, "An Ontology of Everyday Distraction: The Freeway, the Mall and Television", in Patricia Mellencamp (eds.), *Logics of Television*, Bloomington and London: Indiana University Press and British Film Institute, 1990, p.195.

予了大众评价、参与甚至创造文化的能动性，与之相对应的，电视也在这种公共性的实践中完成了对大众的意识唤起——人们通过对电视的积极主动的文化生产和消费实践参与实现自身权力的表达和彰显，电视的媒介化过程中所潜藏的政治性潜力也为电视与社会的关系添上了更浓墨重彩的一笔。

二 看电视："阅听人"的身份与权利

海德格尔（Martin Heidegger）指出，从本质上看来，世界图像并未意指一幅关于世界的图像，而是指世界被把握为图像了。① 当代社会文化的视觉转向，在很大程度上回应着其现代性本质的揭示。而在这其中，以电视为代表的视觉媒介的勃兴与发展则是让这种"世界图像时代"变成可能的重要推手。电视作为最为主流的一种视听媒介，其带来的图像意义的增殖使得这种视觉力量以前所未有的力度影响着社会文化的方方面面。

米歇尔（W. J. Thomas Mitchell）也曾提出"图像转向"（Pictorial Turn）的概念，用以描述关于理解社会生活方式的"文化转向"（Cultural Turn）。② 在这场"转向"中，视觉的力量成为当代社会生活文化构建的核心要素，对视觉文化的研究，脉络逐渐清晰、触角逐步深入，本质性的探讨开始显山露水，如周宪所指出的，视觉文化研究的关键是观看背后隐藏的复杂的视觉观念，即：人们如何看并如何理解所看之物的方式。③

可以说，对电视文化或言视觉文化的研究，受众的视角是内在其中一以贯之的重要考察线索之一，如何"看电视"便成为理解电视的一个重要组成。伯明翰学派从不同维度对此开展了丰富的考察。

---

① ［德］马丁·海德格尔：《世界图像的时代》，载《林中路》，孙周兴译，上海译文出版社2007年版，第91页。
② ［美］W. J. T. 米歇尔：《图像转向》，载陶东风、金元浦主编《文化研究（第3辑）》，天津社会科学院出版社2002年版，第17页。
③ 周宪：《视觉文化的三个问题》，《求是学刊》2005年第3期。

霍尔强调了电视话语的意义生产不仅仅是编码层面的，编码后所形成的文本解读的开放性与多义性令"意义不只是简单地被传递，而可以被解码者加以生产"。重视受众作为一种具有能动性的积极角色，这种研究视角的开掘具有突破性意义：不仅打破了此前大众传播研究紧扣媒介研究的思维传统，亦为受众研究提供了一种符号学范式以及论述路径的合理性；洪美恩（Ien Ang）循着"霍尔模式"更进一步地围绕电视受众的视角以1978年在美国开播并连续热播十余年的电视剧《达拉斯》（Dallas）为个案展开考察，这部以西方中产价值为旨归以及当代美国社会生活为主要对象的肥皂剧（soap opera），一度影响众多西方观众；对作为此类肥皂剧的忠实观众的研究，可以描摹出电视作品如何影响观众、观众如何形成差异化的解码机制及其背后动因等相关议题的答案。洪美恩结合对女性受众的话语分析阐释了观看《达拉斯》的快感机制与"现实主义"（realism）存在的紧密联系：观众对文本的优劣评价受到该剧的"现实"与否的决定性影响，如她所论及的："《达拉斯》的'现实主义'是观众心理现实建构的结果，本质上来说与（社会）外部可感知现实的契合无关。"[①] 洪美恩对《达拉斯》在受众层面的电视文化解析，不仅进一步阐释了观看的快感机制及其能动性，也为电视的受众研究带来了方法论上的重要启发。

而莫利、菲斯克等学者则逐步将电视的受众研究进行学术化提炼和体系化建构，发掘其中的能动性力量及其阐释，"新受众研究"或称"主动受众"（active audience）研究成为一个重要的理论武器。莫利认为，受众的解码过程是一个值得重视的环节：一方面，受众是具有充分能动性的；另一方面，媒介内容并不是铁板一块，具有开放的意义解释空间。而更进一步地，受众主动性的赋予文本以多样的解读背后暗含一整套权力结构的运作关系，"通过权力，权力阶

[①] Ien Ang, *Watching "Dallas": Soap Opera and the Melodramatic Imagination*, London: Methuen, 1985, p. 47.

级才得以与无权阶级发生联系"①。从关注受众到关注受众的权力，在莫利对《全国新闻》栏目的受众研究中得到具体体现，通过若干家庭的深访发现，无论基于节目怎样的内容文本，"看电视"这一动作都始终交织在家庭的权力网络中，不同的看电视方式都必然伴随着不同的权力关系与秩序，例如性别影响下的家庭分工带来不同的看电视状态②、作为步入工作场合的社交谈资、作为转移家庭矛盾（夫妻、亲子）的谈判筹码、作为规划时间的机制……莫利指出，家庭关系作为一种社会关系无法避免地潜藏着权力关系，对家庭语境下的"看电视"行为的研究，就是在考察"看电视"如何再现出家庭当中的权力结构，包括家庭成员的角色、性别、年龄等层面上的权力的差异。③观众对电视及其内容的消费过程，本身就是一个生产社会意义的过程，莫利的相关研究则是将更广泛的权力、意识形态等分析纳入到日常生活里的个体对电视进行消费的考察中，由此来反观电视的社会组织功能；菲斯克则对受众能动性的"程度"作了更为细致、深入的研究，尤其关注电视观众的主动性是如何来反抗乃至于推翻主流意识形态试图加诸于人们的权力秩序，其提出的受众的对抗性解读以及受众作为文化生产者而不仅仅是消费者等重要观点，都在消费主义不断壮大的社会阶段中体现出现实意义。当然，再来商榷菲斯克的理解，上述观点似乎也有其自身的激进性，毕竟"电视观众作为消费者的反抗实质上只是在有限的文化意义的解读里所作出的，对权力集团并没有造成实质上的打击"④。值得一提的是，其将电视及其受众置于大众文化语境中考察并得出的有关"迷"

---

① [英]戴维·莫利：《电视、受众与文化研究》，史安斌主译，新华出版社2005年版，第52页。

② 莫利认为，男性多把家庭视作工作之外的放松空间，因而看电视的注意力更集中，不愿意被打扰；而女性无论在外是否有全职工作，大多把家庭当作另一个工作空间，因而认为看电视是伴随式的，不应该为了专注看电视而浪费做家务的时间。

③ David Morley, *Family Television: Cultural Power and Domestic Leisure*, London and New York: Routledge, 1986, p. 153.

④ 刘海龙：《从费斯克看通俗文化研究的转向》，《国际新闻界》2002年第4期。

的论述,也即"对文化的投入是主动的、热度的、参与式的,甚至是过度的读者"[1],似乎也颇暗合了在今天蓬勃的消费文明语境下不断分化的"观众"及其奇观构造,例如追星的粉丝或不同的亚文化群体等在今天对"看电视"所采取的不同态度和行动,是家庭空间之外的其他社会关系(哪怕是临时聚合的)通过"看电视"来构建和表达自身权力的一种有力回应。

社会空间的普遍性和电视空间的特殊性,两相交织之下构造了电视观众作为"阅听人"的身份与权力。"阅听人"是当代多种多样的大众传播媒介近身环绕每个人且令人深度浸润其中带来的社会结果,它不仅简单指代的是"使用媒介的人",囊括了人们在媒介化生存过程中所做出的认知、态度和行为等一系列社会反馈的机制,更再现出了人们在日常生活语境中一般性的经验过程和权力结构。大众作为"阅听人"的身份与权力构造全面性地纳入真实生活的脉络当中,"媒介使用总是和这些生活特质及人际关系交叠与互涉,因而媒介经验本身就是造成阅听人身份的一个复杂过程和结果。甚至随着全球化与新科技的发展,人们变动中的媒介使用经验令由此带来的生活经验更呈现出流动性、复杂性、变化性……阅听人的权力不再是一种静态固定的产物,其自我和认同都富于变化"[2]。

在受众观点的变迁中,"阅听人"概念的浮现以及其作为意义诠释者而非信息接受者的本质特征揭示,让人们看到以电视为代表的主流的媒介传播是一个值得重阐的建构过程;而相应的,阅听人也不是一个笼统而宽泛的概念,他们有认知能力、有阅听动机、有共识也有矛盾、有主流也试图多元,在观照日常生活的同时也勾勒出了丰富的解读面向。

---

[1] [美]约翰·菲斯克:《理解大众文化》,王晓珏、宋伟杰译,中央编译出版社2005年版,第153页。

[2] 卢岚兰:《阅听人与日常生活》,台北:五南图书出版股份有限公司2007年版,第5页。

三 电视文化与中国社会的生活方式

余暇社会学，是近年来研究社会生活结构特征的一个热门议题。其核心着眼点在于从"闲暇"和"工作"的对应关系来考察人们日常生活的组织及其变化。对于日常闲暇时间的分配与安排，体现了人们生活水平与社会整体生存质量。尤其在现代社会生活，伴随物质水平提升而不断提高的精神生活诉求，却面临实质上无法落地的窘境，为维持或继续提升物质水平而面对的紧张的工作节奏与富于压力的生存状况，导致闲暇时间的大幅挤压和缩水。相关数据显示，近年来超半数中国人每天休闲时间不足 2 小时，与当前的"无暇休闲"现状相对的是，国民的自我生活质量评价徘徊不前，甚至呈下降趋势。[①] 暗合着如伊斯特林（Richard Easterlin）在七十年代便指出的西方发达国家所经历的"幸福感—收入之迷思"[②]的状况。这种看似顺理成章的"品质生活"愿景，现实距离尚远（甚至差距仍在持续拉大），因而，增加闲暇时间正在变成一种全球性运动，这同样是现代化发展的必然结果。[③] 与此同时，主流的闲暇方式的变化，也缩影着主要社会生活方式的变化。观看电视，作为一度影响中国社会的主流生活休闲方式，伴随电视媒介的兴衰也呈现出对社会生活不同程度的建构和影响。有研究对北京地区从 1996 年到 2016 年二十年间居民生活时间分配的变化进行了调查（见表 2.1）：

[①] 张亮亮、廖红君：《中国城乡居民的休闲与生活质量》，载宋瑞主编《休闲绿皮书：2017—2018 年中国休闲发展报告》，社会科学文献出版社 2018 年版，第 167 页。

[②] Richard A. Easterlin, "Does Economic Growth Improve the Human Lot? Some Empirical Evidence," in Paul A. David (eds.), *Nations and Households in Economic Growth*, New York: Academic Press, 1974, pp. 89 – 125.

[③] 姜德卫、邱建国：《余暇运动的社会学思考》，《体育与科学》2002 年第 5 期。

表 2.1　　　1996—2016 年北京市居民每日休闲方式时间分配

单位：小时，分

年份	阅读报纸	阅读书刊	看电视	休息	学习研究	体育锻炼	游园散步	人际交往	教育子女
2016	0：24	0：09	1：12	0：26	0：10	0：10	0：27	0：07	0：04
1996	0：18	0：14	1：39	0：19	0：42	0：11	0：19	0：17	0：06
增减	0：06	0：05	-0：27	0：07	-0：32	-0：01	0：08	-0：10	-0：02

注：2016 年调查中增加了使用电脑或手机进行互联网娱乐的选项，结果显示：过半数的人一天使用手机上网娱乐超过 2 小时，电视上网超过 1 小时。其中，66.4% 的人上网用于人际交往，50.4% 用于阅读书报新闻，43.9% 用于观看影视作品，32.3% 用于购物，22% 用于游戏。

资料来源：王琪延、韦佳佳：《北京市居民生活时间分配 20 年的变迁》，载宋瑞主编《休闲绿皮书：2016—2017 年中国休闲发展报告》，社会科学文献出版社 2017 年版，第 206 页。

能够看到，北京居民在二十年间对生活休闲时间的分配呈现出多元化、个性化的特点，尤其在互联网和移动互联网的影响下，这种更低成本的"自我休闲"伴随传播环境的变迁体现为更依赖于媒介的丰富选项。总体上，看电视、上网成为今天日常生活休闲的主导选择，尽管后者正在显著性地分取前者更多的日常份额，但也让人从侧面看到"看电视"作为一种长时间培养而来的主流生活方式，其衰退的过程也因这种媒介使用的牢固性和惯性的存在而显得并没有那么迅速。

当然，不可忽视的是，曾经以及当下仍作为主流生活方式的"看电视"，其社会影响力正在持续滑落。仅以北京地区的样本或许无法说明全面的状况，考虑纳入地区、民族的差异，纵然是推及全国范围内，相关数据显示 2018 年至 2019 年，中国人平均每天花费在看电视上的时间也仅为 100 分钟。[1] 与之相对应的，新媒体使用的程度和频度持续走高，移动小屏对于从集体主义走向彰显个性的消费社会而言也有着更显著的吸引力。这种消长关系的背后，恰恰构

---

[1] 宋瑞主编：《休闲绿皮书：2018—2019 年中国休闲发展报告》，社会科学文献出版社 2018 年版。

成了理解电视文化之于中国社会和中国人日常生活意义的特殊张力：一方面，在互联网和移动互联网崛起的二十余年间，电视相较其他作为生活方式的媒介使用滑落速度是相对迟缓的，其至今仍然能够维持"第一媒介"的惯性何以形成、何从体现？另一方面，伴随媒介使用习惯迭代而来的是社会主流生活方式的重塑，面对这个不可逆的过程，"看电视"这个动作本身可以走向何方？对这组矛盾关系的回应，要回到历史的阐释里、落到现实的趋势里。

微观意义上，电视文化在过去半个多世纪中对个人身份的塑造发挥着至关重要的作用。有学者用陪伴（companionship）、愧疚（guilt）以及社会互动（social interaction）[1] 来阐述电视之于个人的意义生成：它可以是快乐的源泉、提供陪伴；也可以成为焦虑、愧疚的根源，为个体及其所在空间制造紧张；还是体现社会互动关系的重要启动机制（无论是积极意义还是消极意义的层面）。对于组成电视世代的每一个个体而言，电视文化是一把双刃剑：曾是鼓舞和凝聚人心的重要纽带，围绕一方荧屏酝酿出的活力和生机回应着时代快速前行的积极图景。有观众回忆了改革开放后农村实行家庭联产承包责任制所迎来的生活工作新气象，与电视的结缘从这里开始，恰逢其时，彼时的电视便构成了人们憧憬美好生活的重要情感出口。

> 乡亲们在自己的责任田里挥洒汗水、精耕细作，日子一天天富了起来。村里有了积蓄买了一台16寸黑白电视机，乡亲们欢天喜地、奔走相告。……那是个热血沸腾的青春岁月。在连队，我和战友们高呼"学习女排、振兴中华"的时代最强音，在电视机前为女排姑娘们加油助威；在农场，我们从洒满晚霞的稻田拔出泥泞的双脚，迎着《霍元甲》铿锵有力的主题曲，迫不及待地向场部冲去，一天的疲劳一扫而光；《十五的月亮》

---

[1] David Gauntlett and Annette Hill, *TV Living: Television, Culture and Everyday Life*, London: British Film Institute, 1999, p.110.

让我思念故乡，《血染的风采》让我热泪盈眶……①

农村社会生活的转型似乎更具阐释中国社会变迁"自下而上"的历史叙事动力。"家庭联产承包责任制"的实行，一改原本人民公社体制以"一大二公"为特点所塑造的社会生活政治化、集权化面貌，中国乡村生活由此开始了彻底而深入的转型。相比城市而言，农村生活方式的演进有内在的顽固性和保守性滞阻；也因为如此，曾经根深蒂固的"早听鸡鸣、晚观犬吠、无事睡觉"的农村生活习惯，被电视的到来所打破，而这种电视的物质性的建构力量是影响深远且有持续性的。直到今天，看电视依然是中国农村社会中最为主要的一种生活方式，带着情感陪伴和信息普及的双重属性，也进一步壮大了所谓"定居"的意识。

当然，反观城市中的个体，电视深入日常生活对于个体而言也未必总是那么乐观。"电视瘾"作为一种"现代病"，伴随电视步入千家万户同样制造出了不可忽视的问题：既是物理意义上的，电视眼、电视胃、电视肥胖症、电视斑疹……电视甚至创造了许多专门性的病症；也是社会心理意义上的，"电视迷"综合征、电视孤独症……面对高速的现代化、城市化进程，电视成了人们逃避现实压力的有力抓手，也让人和人之间的关系变得微妙。尽管人们时常警惕和恐惧"怕上瘾"，但人们在"看电视"中潜移默化受到的影响也让电视带来的道德危机无从避免。

宏观意义上，电视的文化也是再现中国社会关系、构造中国社会的一种重要文化机制。电视文化向来是一种强调共享和分享意义的文化，这意味着"看电视"这个动作本身就隐喻了诸多潜在的社会关系及其互动场景，而这与中国社会长期延承而来的集体主义精神具有内在的统一性。"春晚"的电视文本便是这种特征的一个典

---

① 李海兴：《看电视·修电视·拍电视——我的电视"机"缘》，《农业发展与金融》2019年第8期。

型缩影：作为"全球华人在电视文化巅峰期的一种共同文化仪式"，早在二十世纪九十年代收视调查技术尚不成熟完整的情形下，彼时还显艺术形式简陋的央视春晚就已经创造了份额破90%的收视记录，"作为中国影响力最广、受众规模最多的电视节目，春晚承载着国人对电视文化的期许，也观照着中国社会在改革开放后所面对的历史与社会的转型"①。除夕看电视春晚，自二十世纪八十年代首届电视春晚开始，几乎可以说是所有中国家庭在过去三十余年间必不可少的固定年俗活动，成为团结家庭关系、凝聚家庭情感的重要仪式。

也可以看到，电视对中国社会关系的诸种再现，大多是从家庭这个微缩社会单元发轫的。尽管今天的跨屏环境让电视的存在显出捉襟见肘的困境，但"只要中国家庭的结构没有被完全打破，那么到目前为止还尚且找不到一种媒介手段能够完全替代电视"②。电视因其"双重连接"（double articulation）③ 的属性，终端（电视机）的家庭连接创造场景、文本（电视内容）的家庭连接创造互动，其特征为亲密社会关系（如夫妻、亲子等）维系亲密化提供了重要机制。某种意义上，电视文化的牢固性就体现在它本身便是一种能够再生产亲密关系意义的社会文化，而伴随电视文化的变迁，这些看起来最具稳固性的社会关系也在悄然发生变化。例如亲子关系——电视与儿童/家庭教育——的问题。波兹曼（Neil Postman）曾指出：电视因其视觉化的特征放低了获取知识的门槛，因而进一步造成了"童年的消逝"和"成年的消逝"，图像意义的生产让电视较之其他文字媒介更体现出"儿童特征"（paedocratic）的状态，过度或不恰当观看电视可能造成人的退化（尤指社会化层面），因

---

① 常江：《一部春晚史：中国的"春晚"和"春晚"中的中国》，JIC 投资观察，检索于 https：//mp.weixin.qq.com/s/mjl-L-PktvM3uAzwdYVU6w？。
② 钟慧芊：《袁艳：有电视的地方才像一个家》，《新周刊》2019 年第 19 期。
③ Roger Silverstone, *Television and Everyday Life*, London and New York: Routledge, 1994, p. 82.

而"看电视"在全球范围内都构成了影响儿童/青少年教育的一个重要变量。[1] 在本研究的部分访谈中,有"80代""90代"父母在自身从子女身份向父母身份让渡的过程中论及一个中国电视与中国儿童的共同记忆:

> 小时候我们看电视,留下了"食鹰猴"和"螳螂之死"[2]的童年阴影;而今天我们的小孩,却会对着什么也没做的"小猪佩奇"[3]傻乐半天,念念不忘。

无论是浓墨重彩的"启蒙"还是无关痛痒的"娱乐",电视之于儿童的功能价值体现显然不是铁板一块,也在不同的使用方向和程度上形成差异化的表现和特点。甚至在中国香港、台湾地区,一度在多频道电视崛起后"由于有线电视节目的供应远超实际需求量(相对有限的受众群体规模),进一步刺激了观众尤其是青少年花费更多时间在电视机前;亲子之间为看电视而发生的冲突,比没有接装有线电视时更多"[4];而在成人关系方面,这种情况则更落实在一种自觉内化的道德规训当中:"爱就是陪他们'看电视'"[5],着

---

[1] John Hartley, "Invisible Fictions: Television Audiences, Paedocracy, Pleasure", *Textual Practice*, 1987, 1 (2).

[2] 两则故事均出自1984年播出的国产电视动画片《黑猫警长》,由上海美术电影制片厂出品,戴铁郎、范马迪、熊南清执导,改编自诸志祥同名小说。"食鹰猴"形象出自第二集《空中擒敌》,是袭击森林居民、掠走大量动物的一个"怪影";"螳螂之死"出自第四集《吃丈夫的螳螂》,讲述了螳螂姑娘在和螳螂青年新婚后将其吃掉的故事,揭示新娘吃新郎是螳螂的习性,为了繁殖下一代,新郎必须作出牺牲。

[3] 《小猪佩奇》(Peppa Pig),是当前风靡世界的一部英国学前电视动画片。故事围绕小猪佩奇与家人的愉快经历,借此宣扬传统家庭观念与友情,鼓励小朋友们体验生活。

[4] 孙曼苹:《青少年新电视使用与其家庭人际关系之研究》,《新闻学研究》1997年第54集。

[5] 陈婷玉:《爱就是陪他们"看电视"!——成年子女的电视消费与新孝道实践》,《广播与电视》2012年第34期。

眼于华人社会以家庭、宗族、群体为核心的集体主义文化①，无论是夫妻之间的情感关系，还是成年子女的孝道实践，对电视的日常消费都充分体现出中国家庭乃至于中国社会的一种情感价值增值。

另一方面，电视与现代人的紧密互动也体现为一种互相"驯化"的社会过程，这种社会过程本身就描摹出了改造中国社会的充分潜质。电视的物质性催生出一种强有力的社会建构力量，它不仅如上所述形成了有如对家庭单元的归属感，也为不同的社会个体、社会群体乃至整个社会结构的秩序维系创造出安全感，背后关涉的是其作为一种主流媒介的社会信任所在，国人会参照"看电视"的经验来保护自身或者采取行动。这种意义的释出较为典型地体现在电视新闻领域，一方面是电视新闻对社会信任的回应，甚至有反哺现实、引导社会变化的积极作用。例如，曾在 1987 年获得全国优秀电视新闻特等奖的《一条马路隔断了两个企业的产需联系》，反映了计划经济体制下产需关系无法顺畅衔接、物资流通极为不合理的状况。播出后反响颇为强烈的这条新闻，让人们明确意识到乏于活力的经济体制造成的生产力浪费，并由此从民众"动员"的角度影响了后来社会主义市场经济体制的确立。② 再如，于 1991 年开播延续至今的"3·15"公益晚会以中国消费者权益保护为现实旨归，历年来作为"中国消费者最信赖的守护消费品质的舆论阵地"作出了极大贡献，至今热度居高不下。1993 年开播的《质量万里行》通过实地寻访和调查曝光大量伪劣产品案例，在引起社会广泛关注的同时也促成了一系列问题的妥善解决，等等。另一方面是电视新闻发挥信息普及、舆论监督功能等为国人全面营造出的"安全感"。在信息相对闭塞、滞后的中国农村社会中，电视新闻至今都是其中的个体掌握国家政

---

① 李美枝:《中国人亲子关系的内涵与功能：以大学生为例》，《本土心理学研究》1998 年第 9 期。
② 唐华:《追踪意识——从两篇获奖作品想到的》，《中国记者》1993 年第 10 期。

策信息的"接收器"①,具有至关重要的托底社会价值。而在常常因为语言、习俗等的差异造成传播屏障的少数民族地区,当地电视机构对"部分少数民族听不懂汉语而用当地少数民族语言及时译播中央电视台重点节目,以便尽快把国内外新闻和中央方针政策传送到当地"②,也同样是践行社会"安全感"的诉求使然。更进一步的,电视新闻发挥的舆论监督作用或直接或间接地推动着社会各领域的变革。③ 如在《焦点访谈》节目中播出的《惜哉文化》《仓储粮是怎样损失的》等报道,都有效地反映并记录了社会现状,实现了电视的社会监督和舆论引导作用。④

---

① 孙秋云等:《电视传播与乡村村民日常生活方式的变革》,人民出版社2014年版,第234页。
② 林青主编:《中国少数民族广播电视发展史》,北京广播学院出版社2000年版,第607页。
③ 何天平、严晶晔:《媒介社会史视域下的中国电视60年》,《中州学刊》2019年第5期。
④ 刘习良主编:《中国电视史》,中国广播电视出版社2007年版,第332页。

第 三 章

构建生活方式（1978—1990）

谁能想到，伴随改革开放而来的，还有"看电视"介入中国人日常生活方式的一个隐喻性场景：人们步入家门，第一个"条件反射"便是打开电视机，而睡觉前的最后一个动作，也通常都是关掉电视机。①

1958年，电视在中国落地。大洋彼岸的美国三大电视网，彼时不但已形成相对独立和成熟的内容生产体系，更是在录像、彩色电视等技术领域实现突破。② 中国电视于二十世纪五十年代末的从无到有，在实质上缺乏较为充分和自洽的社会历史逻辑，更表现为一种"偶然"中的"必然"状况。"偶然"，是因为中国电视与世界电视的发展轨迹并没能在路径上寻求到同频共振，其起步并无法在实质上纳入全球性的电视发展浪潮的一部分（尽管在时间阶段上并没有太大差异），更多体现为政治话语全面主导下的一种行政行为驱动。这一年，若干个关于中国电视的"第一次"先后亮相：第一台（黑白）电视机试制成功，第

---

① 唐元恺：《电视生活365天》，外文出版社2008年版，第14页。
② 常江：《中国电视史（1958—2008）》，北京大学出版社2018年版，第8页。

一座电视台北京电视台（中央电视台前身）从试播到正式播出，第一部电视剧《一口菜饼子》播出……几乎可以说是在不知"电视"是何物的情况下"土法上马"的。中国电视，面对社会经济发展状况和民众认识水平都不足以支撑起其繁荣发展的简陋条件，就这样迈出了至关重要的第一步。当然，刚诞生的中国电视很快也被这种超越社会既有发展状况的不切实愿景所迷失，出现过短暂的"失利失策的电视大跃进"[1]，这也成为所谓"偶然性"的一个侧面印证。"必然"，是因为五十年代末作为中国社会发展的一个特殊时期，政治和文化上颇为复杂的意涵造就了彼时电视这种"新媒介"作为一种国家力量参与国际政治话语权竞争以及介入国内外公共事务的必要性。政府层面意识到围绕这一方荧光屏的技术生产、内容生产和影响力生产，是一种重要的政治资源。受到政治上对发展电视的强烈呼唤，"在电视领域的奋斗便因其不同寻常的意义而体现出了特别的紧迫性"[2]。尽管如此，在二十世纪六七十年代，中国发展电视所取得的国际交流成就或言尝到的对外开放红利其实也十分有限，主要体现在电视技术竞争（但实质来看也几乎没有可与发达国家电视业相竞争比较的空间）[3]、出国片的交换以及国际电视活动的参与（见表3.1）。

---

[1] 郭镇之：《中国电视史》，中国人民大学出版社1991年版，第39页。
[2] 郭镇之：《中国电视史》，中国人民大学出版社1991年版，第6页。
[3] 这个时段的电视技术竞争，一个典型的代表是彩电技术。二十世纪七十年代，在西方发达资本主义国家的彩色电视技术渐臻成熟的背景下，当时的中央广播事业局提出要集中主要力量研制彩色电视以向"世界水准"看齐，但揠苗助长的"自创制式"屡屡受挫，继而转向采取"进口"策略。1973年4月，北京电视台首次试播彩色电视。这种技术竞争最终还是以模仿和引进作为解决方案，这也意味着彼时官方在技术上想要比肩国际社会的愿景距离现实还有很大差距。

表3.1　　　北京电视台与外国电视业合作情况（1958—1965年）

合作方式	国家
与外国电视机构建立节目交换或互购的关系（出国片交换）	朝鲜、日本、印度尼西亚、伊拉克、叙利亚、阿拉伯联合共和国、阿尔及利亚、苏联、波兰、德意志民主共和国、匈牙利、罗马尼亚、捷克斯洛伐克、保加利亚、阿尔巴尼亚、古巴、英国、柬埔寨、巴基斯坦、摩洛哥、肯尼亚、苏丹、刚果（布）、加纳、乌干达、荷兰、瑞典、法国、澳大利亚、加拿大、巴西、智利、芬兰、德意志联邦共和国、意大利、比利时（36个国家）
中国电视记者走出国门、开展国际报道	印度尼西亚、缅甸、老挝、阿尔巴尼亚、非洲各国、越南等
中国电视参与/开展国际电视活动	赴开罗参加第二届国际电视节、开办北京电视大学面向外国记者交流学习

资料来源：李舒东主编：《中国中央电视台对外传播史（1958—2012）》，人民出版社2013年版，第11—13页。

尽管规模有限，但上述实践至少为初创期的中国电视迎来一番独特的传播景观：因为（国内）电视节目的覆盖范围不大，电视机的数量也不多，国外电视观众的数量反而比国内观众多，故而电视在外宣工作上扮演的角色重要性比内宣工作来得更显著。[①] 总体而言，在中国电视促成实质发展前，政治话语先于媒介功能话语对电视进行建构成为一种具有鲜明性的特征："宣传政治、传播知识和充实群众文化生活"[②] 的电视传播任务，折射出中国电视在此后几十年发展中最为鲜明、突出的媒介特征，"电视国营"意味着这一媒介在五十年代末骤然诞生后便是作为党和政府的宣传工具而存在的。[③] 国家对电视媒介的建构性力量，成为中国电视历史演进的基本社会底色。

[①] 李舒东主编：《中国中央电视台对外传播史（1958—2012）》，人民出版社2013年版，第10页。

[②] 杨伟光：《中央电视台发展史（1958—1998）》，北京出版社1998年版，第24页。

[③] 何天平、严晶晔：《媒介社会史视域下的中国电视60年》，《中州学刊》2019年第5期。

在改革开放前的中国电视发展"前夜",高度意识形态化的电视首先形成了一种"小众化"的媒介样貌。受制于电视机的不普及、电视传播的有限规模,彼时电视面向的对象主要还是领导干部和部分精英知识分子,这也从底层逻辑上厘清了技术、政治和视觉媒介在最初的互动关系。可以说,中国电视的发轫是在大多数中国人对这种"新媒介"毫无了解的情况下发生的,但也正因这一段漫长的培育期,让最初四分之三时段播映电影、四分之一时段播出简易自制节目的电视媒介,逐渐酝酿出了此后得以真正实现大众化传播的社会基础。

电视走向大众、走向主流的过程,就是"看电视"作为一种重要生活方式走入千家万户、走向社会生活的过程。自"华夏第一屏"①问世后,电视终端以及电视节目经历了从无到有、从少到多、从简陋到成熟的发展历程;而也在数十年之间,人们在下班后、晚餐时打开电视机,关注家国大事、共享天伦之乐,带着对明日剧情的期待意犹未尽地进入梦乡,这曾是大多数中国人分配日常生活时间和起居规律的重要参照,"看着看着电视就长大了"也成为"70代""80代""90代"等的现实写照,这一切伴随改革开放的大潮变为现实;从这里开始,中国人的生活方式和价值观也在那一方荧光屏的跃动里悄然发生了变化——我们俨然可以从中找到关于时代的无数鲜活叙事,就在那些家长里短的市井生活中,电视的见证也就成了人们审视自我、理解社会的一个重要承载。

第一节 紧俏的电视机与新奇的电视

中国的电视业虽诞生于二十世纪五十年代末,但取得实质性的

---

① 天津无线电厂在1958年研制的新中国第一台黑白电视机——"北京牌"电视机,被誉为"华夏第一屏",其诞生也被视作正式开启中华人民共和国的电视时代。

发展却是在改革开放后。因为众所周知的原因,让七十年代末的中国社会在方方面面亟待重整旗鼓,中国电视也不例外。对于走向转型期的中国社会而言,作为"新媒介"的电视自然不再仅仅作为服务于政治和意识形态工作的"小众媒介",要想释出其面向大众的媒介影响力,势必要打开全新局面。

社会历史的变迁塑造着媒介历史的变迁。伴随十一届三中全会的召开,中国社会进入改革开放新时期。这一背景也为中国电视事业迎来转折的关键阶段:从"舶来"到"自主",从局部到整体,从支配型媒介到强势媒介,中国电视逐步实现了真正走向普罗大众;中国电视事业在八十年代的飞速发展,也成就了中国电视的第一个"黄金时代",为此后三十余年方兴未艾的发展奠定重要基础。

在全面焕新的政治话语指导下,中国电视业告别初创期面向有限观众的"蹒跚学步",真正开始实现对市民生活的观照以及参与到社会文化的意义生产当中,这在社会经济和文化层面皆有迹可循,当然也获得了过去未曾有过的空前的支持和改革力度。直观的一个变化体现在包括信号网络技术和电视机终端等最基本的电视底层硬件(技术)的普及。需要指出的是,"文革"期间的中国电视发展也并非全面停滞,至少在电视广播网的全国覆盖中仍取得了一定的成果。相关数据显示,1976 年电视信号可触达的全国人口就达到了逾三成的覆盖面,甚至在部分经济相对发达的人口密集地区(如北京、上海等),最高覆盖率可占比过半;但与之相对应的状况是,纵然有尚算可观的信号覆盖范围,但接收信号的电视机终端却远未及这一规模。1976 年初,全国范围内所具有的电视机总数仅 46.3 万台,这也就是说,大约每 1600 人之中才拥有一台电视机。[①] 较之已有相对规模的通信技术和电视网覆盖而言,改革开放前的大众囿于电视作为一种传播技术和传播终端的不易取得性从而很难让人对这种媒介形成较为完整的认知,电视机的紧俏带来人们对电视这种彼时新奇的视觉媒介的持续倾

---

① 郭镇之:《中国电视史》,中国人民大学出版社 1991 年版,第 123 页。

注。这在二十世纪八十年代构成了一种具有显著性的生活方式特征：人们对电视（包括电视机）的重视程度，似乎远超过对其作为一种传播工具的审视。而与之相对应的，伴随电视机的逐渐普及，人们对电视内容也寄予了空前的期待，这种关注度或许不尽然基于内容本身的品质，而更多源自改革开放带来社会生活方方面面改进后人们内心世界诸多期许和憧憬的一种具体投射。

一 紧俏：拥有电视机是社会地位的象征

二十世纪六七十年代，频繁的政治运动和动荡的政治环境长期阻滞着中国轻工业的发展，电视的终端技术在黑白机方面虽然取得了一定进展，但也并非系统性探索，更遑论彩电技术要实现自主研发的突破，无论软硬件技术在彼时都远未及量产的地步。产能之低也直接导致单价的昂贵，哪怕是到改革开放前夕，"牡丹牌""昆仑牌"等国产黑白电视机，其售价均在200元至400元不等，较之当时的经济条件来说，这也只能为北京、上海等大城市的部分居民所可以担负，对绝大多数的中国民众，尤其是覆盖人口更广的农村地区的民众而言，这是很难想象的奢侈。

即便是在有条件可以购买电视的大城市，改革开放前人们购置电视的过程也充分体现出计划经济时代里"僧多粥少"的尴尬局面。

> 市民争相购买，用以购买电视机的票成了抢手货。有些单位人多票少，每次放票前居然还要经过慎重研究，加强思想政治工作。倘若争执不下，还不时要采取抓阄来了事。①

用"票"来兑换电视机的火热景象，侧面投射出电视机作为"计划"的一部分却没办法通过计划来解决的稀缺性。甚至在北京这样的大城市里，"自攒电视机"还一度形成过社会风潮。一些没能被

---

① 杨秾编著：《北京电视史话》，中国广播电视出版社2012年版，第53页。

"计划"上却又想分取这种社会地位的普通百姓,依托于当时一份名为《无线电》的杂志中提供的电视机电路图、元件配置信息及购买地址等,把各种要件备齐,"他们互相鼓劲、交流,还把5英寸的阳极射线示波管取代显像管,就用几十块便成功装成了一台电视机"①。而对于更稀少的彩色电视而言,舶来技术的国产化更是经历了一个漫长的过程,这个过程贯穿了整个七八十年代,彼时的国人对彩电的消费基本依赖于进口。而在改革开放前,彩色电视的进出口贸易几乎处在停滞的状态,换言之,即便是条件较好的家庭想要取得彩色电视也并非易事,有客观条件掣肘。这种状况也是在改革开放以来国家放宽对家用电器的进口后才出现变化的。例如当时已实现与中国关系常态化的日本,便在这一阶段把松下、索尼、东芝等电视机品牌推向中国市场。到八十年代初,邓小平访问日本的成果产生更进一步的影响,北京电视机厂实现了与日本电器品牌松下的合作并成功引进彩色电视生产线,推出了相对低于进口价格的国产"牡丹牌"彩电。②尽管并不足以全面打开彩电普及的社会局面,但中国百姓对于彩色电视的憧憬,或者说对于想要拥有彩色电视所象征的社会身份的强烈意愿,则有了植根的土壤。"谁家那时要是买了一台进口彩电或是出国带回一台,势必会成为街坊四邻议论的焦点,以日本为代表的彩电发展,在八十年代风光一时。"③在整个八十年代,人们对彩电的热望一以贯之,这也是出现有如前文中所提及的为黑白电视贴上三色透明薄膜以实现"黑白变彩色"、在黑白电视防尘套外绣"彩色电视"四字等社会现象的文化心理动因。这些看起来"不同寻常"的社会行为,都侧面展现出中国百姓对彩电这种新式家电以及与之相匹配的财富地位的期许。

有数据显示,1977年我国电视机年产量不足20万台,但到了

---

① 杨秾编著:《北京电视史话》,中国广播电视出版社2012年版,第53—54页。
② 常江:《中国电视史(1958—2008)》,北京大学出版社2018年版,第139页。
③ 杨秾编著:《北京电视史话》,中国广播电视出版社2012年版,第54页。

1981年就一跃达到300万台，其中有6万余台彩电。新的生活气象，让曾经大多数人在不了解电视的情况下受制于既有技术和经济环境约束对于"拥有电视机"所做的这个"遥远的梦"，陆续变为了可望也可即的现实。

曾经围绕一方电视机造成的窘迫的社会生活局面，伴随着1978年召开的十一届三中全会旧貌换新颜。这一重要历史事件在拉开国民经济结构化调整升级序幕的同时，也让中国电视业的繁荣觅得了一条深入社会生活的普遍性发展路径。这首先便体现在不断唤起的对电视机这种终端设备的消费意愿和能力之上，进而才培育出了此后数十年中消费意识之于壮大中国电视事业所扮演的至关重要的角色（尽管这种作用本身所释出的社会影响也需要加以一体两面的审视）。相关数据显示，1978年中国电视观众规模仅有7800万人，而到了1987年则增加到了6亿。[1] 而在这组大幅跃升的数据背后，电视机社会保有量的变迁，则成了大众生活方式巨变的一个直观缩影。

如图3.1、图3.2所示，在整个八十年代，电视机的普及提速十分显著。从八十年代初的每百人中约拥有1台电视机到八十年代末达到每百人中约拥有16台电视机，电视的社会影响力借由终端技术的落地实现了稳健提升。彩色电视虽在当时仍属于奢侈品（直到1984年之后彩电国产化"一条龙工程"初现成效，成功推出TCL、康佳、长虹等知名国产彩电品牌，这种状况才逐渐有所缓解），但至少在黑白电视机的层面，如此社会保有量已经基本可以保障地区式、社群式的观看覆盖，这也催生出了八十年代"集会看电视"的独特社会景观。邻国日本在八十年代初就洞察到了中国社会的这一变化，《日本经济新闻》刊发名为《中国电视机生产步伐加快》的一则报道中指出，"在电视终端领域，中国内地成为日本强劲对手指日可待"。

---

[1] 数据来源：《中国广播电视年鉴》编辑委员会编：《中国广播电视年鉴1988》，中国广播学院出版社1988年版，第37页。

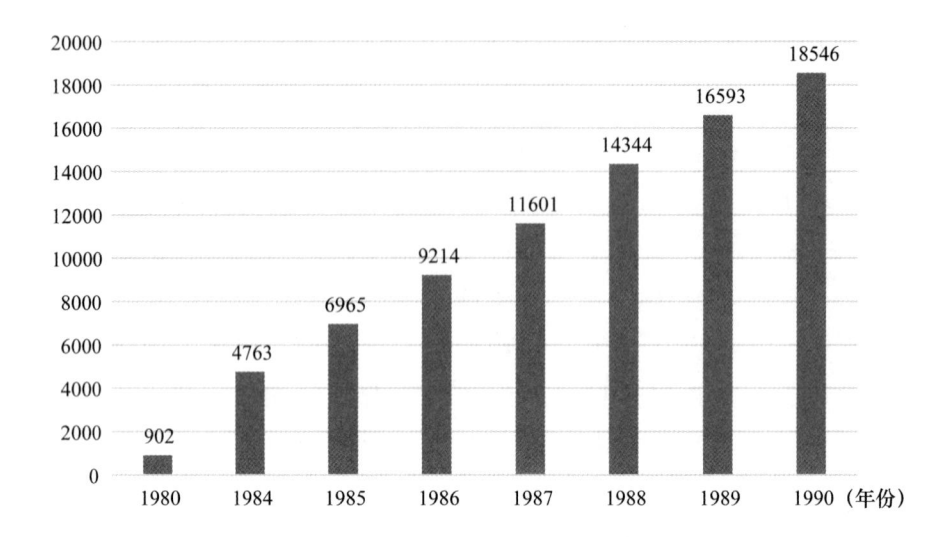

图 3.1　1980—1990 年中国电视机社会拥有量变化（万台）

资料来源：据 1986 年至 1991 年《中国广播电视年鉴》编辑委员会编《中国广播电视年鉴》统计。

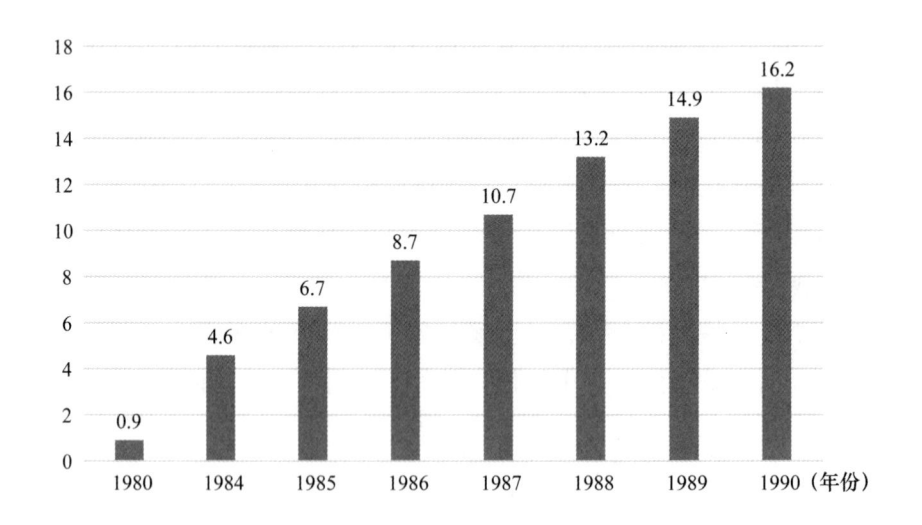

图 3.2　1980—1990 年平均每百人拥有电视机量（台）

资料来源：据 1986 年至 1991 年《中国广播电视年鉴》编辑委员会编《中国广播电视年鉴》统计。

当然也应当看到，尽管电视在这一阶段中以过去无法预见的速度实现了走进千家万户的愿景，但离步入家家户户还有颇远的差距。两成不到的终端覆盖率（单计算彩色电视更不及），距国际水平相去甚远。早在八十年代初有如日本、美国等国家就已经达到每百人拥有电视机20余台到60余台不等的规模①。城乡之间的分野更是显著。据一则1986年的官方统计显示，社会平均百人电视机拥有量8.7台的数据，是由农村3.7台和城市28.9台的数据折合而来。②可以说当时无论黑白还是彩色电视机，总体上都仍属于相当紧俏的昂贵之物，拥有电视机在很大程度上有着彰显社会身份、体现社会地位的象征意味。

在相对的意义上，电视机在八十年代的普及带来了人们全面认识电视这种独特的视听媒介的契机。但较之进入九十年代后伴随轰轰烈烈的商品经济进程所促成的电视日常化，这一阶段的中国电视无疑是深刻印迹着精英特征的。这种精英色彩恰恰是尚未全面浸润于消费文明之中的电视工业，囿于需要一个过程来补完先天不足的社会发展条件，故而其在媒介功能成熟之前率先勾勒出了具有独特性的社会功能。二十世纪八十年代的精英话语对电视文化施加影响、予以塑造并由此构建出了一种有别于西方国家的、独一无二的受众关系。③ 较之西方国家持续性地以电视输出的优质视听内容与观众产生联结，中国电视对大众的吸引力率先体现在电视机这个终端本身，这种状况可以说几乎贯穿了整个八十年代。

---

① 玉章：《电视在国外》，《大众电视》1981年第1期。

② 中共中央宣传部、广播电影电视部联合调查组：《不发达地区农村广播电视调查综合报告》，《中国广播电视学刊》1989年第1期。

③ 常江：《20世纪80年代中国的精英话语与电视文化》，《新闻春秋》2016年第1期。

二十世纪六七十年代，收音机、自行车、缝纫机、手表这四个象征当时人们生活水准的家庭物件，让"四大件"或言"三转一响"成了那个年代的流行词语。有人回忆上述"四大件"："被当作生活追求的目标，也是当时恋爱结婚的前提条件，有女同志跟男朋友讲，你要是没有三转加一响，别想我做你的新娘。"① 由物及人，"四大件"对社会生活的镜像体现着一种时代的叙事，其变化亦缩影着社会文化变迁的某种具体轨迹。到了八十年代，凭票供应时代鼎盛的"老四大件"逐渐被黑白电视、电冰箱、洗衣机、录音机"新四大件"时尚的崛起所取代，标志着改革开放后人民生活水平的全方位提升。从报刊时代到广播时代再到电视时代的让渡，视听媒介的革命，极大地丰富和改善了每个家庭的家居生活，使得人们在工作八小时之外获得了新的休闲方式，也令"居民的菜篮子四季常青"。而电视终端的蜕变更是加速了"四大件"流行话语的迭代演进。"黑白电视虽好，但魅力怎么会比得上彩色电视？何况这个世界本就是五彩斑斓的，又有谁不愿意看到它更趋近于本真的样貌？"② 如此，在短短几年之间，"嫁妆"又从黑白电视机变成了彩色电视机，足见电视机这一客观实在之于社会日常生活的重要意义。体现着生活水平的"大件"，显然并非那一阶段中所有人能轻易拥有；而嵌入那一方荧光屏里的想象和期待，却也由此更让人心向往之。有观众在八十年代初表达了日常生活里的这种状况所引发的人们对电视的"爱恨交织"：

  人们为了能看到电视，缩衣节食，把攒下的钱买电视机……因为还不能全部满足观众的需要，有的人将广播电视报撕碎后寄给电视台，有的人大骂电视台是吃白饭的，还有些人

---

① 《"四大件"的变迁》，腾讯网，https://new.qq.com/omn/20180920/20180920G033YY.html。

② 《老北京的"三转一响"》，搜狐网，http://www.sohu.com/a/138295116_745765。

自己想办法添置设备……希望电视主管部门引起重视,让电视不要那么遥不可及。①

即便是在拥有电视的小康家庭中,电视机更是受到了格外的珍视甚至礼遇。有人把黑白电视放置在毛主席像下方的桌面上,白天用亲手绣制的电视机套套上,晚上呼朋引伴打开电视;有人在电视屏幕前摆上放大镜让9英寸的电视机变成大屏电视;还有人试着改进电视机经常出现的"雪花屏"状况,自制"土天线"来解决原本拉杆天线信号不稳定的状况,甚至还会不时爬上屋顶去校准天线对方向,巷子里响彻着"好了没?还不成呀"的呼喊。②电视机在家庭生活中的位置、对家庭生活品质的提升,甚至是家庭生活对此的"迁就",无不体现着人们对电视的重视程度。在部分农村地区,"修电视"甚至被视作一种极为高级并受到尊重的职业形态。

> 农村电视少,再加之潮湿、电压不稳等原因,电视机故障率也很高。母亲写信说街坊盼我回家,并叮嘱我一定带上修电视的工具。
> 到家后听邻居跟母亲的对话:"嫂子,您多有福气!大侄子还会修电视,这得多大学问!""他婶您来晚了,前面排12家了,还得有个先来后到不是?"
> 老家招待客人最隆重的饭是吃饺子。半个多月,我走门串户天天修电视,顿顿吃饺子,吃得我真不想再吃了,但还是强忍着坚持吃了上顿吃下顿。我明白,我为乡亲修好了电视机,他们感激我、高看我,把我当贵客。③

---

① 《电视与观众》栏目来信:《观众的愿望》(广西 林宁维),《大众电视》1981年第2期。
② 杨秾编著:《北京电视史话》,中国广播电视出版社2012年版,第53—54页。
③ 李海兴:《看电视·修电视·拍电视——我的电视"机"缘》,《农业发展与金融》2019年第8期。

从 1979 年我国黑白电视机年产量破百万大关，到 1985 年突破千万大关；彩色电视机年产量从 1979 年的 9000 多台到 1985 年的 300 余万台，改革开放为中国电视事业注入的新气象让更多人接触到了电视，也在日常生活里投射出电视带来的不同程度的影响。到了 1985 年，中国的电视机产能已经跃升至全球第三，仅次于美、日两国。但即便如此仍然满足不了社会需求，譬如"彩电热"的追求依旧人声鼎沸。但在另一个侧面上，电视机的发展以及人们对拥有电视的渴望，在八十年代也承担了拉动内需的重要经济作用。相关数据统计（见表 3.2），1985 年全国电视机社会销售量超过 2000 万台，零售额达 153 亿元，成为国家回笼货币不可忽视的拳头产品之一。[①] 在整个"六五"时期（1980—1985 年），电视机的社会销售量及其市场所占份额逐年大幅增加，并以在日常消费品中的零售占比提升逐渐实现行业的扭亏为盈，转化出了颇为强劲的社会经济效益，成为改革开放后社会经济新气象的一个重要侧影。

表 3.2　　"六五"时期电视机社会销售数量及份额统计

年度	数量（万台）	比上一年±%	金额（亿元）	比上一年±%	金额占消费品零售额（%）
1980	304		20.8		1.12
1981	635	+74.45	31.92	+58.96	1.59
1982	751	+18.27	35.56	+10.78	1.62
1983	843	+12.25	38.98	+10.24	1.61
1984	1128.5	+33.87	72.55	+86.12	2.50
1985	2156.9	+91.13	152.67	+110.43	4.02
"六五"合计	5514.4		331.48		

资料来源：广播电影电视部政策研究室广播电视研究处在 1988 年发布的调查报告。

---

① 张聪、陈美霞、白谦诚（广播电影电视部政策研究室广播电视研究处）：《电视事业的发展与电视机工业的繁荣》，《中国广播电视学刊》1988 年第 1 期。

伴随"电视购买热"而来的,是国民对电视的消费性不断深入形成的认识。中国的电视业虽然明确了政治话语主导、充分支持宣传工作的定位特点,但要实现真正意义上的走向大众,需要全面依托于大众的消费行为本身;没有消费,电视工业及其社会功能的发挥则无法谓之成立。这种对消费性的正名,其影响亦是无远弗届:1979年1月,上海电视台率先对外宣布"即日起开始受理广告业务"。由是,中国电视史上首支电视广告"参桂养荣酒"正式开播亮相,伴随而来的还有正式获批的文件《上海电视台广告业务试行办法》以及《国内外广告收费试行标准》。(见表3.3)

表3.3　　　　　　上海电视台广告业务收费试行标准

类目	子类目	收费标准
国内广告	播出费(次)	30秒100元;60秒160元
	制作费	彩色幻灯片每张10—20元;彩色影片每分钟(40英尺)500元
国外和港澳地区广告	播出费(次)	30秒1700元;60秒2000元
	制作费	每分钟5000元

资料来源:《上海广播电视志》编辑委员会编:《上海广播电视志》,上海社会科学院出版社1999年版,第737页。

这一历史性事件所标志的,是电视广告业务的兴起之于电视经营层面的深刻影响,电视观众凝结在电视版面中的注意力能够带来变现转化,这也为电视在九十年代走向市场化打开了新的局面。在上海电视台播出这则电视广告后,亦引起国内外电视界和企业界的关注。在国内,广东、江苏、浙江等省的电视台相继开办电视广告,海外媒介也纷纷跟进作出报道,部分海外企业闻讯而来。[1] 伴随而来

---

[1] 《上海广播电视志》编辑委员会编:《上海广播电视志》,上海社会科学院出版社1999年版,第737页。

的，则是普罗大众对电视广告从质疑、争论再到逐渐习以为常并且主动卷入消费的整个接受过程。当然，八十年代作为电视培育市场化基因的先声阶段，人们对电视广告大体上持有一种面对新事物的不适应状况，多以观望和批判的态度对此加以审视。例如当时有观众指出，电视广告应视电视剧剧情需要加入，生硬穿插广告"令人倒胃口"①；也有观众的批评准确认识了电视广告的功能，发挥了作为消费者对行业进行监督的积极作用：

> 某某牙膏广告中，一男一女谈恋爱，没说一句话，姑娘就疏远了小伙子，原因是他口臭。后来二人一同到商店购买了某某牙膏才"和好如初"……令人反感。我们不怀疑牙膏的效能，也不反对制作者的用心，但渲染因口臭就被冷落疏远，这实在是格调不高。希望广告不要只注重宣传产品功效，更应注意精神文明。②

二 新奇："黄金时间"是生活逻辑的再现

中国电视的发展史，其实就是"时段"的开拓史。③ 基于"以时间为纽带、时段为核心的价值生成模式"④ 对电视资源进行开发，构成了内在于中国电视业演进的基本路径之中，且凸显时效诉求和时段版面价值的电视传播逻辑，使得看电视的人与电视之间逐渐固定出了一种定时定点的"约会"机制。从社会经济发展的维度来考量，这为勃兴于二十世纪九十年代的电视市场化的进行提供了坚实的发育土壤，通过观众注意力资源的多寡来衡量电视版面的价值转化能力；从社会文化的维度来审视，这又是过去数十年间国人与电

---

① 《观众园地》栏目来信：《令人倒胃口的"广告"》，《大众电视》1983年第10期。
② 《观众来信汇编：河北杨化慧来信》，中央电视台《电视周报》1985年第41期。
③ 陈立强：《电视频道的本体阐释与传播研究》，新华出版社2007年版，第84页。
④ 周勇、何天平、刘柏煊：《由"时间"向"空间"的转向：技术视野下中国电视传播逻辑的嬗变》，《国际新闻界》2016年第11期。

视之间交互而来的一种默契且稳定的亲密关系，对于整体性的社会生活变迁而言，具有可持续的意义再生产能力。

当然，这种电视传播的社会机制并非骤然形成，是伴随电视与社会文化的互动关系逐步演进而来。依托于电视的频道化与栏目化机制臻于成熟，电视的"时间观念"才逐渐得以勾勒成型。而这在中国电视初创的二十年中，基本没能得到体现，有电视人如此形容早期中国电视囿于技术局限、理念滞后、人才不足等现实条件之下的"力不从心"，不稳定的电视生产"如同一条干涸的河床，节目不能保证源源不断，因而断流成了一种常态"[1]。微波电视信号传输的有限容量，加之节目内容生产的无序、缺乏，使得八十年代以前的中国电视尚不具备明确的频道机制认识，这为电视传播的社会影响力建构造成明显的屏障阻碍。哪怕是在改革开放的1978年，当时的北京电视台还面临过无频道可用的尴尬局面，借助河北广电厅的紧急协调才临时挪用了河北任丘的电视频道使用权以解燃眉之急。

直到二十世纪八十年代，中国电视才逐步实现时间观念的确立并构造出了频道机制的雏形，并为九十年代后期全面步入"频道时代"做出了充分铺垫。[2] 1983年召开的第十一次全国广播电视工作会议，明确提出要对广播电视管理体制进行改革，鼓励电视台经营"放开搞活"，并且提出"四级办电视、四级混合覆盖"的电视事业发展方针[3]，在激活电视市场的同时也极大地调动了地方开办广播电视的积极性。这一年下达的中央（37）号文件，为中国电视事业的根本性质和任务进行定调，体现在作为"教育、鼓舞全党、全军和全国各族人民建设社会主义物质文明、精神文明的最强大的现代化

---

[1] 孙玉胜：《十年——从改变电视的语态开始》，人民文学出版社2012年版，第303页。

[2] 周勇、倪乐融：《拐点与抉择：中国电视业发展的历史逻辑与现实进路》，《现代传播》2019年第9期。

[3] 参见《第十一次全国广播电视工作会议资料汇编》。

工具",政治话语和经济要素的共同塑造赋予了彼时电视传播步入专门化发展阶段的极大生机,技术力量的不断介入更成为其中的积极影响因素。如1985年以通信卫星C波段向全国传输中央电视台电视信号为标志,中国卫星电视广播的新局面得以开启;再如多数省份在1985年前后发展了省内微波支线,中央与省级之间可通过微波回传节目进而促使全国电视广播全面联结成网,电视的覆盖人口规模大幅提升,到1986年已经超过70%。①

如图3.3、图3.4、图3.5所示,受到1983年政策引导之下带来的积极影响,1984年成为中国电视事业的发展转折点并在此后逐步实现规模化的快速成长,故而有观点认为,1983年至1988年的五年间,是中国电视事业建设发展最快的黄金时期。②

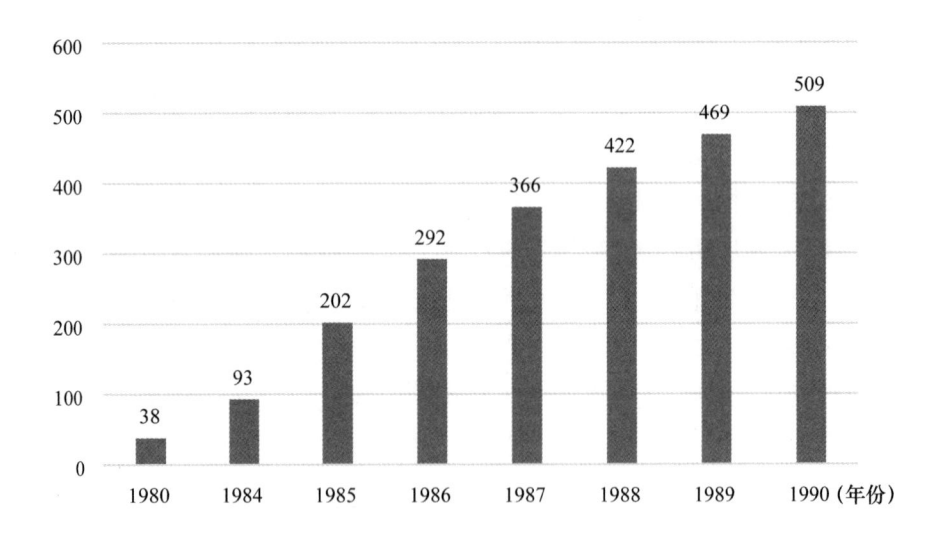

图3.3 1980—1990年中国电视台数量(座)

资料来源:据1986年至1991年《中国广播电视年鉴》统计。

---

① 张聪、陈美霞、白谦诚(广播电影电视部政策研究室广播电视研究处):《电视事业的发展与电视机工业的繁荣》,《中国广播电视学刊》1988年第1期。

② 赵玉明主编:《中国广播电视通史》,中国广播影视出版社2014年版,第337页。

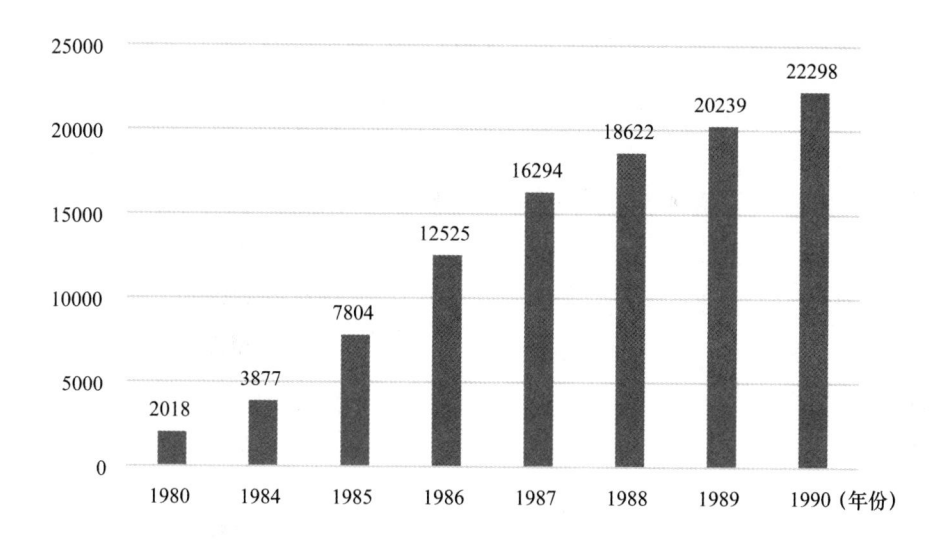

图 3.4　1980—1990 年中国电视台每周播出时间（小时）

资料来源：据 1986 年至 1991 年《中国广播电视年鉴》统计。

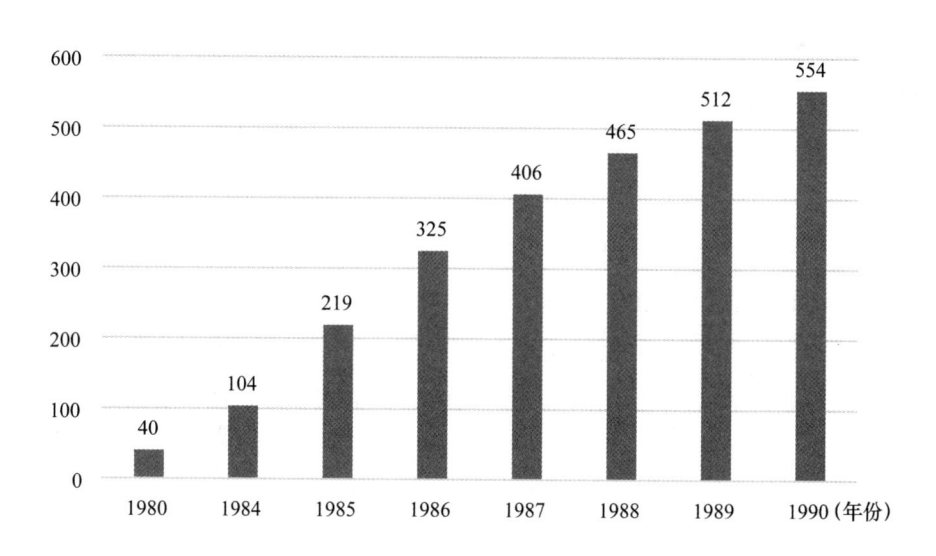

图 3.5　1980—1990 年中国电视节目套数（套）

资料来源：据 1986 年至 1991 年《中国广播电视年鉴》统计。

随着这种电视"时间观念"的确立，国人也逐渐有了把握电视时间的观念,并在贯穿整个八十年代的历程中不自觉将其内化成了一种虽远谈不上是成熟认识但作用却颇为有力的生活方式要素。在中国电视真正步入"频道时代"之前的过渡期,用以描述基于观众固定收视行为而取得更充分观众注意力资源的"黄金时段"(prime time)概念尚未真正形成。但中国百姓在看电视的日常实践中却逐步生发出一个约定俗成的"黄金时间"概念,这也是迥异于西方电视业发展的一道独特社会景观,源于中国电视的节目专业化生产滞后于人们对电视这一媒介的认识之历史原因,但也促成了电视改造乃至重组大众生活逻辑的一种具体情况,体现出颇值得加以关注的社会文化意涵。

在整个八十年代,人们对"电视时间"的关注十分热切,既是对电视发展的期待,也体现着电视影响社会生活的直观反馈。例如,对于电视新闻改革,人们通过对其时间版面编排的日常生活影响予以了直接的推动作用。有观众对中央电视台三档新闻节目《午间新闻》《新闻联播》《晚间新闻》编排的时效性提出了有针对性的意见,"从先后顺序来讲,显然应该是靠后播放的节目要比在前的内容新。但《晚间新闻》有时播的却没有《新闻联播》新,甚至第二天《午间新闻》的内容还没有头天《新闻联播》的节目新"[①]。二十世纪八十年代虽然是全面焕新的历史新阶段,但部分"历史遗留问题"以及人们还存有的社会生活惯性仍有待一个过程来加以疏解,勃兴的电视新闻则在这一过程中扮演了重要角色:它对于大多数人而言,既是新鲜好奇的,也是体现安全感的,人们不断壮大的对电视新闻的接触习惯,加之电视新闻的视觉化形态所形塑出的更强烈的真实感和权威性,使其成了人们日常获取信息情报、维系社会心理稳定性的重要来源。中央电视台在1985年3月增播的《晚间新闻》节目曾引发诸多社会关注,就是上述状况的一种直观反映。许多观众对《晚间新闻》的最佳编播时间展开了热烈讨论,侧面显现出人们希望电视新闻的编播能够

[①] 《观众来信汇编》,中央电视台《电视周报》1985年第45期。

有机统合进人们日常生活"黄金时间"的强烈意愿：

> 有观众认为播出时间失效：《晚间新闻》安排在 22 点，穿插在其他节目中间，不但影响了其他节目的效果，也影响观众收看新闻的兴趣。①

> 有观众认为播出时间应独立化：《晚间新闻》有国内外新闻、知识性趣闻，短短十分钟内可以耳闻目睹 20 条左右最新消息，令人高兴。但它应该有一个固定时间，不应生硬地跟其他剧目放在一起。3 月 1 日就是在电视剧《古墓遗案》三四集之间播出的，既破坏了电视剧的完整性，也让《晚间新闻》让人误解为"广告新闻"。②

> 有观众认为播出时间采取中插有积极意义：现在有些人对政治、国家大事不大关心，采取适当的手段，带点"强制"性地"灌输"还是必要的。③

另一方面，伴随国外/境外影视译制剧在八十年代引入中国内地市场的火热之姿，一批获得空前反响的非本土影视作品（例如日本的《血疑》《追捕》、中国香港的《霍元甲》等），进一步唤起了流行电视之于人们生活休闲娱乐的独特价值。"追剧"热潮的兴起也同时触发了人们对电视"黄金时间"的充分关注，八十年代热播国产剧《四世同堂》就被认为把握住了播出的"黄金时间"进而生成了观众讨论的"最佳回忆时刻"。

---

① 《观众来信汇编：河南李明超来信》，中央电视台《电视周报》1985 年第 45 期。
② 《观众来信汇编：重庆某观众来信》，中央电视台《电视周报》1985 年第 12 期。
③ 《观众来信汇编：湖北刘祖源来信》，中央电视台《电视周报》1985 年第 50 期。

以往《血疑》《霍元甲》轰动一时的原因之一在于抢到了最佳的播出时间。在观众精力充沛的时候给人最深印象,第二天才会津津乐道"最佳回忆"。电视节目的播出有"黄金时间"之说,以往"黄金时间"经常让港台、日本节目占有,观众有意见;不过,也怪咱们自己不少电视节目质量不高,压不住这黄金时间。《四世同堂》第6—11集的播出时间基本固定在19:45—19:55之间,仅两天在20点以后播出,就压住了黄金时间,一炮打响,众人瞩目。①

对电视"黄金时间"的社会建构,准确再现了彼时的中国社会文化对于看电视这一日常生活实践所形成的一种朴素的、自觉的群体性反应,在特定社会阶段亦成为人们基于电视的媒介经验和媒介行为来构造自身生活方式的一条重要线索。还有不少观众针对电视节目整体性的编播策略提出要把焦点对准"黄金时间"——人们看电视的最理想时刻(如下班后、晚饭后等)——在八十年代的电视播出中,一度出现大量同质化的智力竞赛节目挤占晚饭后的电视版面的状况,便有观众向电视台呼吁:"再搞下去就腻了,请把'黄金时间'让出来!"②

虽然这一阶段尚未形成体现媒介功能属性的"黄金时段"概念,但民间话语结合生活经验酝酿而来的"黄金时间"概念早已可以视作此后中国电视逐渐步入成熟市场化运营所催生的"黄金时段"的有力先声。这种观念在城乡电视接触差距显著的八十年代,也难得地变成弥合差异的一种社会共识。一个有意思的例子是,中国农村

---

① 《观众来信汇编:上海何云麟来信》,中央电视台《电视周报》1985年第41期。
② 参见《中国广播电视年鉴》编辑委员会编《中国广播电视年鉴1989》,中国广播学院出版社1989年版。

观众普遍反映在"夏令时"① 期间收看电视难,农民们因为夏时制将时钟拨快了一个小时,致使错过晚间收看电视的"黄金时间",甚至建议电视台把有如《新闻联播》等晚间电视新闻节目安排在19:30或20:00。②

第二节 "如看电影般看电视":电视与大众生活的初遇

中国电视业演进的另一条独特轨迹,就体现在"看电视"作为一种社会行为的孕育培养过程。对于中国社会而言,这种日常生活实践并非伴随电视媒介的兴起才随之应运而生,而是从早在电视诞生前就已有的"看电影"这种日常生活行为中挪用转化而来,并在后续的电视化过程中逐步酝酿出了看电视作为一种生活方式的独立性地位。电影与电视两种媒介在五六十年代的中国所维持的一种"暧昧"关系,令"影视合流"这种独特的社会文化现象长期存在,且直到八九十年代都仍有相应惯性存留。实质上,这种状况的产生也源于早期中国电视诞生的土壤与电影业关联紧密:一方面是"土法上马"的中国电视,几乎完全谈不上有构成"事业"的条件,故而主要设备挪用自电影业、主要手法也向电影制作学习,电视和电影在内容生产的特征上就体现出高度的相似性;另一方面是中国电视在初创期并没有充分的能力生产足够的

---

① 夏令时,意指在日出早的夏季人为地将时钟时间拨快一小时,进而起到减少照明量、增加农作时间,以充分利用光照资源、节约照明用电的作用。我国在1986年至1991年六个年度中间断性地采取过夏令时的做法,在夏令时开始和结束前几天,媒体均会刊发有关安排的通告。具体作法为:每年从4月中旬首个星期日的凌晨2时整(北京时间)将时钟拨快一小时,夏令时开始;到9月中旬首个星期日的凌晨2时整(北京夏令时),再将时钟拨回一小时,夏令时结束。从1992年起,中国的夏令时暂停实行。

② 参见《中央电视台观众来信综述》,载《中国广播电视年鉴》编辑委员会编《中国广播电视年鉴1988》,中国广播学院出版社1988年版,第439—442页。

内容供以日常播出，故而将近有三分之二的时段是在播映电影，仅有三分之一时段播出节目。

更为突出的一个特点体现在观看场景的属性。早期电视因为终端的"稀有"而被赋予了一种显著的公共性色彩，集体拥有电视的情况持续了相当长的时间，六十年代中国为数不多的电视机分布在文化馆、部队等重要单位，电视节目在传播模式上更像电影：公开放映、购票入场。①

有当时的文化馆工作人员回忆六七十年代"集会看电视"的盛况：入场需要购买电视票，按照当时的物价换算约等于若干个鸡蛋的价格；但看电视的集会活动也不尽然相同于看电影，因为"电视只有9英寸大小，人多了根本看不清，所以一场只能发放40张票，后来热情高涨的观众不断提出意见，一场便加卖到60张左右"②。当然，因为电视里播放的内容除了图片新闻、戏剧之外主要就是电影故事片，故而看电视与看电影在实质上存在竞争和分流的状况。不过，当时尚没有形成"市场"的概念，这种状况也就不足为道了；但需要指出的是，伴随改革开放后中国电视文艺与电视剧事业的复兴与提速发展，这种潜在的矛盾则逐步凸显出来。在相关政策以及思想文化的拨乱反正之下，电视的诸种文艺创作有了大施拳脚的空间：自办节目力度加大、电视剧创作规模空前，加之电视和电影在行政上的管理权限分割（分别隶属中央广播事业局和文化部），总体上意味着电视开始摆脱电影的"接济"而逐渐形成自身有别于电影且具有独立性的视听媒介特征。

尽管矛盾不断揭示，但"影视合流"长期培养而来的社会文化传统却并不可能马上消失，甚至在八十年代国人通过"看电视"构建主流生活方式的过程中仍然产生着深刻影响。在这一时期，电视

---

① 常江：《中国电视史（1958—2008）》，北京大学出版社2018年版，第33页。
② 张荣：《那时候南京人看电视要买票》，《现代快报》2009年11月16日第A28版。

与社会生活初遇,"如看电影般看电视"的日常实践构成了其中至关重要的一种文化特征。

一 组成生活要素:电视的物质性与"定居"的意义

从电视与社会历史交互的演进轨迹来加以考察,中国电视的社会价值显然不仅仅体现在文本层面的意义生产,更囊括了使用媒介的诸种物质性意义。甚至在很大程度上,要理解电视嵌入社会生活的机制,尤其是关注"自下而上"的媒介底层逻辑运行,对后者的阐释既是基础性的也是构造性的。如库贝(Robert Kubey)等学者所指出的,电视的观看(television viewing)如同其他文化习惯一样,应当尽可能地置于广泛的社会背景和日常物质实践(everyday material practices)中进行综合研究和评估。[1]

中国电视的物质性特征,深度作用在社会生活以及国人的日常媒介使用当中,同样也是伴随改革开放的步履,电视机步入千家万户、电视内容不断勃兴壮大的直接结果。电视的这种物质性的社会意义释出,几乎贯穿整个八十年代,从无到有,成了我们考察电视在中国社会语境中与中国人日常生活互动的一个前提性视角。在二十世纪八十年代初期,诸种社会事业的发展经由拨乱反正的重新定调后迎来重建,但这个过程不可能一蹴而就,新旧交替之间百业待兴,也一并催生了方方面面的社会问题,尤其是与百姓生活息息相关的日常生活难题频繁出现:"乘车难""入托(幼儿园)难""就业难"……一系列棘手的状况此起彼伏,而在这其中"看电视难"也是较为突出的一种社会状况。如前文所述,刚刚步入八十年代的中国电视,虽然有总体向上向好发展之姿,但存在其中的物质性(技术)壁垒先决性地阻滞了"看电视"这种日常生活实践的壮大,用更通俗的话来说,观众看电视的意愿和热情空前高涨,但却囿于

---

[1] Robert Kubey and Mihaly Csikszentmihalyi, *Television and the Quality of Life: How Viewing Shapes Everyday Experience*, London and New York: Routledge, 1990, p.17.

不太好购买到的电视机以及电视信号覆盖范围有限的节目播出，造成其中巨大的矛盾张力。解决这种现实落差的方案，理应首先解决电视的物质性问题：一方面是导入技术、扩大生产（如前文所述）；另一方面是筹措资金、更新设备技术和兴修信号传输系统。这对于有如北京、上海等大城市而言还相对易于实现，例如北京市委、市政府在八十年代初采用调拨播出设备、增强摄录设备等手段完成了北京电视台"从电子管设备过渡到晶体管设备，从黑白电视播出过渡到彩色电视播出，初步解决电视播出故障多的问题"①，在物质和技术的层面有力疏解了北京市民"看电视难"的问题。但对于绝大多数的其他地区，因为资金、观念和手段的落后，很难有这样的反应和跟进，培育发展其物质性的过程长则经历了整个八十年代。尤其是在相对闭塞的远郊农村、山村地区和少数民族地区，解决"看不到"也"看不好"电视更体现为一个系统性的社会工程重建。当时的电视信号传输技术通路距离和效率十分有限，无法实现一次性覆盖，区别于信号覆盖相对全面的城市，信号要到达郊区甚至更远的地方则需要修建相应数量的差转台、差转塔来进行多次传输才可以实现。仅是京郊地区的电视信号覆盖，也是到1984年实施"四级办电视"之后才出现显著的状况好转，遑论更落后的农村、山村和少数民族地区。

以中国人口最少的民族独龙族所生活的云南贡山县地区为例，当地的人口规模、地缘开放度和文化独立性都远不及大多数地区的发展，其电视发展的进度可反映出一个低值状况供以参照。因地处偏远，贡山县引入电视是在1982年云南省拨款6万元支持电视建设的状况下开始的，明显滞后于主要省份在1980年前后开始推进电视发展的进度。当地建设电视的两大难点是山区地形阻隔造成信号传输难的问题和大众对电视机的购买力问题。该地区彼时主要收测由大理苍山台转发的电视信号，但数座大山阻隔构成障碍，"在收不到

---

① 杨秾编著：《北京电视史话》，中国广播电视出版社2012年版，第65页。

第三章　构建生活方式（1978—1990）　97

苍山台信号的情况下，只能先采用录像播出作过渡，并派出专人在昆明录像、按时寄回电视带子进行播放"[1]。直到 1987 年，该地区的第一个地面卫星电视接收站才得以安装建立；至于电视机的购置状况，则更为严峻。该地区实现家庭拥有电视机的覆盖，大体要到 2000 年前后才实现；在这之前，当地观众长期维持了在部队、学校、文化站等公共场所集体看电视的传统。作为基础条件的电视技术配置，十分深刻地作用在电视传播的大众化过程中，而电视作为一种生活要素、"看电视"构筑一种生活方式的社会过程，也同样始于电视的这种物质性意义。

同样能对此加以观照的是二十世纪八十年代后期形成的一些社会变化。浙江省影视评论学会电视观众调研组曾对全国主要省市观众进行调研，形成的一个主要结论认为：人们普遍将购买电视机作为一种家庭文化娱乐设施的永久性投资，并且视这种投资为"必须"。伴随经济状况的逐渐好转以及精神层面对舒适型生活的追求，人们还在购置电视机过程中出现两种普遍的倾向：一是更愿意购买彩色电视，二是更愿意购买 18 寸以上的大屏电视。在一些较为富裕的农村大家庭中，甚至出现了"一户多机"的现象。[2] 电视俨然以一种颇为强劲的物质力量全面性地介入社会生活，"支配着生活时速、影响着起居室的布置、作为逗引两性关系和亲子关系的手段，左右着人们的谈话主题和娱乐概念，同时也构成我们观察和认识自身赖以生存的世界的方式"[3]。从物质到观念的实践，电视在八十年代的短短几年间便实现了日常生活塑造力和社会影响力的跃升。在城市范畴之外，电视对农村地区的影响更进一步，这种物质性所象

---

[1] 吴飞：《火塘·教堂·电视——一个少数民族社区的社会传播网络研究》，光明日报出版社 2008 年版，第 172 页。

[2] 王瑾、傅仲亮、张杭军：《正视电视文化现状，尊重观众欣赏心理——电视观众欣赏心理调查》，《大众电视》1987 年第 8 期。

[3] ［英］索尼娅·利文斯通：《理解电视：受众解读的心理学》，龙耘译，新华出版社 2006 年版，第 7 页。

征的外来的、先进的都市文化,就是农村地区"新文化""新生活"的样板。① 电视机的进入和电视信号的覆盖传输,使得农村地区及其家庭不再是孤立于城市之外的社会孤岛,而在很大程度上被纳入了"中心"和"主流"之中,成为组成主流社会生活的一部分。

在整个八十年代,电视对于日常生活的影响,几乎是伴随家庭成为一个自主自立的社会空间发展而来的。我们似乎很难来定义是电视的进入影响了家庭构筑独立社会空间的过程,还是家庭结构的现实变迁也把电视纳入其中成为重要一环。但无论如何,从"共享"到"私享",电视的物质性力量对制造与维系这一垂直社会空间稳定性的意义是显见的:从城市的视角而言,电视机在家庭中的摆放位置②、人们定时定点打开电视机的动作等,构成了其之所以为"定居"的更牢固的社会意义;从乡村的视角来看,因为城市化进程对乡村人口的吸引,其社会结构的变化体现出高度的流动性和迁移性。电视在当时或许并未对乡村家庭本身构成"定居"的意义,但对于家族概念的存续、流动中的乡村人口等提供了精神层面上关于定居意义的解释:例如,家族聚餐时必不可少的电视伴随式收看,又如,进城务工人员在狭小的出租房内依靠"看电视"来寻找日常生活的归属感等。如莫利所言,电视机除了它原本具有的媒介功能,还被赋予了更多值得被阐释的附加社会价值。

二 构造生活场景:从"电影的电视"到"电视的电影"

"电视是微缩的电影院。"这种观念上的认识曾长期占据国人的社会生活。与电影之间复杂的关系互动,同时成就了电视这种媒介在中国的社会面貌:从电影事业中脱胎而来逐渐觅得自身的主体性

---

① 孙秋云等:《电视传播与乡村村民日常生活方式的变革》,人民出版社2014年版,第5页。

② 本研究中有不少生活于城市的受访者提及会习惯性地将电视放置在客厅的中心位置,参照电视机的位置来设计客厅的家居摆设和风格样式,也有部分受访者提及,会将电视与家庭重要物件放置在一起,如家庭合照、获奖证书、珍贵字画等。

地位，中国电视也因此培育出了自身的观看场景，亦构造出与众不同的生活场景。从"电影的电视"到"电视的电影"之变化，成为八十年代中国电视文化变迁的一条重要脉络。

电视作为电影的"附庸"，是中国电视在初创期曾经历的现实状况，也形成了较长一段时间的惯性。即便是在改革开放初期，中国电视还是体现出了较为明显的倚赖于电影的特点。

以1979年元旦假期中央电视台的节目编排时间表为例①：

1月1日（星期一）
9：00　祖国各地：长沙——毛主席早年活动的地方
9：20　电视片：金凤又黄太湖边
9：30　故事片：山村姐妹
19：00　新闻联播
19：20　世界各地：西班牙的森林动物
20：05　故事片：拔哥的故事
1月2日（星期二）
9：00　科教片：毛孩
9：40　京剧：红娘
19：00　新闻联播
19：20　国际新闻
19：30　文化生活：谈谈电影《巴黎圣母院》
19：40　意大利法国合拍片《巴黎圣母院》

对于当时的电视台来说，其播出的主体内容支撑仍很大程度上依靠电影播映和剧场转播。电视台自办节目时长不足总量的三分之一，尤其是电视新闻的影响力尚在培育期的七十年代末，电视的自采新闻少、报道时效性不强等，使得人们对电视媒介的优势认识更

---

① 刘习良主编：《中国电视史》，中国广播电视出版社2007年版，第157页。

多还停留在：相比过去的买票看电影，省时省力在家庭里就能看电影的状况是颇为吸引人的。"在大多数人心中，那时候电视的主要功能是家庭影剧院，看新闻、上电大（电视大学）是其次的……电视观众久而久之也习惯了这一套格式：电视办得好坏与否，就看里面有没有新的电影、好的戏剧。"①

这种状况伴随国外/境外影视剧引入的政策放宽进一步得到强化。自中央电视台在1980年先后播出美国电视连续剧《大西洋底来的人》《加里森敢死队》，中国观众开始感受到电视连续剧尤其还是异域文化表达的魅力。《大西洋底来的人》主角麦克所戴的墨镜甚至被国人冠以"麦克镜"的流行称呼，一时间成为街巷之中时髦年轻人的潮流配件。②《加里森敢死队》在中后段遭遇的"停播风波"亦引发国内诸多观众的不满，纷纷写信给电视台表示"抗议"。正是这种来自非本土文化的叙事感染力，让人们产生了对电视更强烈的好奇，也从中看到了在电影和单本剧③之外的更多"电视可能性"：中国电视工作者慢慢意识到，电视的日常播放属性和连续系列编播特点，才是其作为一种传播形式的独特价值所在；另一方面，八十年代初大规模引入译制片的状况使得电视荧屏已经出现了海外故事几乎周周见的高频状况，《娜拉》《居里夫人》《安娜·卡列宁娜》《鲁滨逊漂流记》等西方影视作品接连在中国电视上亮相，这也引发了人们对优质的本土电视连续剧的更强烈呼唤，如中国剧作家吴祖光给《广播电视杂志》的来信中感慨，"从头到尾看的就是这几部国外连续剧"——国外名著搬上荧屏是成功的，为什么中国不行？这

---

① 刘习良主编：《中国电视史》，中国广播电视出版社2007年版，第158页。
② 刘习良主编：《中国电视史》，中国广播电视出版社2007年版，第166页。
③ 电视单本剧，是特定历史阶段的产物，也可以认为是中国电视剧初兴阶段的过渡形态。在电视尚未孕育出自身具有独立性的艺术特征时，受到戏剧和电影艺术影响，篇幅集中的单本剧兴盛一时，也时常被视作是电影或戏剧的一种"电视替代品"，此类作品基本上一次播完（或分上中下三集），体量一般为几集，时长从半小时到两小时不等。

个问题引起了相当多观众的关注,于是就有了以四大名著为蓝本并在八十年代陆续实现的体现文化自主性和经典性的精品中国电视连续剧的荧屏转化。

伴随电视媒介的日常化,"视"与"影"之间的分歧逐步显著:电影业清晰地认识到了这一种潜力的想象空间,也有先例可循——日本在六七十年代之间,每年观影人数从100亿人次下滑到1亿人次,原因就是剧场的观众陆续转回家里去观看电视了。[1] 而中国电视业则在1979年到1980年之间明确"自己走路"[2] 的发展路径诉求,伴随一系列探索和实践的推进,中国首部电视连续剧《敌营十八年》在1980年出品、1981年播出。在此之后,伴随电视机的普及和电视信号技术的建设成熟,人们对电视艺术的接触越来越丰富,下班后、睡觉前,国人习惯于打开电视接触的除了电视新闻,还有大比重的电视连续剧、电视文艺作品,也由此构造出了具有独特性的日常生活场景。有观众在1982年的来信中提及了这种源于电视观看所产生的生活场景变化:"在家看电视的人,不需要像在电影院里一样专心,可以边做家务边追剧。"[3] 还有观众提到电视比电影更吸引人的特征:

> 从前是个影迷,如今变电视迷了。电视剧是那么及时、迅速地反映出当前社会上人们关注的各种问题,从经济建设到农村实行的生产责任制,从国内外大事到婆媳关系,甚至连大家厌恶的小偷也在《新岸》里出现,电视剧比电影吸引人多了。[4]

---

[1] 参见1979年8月《李连庆同志在全国电视节目会议上的讲话》。
[2] 参见1980年10月张香山在第十次全国广播工作会议上的报告发言《坚持自己走路,发挥广播电视长处,更好地为实现四个现代化服务》。
[3] 《观众园地》栏目来信:《电视剧和谁是亲家》,《大众电视》1982年第11期。
[4] 《观众园地》栏目来信:《希望能重视电视剧质量》(江苏 唐禾),《大众电视》1982年第4期。

电视构造生活场景的强吸引力还体现在生产力的流动上。二十世纪八十年代,有非常多的电影演员亮相于电视剧之中,从侧面反映电视业正在创造出的更多行业机会。例如当时的大银幕演员方青卓、张力维等纷纷成功转型电视剧,引发广泛关注。有观众就表示,"方青卓饰演的吴秋香[1],简直是我国北方农村妇女形象之一绝"[2]。在各种各样的优质资源逐渐向电视业聚拢时,电视的社会地位一度跃升至电影之上,有的观众甚至认为在家庭生活中通过电视机来观看电影,这种合家欢式的观看体验和氛围远比去影院、剧场观看电影的体验要好很多,电影甚至在某种程度上成为彼时的电视的"附庸"。1987年的一项调查显示,选择将日常看电视作为文化生活第一需要的中国百姓要比选择看电影的多出将近30%,电影"独自称霸"的时代一去不返。有浙江的中年农民反映,在八十年代中后期,他一年看了不到四部电影(而曾经看电影是农村最为主要的集体消遣活动之一),这种情况在当地是具有代表性的;有上海的工人指出:他们下班回家,如果没有特殊情况,总是习惯于坐在电视机前。[3]

从"电影的电视"到"电视的电影",有这样两个日常生活物件的隐喻意义是值得予以关注的:天线和录像带,它们构成了八十年代电视之所以为电视的独特形态,也构成了"看电视"有别于其他生活场景的独特价值。前者体现了"看电视"的日常实践对生活场景的嵌入性,后者则反映了人们对"看电视"的供需不平衡状况所采取的具体行动。天线,是中国电视在八九十年代一种普遍的社会景观,承载着社会期许也反映着社会问题。1980年《羊城晚报》刊《"香港电视"及其他》一文,指出香港电视是"心灵的癌症",而诸如广东省等毗邻香港的内地民众,则架设了密密麻麻的"鱼骨

---

[1] 1987年中国电视连续剧《雪野》中的女主角。
[2] 骆青原:《银幕不留屏幕留》,《大众电视》1987年第6期。
[3] 王瑾、傅仲亮、张杭军:《正视电视文化现状,尊重观众欣赏心理——电视观众欣赏心理调查》,《大众电视》1987年第8期。

天线"在屋顶上,主要是用以收看香港电视。彼时,粤地城乡"鱼骨天线"林立,香港电视输送的内容也没有经过把关,于是许多地方派出消防车高空作业,拆除"鱼骨天线",以消弭这种民间自发的看电视选择,但依然出现了白天拆、晚上装的情况,足见当时电视对于日常生活的嵌入程度;而录像机的兴起也是伴随电视业崛起的一个具体结果。因为不少地区电视信号接收滞后,甚至尚未被电视信号覆盖,于是就有了用录像带来补充电视播出的过渡阶段。例如,在七十年代末,新疆地区的观众要观看电视,就得先去北京录像后再将录像带拿回新疆播出;即便是地方新闻,因为没有洗印技术,需要拍摄后送去北京等地洗印,再返回播出,周期少则一周。[1] 因为电视传输效率低下和内容播出体量有限的缘故,看录像也成了人们在习惯了"看电视"这种生活场景后观看"电视的电影"的一个特殊过程。有不少消费者在八十年代初期提到,很多家庭在买电视机时就会一并购买录像机,去商店租片子拿回家在电视上观看。"当电视观众抱怨电视台播出的节目很平庸时,一个崭新的大众文化娱乐事业——录像市场——在全国城乡悄悄崛起,并且迅速形成可与电影抗衡的冲击力量。在沿海开放地区的乡村城镇,这甚至成为了年轻人进行文化消费的热门去处。"[2]"看录像热"的背后,是八十年代的人们对不断高涨的"看电视热"的代偿性满足——尤其是体现在观看场景上;当然也体现为人们长期受到"影视合流"的文化传统影响下一种观看行为的折中选择,侧面反映出电视构造生活场景的强劲能力。

三 凝结集体记忆:从电视的仪式到作为仪式的看电视

电视作为一种日常媒介在八十年代的快速成长,是国家话语和民间话语合力之下的社会结果。落实到社会生活的具体脉络之中,

---

[1] 刘习良主编:《中国电视史》,中国广播电视出版社2007年版,第157页。
[2] 东之:《忧喜参半话录像》,《大众电视》1989年第10期。

电视的观看往往彰显着一种新时期的集体主义色彩，这种集体主义式的媒介使用特征又与传统意义上基于物理空间聚合的集会式观看不尽相同，更表现为在精神向度上强调情感集中性、社会关系稳定性的一种集体主义表达。纳入其中的社群概念，或许未必拥有那么明确的实体结构特征，但往往有较高的牢固性。尤其在 1982 年以后，看电视的这种日常生活文化得到了更广泛的普及，逐步开始从城市向农村地区扩散。据 1983 年初的相关数据显示：京郊多数农户都拥有了黑白电视机；上海郊区一个百余户的生产队上已购置近百台电视机；内蒙古包头市一个 80 户的公社大队，一下添置了 72 台电视机；新疆乌鲁木齐平均每 4 户家庭中就拥有一台电视机……①这昭示着电视文化在八十年代陆续从一种首要体现城市气质的社会文化逐渐转变成一种具有普遍意义的大众文化。② 伴随电视臻于广泛、全面的社会文化书写而来的，既是电视制造的无数"仪式"体现出空前的社会影响力，更是"看电视"这个动作本身慢慢转化为集体记忆书写的一部分的仪式过程。

　　令仪式"仪式化"，是中国电视迈向主流化过程中确立其自身公信力、权威性的重要线索，电视毫无疑问是媒介事件参与的至关重要的力量。于政治领域，1987 年召开的党的十三大，首开电视同步报道、现场直播之先河，这在中国共产党历史上还属首次。尤其是对大会开幕式的直播，据北京地区调查，有 88% 的观众收看电视直播，以往鲜少看到我国党政领导人答记者问，观众对此有积极的反响："它打破了以往的框框，让人们拥有更强的家国归属感，也体现了电视台开放改革和实事求是的精神。"③ 而在八十年代的电视仪式中，更具代表性的一个样本当数"春晚"：诞生于 1983 年的现代电视春晚，可以说是开启电视塑造国人共同体精神的一个重要文化仪

---

　　① 林泓：《我国进入电视机时代》，《大众电视》1983 年第 1 期。
　　② 常江：《中国电视史（1958—2008）》，北京大学出版社 2018 年版，第 201 页。
　　③ 参见《中央电视台观众来信综述》，载《中国广播电视年鉴》编辑委员会编《中国广播电视年鉴 1988》，中国广播学院出版社 1988 年版，第 439—442 页。

式。1983年电视春晚首次亮相，将改革开放注入电视业的朝气和生机充分体现，现场直播、观众点播、茶座联欢式等鲜明特征引发观众广泛好评。时任中央电视台副台长的洪民生评价其为"观众认可、约定俗成"的电视文艺创新样式。电视春晚的大众参与热度在此后几年中亦得以逐年走高。1983年春晚总导演黄一鹤曾回忆八十年代的春晚盛况，"热线电话仅有四部，直到晚会播完观众打电话来的热情仍没有消退，电缆线被打到冒烟，再过一会儿，摸着电线烫手了，找电话局，派来的工程师解决不了；最后就报给了消防队，消防队甚至把消防器材都准备好了"①。

1984年春晚，香港歌手张明敏、台湾主持人黄益腾登台表演。张明敏演唱的一首《我的中国心》风靡一时，迅速在全国范围成为流行，被广泛传唱，成了八十年代电视春晚洋溢爱国主义精神气质的一个重要文化符号；也是在这一年后，港澳台地区艺人亮相春晚成为这台晚会必不可少的标准配置，在精神内核上象征祖国统一、凝聚国家共同体意识的电视春晚，俨然实现了更深刻的立意跃升。八十年代的若干届春晚，除了1985年一届因诸种原因表现不佳受到观众批评外，都收获了空前的社会反响。电视春晚作为一种常态性的节目样式固化在特定的节庆话语当中，并逐步嵌入人们的日常生活中为大众所喜闻乐见。可以说，春晚，不仅仅是一场电视仪式的实践，更体现为一种作为国家仪式的社会话语。

与之相对应的，有如除夕"看春晚"成为一种新民俗这样的变化，也反过来构造了人们在日常生活中观看电视这个行动本身作为一种社会仪式的特点。从电视的仪式到作为仪式的看电视，其现实影响深度浸润在二十世纪八十年代中国电视文化的发展当

---

① 李怡、修新羽、蒋肖斌：《春晚开创者黄一鹤去世，当年热线电话被打到冒烟来了消防队》，中国青年报客户端，2019年4月9日，http：//shareapp.cyol.com/cmsfile/News/201904/09/share204915.html？t=1554760989。

中；对于一些举国瞩目的社会公共事件来说，电视扮演了生活仪式当中的一个重要环节。除了电视春晚这类相对固定的节庆活动，还有如八十年代初中国女排夺冠这般的重要社会事件，电视对世界女排锦标赛的转播为人们的日常生活构建了一个具有仪式感的"特定时段空间"，有参与当时转播的电视人指出："全国亿万观众通过电视目睹了中国女排的动人情景，激发了全国人民的爱国主义热情和民族自豪感。"① 也有观众回忆了当时中国观众关注女排夺冠的盛况：

> 中美女排之争、中日女排之决，牵动亿万中国人的心……女排夺冠那几天电视机前围了很多人，就是那些从不看任何球赛的老太太、老大伯也被迷住在荧光屏前；我敢说，此时此刻没有哪一种手段能有电视这样的宣传效果了。在小小的荧光屏前，奋进的人感到推动，自暴自弃的人感到羞愧，迷茫的人认清方向，人们的心被电视的力量统一了。②

实际上，八十年代的电视体育转播盛况，也充分佐证了看电视作为一种生活仪式赋予了当时的电视传播以增殖意义的一种典型电视文化。有如上述女排赛事及其鼓舞大众的女排精神所产生的空前社会影响，时常发生在二十世纪八十年代国内外体育赛事电视转播中，电视体育亦成为广大观众颇为倾注的一种节目类型，即便这种喜爱对于许多非体育爱好者而言并不总关乎体育赛事和体育精神，但也生成了另一种在情感和心理层面的特殊意义——与谁看、在哪里看，都为围绕体育赛事观看的大众集体记忆书写增添了更丰富的注脚。在1985年中央电视台春晚的舞台上，由姜昆、李金宝表演的一则相声作品《看

---

① 吴继尧：《转播世界女排锦标赛的日日夜夜》，《大众电视》1983年第1期。
② 《观众园地》栏目来信：《荧光屏给我们带来的喜悦》（杭州　任炽明），《大众电视》1982年第2期。

电视》获得十分热烈的社会反响，甚至在后来数十年中屡屡成为各大媒体盘点春晚经典的一个代表作品。观看电视，尤其是在观看颇为热门的体育赛事时，这项社会/家庭活动当时植根的时代语境、表现出的文化活力，以及大众赋予其的更多社会文化意涵，在这则相声里有迹可循。作品中，姜昆有一段生动的论述：

> 去年（1984年）球赛节目特别多，全国的球迷也特别多，我奶奶85岁了，也迷上球了……电视里播着篮球赛，奶奶搬个小板凳坐在看电视的人们的头一个，一边看还一边跟孩子们说话，开心得合不拢嘴……（尽管奶奶看不懂球但也积极参与跟孩子们的讨论）奶奶说："我算是搞懂体育了，体育，就是多大的人玩多大的球——小孩抢小皮球，大人抢大皮球（篮球），大人抢了球得要往网兜里扔，还找了个破网兜，投一个漏一个。"……（观看中美女排在洛杉矶奥运会的比赛，正到赛事焦灼时）奶奶又说："你让她们先慢点着打，我先咳嗽一会，回来让她们继续！"
>
> （相声《看电视》选段，表演者：姜昆、李金宝）[1]

作品中"奶奶"的反应，或代表了彼时相当一部分非体育爱好者但却热衷于观看电视体育的观众的真实心理。电视体育赛事的一种重要感染力体现在"共同观看"，人们通过观看的行为进而来分享情感心路、制造集体记忆，这对于很多观众而言已经意味着一种日常生活的重要仪式；而对于电视这种正值兴起的"新事物"，它一方面基于视觉性的特征体现真实感，甚至会令人误以为就是一个真实的空间，加之人们当时对电视的媒介功能认识并没有那么充分，也时常会发生有如"奶奶"所要求的暂停比赛而后继续的啼笑皆非状

---

[1] 根据1985年中央电视台春节联欢晚会影像资料整理，http://tv.cntv.cn/video/C13384/ff9f9c27518f41113fcfc8958cea949f。

况，侧面展现出电视这种媒介的真实在场感，是足以对绝大多数观众产生吸引力的。

当然，也有不少声音进一步探讨电视塑造集体记忆的介入程度：电视的仪式究竟在多大程度上影响了生活的仪式？代表性的反思观点如老一代影评人钟惦棐在1987年为《大众电视》撰写的一则评论："电视确是为欢快的节日（如春节）提供精彩的，让人们看到平时不易看到的娱乐节目，但不是代替千家万户去联、去欢，弄得大家匆匆吃过晚餐便搬上凳子，围坐在电视机旁，让家庭主妇花大精力准备的精美佳肴不能被细细品尝。"[1] 尽管这是当时较为罕见的对电视春晚这种"新民俗"活动较为彻底的批判，但也从侧面阐释了观看电视春晚作为一种集体性的大众文化活动所具有的感染力和号召力，似乎已经超越了人们最初对于这种电视仪式的期许；在其转化为一种生活仪式的过程中，看电视这种日常生活实践，正在释放出更大的想象空间。

四　形塑社会认同：从安全感到美学热

电视作为一种文化容器，在不同维度上输出着文化影响；人们通过看电视的过程与诸种社会文化状况产生关联，进而形成相应的社会认知，而电视作为一个主流价值的输出端口，亦不断塑造着人们的社会认同，影响着人们对周遭世界的判断和行动。在二十世纪八十年代的中国，电视在上述社会功能的践行方面扮演了一个关键的角色。这是历史造就的必然，动荡过后的社会文化重建，电视俨然是其中最为高效而有力的手段之一。

1986年的一则全国主要城市受众抽样调查显示，不同年龄段的观众看电视的目的有所不同，但比较主要的诉求体现在了解国内外时事和增加知识两个方面（如图3.6），这也是有别于九十年代后不断凸显看电视娱乐价值的独特社会景象。

---

[1] 钟惦棐：《从春节联欢节目说起》，《大众电视》1987年第2期。

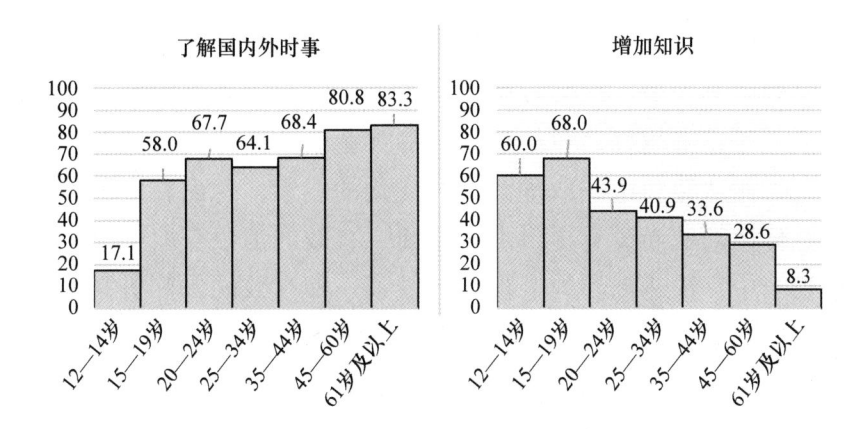

图 3.6 国人"看电视"的两大主要目的及其代际差异

资料来源：中央电视台总编室观众联系组：《中央电视台全国 28 城市受众抽样调查分析报告》，载《中国广播电视年鉴》编辑委员会编《中国广播电视年鉴1987》，中国广播学院出版社1987 年版，第460—471 页。

尽管中国电视对社会认同的塑造体现在方方面面，但对于八十年代的电视文化而言，上述"看电视"的主要目的足以帮助我们理解电视在当时建构出的主要社会认同，体现在三个关键词之上：安全感、服务性、审美性。

一是安全感。这是改革开放后中国电视面向大众确立媒介形象至关重要的一环，电视较之报刊、广播等媒体，因其在时效性、视觉性等方面的特征，逐渐成为人们获取一手信息的重要信源。据中央电视台在二十世纪八十年代后期对观众意见的统计显示，观众给中央电视台的来信里评论和建言节目的比例持续下降，而问事、寻医、求药等方面的数量剧增。这说明电视作为一种主流的传播媒介，在传递信息、沟通情报等方面的功能正在被越来越多的观众所认识。①

二十世纪八十年代是一个特殊的历史时期，人们经历了动荡不

---

① 参见《中央电视台观众来信综述》，载《中国广播电视年鉴》编辑委员会编《中国广播电视年鉴1988》，中国广播学院出版社1988 年版，第439—442 页。

安的社会阶段,也身处在一切都以史无前例的空前速度向上向前发展的时代洪流当中,社会转型带来的全新风貌固然促使着人们的日常生活变得越来越好,但却造成置身社会中的个体缺乏安全感,因为人们无法从经验中调取理解这些变化的线索,遑论在八十年代初期信息传播领域尚没有提供那么便捷、有效的情报获取渠道。在这个阶段当中,快速崛起的电视则提供了一种有效的保障机制,最具代表性的影响体现在电视新闻领域。以1978年1月正式开播的《新闻联播》为标志,中国电视新闻业开始了方兴未艾的持续改革升级之路。1989年因为特殊的历史事件造成社会动荡,在对舆论工作的相关复盘中也有论及《新闻联播》在其中发挥的有力作用:"《新闻联播》……成为同受众联系最迅速的渠道,在交通阻塞或中断的情况下,报纸和广播都有局限,但电视实现了这样一种保障。"[1] 除了国内新闻的提供外,对于在中国大陆以外的港澳台新闻、国际新闻等,电视也充当了比报刊、广播更有力的一个信息情报输入通道。例如,有观众给中央电视台来信提及:

> 我几乎每晚都要看《新闻联播》,而且特别喜欢其中的国际新闻部分。我希望在今后的《联播》中增加国际新闻的比重。如果时间有限,则可增加《今日世界》的播放次数……还可以增加科技发展的新消息……很多青年都喜欢国际新闻和《今日世界》,只是觉得太少了、太短了。[2]

《新闻联播》播出的台湾新闻在我们队干部、工人里引起强烈反响。大家高兴地说"好!我们喜欢看台湾新闻",对我们了解台湾,了解大陆同台湾的联系,青年之间的交往以及对台湾

---

[1] 赵群:《向新的高度跨越——一九八九年中央电视台节目一览》,《大众电视》1989年第12期。

[2] 参见中央电视台《电视观众来信汇编》1985年第4期。

社会风貌、现行制度和风土人情的认识都有加深。①

电视凭借可视听性的媒介特质，更为真实、丰富地为大众提供了一种"看世界"的眼光。除了国内新闻对中国民众了解时事局势、国家动态、社会变化等常态性地供给了较为充实的内容外，港澳台新闻/国际新闻等也更进一步地为人们架设起一种"推己及人"或"推人及己"的社会观照视角。

二是服务性。改革开放后，社会空气清朗，政策和民间的对话也日趋丰富饱满。为了回应广大群众对国家大事的关切、社会发展的关注，政府也希望借助于各种媒体的力量沟通，引领群众形成发展建设的合力。"贴近群众"，就成了新时期电视宣传工作的一种重要话语；作用到电视的日常生活实践中，则体现为大量具有服务职能的节目先后涌现。一方面是新闻节目体现更多社会职能的承载，并在一定程度上助推社会问题的疏解。中央台层面，如《新闻联播》的改革尝试，带来社会影响的增量。其在1984年8月的节目中连续报道了《北京乘车难》的新闻。新闻刚播出，就有观众打来电话表示充分肯定。播出后一段时间内，也陆续收到本地和外地的大量观众来信。有的称赞电视台关心群众生活，敢于批评揭露"老大难"问题，"为首都人民做了一件好事"；有的则提出建议，希望增加新线路，改用双层车；还有的愿意资助几万元，为缓和北京乘车难尽一份责任……节目主创表示："群众过去提过多次都不管用，电视上批评一次，领导马上重视。北京市一位负责同志看后，立即指示采取措施、解决问题。不久后，汽车总公司增开新线，比原计划提前一年通车；汽车在上班高峰时增加了母子专车等，有效缓和了矛盾。"② 而电视连续报道的推广，令很多观众像看电视连续剧那样"追新闻"，亦反映出这种报道形

---

① 《观众来信汇编：铁道部陈纲来信》，中央电视台《电视周报》1985年第45期。
② 章壮沂：《电视新闻改革的一次尝试》，《电视业务》1985年第1期。

态的极强吸引力。地方台层面，譬如电视新闻发展较快的广东电视台，也以面向群众生活重大需求为目标开展了经济新闻改革。据广东电视台新闻部在1985年的工作报告指出，"经济新闻是给群众看的"是改革的明确指导路径，并强调"多着眼于对群众的鼓劲和服务职能"。① 一个典型的案例是，记者了解到广州市郊增埗桥建设因拆迁问题扯皮，建设五年尚未落成，造成诸多日常生活的不便乃至国家损失。记者对群众要求迅速建设增埗桥的强烈呼声进行了现场报道，批评有关单位的错误行为。新闻播出后，推动了扯皮单位互相协商，几天内便解决了扯皮五年之久的建桥用地问题，使大桥建设顺利进行。

另一方面是服务类节目多点开花，面向群众生活有针对性地开拓节目样式。比较有代表性的是1983年中央电视台开播的《为您服务》节目，持续性地"贴近观众生活、呈现更大的信息量，以调和各个阶层的观众都喜欢看"②。也因为这种日常性的栏目设置，观众每天"如约而至"的习惯约定，推进了"中国电视逐步进入由散点节目到固定栏目的栏目化发展时期"③。常态性的服务类节目还有如《天气预报》，有不少观众表示是"周围人每天所必关注、必看……如果评选最佳电视栏目，一定要投《天气预报》一票"④。

三是审美性。中国电视剧在八十年代的突进，颇为直观地体现出电视作为一种文化与美学的传播功能定位。尤其是经过了七十年代末八十年代初的调适与探索，电视剧逐渐壮大为中国电视业最有活力也最早进入规模化、专业化生产阶段的电视文本。（如图3.7所示）

---

① 广东电视台新闻部：《让电视新闻为观众喜闻乐见》，载《中国广播电视年鉴》编辑委员会编《中国广播电视年鉴1986》，中国广播学院出版社1986年版，第335—337页。

② 赵群：《向新的高度跨越——一九八九年中央电视台节目一览》，《大众电视》1989年第12期。

③ 周勇、倪乐融：《拐点与抉择：中国电视业发展的历史逻辑与现实进路》，《现代传播》2019年第9期。

④ 《观众来信汇编》，中央电视台《电视周报》1985年第3期。

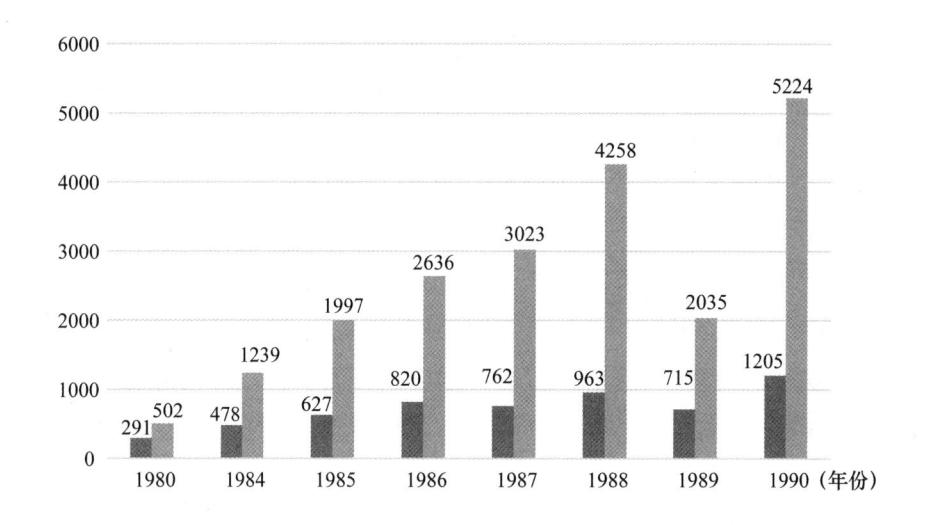

图 3.7　1980—1990 年中国电视剧制作情况（部/集）

注：1988 年和 1989 年受到政治和行业政策的相关影响，1989 年数据呈现短暂的显著滑落，并非常态性影响。

资料来源：据 1986 年至 1991 年《中国广播电视年鉴》统计。

如前文所言，从单本剧到连续剧的文本形态嬗变，让国人真正意识到了电视剧有别于戏剧和电影的叙事魅力。随着电视机深入日常生活内部变成家庭媒介，家庭式观看逐渐取代集会式观看变成主流，"以准确对应电视观众审美心理"① 的电视连续剧逐渐成为国人喜闻乐见的审美对象，而曾经与电影关系颇为暧昧的单本剧则退居边缘慢慢演变成今天的"电视电影"/"数字电影"（尽管整个八十年代单本剧的总体数量仍比连续剧多）。电视剧"连续剧化"的理念和实践确立，对提升电视剧在社会文化格局中的影响力发挥重要作用：观众对一部剧持续性地、长期性地、深入性地形成情感卷入，往往会促使该剧成为特定时期的一种流行文化与日常谈资，并为更大范围的公共讨论提供文化和美学上的话题。② 例如在八十年代陆续

---

① 石凝：《关于"电视剧是大众化艺术"的探讨》，《中外电视》1987 年第 1 期。
② 常江：《中国电视史（1958—2008）》，北京大学出版社 2018 年版，第 257 页。

被搬上荧屏的由四大名著改编成的电视连续剧,尽管在制作技术上显得粗糙无比,但作为专属中国人的集体美学教育却有着深远的意义①。又或是在1985年热播的电视连续剧《新星》《四世同堂》,一并催生市井间"千家竞谈李向南,万人争学小彩舞"②的热闹景象。电视连续剧尽管在八十年代的总体规模有限,但留下的荧屏经典之作却不胜枚举。尤其是贯穿八十年代的"名著改编热":从山东电视台翻拍《水浒》开始,中国电视剧制作中心先后拍摄了《西游记》《红楼梦》,福建电视台创作了电视剧《聊斋》系列,南北方争相翻拍《三国演义》,上海电视台改编了《封神榜》,还有据现代文学名著改编的《春蚕》《四世同堂》《家·春·秋》等诸多作品。这种"美学热"在社会日常生活中的体现,源于八十年代特殊的文化土壤成就,对经典文本的尊重,对改编创作的审慎,令这些创作都带有极强的文学性和启蒙色彩,这也是此后中国电视艺术快步走在工业化、消费主义道路上难以重回的繁荣景象。

第三节 电视世代的叙事:电视、开放思想与启蒙精神

改革开放以后的诸种社会文化巨变,促使这一时期的中国电视与中国观众之间构筑出一种较为特殊的社会关系:一方面,人们津津乐道于电视,渴望电视进一步壮大以输出更多内容来匹配和满足国人的需求,无论雅俗,都是填充日常闲暇时间中不可或缺的重要组成;另一方面,人们对于电视也拥有极为高远的追求,并没有全然将其视作文化工业的一个部分,而更多体现在以艺术审美和精英

---

① 何天平:《藏在中国电视剧里的40年》,浙江工商大学出版社2018年版,第10页。
② 李向南为电视连续剧《新星》中的男主角;小彩舞则是为电视连续剧《四世同堂》演唱主题曲的艺术家骆玉笙的艺名。

文化的话语来塑造和规训电视业，一旦出现了任何脱离于高雅旨趣的"越轨"内容，就会受到观众（尤其是文化精英群体）的严苛批驳。这样的状况，造成了这一阶段电视文化所印迹上的独特社会文化特征：它既是一种不彻底的艺术，因为最终的解释权在"大众"手中，电视文化的流行与否依然是衡量电视传播质量的最基本评价标准；也是一种不彻底的文化工业，浸润在戏剧、电影、文学等精英文化旨趣中并持续受到影响，电视文化的生产与传播又不尽然以流行作为最终旨归。如此"拉扯"之下，塑就了特殊的电视一代：一来，他们重视"电视理应如何"，对电视寄予了关于思想和文明的更多意义，同样也以这样的标准来理解和审视电视；二来，他们虽不关注"观众理应如何"，但受到对电视文化的旨趣追求的影响，自身也耳濡目染受到充分启发，内嵌在八十年代中国电视之中的现代性意识和启蒙话语不可忽视；"标记着理想主义、激进的自我批判的文化主调，以及向西方思想取经"①的八十年代，同样成就了中国电视文化发展历程中一个绝无仅有的高光时刻，而这种异彩纷呈也是九十年代之后步入市场化大潮里的电视业和电视观众所难以再现的社会图景。

一 现代性的唤起："文化电视"的精英话语与启蒙精神

大众传媒给人们提供话语、形象和解释框架，供他们在理解身在其中的社会变化时做参照，并帮助他们拿出个人的行动对策。②电视的文化作为一种典型的大众文化，在传播接受上并不曾设有太高门槛，也有深入社会生活的具体情境，故而成了八十年代的中国社会（乃至以后）最为主要的流行观念制造者之一。但较之同期的发达国家对于电视形成的更准确认识，即：作为一种文化工业、体现

---

① 查建英：《八十年代访谈录》，生活·读书·新知三联书店2006年版，第9页。
② ［英］格雷厄姆·默多克：《媒体参与的现代性：本世纪末的传播与当代生活》，载马戎、周星主编《文化自觉与跨文化对话（一）》，北京大学出版社2001年版，第124页。

充分的消费主义、消解宏大和权威的泛流行化取向等媒介属性认知……八十年代的中国电视文化特征则表现出在独特社会历史语境关照下的复杂情况。尤其是在这一社会阶段中，包括知识分子在内的社会精英阶层对文化和知识的生产把握着相当大的话语权，大众文化的面貌尚在充分酝酿、局部体现之中，故而国人对电视这种大众媒介的认识，也就印迹上了颇为浓重的精英文化色彩。

相比西方社会主流的精英阶层在同期对电视及其文化表现出的"失望"和"不信任"，认为"电视被默认为是公共文明和民族文化在大众媒体时代衰落的罪魁祸首……电视宣扬的，不外乎都是罪恶且无聊的消费主义"①。中国知识界和文化界则对八十年代的电视寄托了更为理想主义的期许：一方面对流行电视的意义生产保持高度的警惕，一切可能破坏电视在"纪实品质、审美导向和宣教功能方面"②的力量都会干预到电视在社会文化格局中的存续问题；另一方面又对"文化电视"的巨大潜力充满了期待，认为电视在社会转型期对普罗大众的观念普及、文化培养、思想启蒙等方面扮演了至关重要的角色——而事实上，八十年代的中国电视也以"文化电视"的现实面貌回应了这种期许。这一阶段电视的文化呈现出一种在官方话语、精英话语和大众话语的角力中寻求平衡的特征，而精英话语俨然是其中最有主导性的一支力量：经历"文革"之后的思想与文化复兴，社会的精英阶层和知识分子对社会文化的期许也在很大程度上透过对电视这一大众媒介的审视作为一个出口。它并非某一社会力量单方面迸发的结果，而是社会的多个阶层多种力量经过多重磨合所达到的某种平衡和共识，是人们之间的对话与妥协。③

知识界在改革开放后的地位重回，是一系列思想解放、拨乱反正的社会动向促成的直接结果，并随之呈现出"建国以来少有的思想活

---

① John Hartley, *Uses of Television*, London: Routledge, 1999, p. 103.
② 常江：《20 世纪 80 年代中国的精英话语与电视文化》，《新闻春秋》2016 年第 1 期。
③ 崔卫平：《我们这个时代的叙事》，花城出版社 2008 年版，第 176 页。

跃"。这种状况，也反过来促使知识界对社会发展进程的关注和监督有空前高涨的意识和热情。而电视则是在这样一个社会文化语境中凭借一种此前没有过的流行文化/大众文化姿态进入千家万户。这无论在精英阶层，或是普通百姓身上，都得到了之于日常生活的全方位体现。有观众在八十年代末如此评价中国电视的文化影响：

> 有了电视，"放眼世界"变成了现实……信息不灵、思想僵化，谈不到历史上的维新和今天的改革……在我们这个国土辽阔、交通不便、文盲众多，而又长期封闭、刚刚开放的穷国，在传播信息方面，电视起着其他工具不能替代的作用……这是从十一届三中全会以来，我国社会生活中发生的影响深远的一大变化。普通工人、农民、知识分子，足不出户，通过电视看到从未看到过的外部世界，速度之快、范围之广，无与伦比。[1]

而对于知识界来说，建立在电视所取得的社会成就和社会影响基础上，精英文化的话语更开展了对电视业承载文化意涵和承担社会责任的不断规训。在这样的局面之下，被要求了讲导向、有文化、易审美的中国电视，在与诸种社会话语的互动中便形成了"文化电视"的面貌，观照着八十年代"看电视"这种生活方式的社会文化意义。

八十年代的"文化电视"在对人们日常生活的"培养"中进一步唤起的现代性意识，体现出两个方面的特点，既回应着主流社会话语（尤其是精英话语）的期许，也寻求到了自身的流行面貌。一方面，电视贯穿国民教育并作为国民教育的重要手段[2]，肇始于八十年代。以1979年2月中央广播电视大学正式通过电视台向全国授

---

[1] 陈冰：《电视把人们带进了新的天地》，《大众电视》1989年第5期。
[2] 何天平、颜梅：《文化类电视节目功能再审视》，《中国社会科学报》2018年8月2日。

课、1986年中国教育电视台正式开播为标志,"电视课堂"这种特殊的电视形态,充分彰显出电视在文化传播、知识普及等方面所发挥的独特社会作用。据相关数据显示,仅1979年一年,电大招生就超过了40万,到1980年,中央电视台的每周教育节目时间已达到43小时。① 而中国教育电视台在八十年代针对中小学教师培训、成人高等教育、乡镇职业技术教育等②的开拓,也进一步把城市以外的乡村、山村、少数民族地区的观众学习纳入进来。尽管这种"电视课堂"的形式在九十年代后伴随电视节目形态的丰富而逐渐被边缘化,但八十年代"看电视学知识"的热潮也塑就了中国电视一种独特的社会互动机制:电视给予人们的并不只是无须消化咀嚼的纯粹娱乐,还有需要观众进一步加以思考和启示才能有所收获的新知,有如一位观众所提到的:"(我们逐渐意识到)电视跟观众之间需要建立双向交流的关系,看电视是需要动脑子的"③。

另一方面,"文化热"和"美学热"造就了八十年代的诸多中国电视经典。这主要体现在专题片和电视连续剧的领域(当然也有不少声音提及电视新闻的"美学")。当然,这也表现为精英话语对电视生产最直接的推动:强调文化层次,凸显文学性。电视专题片在八十年代的勃兴壮大就是直接产物之一,其综合了报告文学、政论、纪实影像等诸种文本特征形成在"文化电视"影响下的一种特殊电视类型作品④,并在电视纪录片崛起前充当了相当长一段时间内电视纪实内容的主要文本品类。以《话说长江》《话说运河》《黄

---

① 刘习良主编:《中国电视史》,中国广播电视出版社2007年版,第155—156页。
② 杨秾编著:《北京电视史话》,中国广播电视出版社2012年版,第75页。
③ 《观众园地》栏目来信:《请给观众留下思考的空间》,《大众电视》1987年第3期。
④ 值得注意的是,专题片并不能直接与后来的电视纪录片画等号。对于专题片来说,其在二十世纪八九十年代的发展印迹着颇为浓重的政治和文学色彩,跟纯粹主张纪实美学的纪录片在形态上不完全相同。也有部分创作形态的特征差异,例如解说词充当的作用等。当然,专题片在中国的发展也为纪录片在后来的勃兴奠定了非常坚实的基础。

河》等为代表的人文历史题材在八十年代风靡全国，体现出高雅的文化旨趣，从影像表达到解说词设计都具有极强的文学性色彩。这种对于历史的厚重审美或许是在若干年后我们再看《舌尖上的中国》时所完全无法感受的格调和立意。文学性的影响也体现在电视连续剧方面，无论是《新星》《四世同堂》，还是被搬上荧屏后在此后三十余年间持续引发大众关注和讨论的《西游记》《红楼梦》，这些对经典文学母本的荧屏改造赋予了中国电视剧文化在八十年代的独特审美质素和文化旨趣。文学对电视的影响或许造成了这一阶段不那么彻底的电视化创作，但也留下了历久弥新的经典供大众品味。甚至还有不少普通观众对这些八十年代的电视经典吹毛求疵，如认为《红楼梦》中存在大量"猥琐俗陋的败笔……对扑朔迷离的情事过度放大……（这些桥段）应毫不留情地被逐出荧屏"[1]，也有探讨并且看好电视与文化之间更积极的交往关系的："《新星》《红楼梦》播出后，新华书店的文学原著销售量到达一个新高点：一位邻居，只有初中文化水平，突然开始借阅《秋海棠》原著，原因是看了同名电视连续剧。"[2] 而这些来自于普罗大众的"沉浸"与"反思"，恰恰是中国电视文化在八十年代给予人们日常生活的更深刻影响。

二 开放的意识：看电视与逐渐敞开的生活方式

时任中央电视台副台长的洪民生在1988年于《人民日报》发表了一则《电视文化漫议》的评论，指出电视作为家庭文化的扩延、社会文化的浓缩具有重要意义，"电视使人们直接或间接地参与了社会生活，在一定程度上涉及民族的思维、素质、情感、风俗和审美旨趣的发展"[3]。伴随改革开放大潮，电视逐渐成为人们打开家门、拥抱社会的一个重要象征，开电视的同时也昭示着人们生活方式的逐渐敞开。

---

[1] 参见《电视连续剧〈红楼梦〉中的败笔》，《文艺争鸣》1987年第4期。
[2] 王鸿飞：《愿电视与文学终成佳偶》，《大众电视》1988年第4期。
[3] 洪民生：《电视文化漫议》，《人民日报》1988年7月5日。

电视的这种开放意识首先体现在频繁的中外电视作品流动中。1980年中央电视台与日本广播协会（NHK）联合摄制了大型电视专题片《丝绸之路》，开创中外电视机构合作拍片的先河，"也是中国拍摄大型系列电视纪录片的开端，在对内和对外宣传中产生了积极影响"①。除了在中国热播，该作品在日本播放时收视率也高达20%。有日本观众表示："每月第一个星期一的晚上都是我们的《丝绸之路》之夜，使我们仿佛亲身参与了中国西域的旅行。"② 这种来自电视推动的更密集的文化交流与对话，在八十年代构成一种逐渐普遍化的社会现象，既形成了积极实践，如有报道表明："我国台湾省的三个电视台，播放分别由美、意、德、澳等国在中国大陆拍摄的纪录片。播出时电视台收视率马上提高50%以上，台湾观众对外国人拍摄的反映中国风光和现状的纪录片有浓厚兴趣"③，也产生了消极影响，如境外译制剧的大规模涌入，在给大众文娱生活带来更多选择的同时，也造成了无论电视机构还是观众在把握"对西方文化能够开放的程度"④ 这个问题时的无所适从，引入中国的美剧《加里森敢死队》在播出12集后遭遇的"停播风波"就是对上述"开放程度"的一种再审视。到了八十年代末期，引进中国的境外电视剧越来越多，亦普遍受到观众的追逐和喜爱。这些引进剧甚至构成了各大电视台之间抢夺观众注意力资源的重要筹码，"城市台要跟省台之间竞争，抢播香港动作剧、日本言情剧等等……为了竞争，甚至不惜播放盗版"⑤。

---

① 裴玉章：《〈丝绸之路〉是一次成功的对内对外宣传》，《北京广播学院学报》1982年第1期。
② 参见《〈丝绸之路〉轰动日本》，《大众电视》1981年7月号。
③ 本刊摘编：《台湾省观众热烈收看反映大陆生活的电视片》，《大众电视》1981年7月号。
④ 郭镇之：《中国电视史》，中国人民大学出版社1991年版，第174页。
⑤ 张锋：《荧屏大战——关于电视台节目播出纠纷的报告》，《大众电视》1989年第5期。

当然，在"敞开"电视业的同时"敞开"人们的生活方式，这也并非是一个不加思辨、直接选择的结果。在八十年代诸种精英话语的观照下，主流知识界对于电视的社会责任践行普遍表现为一种明确的监督意识，对"开放"的认识也保有一定的批判反思，这又构成了在思想和观念上对"看电视"这种日常生活实践另一种层面的"开放"推动——以改造电视文化为目标、促荧屏气象风清气正。一方面，人们意识到了在"开放"的电视与生活方式之间，观众并不只是被动接受者，而是具有能够加以判断和选择的能动性。有文章探讨了八十年代中国电视的社会学特征，指出"电视对观众的传播能否'等值'、收效如何，完全掌握在'开关'之中，观众乐意打开电视机的'开关'，电视方能存在"[1]；另一方面，对外来文化和本土文化之间的关系，是人们在观看电视过程中长期围绕探讨的议题。有的关注电视与青少年，认为"《蓝精灵》《米老鼠和唐老鸭》等都是国外动画片，应当呼吁国内多拍儿童电视片"[2]。也有的从"开放"的日常生活中汲取养分，反思人们究竟需要怎样的社会文化。这在《大众电视》八十年代的报道和观众来信中多次对"金鹰奖"[3] 评选标准进行商榷[4]中可见一斑。

> 1982年度"大众电视金鹰奖"的评选结果启示我们，最受国人欢迎的电视剧作品还得是民族化、大众化的。电视连续剧《武松》的选票遥遥领先，就能清楚地说明这一问题。

---

[1] 顾晓鸣：《电视剧的"开关"在观众手里》，《大众电视》1987年第1期。
[2] 《观众园地》栏目来信：《别忘了孩子们》，《大众电视》1989年第7期。
[3] 中国电视金鹰奖创办于1983年，是经中宣部批准，由中国文学艺术界联合会和中国电视艺术家协会主办的全国性电视艺术综合奖，其前身为"《大众电视》金鹰奖"，是国家级的唯一以观众投票为主评选产生的电视艺术大奖。
[4] 顾展望：《从评选结果看读者口味》，《大众电视》1983年第5期；盼盼：《金鹰奖的思索》，《大众电视》1986年第8期；萧简：《金鹰奖的鼓励》，《大众电视》1988年第7期。

> 电视"金鹰奖"是观众的奖,其得票多少往往直接反映了观众的意愿……建议"金鹰奖"选票中增设一个项目,填上投票者的文化程度,以尽可能地体现广泛的群众性。

> "雅俗共赏"是六届"金鹰奖"获奖作品的共同特征……一部电视剧,可以为较宽层次的观众所接受,一部好剧,应该也可以得到广大观众的认可……趣味不高的观众有,但只是少数。

三 理解电视:在真实的审美和社会控制之间

有学者用"纪实、审美、控制"的框架对二十世纪八十年代中国社会与文化精英对于电视和电视文化的复杂认知状态进行阐释[①],较为准确地揭示了这一阶段中国电视的社会文化特征。一方面,它构建了一种真实的审美,其贴近世俗生活的视觉性特点构成了电视传播区别于其他大众媒介的独特价值所在,"为群众所喜闻乐见"构成电视深入日常生活的一个终极目标。这不仅体现在电视的创作手法和形式上(例如观众要求演员痕迹不应过重、鼓励用方言、多采用自然光等),更是一种价值内核的凸显:电视应准确反映和再现诸种社会现象、问题、状况,甚至在有条件的状况下应对诸种社会矛盾进行批判反思。电视作为一种大众文化的生产初见其社会影响力,这源于改革开放后在社会生活和思想文化领域释放出的一定自由空间。自十一届三中全会提出将全党工作重点转移到社会主义现代化建设上来后,于普罗大众而言,追求世俗意义上的快乐生活以及张扬自由不再是一种日常禁忌,逐渐觅得其具有合理性的解释。但另一方面,这种真实的审美又高度统合在一种强有力的社会控制中,国家对电视业的规制力量自中国电视诞生起便始终贯穿在其发展进

---

① 常江:《纪实、审美、控制:二十世纪八十年代中国大陆的电视批评及其文化意涵》,《新闻学研究》2016年第128期。

路中，哪怕是在精英话语极为强势、思想开放程度空前之高的八十年代，这意味着承载着宣教功能和意识形态工作的中国电视不可能只体现为一种"向往自由和美的世俗愿景"。这一阶段中，文化的、精英的话语以及国家话语之间所形成的张力，也塑就了一些较为特殊的"看电视"现象及其对人们日常生活构成的影响。

比较典型的一个地区是广东省。因其地缘优势，广东省较早地接触到了外来的流行文化，尤其是毗邻香港的缘故也长期与香港保持着较为密切的文化互动，这也在客观上带来了七十年代末八十年代初香港流行影视文化向内地流动的契机。这一阶段中，广东省不少地区出现了如前文中提及的架设"鱼骨天线"的状况，其目的主要就是用来接收香港电视的信号，"封闭已久的中国观众看到了荧屏上的一个花花世界，充满人情味的节目使大家倍感亲切，戒备和敌对的心理很快冰消雪化"①。但文化上的这种自由很快受到了政治上的关注，尽管收看香港电视节目已经成为这里每个家庭约定俗成的一种文化生活，但当时的有关部门认为，"香港是资本主义世界，电视节目反映的是金钱万能的生活方式，内地百姓不应该收看"，几乎每年都要下令禁看，甚至为了拆天线出动民兵、干警，声势浩大。但也如当时的观众所反映，这种生活方式和社会控制之间的矛盾"剪不断理还乱"："被禁越多，想看的人越多，于是白天拆、晚上竖，不但照看不误，反而对行政当局抱怨一堆——香港的不难看，国内的不好看。几起几落禁不了，对上对下难交代。"②

当然，这种状况也并非普遍现象。主要原因在于十一届三中全会召开后全面实施的对外开放政策，使得深圳、珠海、厦门、汕头几个经济特区吸引了大量外资，也有更多的契机接触到更多外来文化。

另有一些影视音乐方面的表现，也能侧面说明当时的流行文化

---

① 郭镇之：《中国电视史》，中国人民大学出版社1991年版，第159页。
② 东之：《收费电视前景诱人——佛山有线电视巡礼》，《大众电视》1989年第6期。

审美在不同向度的社会控制话语下所遭遇的不同状况。一例是1980年王扶林导演在拍摄以台湾生活为主要表现对象的电视连续剧《何日彩云归》时,使用了著名歌手邓丽君演唱的《月亮代表我的心》作为一个场景的插曲垫乐。而在后续的电视剧审查中,这一段落被要求删除,原因是该曲有"靡靡之音"之嫌。但现实的状况是,该剧并没有在正式播出前删减去相关内容,且还凭借着这一版本在官方评奖取得了好成绩,这从侧面说明了八十年代电视对流行文化的生产尽管受到政治话语的规制,但这种规制"却有实际上的松动空间"①,并不是铁板一块(或者说整个管理体系尚没有酝酿成熟)。著名歌唱家李谷一在七十年代末八十年代初为《三峡传说》演唱的插曲《乡恋》,因其一改以往革命歌曲的风格样态而经历了多番起落,广受好评之余也迎来诸多精英阶层的批评,如认为是"大陆的靡靡之音""腐蚀青年的罪人"等。但另一个有意思的状况是,大众似乎并没有太过在意这些严苛的批评仍旧对此表示支持,这首歌在大众之间的点唱率居高不下,反映出大众文化与社会控制之间存在可以协商的部分,也并不尽然是"一锤定音"。

彼时大众文化的活力和多元表达尚未完全迸发,国家话语在电视领域的力量体现仍旧具有不可取代的重要指导作用,尤其是对于刚刚步入社会历史新阶段的八十年代的中国社会。比较正面的例子是,《新闻联播》在开播后进行持续性的改版,让这一在国家话语和大众话语之间不断寻求调和的电视新闻文本最终找到了一个相对恰切而稳定的社会位置。例如,面向观众侧的内容改革,时任《新闻联播》编辑组组长的李海明,在1986年对北京地区电视新闻收视的调查中发现,观众最感兴趣的国内新闻是时政事件和揭露不正之风,而对建设成就、工农生产等都没有很强的关注度,会议新闻尤是。也就是说,"当时的《新闻联播》中

---

① 张永峰:《中国电视剧审查制度的形成》,《新闻大学》2014年第1期。

还有将近一半的内容观众不爱看"①。节目组根据调查结果及时调整了内容编排的策略。九十年代末，人们看到《新闻联播》强大的稳定度和可信赖性，电视宣传历经重重复杂困难的局面，相当比重的节目都出现了不同程度的舆论导向错误。那时候，《新闻联播》已经实现了从30分钟延长到一个多小时，新闻节目每日播出频率可达十多次，遇到重大新闻可中断节目随时插播——电视新闻成了人们了解形势的最重要渠道之一。而在这一过程中，《新闻联播》也成为大众获得安全感、情报的重要参照，对于稳定局势、澄清事实起到了巨大作用。中央领导予以高度评价。②时至今日，《新闻联播》仍充当着一个不可或缺的重要社会角色，"宣传党和政府的声音，传播天下大事"，体现了我国电视制度的核心价值所在。

在电视文艺领域，对境外剧引进的规制则成为八十年代中国电视常谈常新的议题。《加里森敢死队》的"停播"一度引发大众不满，有不少追剧的观众认为中央电视台这一做法欠妥，"严重干扰了人们日常的生活方式"；而从社会影响的角度来说，该剧当时被认为有"可能影响未成年人"的错误导向和价值观，也确有观众来信反映了这一问题，有人表示"看了《加里森敢死队》好多中学生都不愿上学了，学着组织所谓的'加里森敢死队'，有的还因此犯了罪"。③尽管我们无法从若干来信来建立这种因果关系的必然性，但出于电视对青少年的综合影响，这一举措的实施也有充分的社会动因。而在对八十年代电视专题片《河殇》的讨论中，也能同样地看到电视导向问题的重要性及其脉络所在。有知识分子对这一现象进行了探讨：

---

① 李海明：《〈新闻联播〉节目的改革》，载《中国广播电视年鉴》编辑委员会编《中国广播电视年鉴1987》，中国广播学院出版社1987年版，第320页。

② 穆晓方：《中央电视台发展概况》，载《中国广播电视年鉴》编辑委员会编《中国广播电视年鉴1990》，中国广播学院出版社1990年版，第39—41页。

③ 刘力：《要重视电视剧的社会效果》，《大众电视》1982年第8期。

> 《河殇》触及了改革开放时期社会中的重大问题，引起了强烈反响，甚至是激烈讨论……可以说，无论是《河殇》本身，还是因此而掀起的思想波澜，都远远超出了文艺范畴，"河殇现象"已经不是单纯的文艺现象。……作者们也明确指出目的是"对中国历史文化所开展的一次总体反思，尝试一种从文化哲学意识去把握黄河的电视政论片，将思想元素放到了第一位"，但鼓吹全盘西化、走"蓝色文明（即资本主义）"的《河殇》难以代表一个半世纪以来中国民族精英对中国文化总体反思的成果，它在学术思想界引起的争论，也引来批判。①

在观念和思想得到进一步解放的整个八十年代，恰恰是电视所具有的"真实的审美"与社会控制之间的多元互动才构建起了这个电视黄金年代的真正底色。尽管宣传工作的要求和精英阶层的诉求也时常会要求电视呈现一些跳脱于电视作为一种大众文化本质之外的其他社会话语，例如期待电视剧能够"提振精神、移风易俗、献身四化"（而这种革命话语本身又与八十年代的思想潮流所不匹配），并且希望"失足青年观看有益电视剧后重新做人"等②，但总体上仍是着眼于助推整个行业向好向上发展的基本旨归。相比进入九十年代后中国电视全面走向大众文化产品所暴露出的种种问题，八十年代在精英文化和社会控制之间游走的中国电视，方才勾勒出了这样一番颇具理想主义的独特气质，值得寻味。更值得一提的是，在八十年代就有不少观众表现出了对电视这种尚未成熟的文化工业的抵抗，哪怕程度是微弱有限的，但也具有深远意义。例如有人指出电影演员不断跳到电视剧领域是一个值得反思的问题，"不能因为电视来钱快就把它当作一个可进可出的市场，不把电视剧当作艺术

---

① 戚方：《对〈河殇〉及其讨论之我见》，《求是》1988年第8期。
② 刘力：《要重视电视剧的社会效果》，《大众电视》1982年第8期。

的心理状态不配从艺"①,也有人批判"肥皂剧"②的传统有其植根的牢固生活场景,但却乏于文化意义,"叫座不叫好"③的现象值得警惕,还有人批评爱情戏码过于"三俗""露骨",并由此对电视的社会功能进行商榷,"希望从电视中'读'到书本中所没有感悟到的美学"④。上述种种,在中国电视业此后数十年的发展中甚至都壮大成了令行业不得不重视的显著问题,而早在八十年代就出现的对电视文化以及"看电视"这种生活方式本身的反思,或许也为我们提供了重阐这段历史的另一种审视视角。

第四节　电视意味着什么,生活就意味着什么

在本书开展的访谈中,一位"70代"的观众用了一句"电视意味着什么,生活就意味着什么"来描述电视之于她成长过程生成的广泛意义。这一言或许在情感层面上放大了电视之于特定阶段的中国社会的作用,但却也能在一定程度上折射出八十年代由电视陪伴长大的一代人对电视的好感和依赖。

一个侧面的数据能够体现电视在二十世纪八十年代迅速勃兴的社会影响。据显示,1982年全国29个省市自治区,除宁夏、青海、贵州、西藏外,25个省级广播局都办有广播电视报,大部分在改革开放后创刊。原中央广播事业局办的《广播电视节目报》(在1981年拆为《广播节目报》《电视周报》),最高发行量一百万份;分办后,光是《电视周报》发行量就超过二百万份,各省市发行量也有

---

① 骆青原:《银幕不留屏幕留》,《大众电视》1987年第6期。
② 肥皂剧的概念,源自美国。这个概念的由来是因为在这些剧里做广告的大多是生产肥皂、洗头剂、洗衣粉的企业,主要面向的对象是家庭主妇,内容以城市中上层市民的生活为主,播送时间以白天为主。
③ 黄建飞:《话说肥皂剧》,《大众电视》1989年第5期。
④ 叶文玲:《希望有所得》,《大众电视》1987年第11期。

几十万至百万份不等。① 广播电视报主要是为服务大众并提供日常电视播出讯息，这在信息渠道相对匮乏的八九十年代是"看电视"的人了解电视排播计划的重要窗口。而订阅广播电视报的读者越来越多、覆盖越来越广，恰恰也是在说明深度卷入"看电视"这个日常生活习惯的观众越来越多。

较之于八十年代空前活跃的思想、观念和文化，这一阶段大众可以选择和享受的文化娱乐活动总体却是极为有限和朴素的。相比戏剧、电影等人们在改革开放前就已然不陌生的文化活动，"新兴"的电视便承载了人们在社会生活里那些更为日常也更为旺盛的精神需求。尽管电视真正意义上全面性地成为家庭媒介要到九十年代后，而那时的电视也已经成为强势的主流媒介；但就在全面走向成熟的发展前夜，八十年代的社会土壤所构筑出的电视与观众的关系、与生活的关系，本身就是寄托在那一方小小荧屏中浓墨重彩的集体记忆。

一 消费意识和日常生活的审美

二十世纪八十年代的中国电视，对社会生活的影响主要体现在两个维度之上：一是经济要素的反馈，二是文化要素的反馈。当然，它们最终都会落脚到每个电视观众的生活方式构建之上。

一方面，中国电视事业在这一阶段的新变化，属于在全新政治话语框架下"顺势而为"的自然生长。首先就体现在对"消费"的正名。经由思想和经济领域的拨乱反正，现代社会的市场秩序和经济发展理念逐渐变成一种呼之欲出的普遍社会气候，并成为国家决策中具有重要意义的话语。② 中国电视在此后九十年代的市场化、产业化基因脱胎于这一大的社会背景，并在率先亮相的电视广告形态中得到体现。从地方到中央陆续开播电视广告，电视参与消费文明

---

① 天涯：《杂谈广播电视节目报》，《大众电视》1982 年第 11 期。
② 李正华：《中国改革开放的酝酿与进步》，当代中国出版社 2002 年版。

的意义生产渐成荧屏新气象。当然总体上八十年代的中国电视尚未真正培育出产业化的特征，电视广告主要用以应对当时财政拨款无法满足电视台发展需求的状况。①但是，电视广告带来的实质影响不仅仅是解决电视台财政危机的状况，而是令人们意识到"电视面对的是亿万消费者，而不是生产单位"②。可以说，中国电视真正拥有"观众意识"，并开始形成作为一种面向大众的传播工具的观念，是从这里开始的。

消费意识在电视领域的体现，不只是电视广告，更是进一步渗透到彼时人们对电视的商品属性的初步认识上来。除了前文中论及的《大西洋底来的人》《加里森敢死队》带来的流行风潮，另一部日本电视连续剧《血疑》在我国播出后，涌现出较长一段时间的"幸子服装热"③，曾有身为工商企业家的观众来信提及能否受此启发开辟一条发展新思路：

> 看电视的企业家应该要懂观众心理（他们自己就应该是有心的观众），及时设计仿制出"幸子型"服装、帽子、裙子投放市场，既满足消费者需要也使得企业提高经济效益……如今还出现了"大岛茂公文包"④热销的行情，这些从电视剧中带来的热门货对我们搞活经济、发展商品生产是有很大启发的。⑤

1988年举办的上海电视节也从侧面反映出电视的市场潜力：广播电视设备交易会合计成交170余万美元，节目交易会成交108部合计近千小时的电视节目，其中出口部分超过一半的占比，美国西

---

① 常江：《中国电视史（1958—2008）》，北京大学出版社2018年版，第142页。
② 郭镇之：《中国电视史》，中国人民大学出版社1991年版，第141页。
③ 意指《血疑》女主人公大岛幸子的穿着打扮风格。
④ 意指《血疑》中的角色大岛茂所使用的公文包。
⑤ 《观众园地》栏目来信：《从"幸子服装热"到"大岛茂公文包畅销"》（浙江 吕益荣），《大众电视》1985年第4期。

蒙、民主德国电视台、新加坡广播公司等分别购买了中国的电视专题片、纪录片和电视剧等。"不仅沟通了东西方电视文化的合作交流,使得中国电视节目走向世界打开门户,也让人们进一步确认了电视节目的商品观念、经营观念、价值观念和竞争观念,电视节目作为一种文化的、精神的特殊产品,完全可以也应该在国内外市场交易中实现自身的商品价值。"①

作为市场的电视节目开拓是大势所趋,中国电视业在消费主义浪潮下迎来的变化势必是下一阶段"看电视"这种生活方式构建的增长点。当然,也是从这里开始,重新审视电视与消费之间的关系逐渐变成理解电视业发展基本脉络的关键线索,而对于电视的消费主义批判,也早在八十年代就显山露水了。八十年代的精英阶层观众,大多持有一种认为电视的消费性在很大程度上影响了其文化功能践行的态度。如整个八十年代受到争议和批评最多的1985年春晚,被认为"时间长、水平低、诉意繁、表演俗……广告太多倒胃口:一开头来了近30分钟广告,6个多小时的晚会中为开奖花费时间几乎占了四分之一,各种所谓的'来电'又是广告宣传"②。还有在八十年代后期社会上流行的一种说法:"想发财吗? 拍电视剧去!"③ 同样遭到了许多批评。中国第一部电视连续剧《敌营十八年》就因为这种所谓的对"生产效率"的盲目追求而导致该剧导演王扶林以及这部剧在当时受到多方批评和争议。王扶林自述在当时"片面追求快的指导思想下,不少剧目以'快'而洋洋自得……(电视剧《敌营十八年》)摄制组为了在春节开播,被时间牵着鼻子走,连案头工作以及广泛吸收对剧本的意见这些必要的环节都被挤

---

① 东之:《开辟电视节目市场势在必行——'88 上海电视节有感》,《大众电视》1989 年第 1 期。
② 《观众来信汇编》,中央电视台《电视周报》1985 年第 10 期。
③ 赵志明:《这种局面该结束了——关于提高电视剧质量之我见》,《大众电视》1989 年第 8 期。

掉了"①。自八十年代后期开始,人们逐渐认识到自身对于电视的消费意识正在制造无数想象空间,而也是从这里开始,对电视的消费主义反思,几乎也就构成了后面数十年间对电视嵌入社会日常生活的社会文化反思所在。

另一方面,改革开放带来的思想、文明新变化,自上而下地全面感召并影响着诸种社会文化事业。中国电视在文化和美学上的成长,也得益于这一大的背景。文化艺术领域呼唤更多优秀创作的诞生,以充实人民的精神生活;而整体相对宽松、开放的文化环境,也反哺了创作和传播层面更充分的大展拳脚的空间。正因如此,亟待汲取养分的中国电视,在这样的文化滋养下实现快速成长并培育出独特的现代性基因,启蒙的话语深度浸润着电视发展。而在"文化电视"的影响下,人们在生活实践和观看电视的经验积累过程中逐渐形成一种共识——培养"日常生活的审美",这是电视有别于其他媒介的意义特征,也是电视深入社会生活的主要路径。

日常生活的审美,同样深刻印迹着八十年代的精英文化气质,故而也成为中国电视作为一种通俗大众文化最能彰显其美学旨趣和文化追求的一个阶段。它蕴含了两层意涵:第一,电视是平民化、生活化的媒介,面向群众是其最显见的特点;第二,电视对于日常生活的再现又并非事无巨细、不加选择地反映,它是内嵌有价值观的,播放与否、质量好坏都会影响到社会生活对"主流"的某种认识,要针砭时弊、惩恶扬善才能发挥电视传播的有力引导作用。能够看到,这一时期电视所体现出的日常生活的审美,其实质是在不断校准电视传播与观众间关系的一种社会过程,建立在通俗性和反思性并举的基础上以期来实现作用于日常生活的效果最大化。时任广播电视部部长的艾知生曾在1985年的一次发言中指出,受到群众欢迎的优秀电视剧(如《四世同堂》《今夜有暴风雪》等)具有共

---

① 王扶林:《电视剧及其样式》,《北京广播学院学报》1982年第1期。

性特点：真实、有民族风格、反映时代精神。① 基本上对这一脉络作出了相对准确的描述。而在流行和批评之间，中国电视的日常生活的审美才逐渐明晰起来。

例如，大量观众在八十年代来信反映电视艺术的通俗性问题：有人指出"收视率高的大部分作品，都是令人'看得懂'的电视剧"，"一些受到电影《黄土地》影响的电视片用了大量长镜头、空镜头、隐喻镜头，对普通观众来说太沉闷、太费解了"，② 也有人指出贴近生活并不是假想性的塑造，要面向真生活、带着真问题，"荧屏上总是宽敞住宅、豪华客厅，连说话也用哲理的蒸馏水过滤了，这不是现实的生活"③，"为什么反映当代青年生活的剧中，迪斯科总是跟那些颓唐的膏粱子弟挂钩，勇于进取的青年又时常被塑造为'精神上富有、物质上清贫'的人？"④ 等。观众开始从荧屏中理解，革命时期的话语往往对是非黑白进行了过于简单的划分，这并不是社会本来的面貌，这种典型叙事在荧屏中的解放也让"情节的曲折性、人性的多面性成为人们欣赏电视的新动因"⑤。出现在八十年代末电视荧屏中的，既有各种各样的西方现代化景观，也有国人社会生活的变化和改造，可以说，电视打开了人们日常生活的一扇新的大门；但是，这种对生活多面性的描摹、对人性丰富性的刻画，却并没有尽然落实在各种电视文本中。相反，因为在电视这种新兴大众媒介之上被寄托了八十年代的启蒙话语，它又被要求了强烈的批判精神和反思意味，体现在电视面向大众的传播本身需要有强有力的文化和价值内核来加以支撑，进而实现对大众的观照。以八十年

---

① 艾知生：《努力为观众提供好的精神产品》，载《中国广播电视年鉴》编辑委员会编《中国广播电视年鉴1986》，中国广播学院出版社1986年版，第207—208页。

② 《观众园地》栏目来信：《好电视首要是看得懂》《太深沉的荧屏》，《大众电视》1988年第9期。

③ 李湘树：《平易——生活的诗意》，《大众电视》1989年第11期。

④ 萧简：《电视艺术要有现代意识》，《大众电视》1989年第7期。

⑤ 孙秋云等著：《电视传播与乡村村民日常生活方式的变革》，人民出版社2014年版，第15页。

代颇有影响力的电视动画片为例，尽管有国外舶来的如《铁臂阿童木》《米老鼠与唐老鸭》等作品抢占观众注意力，但更有如《葫芦兄弟》《黑猫警长》《邋遢大王奇遇记》等本土精品动画作品层出叠见，以此后数十年中都绝无仅有的硬朗叙事向当时的青少年输出着丰沛的人生智慧和坚实的价值内核。当然，在访谈中有诸多"80代""90代"电视观众明确表达了上述动画片"对童年造成了阴影"，这似乎在一定程度上背离了电视与儿童的健康互动关系。但在这些成色略显"暗黑"甚至颇有邪典（cult）意味的叙事中，这一代人确也获得了此后以"保护"为名将动画片改造成既无害也无关痛痒的模样的精神养料。相比之下，经历了八九十年代中国电视动画高光时刻的电视世代，就是在"异常丰富的童年电视、时常黑暗的不忍直视，以及童年偷偷看电视的过程"（访谈对象语）里构造出了专属于他们的童年记忆。

二 对社会影响的商榷

在中国电视史的相关阐述中，众多学者都论及了八十年代中国电视作用于社会文化呈现出的特殊意义和重要影响。洪民生在1990年发表评论回顾了八十年代的电视文化，也指出电视文化具有两面性，被不同社会、不同集团利用会产生不同效应。女排在国外夺冠的同一分钟，全国各地全部响起鞭炮；春节晚会上的一句俏皮话，第二天可以传遍大街小巷……①八十年代，中国电视经历了对于大众日常生活而言的"从无到有"，也从一种支配型的信息媒介逐渐成为强势且深入社会生活的日常媒介；从媒介功能史或政治经济史的视角可以解释这种社会文化影响力形成的诸多建制，那么在日常生活或普罗大众的审视里，八十年代的中国电视究竟意味着什么？

结合当时的受众史料和本书组织的访谈总体来看，八十年代中国电视的社会文化影响，主要体现为下述几个特点：

---

① 洪民生：《电视文化思考》，《电视研究》1990年第2期。

其一，电视培养了国人的生活习惯和日常时间安排的意识，但城乡分野巨大，除了主要的城市以外，大多数乡村、山村或偏远地区在八十年代并没有体会到（在家庭意义上的）来自电视的全面魅力。相关数据显示，1986年中国有电视的家庭中经常或天天看电视的人占比83.5%，且养成了"早上听广播、中午读报纸、晚上看电视"的日程安排惯性；① 但1987年的一则调查则显示，占全国总人口数不足40%的城镇人口却占据了93%的电视接触，而基数更大的农村人口却仅有33%是电视观众，其观众数约是全国电视观众数的37%。② 然而，在乡村、山村等偏远地区，农民通常是集体式的深度使用电视并且非常喜爱电视，"有了钱，先盖房再买电视"是农村生活中较为普遍的一种愿景，电视机就是财富的象征，甚至出现了"就算农民家里从来不看报刊，但还订了一份广播电视报"③ 的景象。同时，农村山村地区看电视还面临信息接收的难点，中央台信号从卫星或通过微波传来，只有骨干台转播并不够，一个中等功率的转播台在地形好的区域只能覆盖几十公里，距离再大就要建更多小差转台进行配置。如在当时的湖南怀化地区，境内1千米以上的高山有70多座，接收雪峰山电视骨干转播台信号要经过几级差转，还有其他因素，比如天线安装、电视机调试、小故障排除等。这些都是电视在乡村推进缓慢的原因。据1988年一则调查显示（如表3.4），城乡电视覆盖率差距仍然很大，统计尚且没有区分是家庭拥有还是集体拥有，可见多数农村地区还属于家庭电视的空白地带。

---

① 中央电视台总编室观众联系组：《中央电视台全国28城市受众抽样调查分析报告》，载《中国广播电视年鉴》编辑委员会编《中国广播电视年鉴1987》，中国广播学院出版社1987年版，第460—471页。

② 梁晓涛：《中央电视台全国电视观众抽样调查分析报告》，中央电视台《电视业务》1988年第3期。

③ 艾知生：《关于山区广播电视建设的考察报告》，载《中国广播电视年鉴》编辑委员会编《中国广播电视年鉴1989》，中国广播学院出版社1989年版，第325—326页。

表 3.4　　　　　　　　　1988 年中国电视覆盖率与平均值

地区类别		覆盖率幅度	平均值
宽裕	城镇	98%—100%	99.5
	农村	96%—100%	98.5
温饱	城镇	40%—100%	92.0
	农村	20%—100%	54.0
贫困	城镇	40%—100%	64.0
	农村	8%—50%	27.0

资料来源：中共中央宣传部、广播电影电视部联合调查组：《不发达地区农村广播电视调查综合报告》，《中国广播电视学刊》1989 年第 1 期。

其二，电视文化"雅"与"俗"的界限在普罗大众的日常生活中并没有那么泾渭分明，而对电视文化品质进行批评的多数话语主要还是集中在当时对电视怀有理想期许的部分知识分子或精英阶层当中。八十年代确实涌现了不少精品之作，凸显了"文化电视"的精英色彩和启蒙意识，包括《四世同堂》《新星》等电视剧、《话说长江》《丝绸之路》等专题片，都呈现出了中国电视对高雅旨趣的追求，令观看电视的普罗大众沉浸其中。但另一边也并不耽误人们津津乐道于《几度夕阳红》《霍元甲》《血疑》《姿三四郎》《排球女将》等流行港台剧或海外剧。即便是对于八十年代版的《西游记》《红楼梦》，大众的态度也并非一开始就极为欢迎；如《西游记》"原定的 30 集被迫砍掉一部分，借钱拍下面的戏，边拍边借钱，最后拍下来 25 集"[1]。而一些过去被批评的"俗"的流行内容反而颇受欢迎。例如琼瑶剧"让大陆观众看到台湾社会的风貌和'资本主义罗曼蒂克'，毕竟纯纯的爱要比革命爱情来得更美丽动人"[2]，而制造出电视言情剧风潮的琼瑶也指出"看电视"的心理问题，

---

[1] 陈艳涛：《杨洁十年不看〈西游记〉》，新浪新闻（新周刊专题），http://news.sina.com.cn/c/cul/2006-07-21/181910498505.shtml。

[2] 张锋：《大陆电视界的"琼瑶片"》，《大众电视》1988 年第 7 期。

"让一部作品去承担社会影响这太严重了"①，电视作为一种大众文化的底色，即便是在精英话语占据主导地位的八十年代其实也是显露无疑的。

其三，没有任何直接的证据显示部分社会负面问题是看电视所必然导致的，这些批评的声音更多反映出人们对电视这种日常生活媒介的责任意识，并希望它能始终为人们提供正向有益的帮助。这一阶段中，观众对电视的期许很高，故而对电视的要求也更严苛。尤其是在电视与儿童的方面，涌现了许多遭到批驳的负面状况。例如下述"系列"观众来信：

> 哥哥家小侄儿才两岁半，家里来客人时常让他出节目，出手就是"迷踪拳"；邻居家上三年级的小刚更甚，放学路上手持竹刀与同学们厮杀，说是要替"霍大哥"报仇；更让人操心的是楼上王医生家的菊菊，刚上高中就学起了"幸子"，偷偷与同桌的男同学谈起恋爱，可学习成绩每况愈下，气的王医生把电视机从三楼扔了下来……有的电视台为了争夺观众，让香港武打片蜂拥而上，你播《霍元甲》，我就放《陈真》；你放《霍东阁》，我就播《十三妹》，看起来活跃了屏幕，但副作用不小。②

> 李龙跃同志说的情况在幼儿园更盛行：女孩子烫着"妈妈头"，戴耳环、戒指，张口就是流行歌曲，扭腰动臀；男孩子手脚不闲，迷踪拳、铁砂掌，结果孩子受苦、家长不满；还有男孩女孩搂在一起模仿跳交际舞、摇摆舞，搂在一起亲嘴。我问一个男孩为什么这样做？他说："好玩，电视上的叔叔、阿姨就是这样做的。"③

---

① 琼瑶、赵世民、高博燕：《北京·琼瑶答问》，《大众电视》1988年第7期。
② 《观众来信汇编：辽宁李龙跃来信》，中央电视台《电视周报》1985年第16期。
③ 《观众来信汇编：秦皇岛晓晨来信》，中央电视台《电视周报》1985年第18期。

当然，电视作为青少年社会化的一种重要工具，其所扮演的角色和发挥的作用至关重要。对电视的社会效应的反思，折射出国人对"电视"这个公共空间自觉的监督意识：希望通过营造一个更好的媒介环境反过来促使自身以获得更好的日常生活。

其四，对于电视的社会功能认识，八十年代形成了诸多讨论，然而不同社会话语之间莫衷一是，没有定论；但也是因为某种意义上的"争论"，中国电视在这一阶段创造了许多意外之喜。1986年电视连续剧《新星》播出后曾引发社会讨论：有人说，这是改革初期社会心态的反映，根本不是剧就是生活；也有人赞扬剧中主角李向南，认为他是八十年代中国改革家的典范，甚至寄希望于身边有那么一个青天干部能解决所有的事。[①] 电视与观众、与日常生活之间究竟是怎样的一种关系？有如上述这样体现矛盾性的讨论并非个案，这在八十年代的电视业实践中或许还没有呈现出一条太过清晰的脉络，反而在多种讨论中迎来了很多惊喜表现。在这一阶段中，官方话语、精英话语和平民生活的话语共同注入荧屏，形成了八十年代独特的"看电视"景观；而这种局面，也伴随九十年代的市场经济和商品经济浪潮成为了过去：伴随"看电视"这种生活方式的主流化，中国电视的社会功能也逐渐得以廓清以及受到更为准确的审视。

[①] 洪民生：《电视文化思考》，《电视研究》1990年第2期。

第 四 章

生活方式主流化（1990—2000）

至少到目前为止，许多中国人依然是这样认为：一个大屏电视放在客厅中间，就是家庭财富和地位的标志。[1]

以改革开放为新起点，中国电视的社会地位被重新明确，伴随结构化调整而来的，是中国电视业在谋求自主发展的过程中逐渐完成的从阶级斗争工具到消费性媒介的角色转换。[2] 电视作为一种社会事业的路径合理性得以明晰。此外，电视机价格虽仍然昂贵非多数日常百姓可以负担，但伴随着电视机产量和产能的提升，这一问题逐渐得到解决，也带来电视普及的提速，无论在官方话语体系亦或民间社会生活中，以电视为代表的新型视觉媒介崭露头角，作为"事业"的广播电视粗具规模。

较之八十年代，二十世纪九十年代的中国电视在改革开放话语的进一步观照下实现了快速发展。八十年代孕育而来的积极的国民经济发展基调在1992年之后得到延续并迎来更大突破，这也在客观上促使自党的十一届三中全会以来已经粗具规模的市民文化得到全

---

[1] 钟慧芊：《袁艳：有电视的地方才像一个家》，《新周刊》2019年第19期。
[2] 韦国峰：《惯习延展与资本图景：新传播生态下中国电视新闻场域的变迁》，人民网研究院，http://media.people.com.cn/n1/2018/0124/c416771-29784285.html。

方位的壮大，并逐渐成为影响中国人日常生活的一种主导社会文化。相关数据显示，九十年代国民经济的发展带来国人收入和消费水平的根本性提升。到 2000 年，全年全国城镇居民人均可支配收入为 6280 元，农民人均纯收入为 2253 元，相较改革开放初期水平增长了十余倍。[1] 收入水平的提升带来生活水平和消费水平的大幅提升，全年城镇竣工住宅面积 5.1 亿平方米，农村则达 8.5 亿平方米，居民住房条件持续改善。而在消费结构方面，1978 年的中国城镇居民家庭人均生活消费支出为 311 元，恩格尔系数为 57.5%；农村居民家庭人均生活消费支出为 116 元，恩格尔系数为 67.7%。相比之下，2000 年的全国城镇恩格尔系数首次低于 40%，农村也接近 50%，这意味着到九十年代末二十一世纪初，国人的日常消费除了保障基本生计的物资外拥有更大的空间来进行其他商品的消费，"逐渐实现了从吃饱为标志的温饱型生活到以享受和发展为标志的小康型生活转变"[2]。而这种转变的背后，也是中国电视和中国观众一同在发生的变化。

一方面，电视与渐臻成熟的消费主义气候有了深度联结，中国电视业实现快速成长。以 1992 年邓小平南方谈话和党的十四大为标志，改革开放进程进一步深化，中国电视业迎来"深化改革全面发展新阶段"[3]，步入市场化、产业化发展的快车道。社会主义市场经济体制的确立，亦带来中国电视事业波澜壮阔的改革浪潮：如体制层面，明确定位于第三产业的广播电视业实行企业化管理；经营层面的电视广告常态化管理、多种经营"放开搞活"，充实自筹资金以寻求电视业自我发展的空间。相关数据显示，1982 年全国广播电视部门的收入只有 0.72 亿元，1992 年达到 20.39 亿元，相当于当年国

---

[1] 中华人民共和国国家统计局：《中华人民共和国 2000 年国民经济和社会发展统计公报》，中国政府网，http://www.gov.cn/gongbao/content/2001/content_ 60684. htm。

[2] 萧冬连：《改革开放以来的社会变迁》，载《中华人民共和国专题史稿》卷五，四川人民出版社 2004 年版，第 747 页。

[3] 参见《中华人民共和国广播电视简史》，中国广播电视出版社 2003 年版。

家拨款的85.7%。① 电视的功能由原有的事业化管理影响下的以政治宣传和公共服务主导，转变为作为市场竞争者所提供的以成本为基础的服务，推出了大量面向市场的节目内容。② 直到2000年前后，从中央到地方逐步展开了电视事业在产业经营方面的全方位探索，以办好广播电台、电视台为中心，以资本为纽带，实现媒介的产业经营的规模化和集团化，成为发展的大势所趋。③

另一方面，看电视的社会文化也全方位地印迹上消费文化的色彩，甚至全面地转化为一种消费文化，这为人们看电视的日常生活实践寻求到更日常性、更普遍化的依据。八十年代"文化电视"的影响，使得中国电视走进社会生活；到了九十年代，消费文化的勃兴消解了精英话语曾赋予电视的理想主义色彩，却也壮大了人们寻求多元生活方式并且将个人消费置于一个至高无上地位的意愿，电视作为消费型媒介的转向也让国人对"看电视"这种实践具有了更强的能动性，尤其是在家庭这样一个私领域当中：人们不仅能在对电视的接触中陆续找到个人化的、专门性的审美对象，也意识到可以主动来选择电视内容，使得消费文明赋予电视参与流行文化生产的极大活力。在这一过程里，"客厅文化"随之兴起，"看电视"逐渐成为国人家庭生活不可或缺的重要生活方式之一。

八十年代，中国电视完成了真正意义上与大众生活的第一次"亲密接触"。虽然中国电视的兴起时间并不晚于世界电视业太久，但真正勃兴的阶段却在西方发达国家确立并形成自身的电视文化之后多年。然而到了九十年代，中国电视几乎就全面性地完成了其卷入社会文化的空前的影响力塑造，这也得益于电视在这一阶段中快速蜕变的独特发展轨迹：一方面，国家对电视的完全建构意味着电

---

① 《中国广播电视年鉴》编辑委员会编：《中国广播电视年鉴1994》，中国广播学院出版社1994年版，第66页。

② 何天平、严晶晔：《媒介社会史视域下的中国电视60年》，《中州学刊》2019年第5期。

③ 赵玉明：《中国广播电视通史》，中国广播影视出版社2014年版，第408页。

视自开始它的大众化之路时就被赋予了强劲的社会控制能力,也一并形成了极强的社会整合能力,这是相比西方多数电视业而言中国电视业在底色上更集中、更能快速建构而来的社会话语;另一方面,中国电视的普及也伴随社会结构的诸种调整而不断深入,尤其是以家庭为基本单位的社会变迁,包括九十年代住房制度的深化改革等,都在重新整合"家"的概念时为将电视纳入其中并拥有一席之地创造了社会条件。"日常消费媒介"和"家庭媒介"在九十年代的相伴确立是电视得以进一步全面深入社会生活的关键契机,加之九十年代文化多样性的丰富呈现,电视所承载的本土的和外来的多元文化,也让家庭娱乐围绕电视形成了一个更牢固的秩序:消费性这种社会属性的壮大,进一步巩固了电视的家庭地位与家庭场景。

第一节　万人空巷看《渴望》

宋大成到底娶不娶刘慧芳啊?

1990年末,这个难题"困扰"着许多中国百姓,说的是当时在中央电视台热播的一部电视剧《渴望》,剧中女主角刘慧芳跟总是伤害她的王沪生结了婚,同样爱慕她的宋大成却始终在为她默默奉献着自己。人们很烦恼:好人宋大成为什么就没法跟同样是好人的刘慧芳走到一起?"凡有饮水处,皆在议《渴望》"[①]成为一道好不热闹的社会景观,如此来自一部电视剧的社会热度是空前绝后的,就连由歌手毛阿敏为该剧演唱的同名主题曲也一时火遍大江南北;其在中央电视台首播期间最高收视率达96.4%,媒体曾用"万人空巷看《渴望》"来形容这部国剧曾对九十年代初的中国社会造成的巨

---

① 何天平:《藏在中国电视剧里的40年》,浙江工商大学出版社2018年版,第21页。

大影响，几乎家喻户晓的《渴望》也拉开了电视文化影响社会生活的新篇章。

《渴望》造就的收视巅峰，及其所触发的关于真善美的广泛讨论，并不是凭空发生的。以《渴望》热播为一个重要分水岭，"看电视"的日常生活文化从八十年代备受推崇的精英语境里抽身，转而迎来全面贴近于大众审美趣味的市井语态和流行文化面貌。

> 北京电视台播的"肥皂剧"除了拉美①的，就是港台的，什么时候有我们自己生产的？②

在八十年代末，这样的观众来信/来电便已经引起了北京电视艺术中心③的注意。1989年，北京电视艺术中心为推动电视剧形成更大的社会效益开展了一系列的改革，形成艺术探索片、大型室内剧、娱乐片三足并立的内容创作主要方向，尤其是放大了流行影视文化内容的比重。这一年，《渴望》剧组成立。这是中国第一部大型室内家庭伦理剧，也标志着中国电视剧的文化在九十年代迎来新特点：一是以更为平民化的笔触关注日常生活，二是"家"的概念得到进一步的重视。自《渴望》之后，家庭伦理剧长期是中国电视剧市场无法缺席的主流类型，至今未曾衰落。而这样全面导向通俗流行文化叙事的创作风向转变，也是八十年代精英气质颇为浓重的电视文艺界所始料未及的。

1990年12月，《渴望》在中央电视台正式开播，一时间"举国皆哀刘慧芳，举国皆骂王沪生，万众皆叹宋大成"成为九十年代初几乎覆盖全国的热门话语。有媒体报道这样来形容《渴望》热播时

---

① 主要指墨西哥、巴西等国。
② 参见汪丹《当年红遍大江南北的〈渴望〉》，《北京日报》2018年9月14日第17版。
③ 1982年9月，中国大陆首家电视剧专业制作单位——北京电视制片厂正式成立，1985年夏正式更名为北京电视艺术中心。

的社会关注度："从1990年迈入1991年，人们关心的大事似乎只有两件：海湾战争[①]和慧芳的婚姻。"[②] 如此影响力，也就不难理解每到《渴望》播出日所有人都纷纷回家看电视而造成的"万人空巷"的景观了。相比八十年代的名著改编热，普罗大众对以《渴望》为代表的回归现实生活的平民剧似乎更有共情空间，并没有因为过分细碎、通俗的日常叙事而将其划归到"俗"的行列。反而，包括知识分子和精英阶层在内的大多数观众，都给出了较为肯定的评价，认为其成功在于"人情味"[③]。至于该剧所产生的社会影响，《北京日报》在1991年刊发的一则基于北京观众的调查显示：有96.1%的观众收看了《渴望》，不仅远远超出同类电视剧的收看人数比例，还远超《霍元甲》等此前的引进剧的收视记录，且其中81.9%的观众给予了较高的正面评价。[④] 与此同时，关于该剧的讨论还附着上了极为强烈的家庭色彩，因为讲述的都是可能发生在现实家庭里的事，观众伴随家庭场景的观看也让有关"慧芳"的讨论形成了一家人在茶余饭后闲暇时间中的焦点议题。

　　回到日常生活的叙事，从家庭的叙事到家庭的场景，完全浸润在大众文化语境中的《渴望》并没有迎来太多所谓不够高雅的批评，反而在人们的日常生活中找到了"一地鸡毛"的鲜活生动，也没有因此流于平庸、寡淡、琐碎。九十年代拉开大幕，以《渴望》为开端，中国电视的社会语境进一步实现下沉，不再如八十年代般作为理想主义的容器，而成为每个人寄托自己对美好生活的憧憬之所在。

　　[①] 国人对海湾战争的关注同样主要通过电视，1991年1月17日，中央电视台从8：45开始在荧屏上每隔三分钟滚动播出新闻报道字幕，也在各档新闻节目中作出连续报道。

　　[②] 安安：《国产剧40年：从精英主导到大众狂欢，我们终究还是怀念老剧》，《新京报书评周刊》，https：//baijiahao. baidu. com/s? id = 1610008644790925025&wfr = spider&for = pc。

　　[③] 《〈渴望〉牵动万人心》，《北京日报》1990年12月24日第3版。

　　[④] 《浅析〈渴望〉热——关于北京市民对电视剧〈渴望〉态度的调查》，《北京日报》1991年3月8日第3版。

这样的状况不只发生在中国北方地区，除了《渴望》这样的"京产剧"①，位于南方的广东电视业也在九十年代迎来无数高光时刻。以《公关小姐》《外来妹》《情满珠江》为代表的都市剧陆续亮相于九十年代初的中央电视台，尤其是1992年邓小平南方谈话的带动，全国关注重心的"南移"也让"南派"影视文化被人们更多地看到。在《渴望》的"决绝"之外，还有人们对"外来妹"的底层关怀，以及反映改革开放成果并最早对准职场与女性生存的"公关小姐"，等等，这些通俗生活剧的转向，让曾经一度热衷于调整电视天线方向来收看香港亚视和无线的广东地区观众，专心于中国内地自己的电视剧。甚至，《公关小姐》一剧还实现反向输出，被香港亚视购入并在香港地区播出。②足见这些流行的国产剧在当时的影响力。

"万人空巷"的社会景观背后，是中国电视在九十年代迎来的全新面貌。造就这种现象的，一方面是电视文化走向日常化、家庭化的通俗转向，另一方面也是电视硬件技术走向成熟的结果，尤其是彩电技术在中国的开花结果，是促成"万人空巷"之景观的必要物质条件。到了九十年代，电视机作为生活必需品在中国老百姓家庭中基本实现了普及。③这种状况并不是突如其来发生的，自1985年开始，我国陆续开始开展从黑白电视到彩色电视的迭代。在那一阶段中，部分生活条件好的城市居民已经开始了新一轮的"彩电购买热"，但因为价格昂贵④也并没有形成多大的社会风潮。而伴随这个过程中生产技术的引进和培育，尤其是八十年代末大量国外彩电生产线引入国内，甚至一度造成彩电市场供过于求的局面。这些蓄力都为九十年代彩电

---

① 电视行业内一般将早期北京电视艺术中心出品的剧称为"京产剧"，后泛指基于北京这一地域空间来展开叙事的电视剧作品。
② 张振东、李春武主编：《香港广播电视发展史》，中国广播电视出版社1997年版，第88页。
③ 刘习良主编：《中国电视史》，中国广播电视出版社2007年版，第157页。
④ 当时一台18寸彩电的售价，国产的约为1000多元，进口的3000—4000元不等。

市场的质变奠定了基础，一方面是国家在1991年正式放开彩电价格，让彩电开始加快市场化的脚步；另一方面，1996年全国彩电业还发生了一场规模较大的价格战，直接拉动了市场竞争，并让本土彩电品牌从中抢占回了一部分市场份额。[1] 电视机的市场化，加之全国有线和无线相结合的播出网络基本实现了全国覆盖，最终带来电视真正意义上成为"家庭必需品"的条件。相关数据显示，1992年初，中国社会拥有电视机总数2.07亿台，黑白电视占有率为58.2%，彩电占有率为41.8%，观众总数为8.06亿人。较之1987年，电视机增加了9500万台，电视观众总数增加2.06亿人。[2] 可以说，九十年代的中国电视无论在发展规模还是使用程度上都已经跃居毫无疑问的"第一媒介"，拥有强势且具有持续力的社会影响。

"万人空巷"或许仅仅是九十年代初中国电视制造的一个社会奇观，这当然放眼整个中国电视史都会是浓墨重彩的一笔，也并非是常态。但无法否认的是，电视机在这一阶段中被全面性地请入百姓家门，其形态也在不断发生流变，由黑白的到彩色的，由小屏幕到大屏幕，由厚体变成薄形[3]，寓于奇观背后的社会心理体现为人们清晰地意识到电视已逐渐开始跟每个中国家庭深度交融，彼此影响。中央电视台主持人赵忠祥曾在1994年访美时向CBS主持人这样描述中国电视的发展，能够侧面反映中国电视的这种时代性变化：

> 中央电视台（当时还称北京电视台）在1958年成立时全国还只有50台黑白电视。我做了三年新闻播音，走在街上几乎没人认出我。我的祖母一直到去世都不知道他的孙子究竟在做什么，因为那时我家也没有电视机……如今中国已经有两亿五千

---

[1] 杨秾编著：《北京电视史话》，中国广播电视出版社2012年版，第58页。

[2] 刘建鸣执笔：《1992年全国电视观众抽样调查分析》，载《中国广播电视年鉴》编辑委员会编《中国广播电视年鉴1994》，中国广播学院出版社1994年版，第429—433页。

[3] 唐元恺：《电视生活365天》，外文出版社2008年版，第12页。

万台电视，有八亿多固定观众，我们电视主持人变得家喻户晓，我们的命运和国家命运一样发生了翻天覆地的变化。①

第二节 客厅文化崛起：电视作为重要家庭成员

伴随电视终端生产的成本下降、技术竞争的主体趋于多元，电视机的价格也在商品经济和市场经济的浪潮中从昂贵走向亲民，变成了大多数百姓可以负担的一种日常消费品。这也意味着，电视以及电视内容从八十年代的"家庭与社群兼有"逐步让渡到了九十年代"家庭独有"的特征，电视的公共性不仅仅凸显在电视（机）的物质性，而且进一步延展出基于电视内容的意义生产所形成的社会公共话语空间，而与此同时，这一阶段的中国电视也逐渐释放出其作为私领域的重要文化象征的更多现实意义，从个体到家庭，从情感关系到社会认同，"看电视"这种生活方式的主流化过程充分体现在其对家庭和家庭生活的构造当中。

从1989年到1999年，中国电视的社会保有量从1.6亿台跃升至3.5亿台，电视人口的覆盖率从77.9%跃升到91.59%。② 如果不考虑城乡之间的差距，这组数据基本能够反映出到九十年代末电视几乎对中国家庭人口完成了全面覆盖。电视机市场的消费繁荣、电视技术研发迭代的活跃，从底层逻辑上带动了整个中国电视市场的活力。"看电视"在多数地方已经不太需要成为一项诉诸社群分享的日常活动，更强调为家庭内部空间的一种生活经验，随之而来的则是"看电视"在国人生活时间分配中的地位凸显。据一项1998年对我

---

① 转引自杨稢编著《北京电视史话》，中国广播电视出版社2012年版，第58页。
② 《中国广播电视年鉴》编辑委员会编：《中国广播电视年鉴1990》，中国广播学院出版社1990年版；《中国广播电视年鉴》编辑委员会编：《中国广播电视年鉴2000》，中国广播学院出版社2000年版。

国居民闲暇时间的分配调查，看电视业已成为我国城市居民最主要的闲暇活动。相关数据表明，中国城镇居民的日平均闲暇时间为 6 小时 25 分钟，看电视时间为 3 小时 38 分钟，占总闲暇时间的 56.6%，占总生活时间的 14.8%；到休息日，看电视日均时长则进一步延长，达 4 小时 39 分钟。① 这当然还得益于劳动制度的调整升级，自 1994 年开始我国实行五天工作制，双休日制度的确立亦显著增加了国民的闲暇时间。对于工作更紧张、休闲活动选择更多的城镇居民而言，以 1996 年的北京市为例（如表 4.1 所示），看电视作为主要闲暇活动的比重也居于第一位，且在各代际人群中体现一致性（老年受众的表现更趋显著）。

表 4.1　　北京市不同年龄段居民休息日闲暇时间分配（分钟）

年龄	学习知识	阅读书报	看电视	游园散步	体育锻炼	教育子女	探亲访友
15—19 岁	186	43	197	9	5	0	0
20—24 岁	111	36	118	39	12	0	22
25—29 岁	105	35	121	28	6	2	39
30—39 岁	102	34	130	47	13	29	59
40—49 岁	64	34	168	52	22	21	55
50—59 岁	66	36	142	69	25	0	12
60 岁及以上	90	81	153	37	43	7	17

资料来源：王琪延：《北京市居民生活时间分配研究》，《管理世界》1997 年第 4 期。

在部分体现地域性的市民爱好的地区，如长期以来推崇"打麻将"这一项传统市民休闲活动的重庆等地，相关统计数据显示，电视也是自九十年代以来当地居民多种娱乐活动中占比遥遥领先的闲暇时间中心所在（如表 4.2 所示）。

---

① 胡秀梅：《电视休闲与休闲电视》，《声屏世界》1998 年第 12 期。

表4.2　　　　　　重庆市居民休闲方式统计（多选）（%）

休闲方式	看电视	读书报	在家听音乐	户外游玩	打麻将
市民选择	64.8	52.7	41.4	37.9	20.6

资料来源：陈正伟：《居民休闲方式统计分析》，《改革》2002年第5期。

而对于农村地区而言，尽管电视市场的培养以及人们的消费能力远不及城市。但在九十年代一并快速推进的城市化、现代化进程也在加速弥合这种差距，加之农民在工作时长和休闲娱乐活动选择方面不及城市居民紧凑、丰富，故而农村人口对于看电视的日常实践，在实际上会比城镇居民更为青睐和重视，在本书的访谈中有不少"50代""60代"中老年观众（南北方地区皆有）表示："九十年代的乡下大多数还保留着'家族'或'大队'的特点①，但不用再像八十年代那样全村挤到一起看（电视）了，一个'大院'②里基本就能看到电视，吃完饭、乘乘凉，几家一起看电视。"

毫无疑问，"看电视"作为国民生活方式的主流地位在九十年代逐渐确立，且在城乡都已经蜕变出了明确的家庭场景特点，围绕电视为中心的"客厅文化"全面崛起，作为家庭重要成员的电视源源不断地输出丰富想象空间。

一　"客厅"的象征与家庭结构变迁：归属感、现代化与消费主义

对于中国这样一个颇为重视亲缘结构、秩序的传统文明国家而言，家庭作为基本社会单元所维系的社会结构的稳定性、牢固性是不言而喻的。家庭是市场经济重要的消费单位，也是社会治理的基

---

① 意指同姓的住户或过去一个生产大队的住户连片或连栋居住，这在南北方都具有普遍性。

② 类似四合院的结构，一个院内有几家住户。

本单元，更是认识中国社会文化的切入点。① 在社会转型过程中，家庭结构的因时而变往往是结构性的社会变化之下的一种直观缩影，促使家庭功能以及家庭成员的关系模式发生转变，进而作用到整个社会之上。②

改革开放以来，我国家庭结构呈现出向小型化、核心化发展的趋势，尤其是国家在1982年开始推行计划生育政策后，随着这一政策产生现实影响以及人们在婚育观方面的转变，社会生育率持续下滑并带来单位家庭的规模减小。相关统计显示，进入九十年代，中国单位家庭人口规模从八十年代的约4.4人降到3.96人。③ 家庭规模的变化亦让核心家庭（夫妇及未婚子女家庭）逐渐成为九十年代最普遍的家庭类型，这种集中度更高的家庭结构趋势在城乡皆有体现，但城镇进程显著地快于乡村。相比八十年代以直系家庭（夫妇与已婚子女及孙子女）主导的城镇传统、以大家族或多代同堂结构为代表的复合家庭④主导的农村传统而言，家庭结构的小型化、核心化是社会现代化进程的必然走向。当然也需要指出，农村家庭结构的变迁更显复杂性，往往经历了从复合家庭到直系家庭再到核心家庭的过程，并非长期停留在复合家庭的状况上，因为复合家庭的存续往往需要更充足的财力，这种现象更多出现在农村富裕家庭。相关研究表明，在中国社会转型过程中，北方农村的复合家庭也仅占到15%的比例，南方地区更低。⑤

家庭结构的变迁，势必带来家庭景观乃至家庭文化的变迁。客

---

① 杨胜慧、陈卫：《中国的家庭结构转变——来自居住方式与人口因素的作用》，《人口与经济》2017年第3期。

② 童辉杰、黄成毅：《当代中国家庭结构的变迁及社会影响》，《西北人口》2015年第6期。

③ 中华人民共和国国家统计局编：《中国统计年鉴2012》，中国统计出版社2012年版。

④ 对于复合家庭而言，一旦父母去世，兄弟姐妹不可避免地要面临分家的状况。

⑤ 王跃生：《中国家庭结构变动与特征》，《人口与计划生育》2017年第9期。

厅作为中国家庭场景中具有典型象征意义的"门面"空间，颇为直观地缩影着家庭结构集约化的结果。从古代的厅堂到现当代的客厅，中国人传统观念里的"厅"的概念向来凸显着"示人"的意义，以及描摹一家之地位的重要价值。作为一个连接"公"与"私"的交会点，客厅既是当代社会家庭关系相处最主要的空间，也是宾朋来访交往最为核心的地带，故而其家庭意义强调对内的归属感和对外的身份感。伴随九十年代主流的家庭结构关系趋于简单化和核心化，对于一家之装潢更集中到了对客厅的布置之上，而电视则在这一阶段中构成营造家庭归属感和身份感的重要载体，且体现持续性（至今依然保留着这样的传统）。如若干受访者共同指出的，"家的装修从购置客厅所需开始，而客厅的布置则是从电视和沙发摆在哪里开始的"。

归属感。对客厅及电视的归置，强调审美意义和"看电视"功能意义上的双重舒适性。这意味着电视在客厅的位置直接关乎家的美观度和家庭成员开展娱乐活动时的愉悦度，是家庭归属感的直接体现。对于九十年代的中国人而言，电视机甚至本身就是抽象意义上的家庭成员，这从每家每户多少能找到的一些家庭成员与电视机的合影中可以管窥一二，也成就了彼时"冰箱头上要盖布、穿好衣服才能跟电视合影"[1]的社会风潮。

身份感。伴随九十年代国人向小康型生活的转变，对客厅中电视机的选择则体现出相应的家庭身份和现代化程度，这是极富消费主义意味的。九十年代经济体制改革中的住房制度改革深化推进，住房商品化、社会化的逐步落实带来居住面积和居住条件的直观改善。（如表4.3所示）

---

[1] 参见图片合辑《令人怀念的老照片：冰箱头上一定要盖布，穿好衣服才能和电视合影》，腾讯网，https://new.qq.com/omn/20190428/20190428A0C25B.html。

表 4.3　　1991—1998 年全国主要城市人均居住面积变化（平方米）

城市	人均居住面积	
	1991 年	1998 年
北京	8.0	10.1
上海	6.7	9.7
天津	5.78	8.1
广州	8.23	11.7
沈阳	5.8	7.77
西安	6.19	8.42
兰州	6.9	8.61
哈尔滨	5.62	8.17
长春	6.0	8.24
大连	6.5	9.0
珠海	14.3	18.02
深圳	11.34	14.9

资料来源：中华人民共和国住房和城乡建设部门户网站。

以改革前住房情况较为突出的上海地区为例，市民人均建筑面积从九十年代初的 12 平方米提高到 1999 年的近 20 平方米，大量市民搬离狭小拥挤的旧房，迁入较宽敞的新房。[1]

伴随居住环境变好的，还有电视机的普及率和电视屏幕尺寸大小的变化。据《人民日报》在 1993 年开展的一项统计，我国城镇居民家庭的电视机普及率已高达 96.6%，其中彩色电视占 78.5%，这表明我国城镇居民家庭的电视消费已达到中等发达国家水平，部分大城市与发达国家城市水平相当。电视的屏幕尺寸也以 51 厘米、54

---

[1] 韩正：《为了居者有其屋的美好理想：上海九十年代住房制度改革回首与前瞻》，《上海国资》1999 年第 5 期。

厘米中型尺寸为主导，还有少量64厘米以上的大屏电视。①

对于变化中的中国家庭生活而言，看电视这种日常实践则变成围绕"客厅"和"电视机"两个对象并从中获得家庭归属感和对外身份感的一个关键接合点：无论是跟家人的相处，还是跟宾客的交往，都体现出不可取代的象征意义。

二　情感的意涵：家庭媒介场景与"合家欢"式观看

据第二次全国电视观众抽样调查（1992年）的统计数据，电视机的普及情况向好，甚至在部分发达地区一户有两台或多台的比例也不少，并正在朝着全面彩电化过渡。与1987年相比，观众（以江苏等地为例）在"自己家"收看电视的比例从75%（城镇97%、农村53%）上升到87.3%（城镇98.6%、农村83.6%）。② 当电视被赋予了全面意义上的家庭媒介内涵，且家庭生活也越来越普遍广泛地浸润在消费文明的秩序当中，看电视的媒介经验之于中国家庭的意义开掘也就逐渐形成了更丰富的空间。

对于中国家庭来说，如有受访者指出："九十年代的'家'的历史在很大程度上可以理解成是跟家人一起看电视的历史，因为绝大多数的'天伦之乐'几乎都是在电视的陪伴里完成的，它（看电视）拉近了家人之间的情感。"电视作为不可或缺的家庭成员之一，成为稳定家庭秩序、将人们带入消费文化中的一种重要手段，对"看电视"的时间分配，深度反映着在家庭互动中不同个体之间的关系、选择以及身份。对于九十年代的家庭电视使用而言，电视文化呈现出的若干变化则较为直接地再现出了人们家庭生活的新的偏向。

其一，电视以更趋于平民化的语态进一步观照了人们的起居生

---

① 人民日报群众工作部：《全国电视机市场问卷调查分析报告》，《人民日报》1993年11月23日。

② 姬盛羽：《第二次全国电视观众抽样调查样本分析报告简述》，载《中国广播电视年鉴》编辑委员会编《中国广播电视年鉴1992—1993》，中国广播学院出版社1993年版，第436—438页。

活。1993年,一档全新的新闻节目《东方时空》在中央电视台播出,相比当时已经十分丰富的电视新闻栏目实践而言,这档节目的横空出世具有特殊的社会意义。一方面是第一次出现这样一档新闻节目,全面跳出了严肃刻板的表达方式,主张"求实、公平、平等、前卫"的理念,集纳了新闻性、社会性、服务性和娱乐性的多元新闻线索,让新闻拥有深度的同时也更真诚、亲民地面向观众。"能够共情",是电视新闻首度给予国人的印象。另一方面,也是更重要的,它培养起了中国人在早间看新闻的习惯。直至九十年代初,以央视为代表的电视平台绝大多数的最早开播时间是上午八点,而此时已经是多数家庭出门上班、上学的时间。相比晚间电视对家庭生活的丰富安排,早间电视之于家庭生活在当时几乎还是空白。有限的尝试仅有北京电视台在1990年开办的早间节目《北京您早》。但节目的初衷却也是基于对中国家庭早间时段的不彻底认识——"反正也没几个观众看"。但不曾料想,"早餐要吃好"这一观念在不断富裕起来的九十年代中国家庭中很快变成了现实。时任中央电视台副台长的杨伟光迅速意识到:"我们一个泱泱大国的国家电视台居然没有早间节目!"[1] 于是,肇始于《东方时空》的早间电视发展,便成了洞悉这一家庭生活变化的现实反应。当时的观众眼前一亮,对新开播的《东方时空》给出了很高的评价:

  看完《东方时空》,就像刚从南方的早市上拎回一条扑腾的活鱼,和一捆绿油油的青菜。[2]

在《东方时空》之后,家庭早间时段"看电视"的需求逐渐明朗化,也反向提醒了各地电视台应当充分把握住这一发展的增长空

---

[1] 孙玉胜:《十年——从改变电视的语态开始》,人民文学出版社2012年版,第11页。

[2] 张侠:《〈东方时空〉诞生记》,天津网—每日新报,http://media.sohu.com/20130516/n376150901.shtml。

间。上海电视台也在同年开辟了早七点播出的电视栏目《上海早晨》,"填补了上海台原本没有自主早间新闻栏目的空白"①;北京电视台也新设立了一系列全新的早间资讯节目,如《今日话题》等,予以早间时段充分的关注;广东电视台紧随其后,开办早间新闻节目;福建电视台更意识到新闻节目要结构性地贯穿全天,于是在九十年代末开辟全国首个专门性的电视新闻频道。

其二,电视的文化开始深入观照不同家庭个体的身份和需要。在改革开放、国有企业改革的一个社会阶段里,有这样的一种社会意识逐渐被大家认识到:以"家庭"为单元来衡量个体的幸福指数,是相比之前更多以"单位"作为衡量标准更适合解释九十年代社会生活的现实状况的。从"单位"到"家庭"的共同体,人们的情感认同和卷入意识也体现出更强的主动性。而在家庭身份不断凸显的过程中,电视文化对个体的关切便不仅仅体现在功能性和教育性的意图上,而且逐步扩展出更为丰富的生活场景,对于家庭中的老年人、青少年观众、家庭女性都有更充分的照拂。这样的电视内容探索在九十年代层见叠出,例如1993年开播的"专门为全国亿万老年人开辟的园地"《夕阳红》,1995年开播的受到广大青少年儿童喜爱的节目《大风车》,还有伴随八十年代到九十年代回归家庭的中国女性越来越多②、女性家庭与社会地位渐成社会焦点问题的状况,密切关注两性平等、专门展现时代女性风采的节目《半边天》在1994年正式首播,等等。这些节目不仅受到了不同类型的观众的喜爱,更展现出了颇为强劲的生命力,部分节目至今仍活跃在电视荧屏前。

其三,"看电视"的场景固定性增强、时长增加带来人们从电视中获取信息的意愿更强烈、更多元。如果说八十年代电视新闻的基

---

① 《上海广播电视志》编辑委员会编:《上海广播电视志》,上海社会科学院出版社1999年版。

② 相关数据显示,二十世纪八十年代初中国女性的就业率达90%以上,但如今的统计数据已下滑到60%左右。这其中存在的原因有很多,既有女性自主的选择,也有社会传统的性别偏见和规训使然,构成一个值得关注的关乎性别与权力的社会议题。

本社会功能在于输出人们面对社会巨变所需要的"安全感",那么九十年代电视新闻的社会价值就远不止于人们对情报的需求了。国人对国内外新闻,尤其是国际新闻的接触意愿和渠道大幅增加,这在九十年代伴随电视新闻改革的深化形成了充分的条件。以1991年为例,国际形势的动荡带来突发事件不断,在海湾战争、南斯拉夫内战、苏联解体等一系列国际重大事件中,电视新闻对于大众了解国际局势具有重要意义,尤其是"针对西方,特别是美国利用人权、最惠国待遇、西藏问题等对我国施加压力"[①] 等重要视点,为大众对于家国的概念形成更广泛的社会认同有较大帮助。

其四,"合家欢"的情感需求满足,电视提供了最广泛也最普遍的实现路径,这也是国人在九十年代通过"看电视"这种家庭活动促成的一种鲜明的电视文化。除了上班、上学一族的日常消遣解压,"看电视"的固定"约会"机制亦为不同家庭的日常相处时间安排设置出了一个相对稳定的专门时段,无论是共享早餐之时、晚餐后直到入睡前的共同相处,或是双休日和节假日的集体放松,家庭式的共同观看变成一种家庭仪式的存在,并且寄托了无数的家庭集体记忆在其中。1993年,同样是讲述了一个家庭喜怒哀乐与稀松日常的电视情景喜剧《我爱我家》播出,这部今天看来"开始即完成"的中国情景喜剧巅峰之作,除了是九十年代电视剧创作的一个难忘经典,也真实再现了这个阶段中最典型的中国式家庭的面貌。这部剧从剧中的父女二人争论是看动画还是看电视剧的场景开始,如同九十年代的现实家庭生活那样,对于电视机遥控器的"掌握权"是家庭成员之间日常的话题焦点所在。当然,看电视这个动作本身,也更是一以贯之在《我爱我家》的叙事里,剧中的大儿媳妇——宋丹丹饰演的和平一角,就曾认真地向家人发问:"咱家吃完晚饭,除了看电视还有什么别的项目安排吗?"众人相顾,似乎也没得出其他

---

① 参见《全国广播电视及各方面概况》,载《中国广播电视年鉴》编辑委员会编《中国广播电视年鉴 1992—1993》,中国广播学院出版社 1993 年版,第 10 页。

任何更有说服力的答案。而剧中流传至今依然热门的一幕——"葛优躺"①，讲的就是最典型的"看电视"这个日常生活动作。有人这样来形容如同《我爱我家》里镜像出的九十年代异常鲜活的无数现实中国家庭：

> 如果每个家人都是主角的话，那么在客厅的电视机就是"最佳配角"。有太多故事围绕着这台电视展开，全国人民也都像老傅家（剧中一家）那样——以看电视为乐，以上电视为荣。②

在这部剧播出的前后时段里，一则关于电视观众的对比调查统计也揭示了一个有意思的现象：相比 1988 年同类调查显示出的人们对观看战争、武侠和侦探题材电视剧的更强偏好，九十年代后的大众更爱看的是家庭伦理剧。③ 倾向于选择更通俗化、更匹配家庭场景的电视内容，"老少咸宜"，这似乎就能更进一步来解释上节中所论及的为什么是《渴望》形成了"万人空巷"的观看——还有什么比一家人围坐一起分享一个共同感受的话题更易于凝聚、增进家庭情感呢？

三 看电视上瘾：一种不可忽视的"家庭病"

电视并不是万能的。但九十年代的中国家庭似乎对其寄予了太高的期待，当然也有某些特定的家庭关系对此是警惕的，比如在亲子教育中，电视往往被家长视作一个重要威胁源。在访谈中，有

---

① "葛优躺"，指的是演员葛优在电视剧《我爱我家》第 17、18 集里的一个摊在沙发上的经典姿势。葛优在剧中饰演了日常去贾家蹭吃蹭喝的角色季春生，没事就躺在沙发上看着电视等吃喝。在近几年网络语境和青年文化的解构后，这一幕时常被比作一种"颓废""丧"的心态写照。

② 陆兆谦：《电视机没了就没了，反正你我都不看》，《新周刊》，https://mp.weixin.qq.com/s/o6YFP0AH6xg_RX9O3TtEzg。

③ 《第二次全国电视观众抽样调查（天津地区）情况的分析报告》，载《中国广播电视年鉴》编辑委员会编《中国广播电视年鉴 1992—1993》，中国广播学院出版社 1993 年版，第 429—431 页。

"90代"的受访者提及两个童年看电视的细节:

> 小时候看的有线电视还有外接天线,就架在靠近电视的窗外。我的房间在旁边,我在天线旁放了块镜子,找准角度就能正好把电视节目反射过来我在屋里就能看到。就这样,偷偷看完了整个小学阶段,谁也没发现。

> 寒暑假爸妈去上班,我就掐点等他们前脚出门后脚就开电视。千钧一发的时刻就是爸妈下班前,要守着窗口看他们是否在楼下停自行车,在他们回家前要提前关电视,然后给电视机扇风避免他们一摸电视机后箱感觉出余热,后来跟父母"斗争"久了学更聪明了,连遥控器放在桌上的角度都要提前测好,要不然他们还会看遥控器是不是被动过了。

看电视上瘾,是伴随电视深入社会生活后颇为主流的一种青少年成长隐患。据1993年对北京地区的一项调查,八岁以下儿童天天看电视的占比超过50%,经常看的超过30%;1992年上海电视台的另一项调查则表明,学前儿童每天看电视的时间平均有5.8小时,一般青少年平均为3.77小时。还有研究表明,青少年在十八岁以前在电视前度过的时间仅次于睡眠时间,比上课的时间还多。[1] 中学生的情况也相差无几,在1991年对西安地区的中学生业余生活调查中发现,常看课外书的仅有25%,而常看电视的则高达95%。有中学生表示:"我几乎没有朋友,电视是我唯一的伙伴,生活圈子越来越小,没意思。"[2] 看电视造成的人际关系疏离和抗拒社会化的现象,在九十年代并不鲜见。在以电视为中心构成的家庭生活中,青少年实际上与电视的相伴的时间甚至比与家长交谈、沟通的时间要多,

---

[1] 章莲华:《电视文化与青少年教育》,《青年研究》1995年第12期。
[2] 江曾培:《看电视不宜成"迷"》,《群言》1991年第5期。

也比与同辈人相处、互动的时间多,这源自大多数青少年——尤其是伴随九十年代独生子女逐渐增多,家庭教育对其的学习和生活有了更严格细致的要求后——对一方荧光屏里另一端的多彩世界的好奇心驱动,相比作业和书本,他们更向往电视里那些无忧无虑的精彩生活,以及对成人世界的自由想象。家长与儿童的"遥控器之争",几乎贯穿了大多数有子女的中国家庭的日常。即便如此,电视对青少年构成的威胁依然很多,比如过度接触面向成年人的节目造成的不良示范,电视对暴力、情色意愿的唤起,以及诸种生理、心理上的健康隐患,故而九十年代就有不少人呼吁:"谨防青少年患上'电视孤独症'!"而这些问题越来越频繁的出现,与电视在家庭生活中的地位放大与凸显有紧密关联。

当然,看电视上瘾也绝不仅仅是青少年的"家庭病",同样是成年人的"家庭病"。一个较为极端的例子是一本医学刊物在九十年代刊登的文章《电视迷短寿》中所提及的,中国台湾一位青年天天在家看电视,视力严重下降以至于不得不强睁眼睛才能看到事物,久而久之产生了眼疾,影响了日常看书写字。他决定减少看电视时间,但越是这样,接触电视就更显欲罢不能,长此以往,神思焦虑、情绪烦躁、体质下降,不久后早逝于一场疾病。[1] 这样的案例或许未必是常态,但也侧面反映了看电视过度对人潜在构成的负面影响。在九十年代,握着遥控器、"窝"在沙发里、跟着电视目不转睛的"沙发土豆"现象已经屡见不鲜。除了对个体身心潜在的隐患,如此过度使用电视的状况也不利于家庭生活方式的健康发展。相关数据显示,九十年代初我国观众平均每人每天看电视的平均时间就达到了 118 分钟(城市数据更高),电视深入家庭生活并改变了家庭闲暇时间的分配和使用,尤其是减少了人们参与社会生活、人际交往、

---

[1] 参见《电视迷短寿》,《医学文选》1998 年第 6 期。

外出陶冶情操的时间。① 当时就有报道指出，九十年代便有不少家庭傍晚一回家就着急打开电视，没有什么比看电视更"紧迫"，对电视的依赖甚至让他们抗拒外出参与其他社会活动。对于家庭的内部生活而言，由于人们被电视内容吸引，为之打破既有的生活节奏与规律，追剧到深夜、早晨睡懒觉，耽误上班上学的日常安排；沉迷看电视的人们更会乏于交谈，长此以往也造成一种"无声家庭"之怪现象：家庭成员之间越来越不愿意沟通，阻碍了家庭亲密关系的培养。还有人批评了电视的某种家庭效应，虽然电视提供了人们了解外部世界的重要窗口，这是电视普及前所没有的社会景象，使得人们在家庭这一安全地带中便能"不出门掌握天下事"，无论跟自己是否有直接的关联——这似乎便构成了电视时代的"键盘侠"现象：隔着屏幕就由此产生了一种渗透于社会生活中的"大众优越性"心理，甚至由此滋生出认为社会正在以这样"抽象"的方式走向广泛民主的错觉。②

第三节 柔软的娱乐工具，坚硬的价值堡垒

相比八十年代电视文化被赋予的精英主义色彩，或者二十一世纪以后电视被带入的"后现代景观"，九十年代可以说是观众得以从电视这个最为主流且生机勃勃的强势媒介中汲取充分养料的阶段。在很大程度上，中国电视在这个阶段里投射出了国人对于日常生活的最丰富想象：伴随"看电视"成长、生活的人们，既从电视当中获取了快乐、充实、多元的消遣或者审美，更在电视给予的关于现实、情感、道德、伦理的模糊认知里建构起对世界的多元认知，在

---

① 刘建鸣：《1992年全国电视观众抽样调查分析》，载《中国广播电视年鉴》编辑委员会编《中国广播电视年鉴1994》，中国广播学院出版社1994年版，第429—433页。

② 王耀廷：《电视对家庭的影响》，《河南师范大学学报》（哲学社会科学版）1990年第1期。

极短的时间里完成了社会基本观念的普及——电视，对于中国社会和中国人的意义，已经逐渐超越了仅作为一种大众化的信息媒介的承载，被赋予了更为深沉的社会底色：它既是柔软的娱乐工具，也是坚硬的价值堡垒，于不同社会截面中建构起了一幕浓墨重彩的"影像中国"，视觉性的力量以前所未有的力度形塑着人们的身份和权力，人们在看电视的日常实践中形成了社会共识以及另一种意义上的共同体意识。

空前丰富的电视文本输出了空前繁荣的电视文化。在九十年代，中国人大多数的青春物语和成人宣言、喜怒哀乐和柴米油盐都与那一方荧光屏有着或直接或间接的关联，也就是在这些看起来不足为道的寻常意味里，我们逐渐拥有了对电视的社会文化功能进行审视和阐释的更多样空间。

一 要闻第一时间看电视

电视传播的时效性，在新媒体尚未异军突起的年代里体现着绝对的优势。在八十年代，电视在大多数情况下仅仅只能做到"及时"的特点，九十年代实现了从"及时"到"即时"的转变，依托于电视直播技术的常态性使用。在获得一手信息方面，有受访者表示："八十年代基本是报纸、广播、电视并用，到了九十年代，才逐渐有了发生要事第一时间看电视的观念。"早期的电视播出，在实质上并没有取得相较其他传统媒体在传播的时间性和空间性方面的本质突破，当时虽然也有采纳例如直播的形态来试图加以改造，但基本上是基于"室内"空间的小范围覆盖，而九十年代的中国电视则一改这种状况。

直播在九十年代的广泛运用，并随之取得电视传播在空间的"在场"和时间的"同步"两个层面的全方位突破[①]，主要得益于两个方面的变化如下。其一是技术的精进促使直播不再仅仅限于"室

---

① 周勇、何天平：《"全民直播时代"：网络直播对电视发展的启示》，《新闻与写作》2017年第2期。

内"空间，电视新闻报道的真正价值得以拓展。SNG 卫星新闻采集系统、DSNG 数字卫星新闻采集系统等新一代 ENG 电子新闻采集技术的迭代和成熟化，全方位提升了在不同场景中进行新闻采集的效率，让新闻报道"零时差"变成了现实。这方面的典型实践是以 1993 年央视陆续将多档新闻节目调整为直播化滚动播出为开端的。另一个标志性的事件是 1996 年 1 月 1 日《新闻联播》从录播转为直播。其二是针对一系列全民关注的重大事件的直播运用，肇始于 1990 年的北京亚运会直播报道，相关数据显示，全国有 97.4% 的观众收看了亚运会的电视报道，北京有 85.7% 的观众为此增加了收看电视的时长，最高时长达平均每人每天 4 小时 17 分。[1] 1997 年则被视作中国电视史上的"直播年"，原因是央视 72 小时不间断直播香港回归特别报道引发社会巨大反响。香港回归当天，时值中国江浙部分地区迎来台风天气，当时的江浙观众对这场直播留下了深刻印象：

  那几天刚好台风日，本来是断粮断外出活动的倒霉日子，但大家都因为香港回归的电视直播变得振奋异常，丝毫没有感到一点的丧气。

相关数据显示，香港回归直播期间的收视率最高时达到 91.6%，观众对直播的满意率达到 92.2%。[2] 这一年陆续开展的三峡大江截流直播、日食直播、最高领导人访美直播等一系列重大新闻事件的报道活动，产生了空前的社会影响力。这一年规模化的电视直播最终成为可以载入史册的重要里程碑。2003 年，伊拉克战争爆发，与

---

[1] 杨伟光：《中国电视发展史上的丰碑——谈谈亚运电视报道》，载《中国广播电视年鉴》编辑委员会编《中国广播电视年鉴 1991》，中国广播学院出版社 1991 年版，第 46—54 页。

[2] 雷蔚真、胡百精：《对香港回归直播报道的收视调查与引申思考》，《电视研究》1997 年第 10 期。

CNN 几近于同步的央视直播使得大众意识到我国电视不仅可以第一时间跟进国内新闻，对国际重大事件的电视直播报道也可以做到与世界同步。在这样的状况下，电视直播逐渐实现日常化，人们对电视直播的认识也得到不断的延展。"现场直播构成电视最大的魅力，也成为了作为关键新闻媒体的电视的最大优势。"[1]

也是伴随电视直播常态建制的完整构造，大众才在电视这一媒介中真正看到了要闻要事"第一现场""第一时间"的"共同分享"。至此，电视新闻之于中国人的意义已经全然跳出了八十年代主要满足"安全感"这一社会需求的主导特征，在信息媒介日渐通达的九十年代末，电视新闻俨然成为人们准确洞察社会、全方位理解世界的重要来源。

二 获得专属的审美对象

电视对大众的陪伴属性，并不只是共时意义上的，也体现在历时意义当中。不同阶段、不同年龄、不同需求的观众都能在荧屏中找到专属的审美对象，这是九十年代的中国电视为大众提供一种成熟的生活方式并且充分体现消费意义的特征所在。

虽然电视面向的传播对象是"大众"，但在这种媒介走向成熟前并没有真正意义上培育出生产与传播的大众意识，所谓的"大众"总是难免潜在地倾向于掌握电视文化塑造主导话语权的受众群体。如同八十年代以知识分子和文化精英的文化需要作为内容接受度的参照标准，进而系统性地生产出以此为标准的可供传播的电视内容，才有了这一阶段"文化电视"的特点。因为八十年代"中国的文化精英本身既是电视观众，又是电视文化的观察者、批评者乃至参与者，他们对于电视与观众之间关系的看法，在某种程度上包含了他们对电视与'自我'的关系的看法，进而也就很容易演变成电视与

---

[1] 周长城：《媒体融合背景下的大型电视直播探索》，《中国广播电视学刊》2015年第9期。

'人'本身的关系的抽象而思辨的看法"①。故而这一阶段的电视文化，是基于一种电视和大众之间的"理想关系"来加以组织和发展的，电视传播所预期的观众并不是所谓的普罗大众。

到了九十年代，全面浸润于消费秩序里的中国电视，也重新开始理解与作为大众的观众之间究竟存有一种怎样的更趋于日常化、普遍化的关系，也即意识到电视的意义生产需要找到足以启动不同观众个体的情感共鸣与思想共振的内容样式，寻求为大多数人所能接纳的叙述方式，才能给今天的大众带来异质的审美感受。消费文明的全面崛起，让个体的主张和价值诉求被置于一个至高无上的地位；这也让中国电视意识到其所面对的"大众"并不是一个不言自明的整体性概念，存在其中的每一个个体有不同的文化诉求、审美诉求等一系列差异。而电视文化对自身"大众化"面貌的构建，其实质在于让需求不同的每一个组成"大众"的个体，能在各自的偏好里寻求到喜爱电视的理由。这种让大众获得专属审美对象的潜力，全面性地贯彻在九十年代的电视文化中：一方面，不同的电视文本创造出了满足不同观众需求的审美对象；另一方面，不同特征的观众群体，也在与电视内容的接触里部分弥合着观看和审美的差异。

在九十年代全面崛起的电视综艺，便体现着这样一种基于电视娱乐寻求消费意义最大化的观众意识。相比这一阶段以前的电视综艺（文艺）总体着眼于一种家庭休闲的旨归，对于娱乐属性的建构并没有释放出实质上的太大空间。而步入九十年代，电视综艺渐成规模，其可施展的空间亦随着消费意识的勃兴进一步得到释放。伴随中央电视台在 1990 年初先后推出《综艺大观》《正大综艺》两档电视综艺节目，人们逐渐开始养成周六晚间看综艺的习惯。电视综艺在周末时间段的强势关注度反哺了广告价值的持续增量，到九十年代后期，"周末黄金档"成为电视综艺角逐观众注意力的一个重要场景。尽管中央电视台最初推出的电视综艺在形态上仍然印迹着延

---

① 常江：《中国电视史（1958—2008）》，北京大学出版社 2018 年版，第 236 页。

承八十年代而来的极强的电视文艺色彩，甚至有观众表达了尖锐的批评：

> 虽然是一档百分百的娱乐节目，但却很可笑地将自己定位在教育性和知识性上，主持人总是摆出一副测试老师的德行，怕出洋相也怕看到别人出！①

当然，这也跟中央电视台作为国家级电视台的定位有关，其无法做到完全不拘手脚地尽然释放出电视娱乐的特色。但至少，继这两档节目后，电视综艺的固定化、常态化发展逐渐在九十年代成为电视娱乐的"标准配置"，广大年轻观众可以在电视荧屏中找到鲜活、生动的娱乐休闲对象，综艺节目也逐渐成为此后的中国电视文化中最有生机的流行文化之一。这种状况伴随九十年代中后期受到中国台港、日韩流行影视文化在大陆的风靡进一步得到强化。以1997年湖南卫视开播的棚内游戏综艺《快乐大本营》和1998年湖南卫视开播的婚恋节目《玫瑰之约》为标志。前者是中国台湾娱乐节目的典型形态，后者则是中国香港颇受欢迎的节目样式。综艺节目的类型分化更带来了人们在荧屏娱乐中的不同需求满足，有的是解压消遣，有的是情感解惑。《快乐大本营》以最为直观的明星通告式访谈＋游戏的形式，却吸引了全国700多个城市的观众每周定时定点观看，最高收视率达37%，节目组甚至周周都能收到成山的观众来信，还有无数的来电和网络留言②，节目活跃荧屏二十余年，成为中国电视综艺最长寿的节目品牌之一。而《玫瑰之约》则对准了中国年轻人颇为关切的情感婚恋问题，这一现实需求在此前的电视荧屏中鲜少被满足，因为时常被认为是"难登大雅之堂""不够含

---

① 参见《〈正大综艺〉的定位》，《浙江广播电视高等专科学校学报》2000年第1期。
② 游洁：《电视娱乐本性的回归——从〈快乐大本营〉说起》，《现代传播》1999年第3期。

蓄"的俗文化代表。而这种认识,伴随电视的文化走向世俗化从缺席变成了在场。有观众评价婚恋节目在中国的勃兴"植根丰厚的现实土壤,尤其伴随着婚恋问题成为'老大难'的社会问题后,这类节目创造性地起到了抚慰年轻观众及其家属的作用"。除此之外,全民性的电视娱乐也在1990年第四届全国青年歌手电视大奖赛走向高潮中获得空前关注,这档节目以音乐性、知识性的歌手选拔受到跨代际观众的喜爱,自1984年开播活跃在荧屏长达三十年,有媒体报道指出这档节目有着"音乐风向标"的价值,既为中国流行音乐界输送了无数有生力量,也记录下了八十年代以来大众审美旨趣的变迁。

在电视剧方面,在为不同观众创造差异化的审美对象的过程中,中国电视剧也逐渐完成了其类型化建构。二十世纪九十年代,国剧经历了发展的黄金时期:从初期《编辑部的故事》《我爱我家》《北京人在纽约》的"千万里可追寻",电视剧以极强的现实主义意识镜像着人们日常生活的喜怒哀乐、悲欢离合;到中后期全面开放的电视剧艺术,受到周边地区/国家的流行文化影响,偶像剧、古装戏说剧的全面崛起制造了人们在日常生活里不可得的极尽想象的理想生活和情感。1998年,中国大陆第一部偶像剧《将爱情进行到底》的播出轰动一时,观众在剧中看到了当时的电视荧屏中鲜见的纯粹浪漫爱情,不受现实掣肘,也没有任何力量可以阻挡,当时的媒体评价该剧:"文慧和杨铮(剧中男女主角)的爱情不仅让人看到令人刻骨铭心的校园爱情,同时也让人看到一个真实、广阔的社会,以及拼搏、激扬与奋斗的青春。"从这里开始,国产偶像剧对传统严肃剧集的颠覆催生出了持续的年轻态生命力。而历史剧受到消费主义影响出现了从正史向戏说传奇的转向,一并造就了"古装剧"这一常青的电视剧品类。男性观众热衷于《康熙微服私访记》《宰相刘罗锅》里轻松谐趣的权谋戏码,女性观众从《新白娘子传奇》《还珠格格》里汲取冲破世俗禁忌、勇敢追求情感和自由的力量。它们距离真实可能相去甚远,但离人们的日常想象却总是很近。

尤其是琼瑶剧《还珠格格》的播出，几乎构成了九十年代末一个至关重要的社会文化现象，人们第一次看到等级秩序森严的封建皇权制度下女性可以自在追求所爱的意识觉醒。相关数据显示，第一部《还珠格格》全国平均收视率为47%，最高达62.8%，催生"还珠现象"；第二部全国平均收视率突破54%，最高达65.95%，打破了中国电视剧在有系统性的收视数据统计后的最高纪录，至今未被打破。[1] 而在《还珠格格》热播的前后，现实生活中几乎随处可见"还珠"的身影，那时的校园里几乎人手都有"还珠"系列的周边：铅笔盒、书包、笔记本；家里的墙上几乎都会有一两张"还珠"的贴纸、海报；每对热恋中的情侣几乎都有一个自己心目中的"幽幽谷"，也会模仿剧中紫薇和尔康的情话耳语："那句不想是假的。"[2] 在即将到来的二十一世纪，《还珠格格》与此前的《西游记》《新白娘子传奇》一并成为每个寒暑假档的荧屏常客，常看常新、常谈常热，并且影响了一代又一代成长起来的年轻人，而寓于电视剧文化变迁中的，也是一代又一代成长起来的年轻人与上一辈截然不同的世界观、人生观和价值观投射于一方电视里的清晰体现。

除了在电视文本意义上对不同观众"看电视"的文化和美学趣味的呼应，不同社会和文化特征的社会群体也在"看电视"这个共同的日常生活行为中，共享着电视文化创造的生活意义：无论人们基于怎样的偏好和文化习惯，都可以陆续从电视荧屏中找到可被自身充分移情的审美对象。例如，南北方观众地域文化的差异催生了以京派（北京）、海派（上海）、粤派（广东）为中心的电视剧文化。九十年代初以《渴望》《编辑部的故事》《北京人在纽约》《我爱我家》等一系列由北京电视艺术中心创作的国剧经典是京味剧的典型代表，崛起的市民阶层与大众文化趣味互相塑造，京味剧的转

---

[1] 何天平：《藏在中国电视剧里的40年》，浙江工商大学出版社2018年版，第84页。

[2] 影视小站：《还珠格格20年周年重播，你怎么看哭了?》，百度百家号，https://baijiahao.baidu.com/s?id=1591796124492073832&wfr=spider&for=pc。

型遂因之形成了更广泛的社会影响力,关乎"北京"这个地缘关键词的文化线索是礼数、是秩序、是"里"与"面"的调和。四合院里的街坊秘语,皇城根下的吆喝叫卖,老炮儿、胡同、京腔……这些京味场景和符号的背后,是电视剧对北方生活的鲜活叙述。① 此外,以九十年代的《上海一家人》《孽债》等为代表的海派电视剧,以《公关小姐》《外来妹》《清满珠江》为代表的粤派电视剧,都以点带面地起到了聚合当地观众、向全国展示地域文化的作用。再如,城乡视野下的不同观众,也展现出审美趣味的显著差异。广大的农村观众也可以在荧屏中找到自己专属的观看对象和社交谈资,九十年代如《辘轳·女人和井》《趟过男人河的女人》《一乡之长》《男妇女主任》等农村题材电视剧广受农村地区的观众好评。有农村观众表示,"多亏了这些电视剧里的角色和生活,我们在田间干活或者饭后纳凉的时候才有了说不尽的话"。又如,性别意识在电视文化中的不断凸显。女性意识的觉醒和成长,成为九十年代中国电视荧屏再现社会文化变迁的一条显著线索,且得到了不断的壮大。电视剧《渴望》里塑造的中国家庭女性代表慧芳,在九十年代就经历过截然不同的社会评价:热播时,慧芳的角色一度被视作"真善美"的化身,被寄托了美德和典范的追求;到九十年代末二十一世纪初,人们对这一女性角色的反思陆续出现,认为其压抑了自身的独立性而成全其他人,是文化传统规训之下对女性的异化,也体现着父权制度对女性和女性权益的戕害。对女性生存和女性身份的关注,渐渐在荧屏中形成新气象。2000 年播出的一部聚焦女性犯罪的电视剧《红蜘蛛》,曾引发颇为热烈的社会讨论。伴随女性越来越多地走出家庭、步入社会,女性犯罪也变成了一个值得关注的社会议题。该剧由于其"改编自真实案件"所带来的震撼感,其播出曾一度在部分地区被叫停。

---

① 何天平:《国剧里的"京味"图景》,《北京青年报》2018 年 12 月 18 日。

三　加冕与祛魅

电视在九十年代对日常生活方式的构建，其作为一种结构化的特征逐步得到明确：除了日常的文化审美，电视的文化对于诸种社会需求的反馈体现出了不同层次和力度的观照，既有视角的升格，电视通过一系列的手段实现了对社会重大事件或仪式的意义加冕，也有视角的下沉，电视的帮扶属性借助相应的文本和价值表达进一步作用到人们的基层生活中，实现对日常生活的祛魅。

电视春晚在九十年代走向文化巅峰期，则是电视通过诸种仪式形成意义加冕的一种有力体现。八十年代电视春晚塑造出的"爱国情怀"和"民族团结"的社会话语，在九十年代更趋专业化、规模化的春晚编排中逐渐成为一种被固化下来的社会立意。而相比此前的电视春晚颇为浓重的茶话联欢形式，九十年代的春晚全方位地释放出了一场大型电视晚会的丰富社会意涵。一方面，消费性的介入使得电视春晚不再仅仅是一场纯粹的电视文化活动，更被赋予了商业和市场的充分诉求。当然，电视春晚在民众之间的口碑滑落也同样始于这个原因，越来越多的观众表示："春晚沾上了铜臭味，这种仪式的意义变得不再纯粹！"这也是春晚的社会影响力在二十一世纪后逐渐走向没落的先兆信号。另一方面，春晚的仪式性建构在九十年代也确立起了自身的一套话语体系。1990 年的除夕零点，时任中共中央总书记江泽民与国务院总理李鹏亮相春晚舞台并向全国观众拜年致意。国家领导人与春晚这种电视文艺形式的结合，让电视春晚的仪式性地位在九十年代被推至一个高点。除此之外，春晚的内容编排也在仪式建制上逐步确认了自身的一些固定特点，例如颇有规模体量的联排歌舞和小品，成为每年除夕夜人们津津乐道的话题；再如由歌手李谷一演唱的《难忘今宵》作为大多数年份春晚的压轴之作，也逐步成为春晚辞旧迎新的标志性作品；等等。相比八十年代凸显沟通情感、真挚细腻的联欢性质的电视春晚，九十年代的春晚在很大程度上已然不仅仅关乎"好看"与否本身，更成为一种确认社会身份、形成社会共识并为之赋予社会重视度的重要承载。也是从九十年代中期之后，以春晚为代表的电视文艺晚会"几乎成为了电视业对传统节庆与重大社会事件最主要的'庆祝'方式"，"举办电视晚会业已成为电视业对各方价值诉求和文化利益加以调和的'平衡术'，也是电视媒体为作为总体的'观众'提供一体化娱乐方案的终极形式，成为一种最具'中国特色'的电视文化现象"[①]。

当然，大众眼中的电视不止有"光环"，其更多数情况下受到的喜爱源自"接地气"，尤其是通过诸种社会服务手段来实现让人们"明明白白生活"的解释功能，更成为九十年代的中国电视深入社会生活的重要机制。一个较有代表的革新在于电视新闻领域通过深化改革开启报道新局面。例如《新闻联播》《焦点时刻》《观察思考》《社会经纬》等栏目逐步增加群众关心的普遍存在的社会问题报道，"在整顿文化市场、选美、扫黄、缉私缉毒、反腐败等问题的报道中受到观众好评"[②]。以及在1994年开播的《焦点访谈》、1996年开播的《新闻调查》等新闻栏目呈现更多元的新闻视点、更深度的思考，在深化电视新闻舆论监督功能的同时亦令大众充分意识到看新闻的目的绝不仅仅是获取和跟进信息那么简单。有观众来信指出，《焦点访谈》和《东方时空》家喻户晓、深入人心，国内外热点报道时效性强、信息量大。譬如关贸问题、中美关系问题、中国香港问题的报道迅速及时，社会性问题的报道题材也抓得较好、有针对性，评论分析有深度、力度，提高了人们的认识。[③]

除此之外，电视民生节目的全面崛起，构成了九十年代末的中国电视为大众提供社会帮扶的典型代表。"以民众的工作生活常态为

[①] 常江：《中国电视史（1958—2008）》，北京大学出版社2018年版，第366页。
[②] 罗琴：《中央电视台概况》，载《中国广播电视年鉴》编辑委员会编《中国广播电视年鉴1994》，中国广播学院出版社1994年版，第79—81页。
[③] 中央电视台观众联系组：《中央电视台观众来信》，载《中国广播电视年鉴》编辑委员会编《中国广播电视年鉴1995》，中国广播学院出版社1995年版，第430—431页。

主要内容，采用平民化的语言和通俗化的风格，为民众排忧解难"①为旨归，这一阶段的电视民生节目体现民本意识，"采纳平民视角、反映平民意识、解决平民问题"②。代表性的节目如广东珠江频道的《630新闻》、北京电视台生活频道的《第7日》等。平民百姓成为新闻的真正主角，节目向基层进行观照的视角亦打破了传统电视新闻节目"对'上'负责、体现'上传下达'的表达形式、将现实神圣化和符号化进而疏离于'日常生活'"③的主导特征，进而实现了新闻视角的真正下沉。

四 召唤共同体的精神

时任中央电视台副台长的杨伟光，在1990年初对九十年代的中国电视进行展望时，明确提出电视在这一阶段步入成熟期的目标落脚点，在于"让电视在加强团结、稳定局势、提高信心、鼓舞士气等方面发挥出全面的积极作用"④。毫无疑问，九十年代的中国电视，凭借着其在突破个体所能感知的有限物理时空方面打开了新的局面，这不仅仅意味着电视能够为大众输出超越其个体经验的新鲜内容，更在其基于蒙太奇逻辑的时空关系重组中生成了特殊的情感价值和社会立意——相比其他的大众媒介形态，中国电视将亿万观众纳入一种"共享"的意义之中，以视听的力量全面召唤着中华民族的共同体精神：它是喉舌、是舆论、是阵地，潜移默化地影响以及塑造着这个国家的面貌和风向。

这种社会价值的立意跃升得以在九十年代落地生根的一个关键

---

① 马艺、张培：《电视民生新闻的话语建构——从话语理论出发看电视民生新闻的发展模式》，《中国广播电视学刊》2006年增刊。
② 周勇、何天平：《电视民生新闻的功能嬗变与发展契机》，《新闻与写作》2016年第8期。
③ 姜红：《"仪式"、"共同体"与"生活方式"的建构——另一种观念框架中的民生新闻》，《新闻与传播研究》2009年第3期。
④ 杨伟光：《九十年代的中国电视》，《视听界》1990年第1期。

前提，是明确贯彻在中国电视大众化之路当中的技术演进脉络。九十年代的电视技术创新结构性地对传统的无线传输方式构成冲击，以有线电视和卫星电视的全面推进为代表，这一阶段的中国电视业格局也随之产生深刻变化。一方面，有线电视的普及运用进一步改善了过去的无线电传播过程中时常发生的信号受干扰和图像被过度压缩的状况，对于扩大电视信号覆盖和提升电视收视品质有重要助益；另一方面，自1994年开始逐步落点试运行的卫星电视，也就是人们常说的电视"上星"，其不受线路、距离、地形限制的高效与精准的传播特点，构建出电视信号传输的稳定通路，真正解决了此前一直困扰电视业的信号问题。

技术的变革带来电视真正实现全国覆盖的物质基础，也使得与电视相关的技术基于其可供性（affordances）制造共同情感体验变成了一种可落地的现实逻辑。一个代表性的案例就是1990年北京亚运会的电视报道。据参与者回忆，当时的报道规划被要求对标1986年汉城亚运会达国际水平的电视转播规模，但囿于现实的技术条件要达成相应的水准需进行大幅拓升；最终克服困难超额完成任务，其中一个重要的指标体现在"国际公共信号达到了国际水平"[1]。在电视传播的全面助力下促成了堪称"中国之最""亚洲之最"的第十一届亚运会，相关统计显示，有94.3%的观众认为活动召开成功，85.9%的观众认为提振了民族精神，92.2%的观众为亚运会能在中国召开而倍感自豪。"此次电视报道是对全国人民都是东道主的最有效动员，也成为了一次最生动也历时较长的鲜活生动的爱国主义教育"[2]。值得一提的是，在亚运会召开前夕中国香港地区有少数人扬言要抵制亚运会，而颇为成功的亚运会在港澳台地区形成了较为热

---

[1] 杨伟光：《中国电视发展史上的里程碑——第十一届亚运会电视报道》，《中国广播电视学刊》1991年第3期。

[2] 杨伟光：《中国电视发展史上的丰碑——谈谈亚运电视报道》，载《中国广播电视年鉴》编辑委员会编《中国广播电视年鉴1991》，中国广播学院出版社1991年版，第46—54页。

烈的社会影响，也使得这些不稳定因素"不攻自破"。据资料显示，中国香港平日的晚间黄金时段看电视的观众规模约200万人，但在亚运会期间增长了50%；中国台湾有三家电视台对报道进行转播，打破了当时台湾当局对大陆新闻进行封锁的局面。可以说，在九十年代初的亚运会电视报道对于稳定社会局势、增强民众信心，起到了至关重要的作用。

大型媒介事件的电视实践，成为九十年代电视形塑社会共同体意识的关键线索。1997年的电视直播年缩影了这样的若干个全国人民"屏息以待"的瞩目时刻：4月中国与俄、哈、吉、塔签订边境裁军协议的直播，7月香港回归的直播，10月小浪底工程大坝合龙的直播，11月三峡大江截流的直播，等等，都是对此的有力回应。其中，香港回归的电视直播让每一个中国人感受到了参与社会历史书写的自豪感，有观众回忆观看现场直播并感慨道："随着中央电视台有关香港回归的前期节目和报道的推进，我跟其他所有观众一样以无比急切的心情期待政权交接的历史性时刻的到来，亲身目睹了这一历史事件的全过程，感到非常的扬眉吐气。"[1] 而在三峡大江截流的直播中，自上午八点到下午四点长达八个小时的进程共有九次现场直播阶段性推出。如表4.4所示平均约一小时一次的直播频率，观众几乎在每个关键节点皆被第一时间"带入"了现场，参与了从开展到收束的整个过程。同时，在这个过程里，观众不再是仅仅被告知，不再是历史事件的旁观者，而是亲眼见证历史，亲身体验彼时彼地的情境。这种感觉，是任何笔墨、任何个人化的经验都无法形容也无法超越的。[2]

这样的共情时刻，曾无数次地发生在中国电视的直播活动中。除了1997年颇为集中的大众体验，此后的阶段中也未曾缺席。例如，1998年元宵节当天，人们通过《中国报道》的电视直播第一时

---

[1] 肖晓冬：《让观众完整地见证历史——观香港回归电视现场直播有感》，《新闻界》1997年第8期。

[2] 周勇、刘平凡：《1997中国电视直播年》，《中国广播电视学刊》1997年第12期。

间看到了中国南极冰盖考察队员的工作现场。在一个特殊的节庆时间点上,观众有了更恰逢其时的情感共振,当时有观众用"咫尺天涯、日月同辉"来形容观看现场直播的感受。值得一提的是,这场直播是双向的,在南极的科考队员也同时在地球另一端的极地看到了身处演播厅里的亲人和专家:"感觉就完全不一样了。佳节思亲的亲人相见,有气氛、有情感;而在工作现场的博士生则得到了专家导师的同步指导,这种情景只有电视直播普及的今天才能够实现。"[1]

表4.4 三峡大坝截流央视特别报道直播时间编排

时间点	直播内容	直播时长
8:22	报道阵容呈现	10分钟
8:45	三峡大江截流合龙启动仪式	26分钟
9:56	截流施工1小时	11分钟
10:56	截流施工2小时	10分钟
11:49	指挥人员总结上午截流情况	4分钟
12:36	截流施工进度过半	15分钟
13:34	空中看截流	20分钟
14:36	合龙仪式即将开始	15分钟
14:58	三峡大江截流合龙仪式	60分钟

资料来源:周勇、刘平凡:《1997中国电视直播年》,《中国广播电视学刊》1997年第12期。

在很大程度上,看电视的日常生活实践不仅能创造个人经验,也极为深刻地丰富着群体的经验,而这种群体经验本身,又是高度情感化、社会化和共享化的。可以说,九十年代中国电视实现的更

---

[1] 张军:《从直播看电视的本性》,《中国广播电视学刊》1999年第12期。

进一步探索，在实质意义上达成了形塑主流价值观、感召共同体意识的社会立意旨归，这是相比八十年代电视而言更深层次的社会文化意涵体现，对于人们看电视这一生活方式的走向主流化有着举足轻重的影响。

第四节　电视市场化与国际化带来的影响

伴随 1992 年邓小平南方谈话以及社会主义市场经济体制的确立，中国电视业的发展发生了根本性的变革：市场和经济要素的深度介入全方位激活了中国电视市场，明确被定位于第三产业的广播电视，"事业单位企业管理"的转向带来经营层面的规模化增收，使得电视逐渐摆脱了对财政的完全依赖。① 更为重要的是，电视不断壮大和成熟的市场意味着电视内容的生产与传播也具备了更充分的市场意识，"是否好看"与"是否有影响力"的观众评价指标成为电视衡量市场竞争能力的一个隐性条件，当然这也直接关乎电视广告收入的规模状况。"观众意识"的养成亦令九十年代的中国电视真正意义上取得了国民性的媒介地位。另外，在九十年代风云变幻的国际格局中，电视作为一种全球性的文化软实力体现，也充当着国际话语竞争的一个重要角色。尤其在美苏两极格局打破之后，中国电视日趋成熟的外宣工作则成为反击"一些西方国家挖空心思捏造事实诋毁中国形象"② 的重要力量，"把中国的电视信号送到全球"③ 的愿景逐步体现出现实紧迫性。但同时，电视开放程度的放宽不仅

---

①　何天平、严晶晔：《媒介社会史视域下的中国电视 60 年》，《中州学刊》2019 年第 5 期。

②　张长明：《增强政治意识，搞好电视对外宣传》，《中国广播电视学刊》1996 年第 12 期。

③　杨伟光：《抓住机遇，积极开拓，加快中国电视覆盖全球的步伐》，《电视改革文集》，北京出版社 2007 年版，第 404 页。

仅作用在对外传播的意义之上，更多国际电视的文化也在这一过程中丰富、频繁地流向中国电视市场，中国观众也因此从一方电视荧屏中接触了更多外来文化，带来了新的社会文化现象，也造成了新的社会文化问题。

步入二十一世纪前的中国电视业，在市场化和国际化的全面推进下迎来前所未有的繁荣发展，其活跃度和社会影响力空前。其作为"主流媒介""第一媒介"的社会地位，也在这一阶段得以形塑完成。在更稳健、有力的政治话语指导下，中国电视伴随社会经济和社会文化的巨变形成新样貌，在文本、产业、机构和观众等维度上取得了长足的进步，尽管也有新的问题出现，但毫无疑问的是，中国电视的大众化面貌以及看电视作为一种主流生活方式的构建，已然成为九十年代电视文化的一个代表性成果。

一 "消费"创造的可能性及其反思

步入九十年代，中国社会在激荡中迎来全新发展。改革开放下的经济体制变革，以现代化建设为主导形态的社会发展，成为这一时期的关键词。伴随着大规模工业生产的蓬勃发展，"与大工业生产密切相关，并且以工业方式大批量生产、复制消费性文化商品"[①]的大众文化逐渐步入人们的视野。这不仅反映着文化层面的大众化思潮，也体现着平民化趋向下的意识形态争鸣。强烈的文化冲击使得原本掌握话语权的精英文化被挤至边缘位置，消费文化的全方位崛起在这一阶段中逐步生成了更为深邃的社会意涵。伴随而来的，是中国社会逐步实现了从"生产型社会"向"消费型社会"的转变，电视作为一种典型的消费文化、大众文化，也展现出前所未有的空前活力。九十年代中国电视的文化，"消费"是内在其中一以贯之的关键线索；围绕"消费"的社会文化意义生产，亦成为这一阶

[①] 戴锦华：《隐形书写：九十年代的中国文化研究》，江苏人民出版社1999年版，第31页。

段电视构建社会生活的主导性特征。

对电视的消费性的考察，其实就是对看电视作为一种日常生活实践形成的结构性变化的考察。相比八十年代选择有限但意图也更为纯粹的看电视的社会行为，九十年代的人们俨然从电视的观看中汲取到了更丰富、多元的内涵。当然，这种内涵本身并不尽然都是有益的，故而对电视消费性一体两面的审视，也是更准确把握这一阶段大众文化特征的线索所在。

观看电视的过程，在九十年代完成了从一种相对纯粹的文化实践转变为一种彰显个体意义的消费行为，大众消费意愿的增长促成了电视的价值增值。这首先体现在对电视时段资源的充分开发之上。九十年代以降，中国电视的开路频道不断增长，在满足观众更多元电视内容选择的同时，也逐步实现了"电视时间"对"钟表时间"的覆盖。尤其在九十年代中后期，有线电视、卫星传输、数字压缩传输技术等一系列电视技术的更新迭代，令电视频道实现数十倍乃至百倍的扩容增长，中国电视从栏目时代到频道时代的转向体现在两个方面的开拓：一是单频道播出时长增加，二是新频道增设开播。[1] 由此，出现更多时间线，并对播出时间进行积累，使得"电视时间"全面溢出了"钟表时间"。在这一过程中，电视业意识到对时段资源精耕细作的重要性，最直观的一个特点便是"黄金时段"概念的呼之欲出。越来越固定的收视行为，令不同时段的电视资源价值形成显著差异。基于更精准提升消费能力的市场意识驱动，电视播出机构结构化地参照观众对电视的日常接触特点反馈以及结合长期而来累积的播出经验，将电视的日常播出编排划分为早间、午间、下午、晚间和深夜等五个常规时段。其中，19：00到22：00的晚间时段因同步于大多数观众的日常休闲时间，故而主推大众化节目，并逐步促成了开机率高、到达率高、收视率高的"三高"黄金

---

[1] 周勇、倪乐融：《拐点与抉择：中国电视业发展的历史逻辑与现实进路》，《现代传播》2019年第9期。

时段。① 与之相对应的，黄金时段的价值又反过来通过电视广告的价值进一步得到确认。自1994年开始，中央电视台每年都会举办黄金资源广告招标会，实现对电视黄金时段的价值转化能力这一稀缺资源进行专门化的配置（如图4.1所示）。

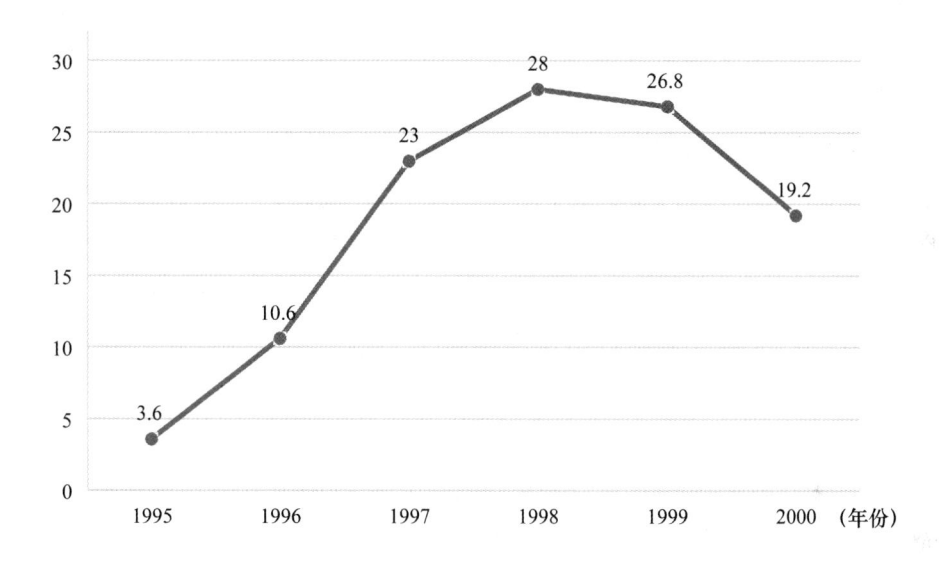

图4.1　1995—2000年中央电视台黄金时段广告资源招标预售总额（亿元）
资料来源：数据来自公开的新闻报道。

从图4.1中也可以看到，九十年代中央电视台黄金时段广告资源的价值并非表现出持续性的稳步增长。1999年和2000年的数据下跌侧面反映出当时的电视市场对广告这种业态的趋之若鹜有所降温。有声音指出九十年代后期的电视广告有虚浮、泡沫之状况，蓬勃生长的消费色彩让电视业为之疯狂，电视广告遭到了"过把瘾就死"②的批评，直到2000年后经过一段冷静过渡期后方恢复新的增长。

---

① 周勇、何天平、刘柏煊：《由"时间"向"空间"的转向：技术视野下中国电视传播逻辑的嬗变》，《国际新闻界》2016年第11期。

② 王青：《中央电视台1996年黄金段位广告招标纪实》，《世纪行》1996年第1期。

电视广告的规模化发展，在为电视台实现大幅创收的同时，也为大众的电视观看制造出了新的麻烦。这体现在大量电视广告的存在对电视节目内容播出造成的破坏，地方台因转播中央台和省级台电视节目而增强了观众对该时段的观看偏好，故而也反过来助长了蠢蠢欲动的地方电视台将这种时段资源的价值"占为己有"的意图。有不少观众都对当时的这种现象予以强烈的谴责：如安徽阜阳的观众指出当地的转播台和县级台时常中断中央台和省级台的节目以播放自制的广告；[1] 再如山东的观众对这一状况不明就里，进而转为对原播出的电视台进行批评，指出作为国家台或省级台在节目制作和播出中极为不负责任，内容编排杂乱无章，严重影响了观众的收看情绪。后来进一步掌握状况后则转而对地方台和转播台表达批驳，认为这种行为极大地损耗了电视平台的公信力和社会声誉，甚至当时有电视台明确通过公开的节目来加以回应，指出"电视台、转播台利用转播省台频道插播广告，是严重的侵权行为"。[2] 还有观众指出，一些地方电视台甚至在转播中央电视台新闻节目时也插播广告，严重破坏了电视新闻的独立性和社会信任。[3]

更进一步的，电视不断壮大的消费色彩也在不同维度上形成深刻的社会文化影响，有三个方面的变化值得关注。

其一，催生大众新的消费需求和消费行为。在九十年代初播出的电视剧《编辑部的故事》中，出现了中国影视界中最早的专门化的植入广告。[4] 剧中频频出现在《人间指南》编辑部的"百龙矿泉壶"，

---

[1] 参见《1992年听众观众来信汇编》，载《中国广播电视年鉴》编辑委员会编《中国广播电视年鉴1992—1993》，中国广播学院出版社1993年版，第459页。

[2] 参见《山东电视台》，载《中国广播电视年鉴》编辑委员会编《中国广播电视年鉴1994》，中国广播学院出版社1994年版，第459—460页。

[3] 中央电视台观众联系组：《中央电视台观众来信》，载《中国广播电视年鉴》编辑委员会编《中国广播电视年鉴1994》，中国广播学院出版社1994年版，第455—456页。

[4] 何天平：《影视植入广告泛滥背后的隐忧》，《光明日报》2017年7月12日第12版。

一度引发现实中产品热销断货的盛况。① 当时有观众在看到这部电视剧中出现的这款商品后，表达了对这一植入商品的强烈青睐："用这个壶能喝出健康、卫生和方便，还能喝出补充长脑子的微量元素来。"② 源于对电视的信任和关注度，一时间促成了"一壶难求"的消费热潮；该品牌的销量短时间内剧增，更是促成了一个全面崛起的新兴企业。电视为之创造了新的消费增长点，这在九十年代逐渐变成一种具有普遍性的现实。如在电视机的终端消费方面，人们对此的关注愈发热烈。伴随彩色电视的普及和人们消费水平的提升，对高质量彩电的追求成为当时社会阶段中人们进行生活用品消费的一个热门议题。《人民日报》还专门刊登了当时官方组织的对13种54厘米平面直角遥控彩电的比较试验结果以"便于消费者选购彩电"③。消费行为的蓬勃生长反向推动了电视终端技术在九十年代的快速演进，甚至在九十年代后期就已经出现了对"交互电视"这种新技术形态的电视终端的研发创新潮流④，足见大众的消费实践对电视产业的刺激作用。

其二，电视的消费性，让观众意识到自身对于电视内容具有充分的选择能动性。电视在媒介形态上的线性传播机制，使得"你播我看"的特点为大众养成了对电视的日常接触习惯。尤其是经由八十年代精英话语浸润并培育而来的电视文化特征，使得人们对电视"给予"的安排更多表现出接纳而非主动选择的"培养"效果。但随着九十年代消费文明对中国电视的全面影响，大众逐渐意识到对

---

① 何天平：《藏在中国电视剧里的40年》，浙江工商大学出版社2018年版，第28页。

② 潘小京：《由〈编辑部的故事〉想起"百龙矿泉壶"》，潘小京的博客，http://blog.sina.com.cn/s/blog_5fc9d63c01018e12.html。

③ 参见《中国消费者协会提供彩电比较试验结果》，《人民日报》1994年8月16日。

④ 代表性的讨论如刘敬东、张亚敏《"互动电视"的启示》，《电视研究》1998年第11期；黄刚、唐敏《交互电视市场分析》，《今日电子》1998年第6期；夏雨人《交互式数字机顶盒的设计》，《电子产品世界》1999年第12期；《交互电视大步朝前》，《每周电脑报》1999年第9期；等等。

电视进行消费的过程就是一种自主选择的意识彰显，观众的身份不仅仅体现在"观看"这个动作本身，而被赋予了定义电视的更多可能性：通过对电视的消费意愿和消费行为的表达，全面地影响电视的内容生产，如若干受访者所共同指出的："九十年代开始，电视逐渐体现出了让大家喜闻乐见的潜质，我们想看什么，电视就安排了什么，电视作为一种娱乐文化的作用越来越显著。"消费的意义不仅通过对转型中的社会施加"潜移默化"的作用以影响电视生产的编码机制，也因"消费将个体彰显成'个性化'的……人们便在寻找自我独特性的消费行为中相互区别"①，故而对个人解码电视文本的不同取向和路径予以了更充分的关注。当个人体验被赋予至高无上的地位，这也在客观上引发人们对世俗取向之下的市民文化采取更为鼓励和推崇的态度。

九十年代的电视业，曾对观众的观看偏向和观看满意度做过若干次调查，并据此形成反馈调整内容生产与编播的策略。例如，一项在1992年的全国电视观众抽样调查显示，不同特征的观众在选择电视节目的动机上有显著差异：年轻观众、文化程度较高的观众、城市观众大多表现出有目的、有更强选择意识的电视观看；中老年观众、文化程度较低的观众、农村观众则体现出一种无目标或弱目标的观看，当然，农村观众的这一收看特征也在一定程度上与农村地区的电视选择余地较小有关。②尤其是电视文化在九十年代步入全方位的通俗化转向后，观众意识的介入有效提升了人们"参与"电视生产逻辑组织的积极性，也随之带来更高的电视满意度。有调查对比了1992年与1987年五年前后的全国电视观众满意度，如表4.5所示。

从表中可见，观众电视满意度的大幅提升呈现显著趋势。尤其在社会帮扶、丰富娱乐等更贴近大众日常生活的实践方面，电视表

---

① ［法］让·鲍德里亚：《消费社会》，刘成富、全志钢译，南京大学出版社2001年版，第86—87页。
② 刘建鸣执笔：《1992年全国电视观众抽样调查分析》，《电视研究》1993年第6期、1994年第1期。

表 4.5　　1992 年与 1987 年基于全国电视观众抽样的电视满意度对比（%）

电视的作用	1992 年调查 满意和比较满意	1992 年调查 满意程度名次	1987 年调查 满意和比较满意	1987 年调查 满意程度名次	五年增长幅度
传达、解释党和国家的法令、法规、政策和方针	85	2	85	1	0
报道世界上发生的重大事件	89	1	81	2	+8
宣传社会公德及优秀的民族精神	83	4	74	3	+9
传播新思想、新观念、新文化、新的生活方式	79	7	68	6	+11
帮助人们了解经济信息、经济政策和市场信息	81	5	61	8	+20
指导人们用先进的手段从事生产活动和管理	68	9	54	10	+14
介绍国内外文化、体育、卫生等方面的动态和成就	79	8	65	7	+14
指导人们学习各种知识	80	6	73	4	+7
满足人民娱乐消遣的要求	83	3	71	5	+12
反映人民群众呼声	62	10	58	9	+4

资料来源：刘建鸣执笔：《1992 年全国电视观众抽样调查分析》，《电视研究》1993 年第 6 期、1994 年第 1 期。

现出强劲的整合作用。除此之外，观众对看电视的能动性发挥不止于荧屏内部，也作用在与"看电视"有关的配套建设上。相关数据显示，九十年代伴随电视普及而来的还有一系列可配合电视使用的娱乐设施，供以观众开展更丰富的"电视使用"。例如在配套设施中，游戏机和录像机的普及度最高，达到 29.1% 和 23.7% 的比例。卡拉 OK 机开始进入家庭，占比 6.8%。[1] 有观众表示"电视加麦克

---

[1] 人民日报群众工作部：《全国电视机市场问卷调查分析报告》，《人民日报》1993 年 11 月 23 日。

风的周末欢唱,成为九十年代中后期逐渐普及的全新家庭电视娱乐活动"。还有电脑学习机与电视机的关联使用,也呈现逐步壮大的规模。这从九十年代观众童年在电视机上玩"超级玛丽""飞机对战"等经典小游戏的集体记忆中可见一斑。

其三,对消费文化的推崇也进一步带来电视文化意义的弥散。电视消费性的壮大,透视着一体两面的社会影响:一方面呈现出上述激活电视市场和观众意识的诸种积极成果;另一方面也对电视文化的面貌和内涵形成冲击。这种解构性的力量甚至在某种程度上体现出不可逆的特征,这在二十一世纪后对电视的泛娱乐取向和文化价值消解颇为浓墨重彩的消费主义反思中可以管窥一二。

在中国独特的社会历史语境下,电视作为一种主流媒介始终印迹着颇为浓重的宣传和教化的工具属性。例如诸种电视文本中常常出现的典型人物塑造,往往会对传统的社会价值观念加以维护、巩固甚至于美化,但也因此而"缺乏对真实社会与时代冲突的客观表现"[1]。因而,过去较为主流的荧屏形象展示,常常反映出观众对电视文本相对单调、匮乏的接受状态。而在当前的消费文化语境中,市场经济的杠杆作用使电视的生产与传播深度依赖于消费者,大众通过对电视的消费以获得独特的审美感受和文化经验,电视本身也反馈出极强的消费色彩以供个性、多样的消费行为的开展,荧屏的缤纷多彩才由此得以变成现实。当然,这也随之带来新的问题:对观众口味的迎合,让这一阶段的电视文化全面走向平民化、通俗化和流行化的成色,电视的国民教育功能在很大程度上被置换成更丰富多元的娱乐文化选择,进而在一定程度上削弱了电视的文化属性和社会整合能力。因为主流观众对通俗流行电视文化的青睐,有的电视台甚至通宵播放受到多数观众喜爱的武打片和"肥皂剧",影响了人们日常的起居生活规律。[2] 还

---

[1] 曾耀农、丁红:《现代影视艺术》,清华大学出版社2009年版,第40页。
[2] 参见《1992年听众观众来信汇编》,载《中国广播电视年鉴》编辑委员会编《中国广播电视年鉴1992—1993》,中国广播学院出版社1993年版,第459页。

有观众在向中央电视台的来信中对此表达了严肃批评：

> 有的地方电视台不能完整转播中央电视台的节目却选择播出大量格调低、质量差的港台武打、言情录像带，造成了社会上很不好的影响，希望有关部门可以管一管，尽快制止这股风。①

电视春晚在九十年代中后期开始走向滑落，不再如过去般盛极一时，但同样体现着消费文化深度作用于电视业所带来的社会文化反思。尽管商业力量的介入让这一阶段的春晚呈现更鲜明的秩序感和专业化程度，但其也面临"越发不好看、不贴近老百姓"的观众批评。有观众指出："不知道（九十年代的）春晚到底是让人除夕看广告还是除夕看热闹，原本的那种简单朴素的年味都被各种各样的商业广告破坏掉了。"尽管春晚在二十一世纪后经过改造逐步摆脱市场因素过于浓重的干预，尝试重新回归作为重要年俗仪式的社会功能，但此前造成的社会期待耗损似乎已经构成一个不可逆的过程，"除夕看春晚"的仪式活动逐渐生成另一种意义上的社会关注度："吐槽"春晚，慢慢在二十一世纪以后变成人们对电视春晚进行关注的一种独特的社会文化景观。

二 在本土和外来之间

二十世纪九十年代的中国电视在实现初步国际化的过程中，也呈现出较之八十年代而言对于"开放"更包容的态度。

一方面是"送出去"。1992年中国首个国际卫星频道——中央电视台四套中文国际频道开播，率先实现对亚洲地区的播出覆盖，并进一步拓展到向西方国家进行信号传送，面向的主要是港澳台地区观众和海外华人观众；九套英语国际频道在1996年的开播则进一

---

① 中央电视台观众联系组：《中央电视台观众来信》，载《中国广播电视年鉴》编辑委员会编《中国广播电视年鉴1994》，中国广播学院出版社1994年版，第455—456页。

步打开局面,其面向国际社会的专门化的电视内容输出,助益于中国电视对外传播初步格局的构建。当然,九十年代的电视对外传播仍然是很有限的实践探索,有相当多的海外观众对以央视中文国际频道和英语国际频道为代表的海外落地频道表达其与现实生活节奏不相匹配的收视关系。例如有海外观众指出,"CCTV-4常会根据国内情况临时调整播出各新闻发布会直播,多数内容与我们海外华人华侨的关系不大,却占用了我们的晚间黄金时段。被冲掉的电视剧我们也没法重新看到,很难在频道里追完一整部剧","因为时差的缘故,电视剧重播的时间不是我们的半夜就是我们上午学习和工作的时间,根本不可能观看",等等。[①] 尽管如此,对于中国电视对外传播的推进,上述动作的意义依然体现重要性,至少完成了海外观众收看中国电视内容的从无到有。

另一方面则是"引进来"。中国电视的国际话语构建必然不仅仅是单向的输出,除了积极"走出去",国际电视内容向中国电视市场的引入也在这一阶段呈现出繁荣的景象,且出于国家对鼓励电视对外开放的积极诉求,行政力量对境外引进影视内容的规制在此阶段中也相对宽松,故而使得九十年代的中国电视观众在荧屏中接触到了大量的国际电视内容,甚至逐步促成了二十一世纪初如安徽卫视这样的凭借积极播出境外影视内容并由此跻身国内省级卫视第一梯队的积极效应。当然,九十年代的引进影视文化主要集中在中国大陆的周边地缘,例如港台、日韩电视文化等,影响力鼎盛。电视内容的流动让本土文化和外来文化之间实现更频繁的对话,而在这一过程中,人们开始重新思考需要怎样的电视文化。

非本土的电视内容播出受到国内观众的广泛追逐,这种现象主要集中在电视剧领域。九十年代中后期,日剧、韩剧之于中国观众日常的"追剧"文化构成了颇为深远的影响,甚至一度构筑为当时

---

① 参见中央电视台海外中心联络部《海外观众反映》,http://blog.cntv.cn/html。

的流行影视文化主调。代表性韩剧如《澡堂老板家的男人们》（1995）、《蓝色生死恋》（2000）等，"韩流"文化深入中国年轻观众，人们逐渐从中感受到了对日常生活进行想象性建构所生成的极致浪漫情感，"车祸、失忆、绝症"的"韩剧三宝"亦成为这一阶段人们对荧屏言情偶像剧的主要认识；代表性日剧如《迪迦·奥特曼》（1996）、《悠长假期》（1996）等，也一度在国内受到热捧，前者为无数青少年观众所喜爱，后者则对初入社会的成年观众产生强劲的吸引力，有观众提到，"有了恋爱经历再看《悠长假期》，特别的感同身受……当年这部剧在年轻人里的影响力，在一定程度上并不亚于《还珠格格》吧"①。与此同时，中国港台地区的流行电视剧，因为没有语言壁垒的存在则对更广泛的观众群体形成吸引力。香港电视广播有限公司（TVB）在九十年代推出的一系列中国武侠剧翻拍成为众多武侠剧中的经典，如《神雕侠侣》《射雕英雄传》《鹿鼎记》《天龙八部》等电视作品，至今仍然是令中国观众印象深刻的武侠剧代表，也让如古天乐、李若彤、张卫健等一批香港演员在内地拥有了相当的知名度乃至于形成偶像化的效应；中国台湾电视剧在内地取得的空前反响，则肇始于《流星花园》的热播和剧中主演F4偶像组合的走红，影响了至少两代人的中国偶像剧文化。

　　与充满吸引力的"外来电视物种"相比，本土的电视文化则在"被比较"的过程中陆续出现了诸种被诟病的声音。例如，面对蓬勃发展的电视剧文化，有观众则表示："大陆的电视剧就是那些家长里短、一地鸡毛，看久了有点腻；但韩剧、港剧之类的，节奏很紧凑、题材也很新颖，让人看得根本停不下来。"当然，人们对电视剧的评价只是一个引子，背后关涉的是中国电视文化在经过十多年的快速发展后面临的创新问题。例如有观众指出电视新闻"取得的成绩是显著的，但还是存在重播新闻太多、信息量有点少、国际新闻比较

---

① 参见《九十年代的日剧回忆》，和讯网，https：//m.hexun.com/news/2015-09-29/179560662.html。

有限等问题",不少农村观众则表示:"反映农村生活的节目总体非常少,没法满足农村地区观众的观看需求。"① 电视综艺方面的批评也不少,对于九十年代热播的《综艺大观》《正大综艺》两档节目,就有观众给央视来信批评道:

> 我们很喜欢看这两档栏目,但《综艺大观》不如以前那么吸引人,内容贫乏、格调不高、品味下滑;《正大综艺》则是内容陈旧呆板,缺乏新鲜感……希望能集中优势每周办出一台高质量的周末综艺节目,丰富我们的周末文化生活。②

实质上,伴随人们可选择的电视内容越来越丰富,更有外来的流行电视文化不断涌入,大众对于中国电视内容的挑剔度势必变得越来越高。到了九十年代中后期,电视早已不再是推出什么内容即能得到百姓喜爱的发展阶段,愈发强劲的竞争格局让电视内容呈现优胜劣汰的高速流动性,而观众也在颇为熟稔的"看电视"习惯中进一步思索自身所需要的电视文化,电视业在市场化和国际化进程中的步伐客观上也激活了电视的日常文化之于大众更密切的互动。

三 未尽的主流化之路

尽管中国电视在二十世纪九十年代已经全面解决了"从无到有"的状况,但拥有高质量的电视观看(无论在终端还是内容意义上)对于总体的中国社会而言还并非是完全的普遍状况,甚至存在着显著的不均衡现象。看电视作为一种生活方式的主流化,其更准确的定位在

---

① 中央电视台观众联系组:《中央电视台观众来信》,载《中国广播电视年鉴》编辑委员会编《中国广播电视年鉴1994》,中国广播学院出版社1994年版,第455—456页。
② 中央电视台观众联系组:《中央电视台观众来信》,载《中国广播电视年鉴》编辑委员会编《中国广播电视年鉴1995》,中国广播学院出版社1995年版,第430—431页。

于实现了对城镇成年观众媒介习惯的全面培养,而在青少年、农村地区的电视接触方面,看电视的日常生活实践仍然有相当大的成长空间。

在青少年与电视的方面,据1994年的一则基于儿童与电子媒介的调查,儿童在所有媒介中对电视的接触率最高,且这种频率仅次于阅读书籍。但电视提供的主体内容仍然是成人节目,对于儿童来说因为缺乏必要、完整的知识背景,有极大的可能会造成内容意义的曲解。调查结果也表明,电视提供的大量刺激性娱乐内容在一定程度上相悖于媒介所提供的道德观念以及社会所要求青少年学习的观念和行为。[①] 换言之,当大多数成年人在电视荧屏中精准地找到适合自己也匹配自身文化审美水平的观看对象时,中国的青少年观众在实质上并没能获取到具有独立性且成规模、有体系的专门的少儿电视内容。这一方面源于制度上我国电视在八九十年代没有体系化的针对低龄观众的电视内容生产要求,"年龄"这个变量尚未被结构性地纳入电视生产规范之中。而西方国家有如美国在1996年便参照已有的电影分级制度制定并推出电视分级系统(TV Parental Guidelines System),主要分为TV – G(suitable for all audiences,适合所有年龄观看)、TV – PG(parental guidance suggested,需在父母指导下观看)、TV – 14(parental guidance suggested for children under 14,14岁以下儿童需在父母指导下观看)、TV – M[②](suitable for mature audiences,17岁以上成年人观看)四级,成为至今最为详尽明晰的电视分级系统。另一方面,消费主义的勃兴壮大也使得中国电视生产机构多以具有消费能力的成年人作为内容生产面向上不言自明的对象,故而专门供以青少年进行观看的内容生产规模相对有限。与之相对应的,这样的状况其实也部分存在于老年观众的电视使用之上。然而,老年受众群体虽也面临乏于匹配自身专门需求的充足内容,

---

[①] 卜卫:《关于我国城市儿童媒介接触与道德发展的研究报告》,《新闻与传播研究》1994年第3期。

[②] 在1998年10月以后调整为TV – MA的表述。

但其在群体特征上并不像青少年受众那般具有电视内容题材、表达形式和价值观等方面的太多选择约束，反而在访谈中有不少"50代"观众表示："电视让人变得更年轻了，因为通过电视了解到了更多年轻人喜爱的东西，也对我们对这些年轻人的文化有了更多接触，甚至是喜爱。"湖南卫视打造的综艺节目《快乐大本营》，其核心目标受众为青少年观众群体，但相关受众调查显示，中老年观众在节目的整体观众占比中有相当的规模，对于收看《快乐大本营》的意愿也颇为高涨，并且乐于与家庭中的青少年观众共同观看、讨论。由此可见，电视在部分意义上增进了代际受众的沟通与对话。

在农村与电视的方面，据1992年的一项全国电视观众抽样调查，农村电视观众规模为5.44亿人，且农村观众基数自八十年代以来已经实现了大幅增长；对于在家里看电视的习惯，农村观众虽不及城镇观众数据可观，但也有83.9%的占比。[①] 这其中还有部分原因是农村社会有"走门串户"的风俗传统使然。可以看到，九十年代的乡村电视在整体走势上有乐观表现，但具体而言仍有很大差距，主要着眼在如下两个方面。

第一，农村观众收看电视的整体质量不高。九十年代是彩电全面普及的阶段，但这种普及状况存在着城乡的巨大分野。如表4.6所示，到1999年，城镇观众平均每百户彩电拥有量已达111.57台，这意味着已有不少城镇家庭一户拥有不止一台彩电，拥有高质量的观看体验已是普遍现实。相比之下，仅有超过三成的农村家庭拥有彩色电视，观看黑白电视依然是九十年代末的中国农村社会存在的多数状况。

中央在1998年正式启动广播电视"村村通"工程，旨在通过行政力量的介入解决广大农民群众听广播难、看电视难的状况，目标

[①] 刘建鸣：《1992年全国电视观众抽样调查分析》，载《中国广播电视年鉴》编辑委员会编《中国广播电视年鉴1994》，中国广播学院出版社1994年版，第429—433页。

是到 2010 年全面实现 20 户以上已通电的行政村全部接入广播电视。这意味着以广播电视为代表的乡村社会文化建设被提上国家规划的议程,"看电视"的普及俨然成为乡村社会现代化建设的重要组成,并通过这样的方式尽快缩小城乡差距。除此之外,信号覆盖的问题依然是中国农村地区收看电视面临的难题。尽管在九十年代中后期卫星信号传输已经作为一种主要的电视信号传输手段,但农村地区的收视屏障并不是电视信号"上星"能尽然解决的,新的信号传输技术的使用甚至造成了"过去采取补点建立乡镇级小差转台的办法无法适应包括无线电视、卫星电视的发展和县郊经济建设的需要"[1]的局面,又需要推翻重新布局信号传输与落地的工程,这也直接影响了农村家庭可接触到的电视内容十分有限。

表4.6　1985—1999 年城乡居民家庭平均每百户彩色电视机拥有量(台)

	1985 年	1990 年	1995 年	1998 年	1999 年
城镇	17.21	59.04	89.79	105.43	111.57
农村	0.80	4.72	16.92	32.59	38.24

资料来源:国家统计局:《中国统计年鉴(2000 年)》,国家统计局官方网站,http://www.stats.gov.cn/tjsj/ndsj/zgnj/mulu.html。

第二,对农村观众收看电视需求的满足有限。一方面是源于信号覆盖的局限,使得农村可接收到的电视频道数量较少。相关数据显示,到二十一世纪初我国农村平均可接收的电视频道东部为 9.42 个、中部为 7.25 个、西部为 8.76 个,农村收看的电视频道绝大多数是地方台。[2] 值得指出的是,九十年代的中国农村即便拥有电视接收机但

---

[1]　南京市广播电视局:《农村广播电视现状及发展趋势的调查与思考》,载《中国广播电视年鉴》编辑委员会编《中国广播电视年鉴 1992—1993》,中国广播学院出版社 1993 年版,第 438—439 页。

[2]　刘玉花:《大众传媒与农村发展良性循环的理论决策探索》,吉林大学硕士学位论文,2004 年。

也因为接收条件的掣肘而比城镇家庭少看到至少一半的电视节目内容。① 更不乐观的状况是，这其中专门面向农村观众的电视频道或者专门针对农村观众打造的电视节目少之又少，仅有中央电视台的《金土地》《致富经》等少量节目。在2000年前后的一项针对江西农村地区的电视观众调查显示，当地的农村观众对电视媒体的内容设置、栏目设置、表现形式的不满意程度分别是44%、52%、45.33%，近85%的被调查者认为有很大的必要加强面向农村的电视传播。② 与之相对的，是农村观众相比城镇观众更高的收看电视的意愿，尤其是电视剧、电视综艺、电视新闻等主流的电视节目形态。有农村观众表示，每晚在看完《新闻联播》后都要再追看一两集电视剧或者一两档综艺节目，这已经成为日常生活的一种固定配置。然而，农村观众也非常清晰地意识到电视所生产的相当比重的流行文化是面向都市观众的，故而这也变成他们想象性地构建自身都市身份权力的一种方式，这在城市化、都市化进程加速的九十年代变成一种热门话语。消费主义在其中扮演了一个重要的助推角色，"农村观众在消费上赶时髦的程度完全不亚于都市甚至超过都市，原因是消费主义的文化对于缺少'文化'的农民而言是一种更大的'政治正确'"。直接造成的结果是，电视匹配农村观众的需求有限，但消费主义先于此在农村扎稳了脚跟并在一定程度上构成对农村社会文化面貌的改造。如时任山东淄博市文联副主席（现为中国作协党组书记、副主席、书记处书记）的张宏森在当时对主流电视文化的批评："生活在底层的八亿农民唯一依靠的娱乐可能就是一台电视机，而电视机带来的繁华和花哨却让他们一脸茫然，一片荒芜。"③ 中国农村社会在九十年代的日常电视使用，依然是困难重重、问题重重。

---

① 孙秋云等著：《电视传播与乡村村民日常生活方式的变革》，人民出版社2014年版，第11页。

② 刘仁圣、叶伏华：《江西农村三地传播状况的调查》，《中国广播电视学刊》2001年第10期。

③ 张宏森：《中国电视剧给我们带来了什么》，《新华文摘》1995年第10期。

第 五 章

焦虑初现的电视生活（2000—2008）

谁能想到，电视在2005年的夏天让全国人为之疯狂，一个名叫"李宇春"的年轻人，颠覆了人们对偶像和女性之美的认识，中国观众一起将她送上了美国《时代》杂志的封面，而方式却是数以百万计的短信投票——352万条短信，成就了二十一世纪中国电视的一个奇迹时刻。

当人们还在津津乐道于"千年虫"[①]和"世界末日"是否如约而至时，新世纪的钟声敲响，千禧年的到来为中国人迎来了万象更新的全新社会阶段。2000年到2001年，中国迎来社会生育高潮，无数"千禧宝宝"也就是"00代"降生，伴随2018年第一批"千禧宝宝"的长大成人，这一代的父母目睹着子女们所面临的无比激烈的高考竞争感慨道："当年所有人为了追赶新时代的热情，都化作了他们（00代）成长路上数不胜数的竞争。""00代"的出现，印迹着其有别于"80代""90代"的群体特征，这在日常生活中最广泛也最普及的媒介接触方面有显著体现，媒介化生存的特征在

[①] 千年虫问题，意指以计算机为代表的智能系统，由于此前的年份运算只使用两位的十进制数表示，故而当系统进行（或涉及）跨世纪的日期处理运算时，便会出现错误结果，进而引发系统功能紊乱甚至崩溃。

二十一世纪初便逐渐生成了全新的社会意涵。

一方面，中国电视全面确立起了较为成熟和完整的商业电视体系，而国人的电视使用也实现了向日常生活习惯的全面渗透，"看电视"甚至在很大程度上反向构造并影响着人们的生活安排，这从进入新千年后全国电视普遍采取的晚间收视时段顺延策略中可见一斑。据官方资料，自2005年开始上海地区加强了22:00之后海外热播剧、偶像剧的引进以及其他重点栏目、节目的编排，并取得较好的收视反响。[1] 晚间收视习惯顺延这一编排策略，很快在全国电视业中得到推广。相关数据显示，深夜时段的价值在二十一世纪的第一个十年实现全面突破，甚至一度成为仅次于周末档的次黄金时段。与此同时，伴随中国社会在二十一世纪提速的国际化进程，中国电视也逐渐表现出了颇为强劲的"大国意识"，电视的文化在这一阶段浸润在了更宽阔的社会视野和更强烈的社会期待之中。2001年的两桩大事件——北京申奥成功和中国加入世界贸易组织（WTO）的电视直播，足以体现中国电视之于刚刚到来的二十一世纪的空前感召力以及其对国家共同体意识建构的深刻作用。国人通过电视共享了这一份进入二十一世纪的"中华民族伟大复兴"的集体情感，这份民族自豪感在2008年北京奥运会的开幕式中达到高潮。有学者用"点燃大国之梦"[2] 来描述这一阶段中国电视之于社会文化的建构性影响，这源于电视在新千年后实现几乎无差别普及的物质基础积累的全面释放。也是在这一阶段中，中国电视作为"第一媒介"的社会地位得到了官方和民间的全面确认：不仅在国家的宣传和舆论引导工作中扮演着不可或缺的关键角色，也在电视集团化、市场化的深化改革中成为具有巨大经济效益的第三产业，更在绝对的观众规模优势中占据着影响乃至于改造中国社会公共文化的关键地位，"看电

---

[1] 郑晓峰：《2005年上海收视市场回顾》，载《中国广播电视年鉴》编辑委员会编《中国广播电视年鉴2006》，中国广播学院出版社2006年版，第274—275页。

[2] 常江：《中国电视史（1958—2008）》，北京大学出版社2018年版，第380页。

视"俨然不仅仅意味着一种家庭娱乐消遣的所在,也成为凝聚国人情感、召唤国人共同体意识的重要载体。

另一方面,影响中国电视社会地位的新兴媒介力量——互联网,也伴随二十一世纪的到来逐步崛起,潜在地成为重塑人们日常生活方式的全新力量。在中国电视迎来发展高峰期的同时,2000年也被视作是互联网开始挺进中国社会主流的"中国互联网年"[①],这种潜伏的危机也正逐步积蓄力量等待变革的到来:互联网技术以超乎想象的速度实现着迭代与创新,人们在超链接的思维中感受到的全方位的参与感和民主意识,促使互联网形成了对大众的空前吸引力;从ICQ到OICQ[②]的中国互联网文化初步构建,一开始便达成900万注册用户的迅速积累[③],人们甚至在还没有准确认识互联网这种全新媒介之时就以强势的卷入姿态创造出了深刻的社会文化影响。若干年之后,中国互联网以中国电视发展的三分之一的速度完成了全面性的社会普及,这在二十一世纪的起始阶段中或许是中国电视和中国人所完全无法预料的。而在有迹可循的诸种变化中,围绕电视组织的看似牢固的社会生活也面对着当时还不甚明朗的危机,矛盾初现的日常生活方式也逐步在"00代"的成长过程中显露出来,电视生活不可避免地面对着日渐增长的焦虑。

第一节　守着电视的难忘时刻

二十一世纪的第一个十年,对于中国人来说,有数不胜数的共

---

① 方兴东:《中国互联网在退却中崛起》,新华网,http://arts.51job.com/arts/03/14173.html。

② ICQ是诞生在二十世纪九十年代末的一款国际即时通信软件,而腾讯通过效仿这款全新的互联网社交产品成功推出了OICQ,也即后来更名的腾讯QQ,成为新世纪最有代表性也最具用户规模基础的一款互联网产品。

③ 人生三毒:《追忆2000年的互联网:今天就是明天的历史》,新浪专栏·创事记,https://tech.sina.com.cn/zl/post/detail/i/2014-04-24/pid_8448819.htm。

同记忆是电视带来的。有如戴扬（Daniel Dayan）和卡茨（Elihu Katz）所描述的"带光环的电视"，或许就是这一阶段的中国电视被赋予的重要注脚。无论是越来越常态化的电视直播，让媒介事件的加冕为大众能够真正同时所共享；或是社会重大突发事件当中电视的第一时间介入，那些大众无法轻易抵达的现场或者亟待确认的信息，一方荧屏里都给出了充分、及时而准确的信息；再或者是电视制造的无数"狂欢"，无论是在何种社会意义层面上的，都逐渐在若干年后蜕变成了足以被社会历史来缅怀和重述的重要集体记忆。有受访者表示："那些'守着电视'的难忘时刻里，既构成了我，也构成了我们。"而也是在这一过程里，电视自诞生之日起就印迹着的大众化底色和仪式性价值，得到了中国社会自下而上的共同确认：联结大众、凝聚情感，给予人们无差别的文化接触，是看电视这种日常实践赋予社会生活最基本也最普遍的意义。

一 "超女"现象和"想唱就唱"的草根力量

2005年的夏天，属于电视，也属于在电视机前度过每个周五夜晚的中国观众。湖南卫视播出的电视选秀节目《超级女声》，一场将从海选到总冠军决选的全过程尽然呈现在电视荧屏前的女性歌手选拔大赛，前后经历了长达六个月的时间，暑期的决赛阶段直播更是受到空前关注。在这场来自大众又被大众所选择的前所未有的电视音乐赛事中，无论是站到舞台上的万千喜爱唱歌的普通少女中的代表，或者是坐在电视机前被牵动着以及紧握手机和"小灵通"为支持选手投票的普通观众，都深深卷入这样一场电视狂欢之中。

这一年，李宇春以极高的人气和极高的争议成为年度话题人物，"中性之美"因此变成当时的社会文化议题里最炙手可热的一个。亚军周笔畅、季军张靓颖，也一并带火了黑框眼镜和"海豚音"。报刊亭里卖得最好的是"超女"系列周边：海报、笔记本、贴纸……大街小巷随处可见。"玉米""笔亲""凉粉"（分别是李宇春、周笔畅、张靓颖的粉丝群体昵称）以势不可挡的力量描摹着中国偶像文化的高光时刻。当时家中的长辈时常望着电视里为之疯狂的粉丝群体感慨:"不好好读书,就知道追星!"不止是年轻观众,不同代际、不同地域的观众都以自己的方式卷入了这个社会文化事件中。每个周五的夜晚,是一家人共同关注谁被淘汰、谁被晋级的固定的家庭娱乐时刻。在今天的社交网络上,依然留下了数不胜数的对这一电视现象进行热议的观点:

> "超女"的热播,是继《还珠格格》之后又一个获得空前关注的社会现象,甚至是海峡两岸都关注着,那个火,几乎是一个电视时代的传奇。

> 那一年还不兴"水军"①,粉丝们都是实打实地出门拉票。所谓"全民狂欢",2005年的夏天要是茶余饭后不聊聊"超女"那几乎都没法聊天。

> 如今的选秀节目几乎只有年轻人看,但当年的"超女",几乎红到了一家老小都在追,无论骂声或者赞美声,人们都在热切关注着。

> (《超级女声》)收视超春晚了。我们公司靠给"超女"做短信票数,后来在纳斯达克上市了。

> 那年我15岁,我爸妈我奶分别喜欢张靓颖、周笔畅、李宇春,在家里闹得不可开交。我偷偷拿爸爸的手机给支持的选手投票,结果被爸爸扣了一个月零花钱。②

---

① "水军"是指在网络中针对特定内容发布特定信息的、被雇用的网络写手。他们通过伪装成普通网民或消费者,通过发布、回复和传播博文等对正常用户产生影响。
② 以上参见知乎平台"如何看待2005年《超级女声》?"的问题回答。

一档电视节目变成一种社会现象，2005年的《超级女声》俨然成为中国电视史上具有里程碑意义的事件。自2005年3月5日长沙唱区报名开启，到8月26日五个唱区的全国总决选结束，节目在六个月的播出周期内引发持续关注。相关数据显示，2005年《超级女声》总报名人数约15万人，全国观众通过短信总计投出1800万票支持喜爱的选手，节目覆盖的观众规模达3亿人次。而在总决赛期间，节目进入直播阶段后七场直播平均收视率达6.28%，"冠军夜"收视率达11.75%，累计观众到达率为41.87%。[1] 值得注意的是，观众在直播期间的准点守候观念体现规模性的特征，虽然当时的电视开机率普遍在23：30后大幅下降，但《超级女声》播出期间的午夜开机率几乎不受影响。以"冠军夜"直播为例，有统计表明，如武汉地区收视份额有36%，节目高潮部分更是高达65%。除此之外，在长沙、成都、重庆、杭州、西安等地区，平均收视份额均突破20%。而这样的收视热潮，几乎只在巅峰阶段的央视春晚和《新闻联播》出现过。就连湖南卫视跟踪报道节目动态的周边节目如《播报多看点》《娱乐无极限》《音乐不断》等也实现了收视规模的显著提升。而在"超女"之后，全国范围内引发的电视选秀节目热潮此起彼伏。以上海地区为例，2005年《超级女声》在上海地区创造了外地卫视节目在本地的最高收视，东方卫视也随之打造了《莱卡我型我秀》《加油！好男儿》等同品类节目，引发全国性的影响；中央电视台推出的《梦想中国》也在上海地区取得了居高不下的关注度。[2] 这股电视流行风潮持续延伸到2008年，全国电视频道合计推出了十余档选秀节目，但到2009年仅剩下《快乐女声》（《超级女声》更名后的节目）依然活跃在这一节目类型中，足见该节目品牌的生命力。

---

[1] 王旭波、周海：《〈超级女声〉的收视率分析》，载《中国广播电视年鉴》编辑委员会编《中国广播电视年鉴2006》，中国广播学院出版社2006年版，第275—276页。

[2] 郑晓峰：《2005年上海收视市场回顾》，载《中国广播电视年鉴》编辑委员会编《中国广播电视年鉴2006》，中国广播学院出版社2006年版，第274—275页。

当时的观众笑称《超级女声》"说穿了就是一场群众卡拉 OK 赛",但这种充分激活草根力量、让普通人全面步入电视荧屏的构造力量无疑对"每个怀揣明星梦的少女有着致命的诱惑力",海选模式+大众票选的机制,充分体现出电视娱乐节目在这一阶段释放出的民主化潜质,"海选模式淡化了明星意味,观众票选淡化了专家色彩,但同时也强化了更鲜明的草根精神和民主意识"[1]。围绕"想唱就唱"的青春宣言,没有外形、唱法、年龄的门槛设限,让普通的年轻人觅得了"一夜成名"的浪漫想象。有许多当时参加海选的女生表达了自身的参赛目的,如:"得知有'超女'我做梦都要笑醒了,虽然不一定能选上但我也想去挑战自己""就是为了出名变成 super star,丑小鸭变白天鹅可能就是一瞬间"等。有报道显示,前来参加海选的女生中大、中学学生占比超过80%,其中不乏有大量抱着复习资料的高三生、逃课的学生、未成年人,这被视作"超女"对青少年的负面影响[2]。

居于风口浪尖的"超女"在制造社会现象的同时,也面对着万千的质疑和批评声。作为娱乐文化的一次全民胜利,它显然挑战着无数中国观众长久以来养成的对于流行文化和大众文化的认知。有人指出"超女"开掘出了"审丑"效应,满足人们喜欢看别人出洋相的心理以娱乐大众[3],因为选手没有门槛故而呈现到荧屏上的状况不一,"以美学的彻底沦丧为标志,'超女'为中国知识界的最后一批自甘堕落者提供了一种醉生梦死的集体堕落,沦为时代的'超级笑话'"[4]。也有人对参与比赛和追星的年轻人表达担忧,认为这种全新的偶像文化正在蚕食当代青年文化的精神内核。但无论是褒奖亦或反思,"超女"现象在二十一世纪所铸就的"现象级"传播度

---

[1] 卫明、陆吉连:《试析〈超级女声〉的大众化效应》,《视听纵横》2005 年第 6 期。
[2] 向荣高:《"超级女声现象"透视》,《青年研究》2005 年第 10 期。
[3] 柴志芳:《〈超级女声〉走红的传播学思考》,《新闻界》2005 年第 5 期。
[4] 江小鱼:《超级女声:时代的超级笑话》,《中国报道》2005 年第 12 期。

都是毋庸置疑的，而同时兼容着荣光与质疑的中国综艺节目市场，也由此开启了定义大众娱乐生活的全新局面。

二 当电视面对"灾难"

2008年5月12日，四川汶川发生8.0级地震，突如其来的灾难让中国人措手不及。彼时的新媒体还没有如今日般影响广泛，一线灾难报道的实时输入通道仍以电视为主力，刚刚成立五年的央视新闻频道，对汶川地震紧急应变采取的常态化直播"成了一座名副其实的里程碑"[①]；前方投入累计334人次、持续32天直播报道、打通版面运行架构……电视介入社会公共事务的能力强劲，这场媒介事件的意义非凡。

在14：28地震发生后的半小时，中央电视台发布了第一条关于汶川地震的口播新闻；16：40，央视记者随时任国务院总理温家宝通过专机奔赴灾区进行同步报道；22：00，央视抗震救灾特别报道在央视综合频道和新闻频道并机直播。而身处当地的四川卫视及本地频道，面对余震频发的极端情况依然及时跟进灾区情况并及时推出相应的新闻报道专题。当电视面对"灾难"，倾向于"参与之事"而不仅是"观看之物"的直播报道价值进一步凸显，"以电视为媒介所凝结起来的万众一心的抗震救灾局面，实现了对度过突发灾难的充分保障"[②]。而在汶川地震期间电视所扮演的重要角色，无疑体现着其之于普罗大众的感召力和公信力，同时亦令人们意识到"关键时刻看电视"的重要性。相关数据显示，在汶川地震发生后，电视观众收看规模逐日攀升，最多的一天比平时增加超过600万人。央视新闻频道从平时的日均1300万观众规模增长到2100万人次左右，四川卫视从800万人次的日均规模提升到2000万人次左右，通过电视了解灾情、

[①] 梁晓涛：《震撼：媒体回想5·12汶川大地震备忘》，中国民主法制出版社2008年版，第XVI—XVII页。

[②] 赵敏：《现场救灾与"电视救灾"的互动机制——汶川大地震中的电视互动研究》，《大众文艺（理论版）》2008年第10期。

跟进救灾，成为大众最为主流的一种形式。[①] 同时，电视观众对地震信息的关注呈现全天候的特征，零时差、零距离的电视跟踪报道以及特殊编排、非常规播出的调整，使得大众从电视中更为准确、及时、全面地把握了相关灾难信息。更重要的是，灾难报道的电视传播充分体现了"以人性、人生、人格为本位的媒介价值取向，彰显出电视媒体和电视人对真、善、美的追求和感召力"[②]。

在汶川地震报道期间，中央电视台每天都能收到大量观众来电、来信，不仅有国内观众，各国际频道的抗震救灾报道也收到来自美国、加拿大、法国、西班牙、日本等其他国家的观众的关注与反馈。据央视总编室观众联系处统计，这些观众反馈主要集中在以下方面：感谢国家在大灾面前的负责表现，为国人的民族凝聚力备感自豪；表达对参与救援人员的致敬；感谢中央电视台报道人员夜以继日的报道；提供救灾建议；想要通过电视台联系灾区人员；询问如何捐助、收养地震孤儿；感谢提供灾区现场的图像资料；等等。[③] 央视及时推出的《爱的奉献》大型募捐活动也引起观众的强烈反响，观众普遍认为晚会给人以团结、凝聚的力量，令人动容。甚至在节目播出后，还有很多观众来电询问重播时间。

这样的状况在2008年并非孤例。在当年的1月，极端天气造成冰冻灾害，以央视为代表的电视媒体也在灾难报道中体现出充分的人本意识，为大众所信任。从1月24日起，央视新闻频道、综合频道推出"迎战暴风雪"系列新闻及直播特别节目，《同一首歌》在2月举办抗击雪灾大型义演，"一方有难、八方支援"的中华民族传统

[①] 丰云兵：《汶川大地震期间电视观众收视行为分析》，载《中国广播电视年鉴》编辑委员会编《中国广播电视年鉴2009》，中国广播学院出版社2009年版，第241—242页。

[②] 陈亚丽：《试论电视人的社会责任感——写在汶川地震一周年》，《新闻窗》2009年第3期。

[③] 中央电视台总编室观众联系处：《中央电视台观众反馈信息综述》，载《中国广播电视年鉴》编辑委员会编《中国广播电视年鉴2009》，中国广播学院出版社2009年版，第239—241页。

美德在电视的凝聚下得到了充分贯彻。除此之外，此前2003年的"非典"报道也成为电视成功克服"遭遇战"的一个代表性样本。在这类关乎全民健康安危的突发疾病面前，电视发挥了强劲的社会整合能力，以现场直播的方式和最快的速度全面掌握了疫情的变化。[①] 观众反馈，"非典"期间以央视的规模传播为代表发挥了传播科学知识、稳定民心的重要作用：新闻频道开展特别报道，四套相关报道见深度，二套《经济半小时》和《中国财经报道》从经济角度对疫情展开剖析，《健康之路》《为您服务》开展日常生活的防疫指导，《艺术人生》缓解大众紧张情绪，《大风车》给予青少年儿童保健知识。[②] 成体系、有结构地对灾情疫情进行报道，全面联动电视各版面的优势，电视在"灾难"面前的经验积累和动员能力，对于百姓而言具有观照日常生活的深远意义。

三　从申奥到办奥：电视狂欢和共同体意识的凝聚

中国与奥运会的结缘由来已久。早在1991年，北京奥申委就赴瑞士向国际奥委会提交申办2000年奥运会的申请，但在1993年的国际奥委会第101次全会上，北京以2票之差不及悉尼，未能获得奥运会主办权。但这一次申奥并非毫无意义，中央电视台和北京电视台的跟进报道，为世界了解中国申办奥运的意愿和底气都有了进一步的认识。

就在悉尼奥运会举办后的次年，中国的奥运梦想最终瓜熟蒂落。2001年7月，时任国际奥委会主席萨马兰奇庄严宣布："2008年奥运会主办——中国北京。"电视记录下了这个历史时刻，既是中国难忘的奥运之路的重要见证，也是中国人为之振奋骄傲的重要出口。申奥成功的消息经过同一时间的电视实况转播为全国观众所

---

① 韩彪：《抗击非典直播：一场新闻报道的遭遇战》，《新闻实践》2003年第6期。
② 王超、张传玲：《2003年中央电视台观众反馈信息综述》，载《中国广播电视年鉴》编辑委员会编《中国广播电视年鉴2004》，中国广播学院出版社2004年版，第266—271页。

知晓，无论身处何地、与谁相伴，这一刻的中国人无不在电视机前分享着同一份喜悦和自豪，人们纷纷振臂高呼或者涌上街头进行欢庆。这一事件昭示着中华民族在沉寂一个多世纪后再度屹立世界强国之林。《人民日报》在当时报道有近40万人自发来到天安门广场和世纪坛，欢呼："今夜属于北京，今夜属于中国！"[①] 万众屏息以待的重要时刻，电视凝聚起了中国辽阔版图上所有人的共同体意识，中国电视对这个重要历史时刻的参与无疑成为可以载入史册的标志性事件。

而就在七年后的2008年，北京奥运会正式召开之际，电视的这种调度全民积极性和凝聚共同体意识的能量更是抵达高潮。2008年8月8日，北京奥运会开幕式的电视全球直播获得空前关注，吸引了全球40亿人的目光。据相关统计，北京奥运会开幕式直播，在中国的收视份额达83.62%，超过历年电视春晚的最高点；在德国、法国、日本、韩国的收视率均达黄金时段峰值；在日韩两国，收视率刷新了九十年代以来所有奥运会开幕式的新纪录；在美国也创造了除了在美国本土举行奥运会开幕式的收视最高点。[②] 张艺谋及其团队主创的这一台兼具展现中华文化精髓和现代艺术样式的开幕式，以视觉的力量打造出一个令全中国乃至于全世界都为之侧目和狂欢的高峰之作，也充分彰显了视听传播的无限魅力。在四个小时的电视直播中，不同类型的观众都带来达60%—70%的收视行为触发，显示出全民奥运的巨大魅力。[③] 而在当时的各大网络社区（BBS）中，热议开幕式的帖子人声鼎沸。在人民网、新华网等论坛中，网友纷纷给奥运开幕式打分，足见大众对奥运会开幕式的关注以及参与度。有观众感慨："奥运给我带来的，就是通过电视观看世界体育比赛的机会，而这场比赛

---

① 《首都各界欢庆北京申办2008年奥运会成功》，《人民日报》2001年7月14日第1版。
② 王甫：《北京奥运会开幕式：视觉传播的巅峰之作》，《现代传播》2008年第5期。
③ CSM媒介研究：《北京奥运会开幕式收视率创新高》，《市场研究》2008年第9期。

是以中国的名义!"① 在开幕式后的16天电视转播报道中,观众纷纷来电、来信中央电视台,热烈程度超乎想象。观众建议的内容细致到赛事比分显示与中央电视台台标重叠,央视为此将一套、二套、奥运频道、七套、新闻频道的台标挪至屏幕右上角以方便观众收看。② 足见大众通过电视观看北京奥运会的热情和强烈需求。

从"申奥"到"办奥",电视为所有中国人创造了一个共同的狂欢仪式,人们得以见证有关于这个历史事件的全过程,并且分享了以中国之名的荣光与骄傲。借助电视媒体无远弗届的影响力,全球观众第一次在同一时间把目光投向这个位于东方的文明古国。那个晚上也是自中国电视诞生以来最为辉煌的瞬间,它的荣耀完全与中华民族的总体命运融为一体。③

第二节 "第一媒介"的社会影响力

进入二十一世纪,中国电视作为"第一媒介"的号召力和影响力在大众层面实现了全面确立。相关数据显示,到2002年,中国4岁以上的电视观众总数达11.15亿人,占相应全国人口总数的93.9%。如图5.1所示,相较八九十年代基本完成了全国性的覆盖。

在电视观看质量方面,除了彩色电视对黑白电视的全面取代外,频道专业化时代的到来也让观众可观看的电视频道数剧增。伴随中国有线电视网络的发展,2002年已有57.7%的观众使用有线电视网络收看电视,而在五年前的1997年这一数据比例仅有34.5%。相关

---

① 华闻在线:《奥运回归体育,但又超越体育——2008北京奥运会开幕式舆情分析》,《今传媒》2008年第9期。

② 中央电视台总编室观众联系处:《中央电视台观众反馈信息综述》,载《中国广播电视年鉴》编辑委员会编《中国广播电视年鉴2009》,中国广播学院出版社2009年版,第239—241页。

③ 常江:《中国电视史(1958—2008)》,北京大学出版社2018年版,第381页。

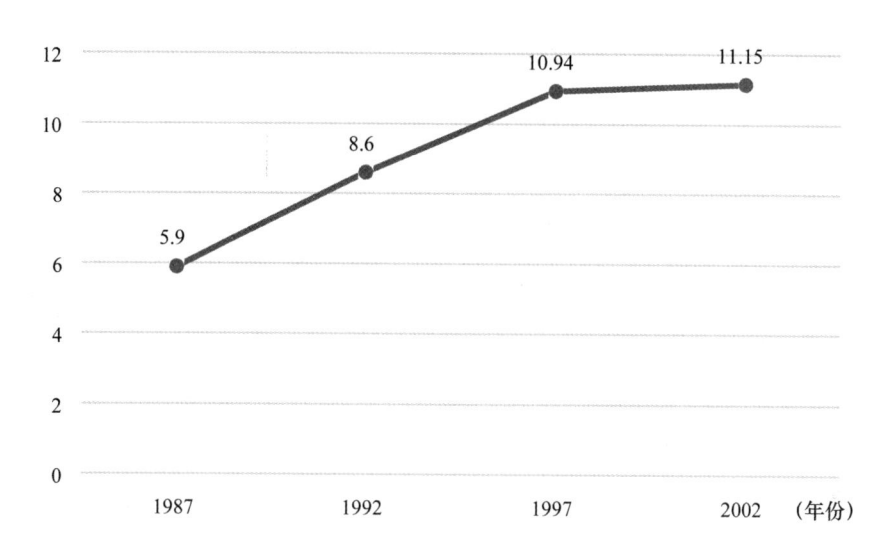

第五章 焦虑初现的电视生活（2000—2008）

图 5.1　1987—2002 年中国电视观众规模历年变化（亿人）

资料来源：《中国广播电视年鉴》编辑委员会编：《中国广播电视年鉴》，中国广播学院出版社 1988、1993、1998、2003 年版。

数据显示，2002 年我国电视观众平均可收到 16 套节目频道，城镇数据为 24 套、农村数据为 11 套，较之九十年代实现翻倍增长。① 电视荧屏的丰富直接带来人们收看电视的黏性增强，观众收视时间也有明显提升，与五年前相比，中国电视观众平均每日收看电视的时间为 174 分钟，增加了 43 分钟，看电视在人们闲暇时间分配中占据绝对的主导性。更进一步的，国人对电视媒介的忠诚度在诸种新兴媒介和传统媒介中也有显著优势，自 1987 年以来始终保持在 94% 以上的水平，具有最高的比例。报纸、广播则在二十一世纪后逐步出现明显的下滑趋势；崛起的互联网虽然有强劲的发展势头，但在 2002 年也仅有 3% 的忠实用户，远未及电视的影响力。根据第三方数据公司在 2006 年进行的媒介信任度调查，相比正在全面兴起中的互联网，公众对各级电视媒体

---

① 刘建鸣、徐瑞青、刘志忠、王京：《中央电视台 2002 年观众抽样调查分析》，载《中国广播电视年鉴》编辑委员会编《中国广播电视年鉴 2003》，中国广播学院出版社 2003 年版，第 256—258 页。

广告的信任度远高于其他媒体，互联网广告在受众眼中可信度较低。①

中国电视的对外传播也取得了一定进展。有不少海外观众反馈，通过央视四套和九套充分了解到中国各项建设的飞速发展和中国大好山河。2003年3月，央视九套在英国天空卫视和法国TPS直播卫星系统开播，当地观众反响热烈，认为该频道向世界上更多的国家打开了展示中国的窗口。当然，即便如此，中国电视的海外传播仍有较大空间可以提升，也有不少观众反映国际频道的建设仍然不甚成熟，例如主持人发音不纯正，或是时常因为突发报道打乱常规播出，也没有及时的预告，造成观看不便，等等。②

在不同的社会层面上，中国电视都充分彰显出了其作为"第一媒介"的社会影响力。在深入社会文化的同时，中国电视以其公共性、服务性的全方位构建为大众创造了观照日常生活的充分空间，发挥着不可取代的现实作用。

一 公共性的强化：品质、权威与格调的象征

中国电视的权威性和公信力构建，经由数十年的积蓄在新世纪里释放出各个维度上的社会影响力。在不同电视文本的生产与传播中，其专业化的生产与传播不仅仅勾勒并凸显出电视作为主流媒体的社会底色，更以象征品位与格调的内容形塑着文化共识与社会认同，体现公共性的价值脉络。有受访者表示："在二十一世纪走向全面成熟的电视，让观众可以在荧屏中找到充分的多样内容，以极为抢眼的姿态丰富着人们的文化生活，也让人们在电视里读懂中国，感受国家风范。"

一方面是电视介入社会公共事务的常态性建制，使得人们得以

---

① 美兰德公司：《2006年全国卫视覆盖及收视状况综述》，载《中国广播电视年鉴》编辑委员会编《中国广播电视年鉴2007》，中国广播学院出版社2007年版，第286页。

② 王超、张传玲：《2003年中央电视台观众反馈信息综述》，载《中国广播电视年鉴》编辑委员会编《中国广播电视年鉴2004》，中国广播学院出版社2004年版，第266—271页。

在每一个重要社会阶段中通过电视见证历史、凝聚人心、掌握变化。2001年，中国电视对建党80周年、北京申奥成功、中国足球世界杯出线、APEC上海会议、中国加入世贸组织、世界大学生运动会、第九届全运会等一系列重大社会事件进行了全面、成熟的电视直播和转播报道，以及时、有效、充分的呈现回应观众的关注和参与热情。据中央电视台的观众反馈统计，国人普遍对这一年的重大事件电视报道予以了充分的肯定和欢迎，尤其是对中国入世、申奥成功等实现国际地位提升的历史性事件表现出高度的认可，甚至来信、来电建议电视台增加报道的国际声音，以更多了解国际社会对中国社会的看法。[1] 而在这之后，电视对重大事件的迅速反应以及在一系列新闻报道中彰显的大国风范，渐成常规动作；"要闻看电视"亦成为大多数国人自觉、自发的一种媒介接触习惯。2003年初，电视及时跟进报道了美国航天飞机"哥伦比亚号"返回地球失事事件，为中国电视及时报道国际突发事件积累了更充足的经验；12月，央视新闻频道现场直播伊拉克总统萨达姆被美军抓获后的新闻发布会，观众认为央视报道与国际同步，及时获取了国际舆情；伊拉克战争期间，央视首次为国际要闻突破常规编排策略播出特别直播节目，观众认为报道及时、时间长、范围广，且一套、四套、九套各有分工侧重，突出规模效应，在国际新闻报道方面首开先河。[2]

另一方面，更趋丰富的各类电视文本满足不同的社会需求和社会情感，为大众从电视荧屏中汲取文化养分、充实精神世界提供了诸多有益的精神文化产品。央视综艺频道在2000年开播的文化访谈节目《艺术人生》，以较为深沉真诚的情感交流和文化探析再现文艺界名人的生活世界，在荧屏当时的娱乐浪潮中独树一帜。节目尤其

---

[1] 张传玲：《中央电视台观众反馈信息综述》，载《中国广播电视年鉴》编辑委员会编《中国广播电视年鉴2002》，中国广播学院出版社2002年版，第260—262页。

[2] 王超、张传玲：《2003年中央电视台观众反馈信息综述》，载《中国广播电视年鉴》编辑委员会编《中国广播电视年鉴2004》，中国广播学院出版社2004年版，第266—271页。

受到中老年观众的喜爱，认为其品味高雅、有艺术性和感染力。《艺术人生》邀请了乔榛、丁健华、秦怡等老艺术家做客节目分享，引发积极的社会反响：

> 它完全没有商业的包装炒作和形象策划，也没有前呼后拥的喧闹。一席倾谈，还原了明星最质朴和人性的状态，观众的肺腑之言也是对"德艺双馨"的深刻理解，人们能从其中汲取受用一辈子的力量。①

> 要鼓励这样的对于艺术的纯粹追求，不是单纯的"追星"，而是积极挖掘老艺术家们健康、动人的一面，主持人真诚交流，这是我们期待有的电视明星的模样。②

当然，该节目在2010年后也因创新迟乏以及愈发脱节于时代的文化表达受到越来越多的争议。有不少观众认为节目"总是在赚取观众眼泪""没有任何创新""节目程式化痕迹严重"等，节目的影响力大幅滑落，难再有开播阶段的盛况。一如相声演员冯巩在2005年央视春晚通过戏仿这档节目而创作的情景相声《笑谈人生》中对《艺术人生》固定程式的调侃：

> 《艺术人生》都开办四年了，这节目主持得再好不也就是那老四招嘛：套近乎、忆童年、拿照片、把琴弹，只要钢琴声一响，就让你哭得没个完。③

---

① 吴郁：《真情互动〈艺术人生〉》，《电视研究》2001年第8期。
② 虢亚冰、张传玲：《中央电视台2002观众反馈信息综述》，载《中国广播电视年鉴》编辑委员会编《中国广播电视年鉴2003》，中国广播学院出版社2003年版，第258—261页。
③ 根据2005年中央电视台春节联欢晚会影像资料整理，https://www.iqiyi.com/v_19rqw9bpl0.html。

电视公益广告也是新世纪初国人对电视的重要记忆之一，这其中尤以中央电视台首开栏目化的公益广告版面为代表。央视在 2002 年以《真诚·沟通》为栏目固定主题，推出一系列同主题纪实公益广告。栏目中展现的王永顺、石兰松、李敏玲等普通人的表率，在纪实镜头的对准下唤起了千千万万观众面对社会生活的积极态度和行动，起到了很好的社会示范作用。[1] 在新千年引发广泛关注的一则电视公益广告《给妈妈洗脚》，甚至本身就构成了一种社会文化现象。广告最后的宣传语"父母是孩子最好的老师"受到热议，甚至引发现实中的学校和家庭中开展孝心教育的风潮。观众在给央视的反馈中肯定了这则公益广告令人动情、动容之处，"情节虽然简单，语言也不多，但充分展示了家庭和睦、子孙孝道的真谛，电视给孩子也给家长上了生动的一课"[2]。但遗憾的是这则公益广告后来遭遇了停播，主要原因在于被过高地塑造成了教育的典型，在学校中涌现出大量以"给父母洗脚的感受"为主题的命题作文作业，一度让教化变成了"强制任务"，引发教育界的反思。在 2005 年播出的一部家庭情景喜剧《家有儿女》中，剧中的父亲夏东海戏剧性地回应了当时的这个热门社会现象，他批评道："给妈妈洗脚怎么就成了一个规定的作业？把妈妈当成一个工具，并不是真的孝心；比完成作业更重要的，是用真心。"除此之外，在广告播出后，也有观众抱怨这则广告引起了家庭亲情真空化的尴尬局面，被认为是"不太符合中国传统家庭的含蓄情感表达"。但无论如何，这些正面或者负面的效应都侧面体现了一则电视公益广告的号召力，电视的社会影响力可见一斑。

九十年代中后期有所沉寂的电视专题片，也在二十一世纪初以

---

[1] 尚勤、许蕾：《纪实类电视公益广告的美学分析——以央视〈真诚·沟通〉为例》，《声屏世界》2012 年第 5 期。

[2] 虢亚冰、张传玲：《中央电视台 2002 观众反馈信息综述》，载《中国广播电视年鉴》编辑委员会编《中国广播电视年鉴 2003》，中国广播学院出版社 2003 年版，第 258—261 页。

全新面貌重回大众生活，尤其是在家国话语的构建上实现了立意跃升，在形态方面也逐步完成了从电视专题片到电视纪录片的转变，纪实的话语体现对电视纪录片创作的有益指导。在 2006 年末，一部 12 集电视纪录片《大国崛起》成为一个引人瞩目的媒介文化现象。这部呈现了美、俄、英、法、德、日、葡、西、荷九个资本主义国家的大国成长史，并探讨了国家崛起的历史规律，播出后社会反响不断走高。据相关数据，该片首播平均收视覆盖达 400 万人次，之后的一个月内连播三轮，这在中国纪录片发展史上绝无仅有。[1]《大国崛起》尽管是在央视经济频道非黄金时段播出，但收视热度甚至可与该频道最受欢迎的节目《经济半小时》比肩，呼唤重播的声音也不少。[2]《大国崛起》的热播，让更多国人意识到："中国已从一个迫切融入世界现代化史的角色，逐渐转化成了一个主动寻找自我地位的对话者的角色。"[3] 更折射出进入二十一世纪后的国民文化心态变化：经历改革开放二十余年的社会经济飞速增长以及政治环境的日渐宽松，人们积累了相对稳定的物质生活并有了对自身社会身份和社会权力的更充分体认，一种全新的集体式的愿景，即以"大国国民"的姿态重新屹立世界强国之林的召唤，成了中国社会在进入二十一世纪后的一个热切命题，并得到了民间话语的广泛确认。实际上，此类兼具宏大历史和社会立意的纪录片在新千年以来正在逐步展现出规模化的效应，有如《故宫》《复活的军团》《丝绸之路》等电视纪录片，皆得到了观众的关注，这也构成了对上述社会文化心态的一种再度确认。

除此之外，自 2003 年开播的《感动中国》特别节目一年一度的亮相，通过大众投票选出本年度内令国人感动的人物和团队。观众认为节目激励先进、弘扬正气，有很强的感染力，每年的颁奖词都体现

---

[1] 娄和军：《〈大国崛起〉何以崛起？》，《视听界》2007 年第 1 期。
[2] 宋涛：《关于〈大国崛起〉的思考》，《苏州科技学院学报》2007 年第 2 期。
[3] 参见《〈大国崛起〉引发收视热潮 引起学界的广泛讨论》，新浪网，http://ent.sina.com.cn/v/m/2007-01-11/08401405515.html。

出催人奋进的积极力量。① 而在 2002 年已开播二十年的电视春晚，尽管仍然面对着众口难调的质疑，如节目内容过于偏向北方文化、节目语态模式化等，但当年推出的特别节目《难忘今宵——相约二十年》引发好评，带动了大众对"除夕看电视"集体记忆的怀旧。节目中对历届春晚的回顾和诸多感人幕后的披露，唤起了人们的温馨回忆，也为"春晚要不要办下去"的争议给出了一个有力的回应。②

二 服务性的跃升：贴近群众、回应需求、改造生活

电视的视角下沉，是对二十世纪九十年代电视语态和形态迭代的延承，这在步入二十一世纪后的中国电视业逐步变成一种具有普遍性的话语实践。更贴近于群众需求和心理的传达，是这一阶段的中国电视不断得到壮大和强化的文化特点。2003 年，央视新闻频道正式开播，除了实现电视新闻生产专业化、专门化的提升，这一标志性事件也构成了对中国观众的现实影响：不同类型的观众可以根据自身所需收看专门的电视新闻，有了收看电视新闻更充分的自主性和选择权。不少观众反映，央视新闻的改革让人们有条件和机会接触到更丰富的新闻，关注百姓"刚需"的报道比重也有明显提升，电视新闻对日常生活的观照更进一步。③ 在电视娱乐领域，电视剧的通俗化转向也带来平民生活为创作输送的充足养料，有大量平民电视剧涌现，包括曾经一度被忽视的农村题材也得到更多的体现。在 2002 年开播的东北乡村喜剧《刘老根》是典型个案。媒体在当时评价其"以生活化、平民

---

① 王超、张传玲：《2003 年中央电视台观众反馈信息综述》，载《中国广播电视年鉴》编辑委员会编《中国广播电视年鉴 2004》，中国广播学院出版社 2004 年版，第 266—271 页。

② 虢亚冰、张传玲：《中央电视台 2002 观众反馈信息综述》，载《中国广播电视年鉴》编辑委员会编《中国广播电视年鉴 2003》，中国广播学院出版社 2003 年版，第 258—261 页。

③ 王超、张传玲：《2003 年中央电视台观众反馈信息综述》，载《中国广播电视年鉴》编辑委员会编《中国广播电视年鉴 2004》，中国广播学院出版社 2004 年版，第 266—271 页。

化的标签把东北农村的凡人小事、家长里短说得深入人心，有抓住普通百姓的独特亲和力"。剧中由喜剧演员赵本山所塑造的刘老根一角，是对现实当中的东北农村生活的一个集中缩影：既有中国农民质朴的特点，也把狡黠和善良的复杂心思统合到一起，更呈现了新时代的农民对新事物的好奇、对人情世态的熟稔，是社会主义市场经济下颇具代表性的一个农民形象。当然，赵本山在全国范围内的家喻户晓，也得益于电视的"造星"。其自九十年代初便活跃在电视春晚的舞台上，作为春晚小品节目的"领衔人物"，观众对《刘老根》的期待在很大程度上是由春晚的"赵本山情结"延续而来。在很多观众看来："人们能从赵本山土掉渣的东北话和抖点小机灵的本色表演里获得一份平民化的快乐，而电视剧的真实感，又把这种冒着热气的生活准确地展现了出来。"[1] 电视剧在央视播出期间，亦有不少观众给出热情反响，认为富有生活气息、贴近劳动人民的这部电视剧"代表了一部分农村人民的真实生活状态，有很强的感染力"[2]。

此外，电视的社会帮扶属性，更直观地贯彻在二十一世纪后全面崛起的电视民生节目当中，尤其是基于本地化社会服务诉求所壮大的地方电视台的民生节目，发展空前繁荣。民生节目的热潮，折射出这种贴近基层的节目对市民生活方式的充分观照，亦是电视全面浸入日常生活所构成的一种重要的社会话语的意义生产。伴随九十年代中后期电视民生节目在民本意识勃兴和新闻视角下沉的共同作用下形成初步发展，进入二十一世纪后，此类电视文本活力渐显，亦是对在这一阶段中市民阶层空前活跃的具体回应：立意层面，从过去推崇的热线调解到对参与感和实用性的追求；内容层面，从过去的讲述百姓生活到介入解决百姓生活；效果层面，从"可看"到"必看"，总体而言

---

[1] 参见《从央视热播电视剧〈刘老根〉看"赵本山现象"》，中国新闻网，http://www.chinanews.com/2002-03-18/26/170392.html。

[2] 虢亚冰、张传玲：《中央电视台2002观众反馈信息综述》，载《中国广播电视年鉴》编辑委员会编《中国广播电视年鉴2003》，中国广播学院出版社2003年版，第258—261页。

促成了民生节目从社会新闻导向到市民新闻导向的让渡。转折的标志性节目是江苏电视台城市频道于 2002 年开播的民生节目《南京零距离》,开播后本地收视率最高达 17.7%。节目主创曾表示:"节目的三个板块:实用资讯、生活投诉和社会新闻,构成了百姓生活的全景图,是人们生活中的所遇所做所惑所想,也是人们真实生存状态和心灵状态的折射。"① 继《南京零距离》之后,各地方电视台纷纷推出本土化的民生节目,如浙江电视台民生休闲频道的《1818 黄金眼》、湖南电视台经视频道的《都市一时间》、嘉兴电视台的《小新说事》、杭州电视台西湖明珠频道的《阿六头说新闻》、天津电视台的《都市报道 60 分》、重庆电视台新闻频道的《天天 630》、吉林电视台都市频道的《守望都市》等。到 2004 年中,全国各地有二十余家地方电视台先后推出了带有民生新闻特点的电视栏目②,在成都、南京、杭州等地甚至有一个城市同时播出五档左右民生节目的状况,且这些节目均表现出较高的收视关注度。民生性加强、实用性提升,是这一阶段大量涌现的电视民生节目的重要特征。③ 很多受访者表示:"民生节目,尤其是本地的民生节目,让人感觉电视与观众的距离不再那么远了,隔壁邻居的家庭矛盾,或是楼下商家的欺诈行为,竟然都能变成电视的主角,而电视,竟然也能真正促成了这些事件的解决。"

这种社会影响,持续性地生成意义。如浙江电视台民生休闲频道自 2004 年元旦开播的民生节目《1818 黄金眼》,至今活跃在江浙地区百姓的日常生活中,甚至在二十一世纪的第二个十年一度构成一个全国性的社会文化热点,远超这档节目本身释放出的价值。2018 年,一个名叫小吴的青年来杭州打工,在一次理发经历中被理发店开出了一张四万元的高额账单。《1818 黄金眼》跟进报道了这

---

① 景志刚:《存在与确认:如何概括我们的新闻》,《中国广播电视学刊》2003 年第 11 期。
② 吕萌、李芸:《试论电视民生新闻的差异化表现》,《现代传播》2006 年第 6 期。
③ 周勇、何天平:《电视民生新闻的功能嬗变与发展契机》,《新闻与写作》2016 年第 8 期。

一事件，却因节目中小吴一双"让人看了就想笑"的眉毛引发一场持续数月的网络狂欢。原本只是一个需要接受调解的普通人，却在节目播出后数十次登上微博热搜，更是作为"红人"走进各种综艺节目……"小吴现象"的走热，让一档存在十余年的电视民生节目的号召力得以充分彰显，看起来"司空见惯"于大众身边的寻常电视文化，其实有着超乎想象的社会动员能力。当然，在千禧年后的地方电视民生节目热潮，其发展过程中也逐步暴露出不可忽视的诸种弊病。一是过度私人化了对公共事务的讨论，尤其是关乎社会运行发展的宏观议题如住房、教育、医疗等的关切，也在逐步鲜明的娱乐化色彩影响下变成了一些"家长里短""一地鸡毛"式的解读，有些甚至不惜以"标题党"或者"刺激性表述"来追求传播效果的最大化。例如，某地一档民生节目在一周内接连推出了《无名男尸惊现铁路边》《高新区发现女尸》《井盖下突现男尸》等若干个死亡报道，此类报道显然更能以博人眼球的表述引发大众关注[1]。二是观众真正能够借助电视媒介参与社会公共事务的程度十分有限。尽管市民新闻导向的民生节目对平民立场的彰显有余，但实质上仍然高度依赖于传统电视新闻报道的手法和模式，加之电视"你播我看"的线性传播特点，观众渴望的参与性和互动形式几乎只有"上节目"这种单一形式，很难有实质上的突破。而这种状况，在以用户为中心、以互动为核心形态的互联网全面向社会生活渗透的新阶段里，更显出其局限性。不过，即便是显著性的问题遭到无论电视界或是观众界的批评，但其有别于传统电视新闻报道"严肃面孔"的电视内容与形式表达，在当时俨然是受到观众广泛关注的，也全面迎合了市民阶层对日常生活"去崇高化"的期许。在2005年以后，中国电视民生节目也对自身面临的困境进行了反思，参照西方新闻界为肃清"新闻商品化"造成的社会信任危机而提出的"公众新闻"（Public Journalism）策略进路进行改革，成为"电视新闻业重新恢

---

[1] 程前、陈杭：《望诊电视民生新闻》，《视听界》2004年第6期。

复公器声誉,以期在与新兴电子和数字媒介竞争中占据有利地位的自我拯救"[1]。代表性的探索是江苏城市频道《1860新闻眼》的改版,全程对一场干部"公推公选"进行了电视直播,在践行舆论监督功能的同时也以多种互动手段实时采集并反馈了民意。在此之后的地方电视民生节目也实现了社会服务性上的全面提升,如山东电视台公共频道《民生直通车》、广东南方电视台《今日最新闻》等,普遍以联动新媒体的手段聚焦诸种社会公共议题,观众也逐步形成了对民生节目在娱乐化认识之外的更多感受。

更进一步的,中国电视在新阶段中的社会服务功能,也体现为一个潜移默化的社会过程,具有激发改造大众日常生活的充分潜质。这在新千年前后涌现出的一批现实题材电视剧中得到了较好贯彻。2000年播出的女性犯罪题材电视剧《红蜘蛛》,将十个真实发生在国内的女性严重犯罪案例改编为电视剧的分集故事,在播出后引发热议。其中部分人物故事如"美女蛇"米兰等,在二十一世纪初还一度是社会焦点话题,也有不少青少年观众"因为剧情刻画的黑暗笔调和现实力度,甚至留下了童年阴影"。当然,这部电视剧也并非凭空出现,而是主创有感于社会变迁、物欲膨胀造成的人性迷思,以及"改革开放后我国女性犯罪在数量上增多、在手段上更趋狡猾隐秘"[2]的现实变化所做出的创作反应。实际上,这类由现实刑侦题材改编而成的电视剧在二十一世纪初成为一种流行现象,是社会面貌和国民文化心理变化的一种具体投射。伴随改革开放取得全方位的成果,中国社会既迎来了在政治、经济、文化面貌上的焕然一新,也面对着纷然杂陈的诸种社会问题,对其的规制、管理也成为一个重点方面。而彼时相对宽松的广电政策也促成了一批颇具力度和反思精神的现实主义力作,如《重案六组》《插翅难逃》《征服》

---

[1] 王雄:《论民生新闻与"公众新闻"——兼议民生新闻的转型方向》,《江苏社会科学》2012年第2期。

[2] 康树华:《中外女性犯罪的现状与特点研究》,《南都学坛》(人文社会科学学报)2005年第3期。

等，引发当时"从电视剧里看社会现状，剩余的想象则交给劲爆的地摊文学"的独特社会文化景观。实际上，这一阶段有相当一部分的电视剧创作都跳出了单纯提供文化审美体验的功能框架，形成了重塑社会生活的构造性力量。2002 年播出的中国首部反映家庭暴力题材的电视剧《不要和陌生人说话》，剧中塑造的施暴方安嘉和，让人们意识到家庭暴力不只发生在偏远落后地区或是整体知识水平不高的家庭当中，在受到高等教育、拥有一定社会地位的都市家庭中都有存在，这种暴力犯罪也值得予以重视。当时的观众纷纷表示，"安嘉和对梅湘南（剧中女主角）看似温馨又异常惊悚的爱，让人回想起画面就毛骨悚然"。就连饰演安嘉和一角的演员冯远征，在此后的十多年中都时常被视为荧屏黑暗势力的化身为大众所"恐惧"。据相关报道，该剧热播后北京地区的离婚率上涨了近 20%，更多人站出来对不和谐的家庭生活乃至于家庭犯罪说"不"，也直接推动此后《反家庭暴力法》的出台。[①] 与之相呼应的一个状况则是，2007 年播出的另一部家庭伦理剧《金婚》，因为生动讲述了一对夫妻经历数十年的浮沉，始终执手相伴、最终步入金婚的幸福家庭故事，在热播后竟带来了此前持续走高的离婚率有所回落。这组互相观照的状况，侧面展现出当时的中国电视剧所具有的社会影响，不仅仅是文化和美学意义上的，也具有改造日常生活的充分潜质。

第三节　赋权的意义："看电视"的内涵流变

二十一世纪以降，伴随着资本力量不断渗透到传媒领域，电视业逐步呈现出产业化发展的提速态势，这也全面作用在电视文化的面貌之上，娱乐化和偶像化的特征不断生成意义。与此同时，信息全球化

[①] 参见《他与吴刚、何冰并称"人艺三巨头"，一个角色成了无数人童年阴影》，搜狐网，http://www.sohu.com/a/358698706_120127439。

的逐步影响，使得以"90代""00代"为代表的青年群体在社会中的话语权实现持续增长，彰显更强个体意识的年轻观众社群日益成为左右电视文化以及电视市场的一股决定性力量。基于这样的状况，观众对电视文化产品的消费，逐渐展现出越来越多的能动性；正在重新被定义的观众身份，也使得人们关注到在传统媒介权力和文本权力之外，观众权力同样是一条值得予以重视的理解媒介的关键线索。

"赋权"（empowerment），意指"个体、组织与社群通过学习、参与或者合作等的机制，由此来获取掌控与自身有关的事务的能力，进而来实现对个体生活、组织功能与社群生活品质的提升"[1]。电视的赋权，则表现为观众有能力更主动地参与到电视的传播过程中，即便是具有显著差异的个体也能从中寻求到表达自身立场、观点、见解的过程，而这种过程的最终落点往往反映在人们通过"观看"实现了一种对于自我的赋权。"自我赋权"的过程深度影响着电视文化的变迁，也使得"看电视"这一经由数十年培养而来的相对稳定的社会生活方式发生了内涵上的流变。在二十世纪八九十年代的电视传统中，大众几乎是一个整体性的概念，更不会为此来区分不同个体更为精细的立意诉求。源于个体在文化接触上的这种"无权"状态，故而过去的电视观众时常处在一个被动接受者的身份地位之上。而受到新的媒介技术以及消费主义的影响，看电视这种日常的社会行为也在召唤出观众更强的主体性意识以实现电视市场对人们的需求满足。因而，除了传统意义上媒介技术的变化所赋予人们的话语权，"积极受众"的身份崛起，亦使得电视观众逐步从电视传播的被动方转而成为深度参与文化工业的全新生产者，并被赋予了参与电视的社会意义生产的充分权力。

一 不只是"观看"电视

2005年，湖南卫视《超级女声》的热播和当年夺冠的全新偶像

---

[1] Douglas D. Perkins and Marc A. Zimmerman, "Empowerment Theory, Research, and Application", *American Journal of Community Psychology*, 1995, 23 (5).

李宇春成为年度社会事件和新闻人物。在当年的 10 月，李宇春作为 2005 年度亚洲英雄人物出现在了美国《时代周刊》（亚洲版）的封面上，而在前一年，入选的中国人物还是奥运冠军刘翔。刊物的人物推荐语中这样写道：

> 这档节目（《超级女声》）代表了一种民主运作的电视模式，观众可以自己选择心目中的偶像，挑战了中国传统意义上的规范，对于中国社会而言很不容易。……这位名叫李宇春的中国女性，所制造的震撼俨然超越了她本身：满不在乎的个性、对待比赛的态度及中性色彩的演出，促使她成为了中国社会的一位具有空前号召力的新偶像。

伴随"超女"现象和"李宇春"现象而来的，是大众成为电视主角的全面被赋权。而在这档节目以前，国人所理解的电视娱乐节目的大众参与，还仅仅是观看"明星表演"这样的旁观者身份而已，即使存在建言电视创作者的观众反馈机制，或者是作为现场观众的节目进入机制，但这种"参与"始终是有限的。而在《超级女声》里，人们首次明确地意识到自己不仅仅是文化的消费者，更可以成为文化的制造者，无论是作为登台选手还是能够决定选手去留的每一个电视机前的观众。当时的电视新闻报道采访了报名《超级女声》成都赛区海选的一位选手：

> 记者："你知道自己唱歌跑调吗？"
> 选手："知道呀！"
> 记者："那你身边的家人、朋友知道吗？"
> 选手："当然啦！都知道我跑调跑得厉害。"
> 记者："那你为什么还报名参赛？"
> 选手："跑调跟参加'超女'有什么关系吗？"

这一令人啼笑皆非的诘问,却本质性地揭示出当时在"超女"现象之下许多年轻人的普遍心态:"想唱就唱"的意义于多数观众或许并不在"唱歌"这个动作本身,而是可以充分实现自我表达和彰显的自由与快乐,这种狂欢式的集体情绪体验,是能够被普罗大众所分享的。而电视的文化在其中扮演的特殊角色也显得至关重要,其"最大程度地调动了选手和全社会的参与积极性,将娱乐的平民化发展到了登峰造极的地步,电视发挥的作用也从以前的教化引导转变为了对社会日常生活的自我观照"①。与之有相似性的,是中央电视台在九十年代末开播、在新千年后不断走热的益智互动节目《幸运52》,节目中让人耳目一新的互动环节,引发观众的浓厚兴趣,"紧张又接连不断的电话连线里,大家都纷纷期待着自己的电话能被接通,然后可以参与到'砸蛋'环节赢得不同规格的奖品"②。

这一阶段的电视文化逐步实现了对大众的广泛赋权,而人们也通过看电视的过程以及诸种电视消费行为实现了更普遍的自我赋权,这主要体现在两个方面如下。

其一,观众拥有了选择电视内容的充分能动性,个性化的"偏好"得到满足。伴随电视频道数量以及带有遥控器功能的电视机数量的增加,观众选择电视内容的自由度有了基础的物质性保障。有超过64%的观众逐步培养起了"随便检索、发现好的就看"的收视习惯,也有如家庭意识影响、节目预告等因素成为左右观众选择收看偏好的重要因素。据2002年的一则全国观众抽样调查数据,影响观众选择收看电视内容与否的因素增多,且体现出影响作用的不断加强,如表5.1所示。

---

① 柴志芳:《〈超级女声〉走红的传播学思考》,《新闻界》2005年第5期。
② 王荷月:《那些伴随着我们"80后"成长的"电视文化"》,中国文明网,http://www.wenming.cn/wxys/diaocha/201311/t20131115_1583453.shtml。

表 5.1　　　　　　　　影响观众选择收视的因素及其占比

因素	百分比（%）	结果排序
节目中插播的广告太多	83.7	1
节目播出时间和个人时间安排冲突	67.2	2
电视信号不好，看不清	60.6	3
节目内容没有意思	50.5	4
遇上不雅镜头，一家老少感到尴尬，不得不换频道	25.8	5
节目缺乏艺术性	15.8	6
播出的节目场面或情节过分紧张、刺激，精神上难以承受	9.5	7
对播音员或主持人不太喜欢	8.5	8
对节目的嘉宾不太喜欢	6.2	9
其他	0.7	10

资料来源：刘建鸣、徐瑞青、刘志忠、王京：《中央电视台2002年观众抽样调查分析》，载《中国广播电视年鉴》编辑委员会编《中国广播电视年鉴2003》，中国广播学院出版社2003年版，第256—258页。

需要指出的是，其中部分指标如"电视信号不好，看不清"等是客观因素使然。尤其是在中国乡村地区，电视的物质性条件虽有了基本的普及和满足，但电视信号的不稳定性、信号覆盖范围的有限等，依然对农村地区的收视质量构成了一定影响。

观众选择意识的加强也直接带来电视生产与传播的相应调整与升级，以吸引更积极、集中的电视消费行为进而实现电视机构变现能力的增强。电视综艺方面，涌现大量让平民百姓、普通观众成为主角的节目形态，成为主流的一种发展趋势。例如央视推出的《非常6+1》为拥有一技之长的普通人圆明星梦，开播以来平均收视率达1.2%，用主持人李咏的话来说就是"《非常6+1》的流行，就是平民娱乐节目的大众胜利"；电视剧方面，伴随电视市场的成熟和观众电视消费意识的壮大，针对特定需求设置的电视"剧场"开始涌现，以满足细分观众的电视收视需求。例如安徽卫视开设的青春剧场、男性剧场、女性剧场、卡通剧场；或者是针对地域性的人文特点打造本地化的品牌电视剧，如北京的"马大姐"、上海的"老娘舅"、广东的《外来媳妇本地郎》、四川的《天府龙门阵》等，这些剧目都已播出了上百集之多，观众的收视意愿仍然居高不下。①

在2000年之后，电视体育节目的发展成为电视充分把握"观众意识"而取得的具体进展。以男性观众主导的收视环境特征，电视体育节目对此进行了充分开掘。传统意义上的电视常被视作一定程度上的"女性媒介"，除了电视新闻外的其他诸种电视文本往往会更主要地根据女性观众需求来进行打造，因为女性在电视收视市场中长期表现出较为旺盛和主流的消费能力。而进入新千年后，中国电视对男性观众市场的重视逐步彰显，电视体育节目的影响力实现持续增长。据中央电视台在2004年开展的一项收视调查（见表5.2），在2000年后的重大体育赛事电视播出中，收看体育节目的观众规模和收视投入呈现大幅度增长。

表5.2　2000—2004年大型体育赛事收视情况与观众到达率（%）

赛事名称	观众总体	城镇观众	乡村观众
2004年奥运会	82.11	85.11	81.3
2000年奥运会	82.06	88.6	80.25
2002年亚运会	67.3	79.05	62.12
2004年欧洲杯	33.72	41.16	31.72
2004年亚洲杯	35.24	44.89	32.65

资料来源：中央电视台观众联系处：《全国电视体育节目市场收视简析》，载《中国广播电视年鉴》编辑委员会编《中国广播电视年鉴2005》，中国广播学院出版社2005年版，第229—230页。

---

① 胡波：《全国电视节目收视市场分析》，载《中国广播电视年鉴》编辑委员会编《中国广播电视年鉴2004》，中国广播学院出版社2004年版，第249—251页。

在体育赛事的电视接触中，男性观众成为主力收视群体。相关数据显示，电视体育节目在 2000 年之后成为男性观众的观看热点。2002 年央视体育频道对世界杯足球赛和亚运会等赛事进行了全方位的报道，相当数量的男性观众对此表现出空前的热情，甚至给电视台提出专业性、操作性的意见。例如，在细节上提升赛事解说的水平、直播画面的切换和组合应有更周密的设计等。① 而在 2006 年的世界杯赛事转播中，进一步展现出了男性观众尤其是足球迷对观看电视的强烈需求。在中国足球长期缺席世界杯的状况下，中国球迷观众对这场世界性的足球赛事的热情几乎都投射到了一方小小的荧屏之中。同时，2006 年世界杯在与中国有六小时时差的德国举行，这意味着中国观众要等到零点或凌晨才能看到比赛。看电视在这个阶段中体现出非常独特的"午夜活力"，"无人入眠"的世界杯期间也促成了男性观众呼朋引伴在烧烤店、酒吧集体看球赛，一同欢呼或是扼腕的景象。还有因为世界杯赛事的午夜观看引发家中女性观众不满的状况，有许多妻子因此埋怨丈夫，"为了看电视毫不关心家里的生活，后半夜大呼小叫让人没法睡个安稳觉"。但总体而言，电视体育节目的丰富极大地满足了男性观众主导的体育爱好者的需求，有球迷指出："不少人之所以喜爱世界杯，可以给出无数个理由，但最为重要的一定是它通过电视陪伴我们长大，以及一起看球赛的哥们义气，这个全新的世界里不止有足球，也是一段奇妙的生命历程。"②

其二，观众通过看电视实现对自身社会身份和社会权力的确认、彰显。因为电视普及速度的差异，中国城乡社会对电视的接触与使用也阶段性地呈现出错位发展的状况。尤其是在二十一世纪之后，中国城镇观众已经积累了相对成熟、完整的电视收视习惯，甚至出

---

① 虢亚冰、张传玲：《中央电视台 2002 观众反馈信息综述》，载《中国广播电视年鉴》编辑委员会编《中国广播电视年鉴 2003》，中国广播学院出版社 2003 年版，第 258—261 页。

② 唐元恺：《电视生活 365 天》，外文出版社 2008 年版，第 58 页。

现了分流向互联网媒介的新特点，电视的吸引力已经出现自高点下滑的动向；中国农村观众反而在新世纪以来表现出高涨的收看意愿，农村地区逐步成为电视收视高地。这一方面源于农村电视网络逐步完成的全面搭建。据相关数据，到 2005 年，中国家庭电视机的保有率已达 97.8%，其中城市家庭达 97.9%、农村家庭达 95.8%，彩色电视的社会保有率达 97%。尤其是伴随卫星电视成为信号传输的主流技术制式，农村地区通过有线方式接收到了更多的电视频道信号，同时安装了卫星电视接收设备，有效改善了农村收视条件，城乡在电视物质水平上的差距实现了基本面上的拉平。[1] 国家开展广播电视"村村通"工程收效显著，2006 年各卫视频道在农村地区的累计覆盖人口规模达 114.9 亿[2]，城乡差距实现了普遍性的拉平。另一方面，乡村家庭结构的变迁以及城市化进程中农村人口向都市的流动等，也培育出了农村观众使用电视的新状况、新特点。伴随"农民工"群体的出现，农村家庭的秩序结构也发生了新的变化。大量青壮年劳动力向城镇地区流动，而城乡二元体制的壁垒却在这一阶段尚未实现打破，农村劳动者的城市转移亦面临诸多难题：例如为减轻生存生活的压力，这些劳动者不得不将子女和父母留在当地进行照料，故而催生了大规模的"留守儿童"和"空巢家庭"。[3] 据全国妇联发布的数据，2008 年全国农村留守儿童约有 5800 万人[4]，甚至在这一年，"留守儿童"的问题已然上升到了社会治理的国家高度，首次出现在了中央一号文件中。在这一过程中，"定居"与"迁徙"之间形成了巨大的张力，而看电视的新特点则是这种张力的产物。

---

[1] CSM 媒介研究：《2005 年中国电视收视报告》，载《中国广播电视年鉴》编辑委员会编《中国广播电视年鉴 2006》，中国广播学院出版社 2006 年版，第 261—265 页。

[2] 美兰德公司：《2006 年全国卫视覆盖及收视状况综述》，载《中国广播电视年鉴》编辑委员会编《中国广播电视年鉴 2007》，中国广播学院出版社 2007 年版，第 286 页。

[3] 童辉杰、黄成毅：《当代中国家庭结构的变迁及其社会影响》，《西北人口》2015 年第 6 期。

[4] 中华全国妇女联合会：《全国农村留守儿童状况研究报告（节选）》，《中国妇运》2008 年第 6 期。

对于"空巢家庭"和"留守儿童"而言,电视荧屏是他们了解在城市务工的亲人的生存生活状况的最重要载体,通过看电视来寻求两地分隔的亲情的共感,也帮助他们进一步更新与自己亲人有关的"外面的世界"的信息;对于外出打工的农村劳动者而言,也包括小镇青年这个群体,在他们的迁徙流动中,看电视则为他们在临时居住的城市房屋中提供了一种在不确定状况下的"在家"的归属感。有学者在进行田野观察后发现,在城镇务工的农村劳动者普遍倾向于购买二手电视,方便转手和买卖,这为他们提供了一种相对灵活轻便的临时的归属感。① 而在城镇进行打拼的这些农村劳动者,也想象性地从电视的都市化景观中建构出了自己跻身都市生活的身份和权力,成为在二十一世纪全面提速的城市化进程中弥合城乡社会文化分野的重要路径。而这种关于看电视的日常生活意义深化,也勾勒出中国电视在新的社会阶段所具备的社会协调机制,是另一种意义上的能动性体现。

二 崛起中的互联网及其文化想象力

伴随中国电视在二十一世纪进一步提升的社会影响力而来的,是逐步崛起的互联网及其文化的蓄力以及相应带来的结构性影响。尽管互联网(以及后续的移动互联网发展)全面打开重构社会生活的局面要到2008年之后,主要的发展体现在二十一世纪的第二个十年,但其作为一种新兴媒介在2000年至2008年间所积累的诸种势能也张显出了形成变革的充分潜力。

以2000年中国三大门户网站新浪、网易、搜狐在美国纳斯达克挂牌上市为代表,互联网开始更普遍地出现在人们的社会生活之中。2002年,搜狐率先宣布盈利,互联网市场的红利逐步凸显。到了2008年,中国网民数量已达2.53亿,中国网民群体中接入宽带的比例达84.7%,然而全民普及率仅有19.1%,低于同期全球21.1%的

---

① 钟慧芊:《袁艳:有电视的地方才像一个家》,《新周刊》2019年第19期。

平均水平。① 但是，其持续快速发展的态势不容小觑，2008年同比2007年超过一倍的增长速度，侧面说明互联网向中国社会渗透的全面提速。

当然，这一阶段使用规模的增加并无法在实质上撼动电视于过去数十年累积而来的对于国民日常生活方式的深刻影响，尤其是电视作为主流视听媒介的地位，互联网在短时间内并不足以酝酿出能够与之相比肩的成熟新型视频产品。尽管视频网站的真正崛起也要到2014年以后，然而网络视听业在这一过程中同样完成了孕育和萌芽。以2004年乐视网上线为标志，一批效仿国外主流媒体视频网站Youtube的中国在线视频平台于2005年陆续推出，如土豆网、56网、PPTV等，依托于这些基本的阵地，中国在线视频业在2008年前完成了从"结构化的内容集成"向"切入边缘内容生产"的转型②，亦在一定程度上培养了部分年轻观众使用互联网来观看视频的习惯，看电视的生活惯性与互联网使用的矛盾初现。

技术层面的变革只是一方面，且如上所述，互联网在二十一世纪初更多被视作一种新传播技术的运用，而并非一种对大众日常生活构成冲击的完整意义上的大众传播媒介。但即便如此，互联网催生的文化却已经表现出了充分的社会潜力。相比技术普及所需要的社会过程，互联网文化对电视文化的影响却在短时间内形成了一定规模，中国电视甚至从新兴的互联网文化中汲取养分。一个标志性的事件是2005年一位名叫胡戈的网民，在互联网上传了一则恶搞视频《一个馒头引发的血案》并引发空前的关注度和热议度。而这则源于电影《无极》和央视节目《中国法治报道》部分素材二度剪辑、二次创作而来的视频作品，并不仅仅是对上述影像文本的重述，而且构造出了与元文本完全不同的意涵，借

---

① 中国互联网络信息中心：《第22次中国互联网络发展状况统计调查报告》，中国互联网络信息中心官网，http://www.cnnic.net.cn/hlwfzyj/。
② 周勇、何天平：《视频网站"下半场"发展观察：线索、路径与前瞻》，《新闻与写作》2018年第5期。

由这种二次生产引发了年轻人在互联网上的一场文化狂欢。相比原作电影《无极》的导演陈凯歌颇为正义的维权，以当时的年轻人为主导的互联网舆论却呈现出往另一边倒的景象，很多普通观众表示："《无极》才是没谱的搞笑片，《馒头》（《一个馒头引发的血案》简称）反而是真实的""比电影更好看的是这个莫名其妙的短片""这才是我们（意指年轻人）真正喜欢的（影像作品）"等。① 当这则恶搞视频构筑出一种前所未有的社会文化现象时，这种反传统、反权威的文化戏仿样式也让当时在青年亚文化主导之下的互联网文化逐步走到台前；对传统意义上的文化规范实现了全面解构，亦为活跃的年轻观众找到了一个以"破坏"文化为前提的文化参与和表达的出口。而以胡戈为代表的"草根"力量也由此被一并纳入了反精英、反主流的流行文化叙事框架中，获得了年轻群体在道德上的确认并由此不断走向主流化。这种社会文化的新特点，同样被当时势头鼎盛的电视业所意识到，成为调适自身甚至于展开吸收的一个方向参照。某种意义上，上述"超女"现象的构筑便是电视在一定程度上吸纳了互联网文化所表现出的文化的包容度、开放度以及解构性的直观结果。

电视对互联网文化的吸收，在2000年后的中国电视剧文化中则有着较为集中的体现，代表性的两部流行剧集《穿越时空的爱恋》（2002）、《武林外传》（2006）理应予以关注。前者是"穿越"这一奇幻元素介入流行电视剧创作的开先河之作，剧中全面解构了明朝历史，以现代人和古人相遇、相知、相爱的叙事脉络组织起了一个与众不同的爱情偶像剧，一开播便创下高达10%的收视成绩。有别于在二十世纪九十年代末颇为盛行的历史戏说剧，《穿越时空的爱恋》是对传统历史叙事完全意义上的叛逆和重构，"以时尚化的历史意识和去深度的文化表达亲近于年轻观众，让人们沉浸在一场'黄

---

① 熊志：《13年前胡戈神作〈一个馒头引发的血案〉，到底改变了什么》，搜狐网，https://www.sohu.com/a/226532945_100121259。

梁大梦'中进而抽离了现实的焦虑"①。谁也不曾料到，在二十一世纪初的中国电视荧屏中，人们纷纷幻想着拥有一个"游梦仙枕"能够回到过去，也见证了历史上第一个被烤鸭连累入狱的明朝王爷②，嬉笑之间描摹出了一段颇具后现代色彩的独树一帜的言情叙事；电视剧《武林外传》的互联网基因则体现得更为彻底，其创作起点便源自剧集主创因深谙初代互联网文化表达的创作意识。剧中虚构了一个七侠镇和镇上的同福客栈，一群"武侠人士"汇聚在此谈论有关"江湖"的故事，新兴的网络话语风格、穿越古今的笑料让这个故事拥有了与众不同的武侠文化成色。该剧首播在中央电视台，刚开播时因为自身独树一帜的文化特点与传统意义上的央视观众收视习惯完全不匹配，平平的收视一度令央视想要放弃它，年轻观众也没有注意到它的存在。③ 而在一段艰难的播出后，凭借互联网的扩散与传播才让年轻人更多关注到这部作品，在播出的中后段到达 9.7%的高收视率④，甚至在此后被台湾八大电视台引入并走热于中国台湾观众之间。与《一个馒头引发的血案》和《穿越时空的爱恋》相似，大量现代元素在这个虚构的明代场景中进行了拼贴重组，人们得以在一个"武侠江湖"中看到并不合实际的电脑开机画面、莎士比亚戏剧、当代流行音乐等文化元素，剧中人物对经典武侠故事的"致敬"、情节桥段在当代社会文化中的对应等，都令其构成了这一时期电视剧中最为典型的一个戏仿式后现代文本：它是具有流行影响力的，有观众称要看懂《武林外传》需"熟读金庸、古龙；英语起码要过四级；了解港台综艺文化；精通流行音乐尤其是说唱；还

---

① 何天平：《藏在中国电视剧里的 40 年》，浙江工商大学出版社 2018 年版，第 150 页。

② "游梦仙枕"是剧中的现代人穿越回到明朝的重要道具；"烤鸭风波"则是剧中第 15 集朱元璋妃子吃了秦王烤鸭店里的烤鸭被毒害，秦王由是银铛入狱。

③ 何天平：《藏在中国电视剧里的 40 年》，浙江工商大学出版社 2018 年版，第 198 页。

④ 胡丽霞：《〈武林外传〉成功的符号学解读》，《青年记者》2007 年第 27 期。

有各地方言和文言文都要熟练掌握"①，虽然是打趣的言语，但也侧面展现出这个流行电视文本对青年文化的亲近，在语态和内涵上发起了对大众文化的全新冲击；它更是互联网化的，互联网文化对电视文化的影响乃至于改造，才促成了这部去中心的电视剧作品。有"90代"观众认为《武林外传》是这一代年轻人流行文化的一个重要代表，"只有《武林外传》才能让人看那么多遍"。而剧中以古论今的表达甚至在近些年还引发了社交网络上"跟着《武林外传》学人生道理"的热门话题，其影响力可见一斑。

互联网的文化想象力在二十一世纪初的中国电视里初露锋芒，不仅成就了中国电视文化前所未有的全新特征，也为自身在下一个社会阶段里实现独立、全面的发展积攒下充分经验。对于每一个在电视里初见互联网文化的国人而言，这仅仅是变化的一个起点。

三 悄然发生的变化

毫无疑问，互联网是二十一世纪的人类社会至关重要的一项技术进步。尽管在二十一世纪初，其媒介发展状态远未及威胁电视的社会影响力的地步，但互联网的构造性力量已然在这个阶段中崭露头角，以微妙却也复杂的姿态影响乃至于改造着中国电视，这在长久以来固化于大众之间的看电视习惯的悄然变化中可见一斑。

其一是技术的物质性变化对媒介化生存的影响。二十一世纪以来，大众日趋丰裕的物质条件和生活追求，直观地体现在家庭生活变化之中。如图 5.2 所示，自二十世纪八十年代以来，中国城市家庭对耐用消费品的消费呈现倒金字塔的结构，伴随客观物质条件的提升，人们对传统"大件"的追求逐步被电脑、手机、汽车等更昂贵、现代化的生活耐用品所取代，且这种需求可被满足的难度变得越来越高。

---

① 宁丹丹、何玉巧：《〈武林外传〉的传播学解读》，《青年记者》2008 年第 14 期。

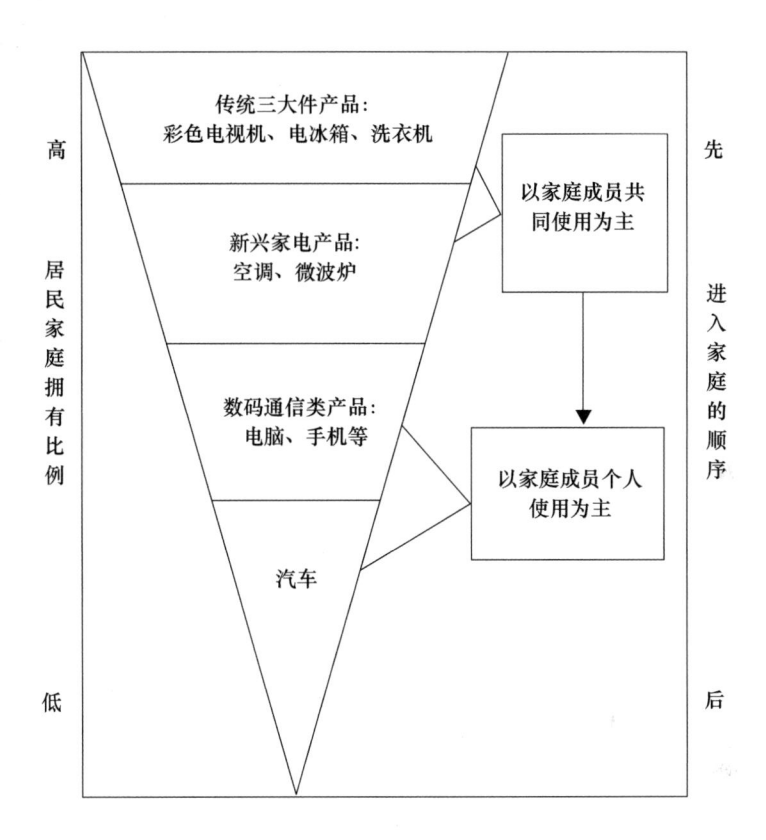

图 5.2　中国城市家庭耐用消费品的消费特征变迁

资料来源：杨雪睿：《分化与重聚——对城市居民消费行为的重新解构》，中国广播电视出版社 2009 年版，第 70 页。

实际上，伴随互联网在二十一世纪逐步介入中国家庭尤其是城市家庭，电脑作为一种新兴的终端俨然激发出人们相对于已然颇为熟稔的电视的更多好奇心。源于这种新技术的物质性的变化，人们看到了互联网全然不同于电视的技术特点及发展机遇，互联网的介入亦为人们的媒介化生存构造出了新的想象空间。

任何媒介形态都是技术驱动的直观结果，曾经电视的主流化之路也不例外；过去数十年里中国人逐步培养起的围绕"电视"作为中心来组织日常生活方式的传统，也是当时崛起中的电视技术及其物质性变化所一触即发的。尽管互联网在二十一世纪初尚未掀起对大众日常媒介使用习惯的全面性重构，但即便是对于电视业而言，这种新技术的物质性特点也体现出了向既有媒介传统发起渗透的趋向，"电视＋互联网"逐渐成为彼时电视业寻求创新突破的一个重要出口。一个值得注意的变化是，新千年以后，观众给电视台的意见反馈逐渐从过去主导的写信、来电慢慢转变为网站留言、电子邮件等手段。据中央电视台在2003年对观众反馈信息进行总结时发现，观众发来的电子邮件数量全面突破了写信的规模，达到230万封，发送短信成为观众反馈建议的新宠，仅2003年一年中央电视台公众咨询中心便收到观众短信超过2亿条。[①] 观众对电视表达的喜爱或者批评，主要通过互联网的传播手段，这一微妙的变化侧面反映着大众媒介使用习惯的变化。对于各地方而言，上述状况虽有差异，却也部分体现出一致性。

一方面，观看电视作为深入国民日常生活的相对固定的媒介接触习惯，在二十一世纪初依然占据着国民闲暇时间分配的统摄性地位。上海地区对市民媒体接触习惯的一则调查（见表5.3）表明，2000年以来上海市民几乎每天都收看电视的比例高达86％，而互联网虽然对这个经济发达地区形成了较为显著的影响，但当地市民的互联网使用习惯在规模、强度以及黏性方面总体有限，远不及对电视的依赖度。大多数网民的每周上网时间不会超过四天，每天的上网时间也在1—2小时之内。当然，"网虫"也大有人在，且局部性地反映出对互联网的深度使用特性。

另一方面，互联网的观念正在逐步影响着人们对电视媒介的认知和接触习惯。据湖南电视台经视频道对观众网上留言的调查，相当比重的观众认为网络已经是沟通电视媒体和观众之间的主要桥

---

① 王超、张传玲：《2003年中央电视台观众反馈信息综述》，载《中国广播电视年鉴》编辑委员会编《中国广播电视年鉴2004》，中国广播学院出版社2004年版，第266—271页。

表5.3　二十一世纪初上海市民的上网周期与上网时间分配

上网周期分布		上网时间分配	
每周上网天数	在总体网民的占比	每天上网时间	在总体网民的占比
1天	21%	10分钟以下	1%
2天	20%	10—30分钟	10%
3天	25%	30—60分钟	24%
4天	12%	1—2小时	47%
5天	8%	3—4小时	13%
6天	2%	5小时	5%
7天	12%	5小时以上	

资料来源：陈琪楠、姚洁：《上海市民媒体接触习惯调查》，载《中国广播电视年鉴》编辑委员会编《中国广播电视年鉴2002》，中国广播学院出版社2002年版，第269—270页。

梁。这为电视业带来了新的思考：电视这种传统媒体要如何与互联网互融并实现为网络提供资讯整合？节目在电视播出后是否考虑搬上网络（如推出电视节目《真情》的电子版）？是否能让观众随意点播电视已播节目？媒体网站的发展何去何从？[①] 毫无疑问，电视业在这一过程中同样深刻地意识到"如何借力互联网"这个问题，于是纷纷推出基于电视平台的网站。到2005年，全国地市级以上的电视台几乎都建有自己的媒体网站，总数超过400家。当然，在这一过程中，互联网之于电视的关系并非构成了实质上的竞争，故而电视业对互联网的认识更多体现为一种传播渠道的创新运用，如央视网络宣传部负责人在2005年的全国电视台互联网站年会上称："网站是电视的一部分，是电视的延伸，与电视是互补的关系。"[②] 这种观点在当时具有普遍性，电视所拥有的强劲的社会影响力和丰富的日常生产实践，使得互联网的介入更被视作处于鼎盛期的中国电视

[①] 袁平：《湖南经视观众网上留言调查分析》，载《中国广播电视年鉴》编辑委员会编《中国广播电视年鉴2002》，中国广播学院出版社2002年版，第273—274页。

[②] 沈忠阳：《浙江电视网站何去何从——第四届全国电视台互联网站年会的启示》，《视听纵横》2005年第6期。

的一项创新资源，这在当时大量涌现的简陋粗糙的媒体网站现象中可见一斑，"几乎没有任何互联网属性，多以图文形式发布本台新闻、刊登播出信息和预告"①。不过，也有部分走在前列的电视平台意识到了"数字化"的挑战和机遇，开始探索电视在观念和技术上的全面革新：例如中央电视台在2002年就搭建完毕了数字电视广播交互式试验平台、建设完成了国内首个高清电视演播厅，为全面推进数字化电视应用创造了条件；北京电视台也着眼于北京市民的媒介使用习惯变化进一步拓展了电视的使用场景，在公交车上安装移动电视、在商务楼中安装楼宇电视、在CBD地区安装户外大屏电视等。② 上述实践，无不反映出电视局部性的新媒体化意识可以为观众创造更自如、丰富的看电视条件。

其二是媒介接触习惯的变化对受众的影响。自2006年开始，中国电视逐步出现了"中老年化"的媒介特征变化。据央视—索福瑞在2007年和2008年的两次全国电视收视调查，中年群体作为我国电视观众主力的特征进一步凸显，青少年群体的流失情况呈现加剧的态势，且向互联网流动的比例不断提升。相关数据表明，2007年，35—44岁、45—54岁、55岁及以上的中老年观众群体占整体观众的比例分别为18.6%、19.9%、34%，相较2006年各上浮约1个百分点；34岁及以下的青少年群体占比37%，相较2006年下滑约1个百分点；到2008年，这种变化进一步加剧，中老年观众占比再度上浮1个百分点，而青少年群体占比下滑则达2个百分点。③ 三年的数据变化，在一定程度上反映出互联网介入对主流电视观众结

---

① 余磊、黄恩泽：《构筑电视与互联网的互动平台》，《中国广播电视学刊》2005年第5期。
② 杨秾编著：《北京电视史话》，中国广播电视出版社2012年版，第253—264页。
③ 央视—索福瑞媒介研究：《2007年中国电视收视报告》，载《中国广播电视年鉴》编辑委员会编《中国广播电视年鉴2008》，中国广播学院出版社2008年版，第228—234页；央视—索福瑞媒介研究：《2008年中国电视收视报告》，载《中国广播电视年鉴》编辑委员会编《中国广播电视年鉴2009》，中国广播学院出版社2009年版，第230—237页。

构所产生的影响。青少年作为积极尝试新兴媒介的主体,尤其是在互联网文化已经明确显露出浓墨重彩的青年文化后,这一电视主力收视群众向新媒体的分流渐成大势。即便电视展现出了吸收互联网文化的部分开放性,但年轻受众对全面去中心化、凸显互动性、强调体验感的互联网使用依然表现出了颇为浓厚的好感度,这种状况在2008年以后得到全面壮大。相比之下,日常生活安排相对稳健、社会交往相对固定的中老年观众,则持续性地受到电视文化的滋养并进一步强化依赖感,这也为此后电视走向更大程度的"老龄化"昭示出特定的信号。而在城乡的比较视野上,不难发现农村观众中的青少年观众比例明显高于城市观众,而中年观众比例则明显低于城市观众,这与农村青少年群体接触互联网的机会和条件较为有限有关,互联网在二十一世纪初的普及度主要体现在城市地区,农村地区的主要娱乐途径仍然是看电视这项日常生活实践。

第四节 机遇还是危机:电视文化的"后现代状况"

二十一世纪以来,伴随社会主义市场经济和全球化进程的深化,生产主导型社会实现了向消费主导型社会的全面转向,"万物商品化"[1]的特质反映消费主义之于整个社会凸显出的更系统性的深度作用,消费文化遂之成为主导社会文化特质的一种关键要素。当大众的消费行为被置于空前重要的社会位置,人们对诸种商品所表现出的更为多元化、个性化的消费体验则逐渐成为日常生活中的一种普遍追求。而兼具文化作品和商业产品特质的电视,则较为集中地缩影了这种基于全方位壮大的消费性而体现出的剧烈变化。

---

[1] [美]伊曼努尔·华勒斯坦:《历史资本主义》,陆爱国、丁浩金译,社会科学文献出版社1999年版,第5页。

霍克海默（Max Horkheimer）和阿多诺（Theodor W. Adorno）用"文化工业"的概念对着眼于消费性和商品化的文化生产特质进行阐释，"在文化工业的体系下，各类产品的生产实质上都是依据特定意图为大众化的消费加以定制而来的，并且，这种生产逻辑也一并决定着其所产生的消费的性质与特征"①。以文化工业的视角来审视电视之于大众消费的关系，其既作为一种"标准化"的文化产品，无论生产、流通、分配与消费的诸环节都深受变化中的市场的影响，也毫无疑问的会以准确回应受众不同诉求作为形成意义的最终旨归。尤其在二十一世纪后，电视的文化与资本的力量愈加呈现出一种难舍难分的关系，并深植在一种后现代文化的语境中，形成在消解意义过程中重建意义的独特的社会文化意涵。

这种文化上的"后现代状况"，可以说是理解与阐释新时期中国电视文化至关重要的一条脉络，也对国民长期培养而来的看电视的日常生活实践产生构造性的影响。这种影响是一体两面的，既有积极效应，例如召唤出更强劲的文化民主性意识进而唤起观众参与电视文化意义生产的充分能动性，也体现消极影响，"对宏大叙事的质疑"以及"宏大叙事合法性机制的式微"② 正不可避免地造成电视文化地位的危机。一切文化逐渐转向后现代似乎构成了一种必然的走向。倘若大众文化的终极宿命在面对无所不在的消费主义时难以避免地会被深度卷入这种"后现代状况"里，那么电视文化可预见的未来究竟意味着机遇还是挑战？在二十一世纪的重新出发里，关于这个问题的答案正在变得愈加清晰。

一　泛娱乐化现象及其影响

扁平化、去深度、消解意义的后现代文化特征，在新千年之后

---

①　[德] 马克斯·霍克海默、西奥多·阿多诺：《启蒙辩证法》，渠敬东、曹卫东译，上海人民出版社2006年版，第42页。

②　Jean François Lyotard, *The Postmodern Condition: A Report on Knowledge*, Manchester: Manchester University Press, 1984, p. XXIV.

的中国电视文化里得到逐步体现，或多或少地投射在了部分流行电视文本之中。电视的"后现代状况"将文化的生产权力赋予了大众，却也同时破坏了传统意义上的文化权威与标准，变成了某种"不确定"的所在，亦使得中国电视在过去数十年中确立而来的文化秩序变得支离破碎。这在中国电视史上具有标志性的文化事件"超女"现象身上得到了直观的体现，2005年的《超级女声》对社会文化的卷入可以说是"荣光与阴影并存"：受到多大程度的社会关注，就面对多大程度的社会争议。实际上，对于全面颠覆传统的电视文化秩序的"超女"现象，彼时尖锐的批评不绝于耳。最具代表性的意见是文化部原部长刘忠德"三批超女"，称其低俗、荼毒青少年观众、宣扬一夜成名的"不劳而获"等，并建议有关部门进行介入干预。一时间，对《超级女声》的道德评价形成一场声量颇大的社会文化讨论。不同身份立场的观众，纷纷表达了对这档节目及其社会影响的反思：如有家长表示，"孩子为了追'超女'逃了周五的晚自习，还自己用零花钱买了小灵通在一个月内给支持的选手投了将近百票"；也有中学教师指出："'超女'热播期间，学校里每天议论纷纷的就是各种偶像，会唱点歌的女生跃跃欲试想去报名，不会唱歌的其他学生就津津乐道于追星的话题。"在《超级女声》之后轰轰烈烈兴起的电视泛娱乐化思潮逐渐形成规模化的社会效应，在不断触发居高不下的流行度的同时，也面临持续性的社会争议。

一方面，泛娱乐化现象的出现让电视节目的社会影响力得到全方位提升，尤其是在市场价值转化层面的大幅增量，促使电视频道格局迎来新一轮的洗牌。《超级女声》的成功，将打造这档节目的湖南卫视推至中国电视娱乐产业的巅峰。以此为开端，湖南卫视迅速转型成为以大众娱乐为特色、以打造快乐文化为旨归的一线省级卫视，口碑与影响力始终居于各省级卫视的前列。[1] 而湖南卫视也借势

---

[1] 常江、何天平：《平台化　差异化　互动性：解读湖南卫视的内容生产创新》，《新闻与写作》2014年第8期。

对中国青少年观众实现了更深度的维系,有观众指出:"湖南卫视几乎是每一个成长中的少男少女都绕不开的'看电视'对象,因为制造了太多青春快乐的成长记忆。"伴随"快乐中国"的频道品牌定位确立,一系列电视娱乐文化如跨年演唱会等形成特色,也源源不断地为大众尤其是青少年观众输送了难以忘怀的电视记忆。与之类似的还有中国台湾的电视市场,以2009年开播的娱乐谈话节目《康熙来了》为开端,擅于制造话题、引爆看点的台湾综艺节目形成了自身的风格样式,并逐步被流行文化所接纳。另一方面,这种文化现象渐成气候,也在一定程度上破坏了社会文化的既有规范和秩序。当时的文化界对以"超女"现象为代表的电视文化过度娱乐化状况予以了严肃批评,认为其快餐化、速食化且乏于意义的文化表达消解了大众的品位与格调,亦导致社会文化全面走向庸俗和破碎。且因为电视的"第三人效果"的存在,无形中亦壮大了泛娱乐化现象的消极社会效应。人们总是认为电视的娱乐文化对其他人的负面影响要大于对自己的,进而一边自己津津乐道于选秀节目、相亲节目、恶搞节目带来的乐趣,另一边却对这些流行文化对他人的错误示范予以谴责,最终导致更进一步的恶化影响。

泛娱乐化思潮对电视文化的作用,还体现在流行电视不断凸显出的偶像化特质。二十一世纪以来,受到日韩以及中国港台地区偶像文化的影响,大量以偶像、言情为主导叙事要素的通俗电视剧涌现,并引发极高的社会热度。以2001年台湾偶像剧《流星花园》在大陆的热播为全新起点,此类投射"近乎不切实际的浪漫想象"以及"给予青少年观众以奢华的时尚追求"的电视作品,逐渐规模化地亮相于大众日常生活之中,尤其是对青少年观众形成较为深刻的现实影响。

当时无比火热地追看着《流星花园》的青少年观众,对于这部耳目一新的偶像剧俨然形成了更多在文本之外的想象与投射,而这种共情的体验则在这批电视观众长大成人后折射出更为复杂的社会心理:

喜欢《流星花园》的原因今天看来也简单，就是它把一切对于现实情感关系的想象都尽可能做到了极致："玛丽苏"是极致的，浪漫是极致的，就连狗血是极致的，做作还是极致的……偶像剧嘛，可以没有营养，但一定不能端着架子。

十多年后再和朋友讨论观看《流星花园》的心境，我说："其实全剧最让我有感触的部分是道明寺登场的时候。"朋友问为什么？我回道："因为那个就是我的'少女时代'。"与其说怀念的是当时的那部《流星花园》，不如说是在怀念当年观看《流星花园》的我自己。

《流星花园》很强烈地影响了我的择偶观，让我一直误以为男生是不是总更偏爱杉菜这样有点蛮横暴脾气的女生，外加韩剧《我的野蛮女友》在后来的大火更是坚定了我的想法……①

上述话语，揭示出了一部成功的偶像剧之于普通观众的意义：人们未必会寄期望于剧集本身在文化和美学价值上的潜力，但重视其作为实现自我投影和情感观照的一种容器功能。尽管偶像剧往往具有叙事上的某种假想性，却并非尽然跳脱于现实语境之外。观众对此的观看也通常采纳所谓"文本式解决"（textual solution）的路径，即将剧中人际遇与自己的现实生活体验实现关联，进而借助移情的方式想象性地在观看中疏解自身困境。②

当然，这种源于主流观众的认同未必总在释放积极意义。就在同年，《流星花园》遭到了中国大陆部分地区的停播，原因在于当时

---

① 以上参见知乎平台"如何评价 2001 版电视剧《流星花园》?"的问题回答。
② 何天平：《为什么说"现实主义"是国产剧最珍贵的组成？》，《文汇报》2018年8月3日。

"有小学女生在看了《流星花园》后早恋甚至怀了孕"。尽管无从追溯起《流星花园》是否构成了这桩负面社会事件的直接因果联系,但当时引发家长和学校集体抵制的社会反响,让这部剧显然并不仅仅体现出"寄托浪漫想象"如此单一的功能。

有人对以《流星花园》为代表的偶像剧文化特征进行了概括:"女主往往是'玛丽苏'的,有一堆'高富帅'围绕在身旁;住的是奢华的别墅,连室外都宛如花园,就算是垃圾堆都必须是'可爱'的。"① 这样的现象并不是个案。舶来于日韩的偶像剧如《恶作剧之吻》《浪漫满屋》等,更是造就了由剧中角色带出的影响空前的明星效应。电视追星文化的壮大使得每一个如"灰姑娘"般的普通观众(尤其是女性观众)得以在电视荧屏的投射下完成极尽完美和浪漫的情感想象。在一项对广州大学生婚恋观念的调查中显示,二十一世纪以来的大学生在择偶观念方面受到流行偶像剧的普遍影响:譬如,最受男生喜爱的女性类型可参照《东方茱丽叶》《浪漫满屋》《海豚湾恋人》等剧中不同类型的女主角,最受女生欢迎的男性类型则在《流星花园》《浪漫满屋》《蓝色生死恋》中可循踪迹。② 受到舶来的流行文化思路影响,中国大陆电视剧在这一阶段也逐步反映出普遍的偶像化特质,甚至促使"偶像剧"的概念逐步消失,取而代之的是"偶像化"作为一种普遍的话语实践深度浸润于各种各样的电视剧类型创作之中。③ 深厚的观众基础及其背后蕴含的强劲的商业潜力,促成了《都是天使惹的祸》(2001)、《男才女貌》(2003)、《粉红女郎》(2003)、《情定爱琴海》(2004)、《奋斗》(2007)、《丑女无敌》(2008)等偶像化的热播剧相继问世。而电视播出机构对于这类电视作品也采取了极为密集的排播策略。2004年的一项统

---

① 崔慧琳:《论当前台湾偶像剧风靡的原因》,《吉林教育学院学报》2009年第12期。

② 武春明、蒋舒恬:《青春偶像剧对广州大学生婚恋观的影响》,《经济研究导刊》2009年第22期。

③ 何天平:《向善引力和文化底色应是偶像剧根基》,《文汇报》2019年11月15日。

计显示，省级卫视在周末黄金时段排播电视剧的版面占比达59.9%，如安徽、江西、四川、宁夏卫视等更是在周末黄金时段中全部编播电视剧。[①] 其影响力可见一斑。当然，这股电视剧的热潮中不乏优秀之作，尤其是彰显强烈现实主义色彩的作品，在审美性和流行度上寻求到了一个适恰的契合点，社会反响也不俗。例如，《男才女貌》在播出时取得了仅次于《新闻联播》的极高收视率，《粉红女郎》对女性意识和女性社会地位予以了充分关注，《奋斗》则生动展现了"80代"初入社会的困惑与追求，等等。有受访者论及："（这一阶段的）偶像剧让人又爱又恨，爱的是好作品也是偶像化的，让人赏心悦目；恨的是一开电视就是各种情情爱爱、你侬我侬。"这种状况延续到了二十一世纪的第二个十年，并且持续延展着社会文化讨论的空间。

二 对文化商品化的反思

泛娱乐化的现象，尽管主要落脚在选秀节目和偶像剧这两类主要的电视文本，但对于中国电视观众的观念而言却也潜移默化地施予了整体性的文化影响。例如在"超女"之后，全国各大电视频道纷纷效仿推出远超过观众现实需求量的选秀节目，代表性的如江苏卫视的《绝对唱响》，东方卫视的《莱卡我型我秀》《加油！好男儿》，北京卫视的《红楼梦中人》，重庆卫视的《第一次心动》，等等，高潮期有多达十余档节目覆盖各种各样的选秀门类。有受访者指出：

> 05年"超女"的个案成功，仅仅是有限的狂欢；但在"超女"之后的阶段里，大量的选秀节目几乎同时涌现，这个时候可以说是真正到达了全民狂欢——至于在"欢"什么，因为目标太多了，其实大家也不太明白。

[①] 詹正茂、梁君健：《省级卫视周末黄金时段节目分析》，《电视研究》2004年第11期。

能够看到，这一阶段的选秀节目发展已然不仅仅体现为一种娱乐文化的空前繁荣，电视平台更将其全方位地塑造成一种具有成熟商品形态且能够角逐竞争观众注意力的重要资源。这种并不常规的生产行为，毫无疑问是市场导向的，其最终旨归无非是为平台创造更大的商业价值，而不只是为观众创造更优质的审美和文化体验。同样的弊病也出现在主流观众消费意愿较为强烈的电视剧市场中，除了当代题材创作出现泛偶像化现象，在二十世纪九十年代末就已经有所迹象的历史戏说剧潮流，在二十一世纪后进一步体现出文化降格的趋势，大量虚构历史、解构历史甚至是杜撰历史的古装剧、仙侠剧、后宫剧充斥荧屏，以历史为名实则凸显的是言情、权谋、打斗等刺激大众眼球的俗套叙事，尽管受到了许多普通观众的追捧，被视作是"打发闲暇时间的绝佳伴侣"，但其较为庸俗的格调品位以及乏于意义的文化表达，使得电视剧的文化不再有如八九十年代的"印象深刻"和"耐人寻味"，而变成了一种在快速迭代的市场中"转瞬即逝"的快餐文化。

一个重要的背景在于，当时的全国电视业已经步入了较为成熟的市场化、产业化秩序当中。以广电机构的集团化改革为代表，湖南在2000年率先成立省级广播影视集团，紧随其后的有北京广播影视集团、上海文化广播影视集团、山东广播电视总台、江苏广播电视总台、浙江广播影视集团等先后成立并逐渐开展成熟的运作。[①] 集团化的推进带来电视平台在运营创收层面的更高要求，这也意味着一个成熟的商业电视体系在二十一世纪以后的中国传媒界呼之欲出。伴随而来的，则是高度消费主义的电视文化在商品化改造中轰轰烈烈的前行步伐。电视作为一种形态不断趋于完整的文化工业，塑造了这一阶段中国电视的重要特点，也深刻影响着国民日常的看电视实践，最典型的特征之一便是嵌入文化工业体系中的流行文化产品对个体的反抗精神的消弭。尽管这一阶段的中国电视表面上体现着更充分的"观众意

---

① 参见《全国广播电视概况》，载《中国广播电视年鉴》编辑委员会编《中国广播电视年鉴2002》，中国广播学院出版社2002年版，第45—46页。

识"，以观众需求为导向来进行电视内容的生产和传播。但所谓的"观众意识"，其本质仍是基于商业逻辑的一种工业化、批量化的流行文化生产，更多着眼在大众的消费意愿而非文化意愿。这也意味着观众在日常生活中通过看电视来表达的权力，实质上仅仅是对群体性的消费行为的一种服膺，而非是自我意识的昭显。

2000年之后的电视春晚、科教节目发展是对此较为直观的一种反映：经过十余年的发展，二十一世纪的春晚俨然已经成为商品化程度最高的一档电视节目。自2001年开始，这一在全国范围内具有最高收视率的独特电视文艺品类，全面性地拥抱了自身作为一种文化商品的属性，多种多样的广告经营手段贯穿在电视春晚的生产逻辑之中，除了有如报时、贺电等传统方式以外，也比较彻底地将植入广告成熟运用其中，故而令这项国人熟稔的电视年俗活动的商业价值攀升到一个全新高度。[①] 一项针对央视春晚的统计表明，2001年的央视春晚中可被确认的植入广告共计出现15处，包括的形式有观众席上摆放的产品、主持人桌印有的企业名称、语言类节目的台词中出现的企业信息等；2008年央视春晚的八个语言类节目中有五个带有植入广告。面对日渐商品化的电视春晚，观众对这个陪伴日常生活多年的重要年俗活动的好感度断崖式下跌，而这种影响力的滑落并不以观众放弃观看春晚而告终，有相当比重的观众依然会看电视春晚，但选择了以"缅怀过去"和"吐槽当下"作为观看中的主要态度。一方面是年轻观众越来越热衷于在观看春晚的同时一并将"为春晚挑刺"作为互联网社交的谈资，另一方面年龄稍长者则对"已经远去的美好"表达了无限的怀念。如有人写道：

> 猛然回首1983年的首届春晚，那种带着泥土芬芳的简陋质感却在今天怎么看都不嫌落伍，有着如今的春晚远不能企及的

[①] 常江：《一部春晚史：中国的"春晚"和"春晚"中的中国》，JIC投资观察，https://mp.weixin.qq.com/s/mjl-L-PktvM3uAzwdYVU6w?。

先锋意味——一帮当时走红的笑星、影星、歌星、体育明星随意围桌而坐，没有什么漂亮和梦幻的舞台、灯光，更没有奢华繁复的设计和千篇一律的笑脸……那台留在印象里的电视春晚，不经意间就洋溢出了浓浓的超越时间的亲切与真诚。

而科教节目，在二十一世纪面临另一种值得反思的文化状况，传播性远高于文化属性的特点，令更多人重新注意起这种并不新奇的电视文化。最有代表性的两档节目是中央电视台播出的《走近科学》和《百家讲坛》。前者在2000年以后被移至央视科教频道黄金时段播出，2004年推行改版策略使"节目的表现形式从报道科学问题、解释科学事件转向关注和报道生活的推理故事、热点疑点的科学解析"[1]，进而实现了影响力的全面跃升。然而对于大多数中国观众来说，其对于《走近科学》的感受和认识恰恰不在科学性而着眼于悬疑感：一条新闻线索引出一个"悬疑事件"最终落脚到一个科学解释，成为这档节目在很长一段时间里相对固定的叙事策略。从强戏剧性到科学日常化的落点，节目催生的大量内容都由此被观众解构为"段子"所津津乐道。有许多令观众记忆深刻的主题至今还常被提及，如"小伙长出女胸""半夜'鬼拉灯'""发怒的'鬼火'""殡仪馆离奇事件"等，有观众表示："习惯了把《走近科学》当鬼故事看，经常忘了自己在看的是一档科普节目。"也有人批评其为"走近'伪'科学"[2]。源于某种基于戏剧张力的可看性、对观众猎奇心的满足等，都侧面反映出大众对这档节目进行的消费在很大程度上并不以"科普"为追求，而是以娱乐为最终旨归。这档节目的发展路径某种意义上便是对看电视这种生活方式的时代性变迁的具体回应：节目开播于"互联网原住民"出生的时代，繁荣于这代

---

[1] 吴欢：《科教节目的故事化策略——以〈走近科学〉栏目为例》，清华大学硕士学位论文，2006年。

[2] 小鹦：《是走近科学还是走近伪科学》，《西部广播电视学刊》2007年第5期。

人的成长期，甚至于它在2019年的停播落幕，还引发了社会文化领域相当规模的公共讨论——既有唏嘘怀旧，也有质疑批评。

另一档于2001年在央视十套开播的讲谈类节目《百家讲坛》，在播出五年后迎来一个高潮：文化学者于丹加盟节目，用七天时间向观众讲述她所理解的《论语》，受到空前关注。当时的媒体评价其为"学术超女"，以浅显易懂的方式给予大众以国学研习，契合着节目进行文化科普的立意。有人回忆，于丹讲《论语》热播后不到两个月，北京中关村图书大厦里从一楼到五楼排起了长龙，甚至还绕了圈。来者都是为了购买以电视讲稿为基础出版的《于丹〈论语〉心得》，相关数据显示，该书首发当日就售出了14000本，甚至在此后几年间都居于畅销书前列。然而，盛况之下，亦有越来越多的质疑声音出现。有人认为，"她（于丹）把知识简单化了，甚至还出现了许许多多的硬伤，这并不能称作是真正意义上的文化科普"；也有人指出，"她不过是把大家都有基础了解的《论语》又在电视上讲了一遍，能这么火，说到底是电视的力量"。[1] 如今再来商榷这档节目的社会效应，或许未必能对其实现多大程度的文化传播功能进行盖棺定论，但无法忽视的是，《百家讲坛》或是易中天、于丹等一众"电视学者"，其形成的合力在促进大众文化消费的意义上有着毫无疑问的推动作用。

作为文化商品的电视在二十一世纪迎来的变化，固然有促成影响力增量的积极作用，但着眼于"赢得愈多消费便有在文化工业现存的流程中得以再造的愈大可能性"[2] 的电视工业体系成长，亦使得看电视这项原本反映着朴素日常意义的社会生活实践，生成了更为复杂而耐人寻味的状况。这种变化，在新的时期里持续实现着壮大；国人对电视的日常生活审视，也随之进入一个全新阶段——"看电视"，并且怀着遗憾和缅怀的情感。

---

[1] 唐元恺：《电视生活365天》，外文出版社2008年版，第74页。
[2] ［美］约翰·菲斯克：《理解大众文化》，王晓珏、宋伟杰译，中央编译出版社2006年版，第52页。

第 六 章

走向衰落的生活方式（2008—2018）

　　家里的电视机越换越大，功能越来越多，开机时间却越来越少……我们目睹着电视从全盛渐渐式微，这个属于电视的时代就这样过去了吗？①

1958 年，被誉为"华夏第一屏"的天津无线电厂黑白电视机横空出世。从此，与电视有关的中国社会记忆开始逐一被书写：经历过捉襟见肘，也到达过人声鼎沸；电视一度是人们眼里的新鲜事物，如今早已变成一种司空见惯的社会存在。在电视陪伴下出生、成长与迟暮的中国人，面对今天已然习以为常的电视生活，或许很难再想起四十多年前的电视直播竟然只是因为电视台没有录像设备的无奈之举；如今作为家居"标配"的平板电视乃至互联网电视，曾经却也是笨重、简陋但又异常昂贵之物，甚至被加诸了象征"先富起来"的社会注脚……曾几何时，"电视时刻"是家庭成员在晚餐过后共享天伦的必选项，人们带着对明日剧情的期待或者今日国家要闻的思考"意犹未尽"地进入梦乡，长此往复着看似形式单调但内涵丰富的生活编排。而这，早已不再是如今大多数"00 代""10

---

① 网友"延陵散人"对"新周刊"微信公众平台"电视机没了就没了，反正你我都不看"一文的评论。

代"成长记忆里最熟悉的起居状态。但数十年来国人生活方式和价值观的巨变,却尽在那一方窄窄的荧屏里:无论是社会流行风潮的引领,又或是人们的社交方式、衣食住行等生活方式的演变,都毫无疑问地深刻印迹上了来自电视的影响。[1]

改革开放至今,中国电视作为主流视觉媒介的建构性力量得到不断壮大,并体现在中国社会生活的方方面面。一方面,电视的文化于不同维度结构着社会:例如电视新闻体现社会整合和动员的强劲能力,国际新闻扮演外宣工作的重要角色;纪录片书写时代、镜像社会;电视文艺对于凝聚大众情感、变革日常娱乐方式具有重要意义;电视剧则为主流文化生活的安排提供不可或缺的思路和对象……大到国家民族重要历史时刻的见证,小到家庭生活习以为常的组成。另一方面,面对市场和社会生活之间的张力,电视以一种弥合性的力量来使之加以整合:市场的逻辑着眼于一切生产的意义都是为了消费,而社会生活则相反,一切消费都最终指向生活的意义本身。浸润在消费主义的语境里,人们今天的经济生活与文化生活在实质上构成了某种相互压抑的关系。电视的文化则以牺牲部分意义的代价来换取了这种矛盾的缓和,这在二十一世纪以后中国电视产业的飞速提升中得到了较为充分的体现。尤其是在二十一世纪的第二个十年,电视在面临网络视听业全方位冲击的同时也释放出了自身作为一种社会经济要素的空前影响力:中国电视的体系化、规模化运营带来产业价值的持续释放,2015 年,湖南卫视成为除央视外首个单频道创收突破百亿的省级卫视[2],其他一线省级卫视紧随其后。这种源于市场的主张亦反过来不断被国人的日常文化习惯所接纳着,围绕注意力资源争夺的市场导向的电视生产逻辑亦构成人们重新定义日常生活文化的重要参照,甚至作为大众参与电视文化

---

[1] 刊首语:《国剧 60 年进化论》,《新周刊》,2018 年增刊。
[2] 卢扬、陈丽君:《湖南卫视成去年首个创收破百亿省级卫视》,《北京商报》2016 年 1 月 19 日。

意义生产的一种重要机制。尽管，这是以过去长久培养而来的电视文化的全方位解构作为前提的。

电视传播在中国传媒格局中占据统摄性地位的数十年里，毫无疑问地成为结构当代社会生活的重要路径。"没有电视的生活之于浸润在现代文明中的大众而言简直无法想象……电视为人们创造并逐渐使之适应了一种全新的生活秩序与价值规范。"[1] 这种结构性的力量在二十一世纪初达到高潮，而后则开始面临各个方面的危机，其构造大众日常生活的强势影响逐步滑落。

2008年，成为一个重要的分水岭。一方面，二十一世纪以来，中国电视为普罗大众所点燃起的"大国之梦"，在北京奥运会、汶川地震等媒介事件的电视参与中得到了丰富而深刻的体现，电视关联了人们从家到国的文化体认并促成了社会话语的立意跃升。这一年，中国电视在各方面的发展到达高峰期：截至2008年底，中国电视人口覆盖率达96.95%，全年电视业总收入978.66亿元，其中广告收入609.16亿元，有线电视网络收入369.50亿元。相比改革开放初期的状况，作为主要收入的广告营收年平均增长36.8%，供应电视节目播出时长增长249倍。[2] 然而，也是在2008年之后，这种空前繁荣的局面逐步滑落。受到美国次贷危机影响进而引发的全球性的金融危机，直接冲击了包括中国在内的经济体运行发展秩序。尽管电视产业相较于劳动集约型产业并不是最直接的受影响者，但电视的盈利机制深度依托于这些受影响的产业。中国企业的经济效益遭遇整体性的持续下滑，原本作为广告主的企业对电视的品牌投入更为审慎。[3]

另一方面，相比市场层面的影响，媒介技术及环境的变革则为大众创造了媒介日常生活实践的更多想象空间。以2009年至2010年

---

[1] 周可：《电视文化与现代人的社会心态——对电视作为一种文化现象的批判》，《文艺评论》1989年第5期。

[2] 《2008·广播电视数字》，载《中国广播电视年鉴》编辑委员会编《中国广播电视年鉴2009》，中国广播学院出版社2009年版。

[3] 谢耘耕、李文超：《2008中国电视：在挑战中前行》，《传媒》2008年第12期。

BAT（百度、阿里巴巴、腾讯）为代表的互联网应用入口崛起，以及移动互联网元年的到来，此前积蓄力量许久的数字新媒体以规模化的成长迎来突破的关键窗口，这也使得在电视强势影响下的国人日常生活方式安排出现前所未有的"焦灼"状况。上述社会经济因素的卷入是一种表现：在电视业面前颇为谨慎的广告主更愿意把有限的资本和资源投向新兴崛起的领域，且彼时的互联网广告市场还是一片"物美价廉"的待开发蓝海。在晚近的十年间，新媒体更灵活的多种经营模式不断倒逼传统电视变现能力的断崖式下跌，电视广告收入负增长成为在 2015 年后的常态现象。更进一步的，大众的日常生活文化也伴随互联网与移动互联网的异军突起逐步得到重构，尤其是围绕"看电视"组织的生活习惯正在被诸种新技术制造的丰富媒介体验所消解，"客厅大屏"不再是大众进行视听消费的唯一选择，体现充分情感意涵的家庭"客厅文化"也在越来越多的小屏出现后被离散了存在形式。尤其是智能终端、社交网络带来颠覆性的媒介使用习惯变化，令"打开电视机看电视"的号召力大幅削弱。相关数据显示，截至 2018 年 6 月，中国网络视频用户规模已达 7.59 亿，较 2017 年底增长 3391 万，其中短视频用户达 6.48 亿的规模，且增速持续上扬。[1] 与之相对的，则是电视日益加剧的"打开率"危机与"老龄化"现象。据统计，北京地区电视开机率从 2010 年的七成降至 2013 年的仅有三成，且 40 岁以上观众已成为收视主力。[2]

显见的危机背后，既是媒介迭代的大势，也是与媒介深度互动的普罗大众据此作出的生活习惯调适：看电视作为一种体现惯性的日常生活实践并不会突然消失，但势必会随着重新生成的媒介经验而再度被赋予新的意涵。当跨屏传播渐成一种普遍的社会现实，依托于包括计算机、智能手机等更多元的传播渠道，面对强调原子化、

---

[1] 中国互联网络信息中心：《第 44 次中国互联网络发展状况统计报告》。
[2] 国家新闻出版社广电总局发展研究中心：《中国视听新媒体发展报告（2013）》，社会科学文献出版社 2013 年版。

数字化经验的全新时代语境，"看电视"之于大众是否成为一种可有可无的日常存在？电视消亡论的观点甚嚣尘上，此时的电视早已不再如过去那般盛况空前，在面临受众分流与分化的同时，是否也在逐步丧失构造日常生活文化的强势影响？

第一节　消逝中的电视世代

2018年的世界电视日（11月21日），各大媒体纷纷对外发起这样一个号召："你有多久没有陪家人一起看电视了？"

> 电视陪伴长大的一代，曾有无数记忆与一方屏幕有关；即便今天的电视依然是家庭客厅里不可或缺的要件，但或许它的意义也仅限于作为摆设。有多久了，我们没有在电视上寻找到那一份久违的合家欢时光，工作的疲惫、生活的无奈、娱乐的丰富……电视，似乎正在离我们远去。当人们沉浸在"低头族"的身份里，你是否还记得与家庭围坐一起边看电视边聊家常，一同兴奋一同欢笑？放下手边的电子设备吧，用一点时间相约客厅，重拾看电视的温暖与温情。①

颇为恳切的话语背后，是电视逐渐远离日常生活的现实与遗憾。如同媒体试图对人们"重回"客厅与电视场景发起的动员，看电视这一社会行为正在变得越来越陌生，而其过往所承载的丰厚的集体记忆，也在二十一世纪第二个十年的尾声里令人无比缅怀。这样意味深长的唤起，在2018年早已人声鼎沸的社交网络上并非孤例。这一年，在微博等社交平台上有过居高不下热度的主题讨论还

---

① 参见《今天是世界电视日，你有多久没有陪家人一起看电视了？》，媒体来源包括中新社、新华网、半岛都市报等。

有如以"00代"为主体发起的话题"你见过电视遥控器长什么样吗",以"80代""90代"为主体发起的话题"那些年我们追过的经典电视剧""怀念等待每天电视开播的日子"等。代际间电视议题的分野,也侧面反映出群体性的媒介使用经验的变迁。在二十一世纪之后出生、成长的新一代,隶属于他们的"原生媒介"早已从电视转向了互联网——电视世代正在消逝中,已然变成了触手可及的现实。

在"80代""90代"的集体记忆里,电视还是他们在成长历程中有限的插电娱乐品。在新媒体尚未实现大范围普及的阶段,电视几乎承载了两代人绝大多数的室内休闲活动,包括最能集中反映这种吸引力的寒暑假期。有观众在受访中指出:

> 电视机一旦开始播出《新白娘子传奇》《西游记》《还珠格格》,就意味着寒暑假马上到来了。已经数不清究竟看过这些经典电视剧多少遍,久而久之甚至能条件反射地对应出正播出的这句台词下一句是什么。随着自己长大,也会觉得剧情有那么多漏洞、特效制作都很"五毛"[①],但怎么都看不腻——如果哪个假期里少了它们,就好像假期不完整了,感觉缺了点什么。

无论有怎样不同的家庭境遇和社会经验,但相同的是几乎每个看电视的人总能回想起一些与电视有关的共同回忆:在《新闻联播》和《还珠格格》之间,父母总会争执不下;在《葫芦兄弟》和《曲苑杂坛》之间,老人总会毫不犹豫地选择宠溺家中儿童陪他/她一同看电视动画片。电视作为一种家庭传播媒介,制造了大量日常性的审美经验。电视嵌入日常生活,日常生活也在电视上得到了准确而丰富的投射,电视文化与社会生活经验之间构成了一种互文式的彼

---

① "五毛特效",是对特效制作的调侃,意指呈现效果差、不精致,被戏称为"不值五毛钱"。

此建构的关系。① 而在进入二十一世纪的第二个十年，过去浸润在日常电视场景中的人们，选择打开电视机看电视的频率却越来越低。即便打开，亦有相当一部分的情况是"伴着电视玩手机"②，电视的场景逐渐发生内涵的偏转。到了"00代"，则大范围地出现了电视"零使用"的状况。作为"互联网原住民"，"00代"在群体特征上已无法被纳入"电视世代"的范畴，其对于日常电视大屏的认识大多停留在作为客厅一方的摆设或"长辈们平时的休闲活动"（受访者语），他们理所当然地将"电视"指代为"视频"。

事实上，不仅是电视生活方式出现断代的危机，对于广泛意义上的电视接触和使用而言，其在二十一世纪后就已经出现下行发展的趋势。当然，这种状况在2001年至2008年之间呈现波动起伏的特点，例如电视新闻和电视综艺在2005年至2006年的创新发展有显著收效，电视收视则出现大幅回暖；2007年前后，观众对电视选秀和电视民生节目的审美疲劳，观众对电视的注意力出现明显游离；2008年一系列重大社会事件的电视参与又使得观众大幅回归大屏收视。③ 但到2008年以后，中国电视收视的变化基本不再出现较为明显的起落，而是步入逐年走低的衰退阶段（如图6.1所示）。

而在电视收视整体性、持续性的下行态势中，电视的主流收视群体也呈现出结构性的代际特征变化。一方面，相关统计表明，青少年群体的日常生活几乎与传统意义上的"看电视"习惯没有太多交集，体现收视黏性的主要是40岁以上的中老年观众群体；另一方面，即便在收视最有忠诚度的老年观众群体当中，因电视终端技术

---

① 廖金生、马骁：《中国电视文化的日常生活表征流变》，《编辑之友》2017年第6期。

② 据部分地区的不完全统计，截至2018年底，在开机看电视的20—30岁观众群体中，有大约三成比重的观众是"玩手机时将电视作为背景声"。

③ 央视—索福瑞媒介研究有限公司：《2007年中国电视收视报告》，载《中国广播电视年鉴》编辑委员会编《中国广播电视年鉴2008》，中国广播学院出版社2008年版，第228—234页。

的不断数字化、智能化，对于新技术的陌生也构成该群体使用电视的门槛，有不少家中有老年观众的受访者明确表示，父母或长辈因为不熟悉或不习惯数字电视的操作，很大程度上削弱了他们打开电视机看电视的意愿，甚至出现"无奈"选择逐渐远离电视的状况。

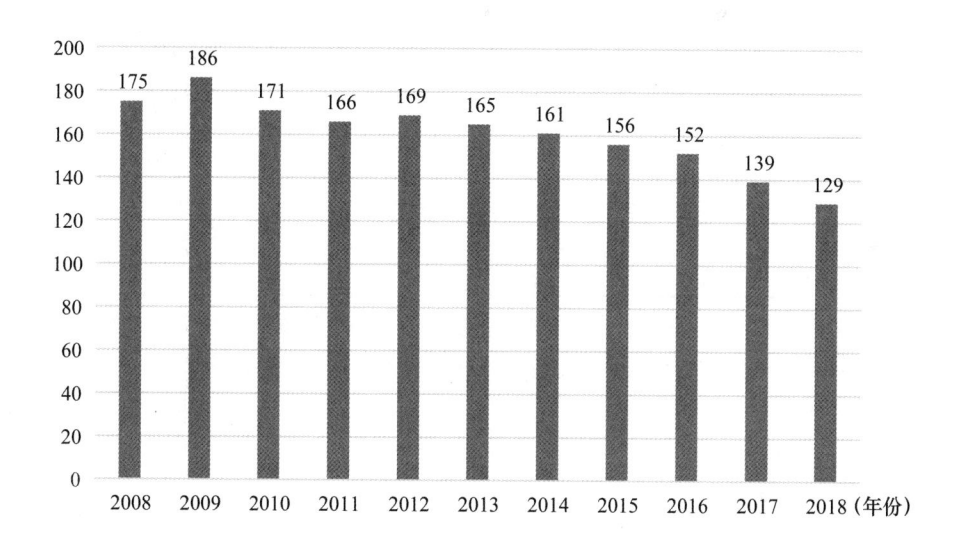

年份	分钟
2008	175
2009	186
2010	171
2011	166
2012	169
2013	165
2014	161
2015	156
2016	152
2017	139
2018	129

图 6.1　2008—2018 年全国电视观众人均每日收视时间（分钟）

资料来源：据 2009 年至 2018 年《中国广播电视年鉴》以及国家广播电视总局门户网站数据。

电视之于日常生活的"降温"，也在社会学意义上得到了显影。据 2010 年以后的中国家庭闲暇时间和日常休闲生活安排等相关社会学调查，与二十世纪八九十年代国民日常闲暇时间普遍相对平均的状况不同，2010 年以后不同社会阶层可被安排的闲暇时间呈现显著性的差异，一个重要的变量反应在收入水平的差异，除了没有收入阶层和极高收入阶层，国民可支配的闲暇时间与收入水平正相关。① 如表 6.1 所示，2011 年的一则小样本预测性调查（group survey）支持了这一结论。

---

①　魏翔、范虹：《中国家庭闲暇时间利用与社会问题调查》，辑冯长根主编《中国休闲研究学术报告 2012》，旅游教育出版社 2013 年版。

表6.1　　　　　　　　不同收入阶层每日可支配闲暇时间

		每日可支配闲暇时间					合计（人）
		3小时以下	3—6小时	6—9小时	9—12小时	12小时以上	
月收入	无收入	2	6	8	12	2	30
	500元以下	0	1	1	1	0	3
	500—1000元	2	3	1	0	1	7
	1000—2000元	7	7	2	1	1	18
	2000—5000元	9	8	3	5	2	27
	5000—10000元	4	3	1	1	2	11
	10000元以上	0	1	0	0	0	1
	合计（人）	24	29	16	20	8	97

资料来源：北京第二外国语学院中国闲暇经济研究中心在2010年12月—2011年3月通过PPS抽样方法对300个随机中国大都会城市家庭开展入户调查，形成《2011年度中国家庭入户"国民时间使用调查"（CTUS）研究报告》。

伴随社会经济水平的快速提升，人们不断加剧的工作压力也为此制造出更隐性的变量。尤其在近些年，渐成社会主力的"80代""90代"群体在更紧张的工作节奏中形成普遍性的社会焦虑。这种社会焦虑之于日常性的休闲娱乐安排而言表现为两个主要特征。一是工作时间延长大幅压缩可支配的闲暇时间。据中央电视台、国家统计局等在2017年联合发起的"中国经济生活大调查"，除却工作和睡眠的时间外，国人每日平均可支配的闲暇时间为2.27小时，较之2012年的3.6小时减少超过三分之一。在一线城市中这种情况更为突出，北京2.25小时、上海2.14小时、广州2.04小时、深圳1.94小时。相较而言，美、英、德等发达国家在同期的平均水平则都在5小时以上。[①] 二是带薪休假制度的不完善导致假期可支配闲暇时间的缩水。有研究机构对全国2500余位在业者开展的调查显示，

[①] 宋瑞主编：《休闲绿皮书：2017—2018年中国休闲发展报告》，社会科学文献出版社2018年版。

有带薪年假且可以自主安排的比例仅为三成，其余受访者则普遍出现没有带薪年假或无法自主安排休假的状况。①

中国电视在2008年以后逐渐"疏远"日常生活，面临着双重危机：一方面是上述探讨的国民可支配闲暇时间的变化，另一方面则体现在以互联网、移动互联网为代表的新媒介经验的普及，直接冲击挤压了看电视的日常生活实践。

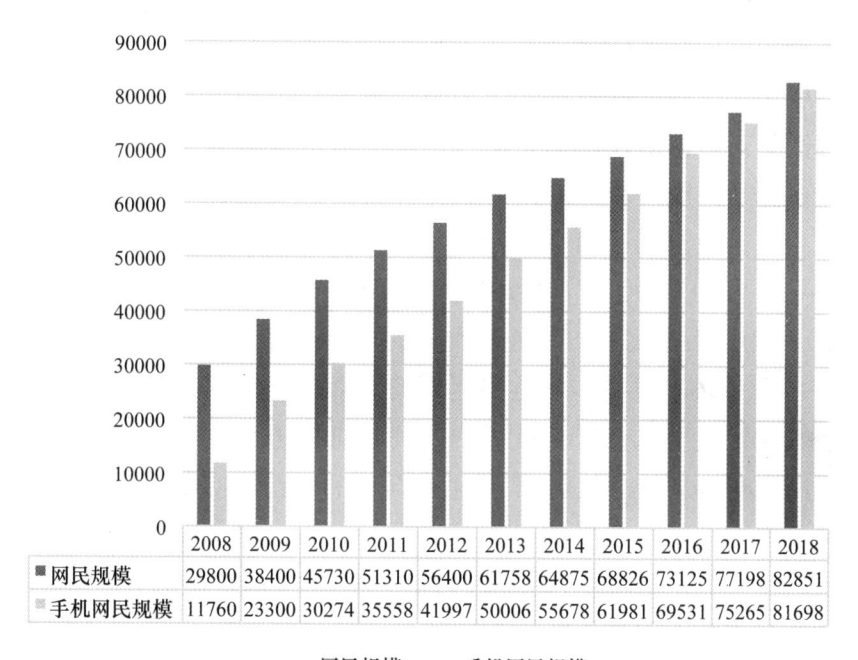

	2008	2009	2010	2011	2012	2013	2014	2015	2016	2017	2018
网民规模	29800	38400	45730	51310	56400	61758	64875	68826	73125	77198	82851
手机网民规模	11760	23300	30274	35558	41997	50006	55678	61981	69531	75265	81698

图 6.2 2008—2018 年中国网民与手机网民规模（万人）

资料来源：中国互联网络信息中心 2008 年至 2018 年历次《中国互联网发展状况统计报告》。

如图 6.2 可见，2008 年至 2018 年中国互联网与移动互联网网民规模实现持续快速增长。截至 2018 年底，全国互联网覆盖率可达六

---

① 陈溯：《报告称国人每天平均休闲时间 2.27 小时 不及欧美一半》，中国新闻网，2018 年 7 月 13 日，http://finance.chinanews.com/cj/2018/07-13/8566279.shtml。

成，网民规模与手机网民规模基本持平。如果不考虑城乡差异（事实上互联网在普及过程中的城乡差异远比电视普及期间大），大体近似于二十世纪九十年代中期中国彩色电视的覆盖率，而该阶段也恰恰是电视文化空前鼎盛的阶段。与之参照，足以看到十年间数字新媒体对大众日常生活的卷入程度，也侧面反映出其较之电视更强劲的感召力。

伴随看电视作为一种生活方式的社会影响力滑落，曾经不断提速发展的电视终端（技术）产业也面临前所未有的危机。电视的物质性变化，往往影响着媒介底层逻辑的构建。相关数据表明，2018年我国生产彩色电视机1.6亿台，占全球出货总量七成。但与之对照的状况是，国内彩电的销售状况却面临持续性的下滑，当年中国彩电零售销量规模仅有4774万台，销售额同比2017年下降8.6%，平均单价为3121元，同比2017年下降9%。[1] 这种状况并非个案，自2010年以后国内彩电企业净利润的下行是显著趋势，部分企业在2015年前后甚至已经步入亏损运营的局面。当然，电视终端的数字化、智能化转型也在这一过程中得到相应推进，包括小米、华为等互联网企业入局新一代电视，并宣称要在"智能电视""智慧电视"等新电视终端的引领中拔得头筹、驱动市场。耐人寻味的是，如此积极景象，更多的改造力量源于互联网势力而非电视业的自主谋求。与之相对应的，则是不断崛起的移动互联网产业对主流的日常消费媒介的取而代之。相关数据显示，2013年以后中国移动产业实现快速增长。到2014年，中国智能手机销量达3.87亿部，同比2013年增长12.83%；2015年出货量便有4.34亿部，增速稳中有进。[2] 而以智能手机为代表的智能终端对国民的影响逐步深入，体现出日常性。尤其是移动终端对日常碎片化时间的利用，逐步生成了一种生

---

[1] 参见《2018年中国彩电市场零售量规模为4774万台》，《北京日报》2019年1月18日第16版。

[2] 《2015年中国智能手机出货量达4.341亿部》，搜狐网，http://www.sohu.com/a/60273909_115559。

活方式的全新构造——"生活在别处",这俨然是电视时代由一方荧光屏固定下的家庭生活所未曾意料到的。

在这样的状况下,原本象征着聚合家庭生活和寄托家庭情感意涵的"看电视",正面临着习惯重建和场景重塑的现实变化,而电视对日常生活的疏离,也渐渐变成一种具有普遍性的现象;曾经深度浸润于家庭电视文化中的"80代""90代"观众,其共同的电视记忆陆续止步于他们逐渐成为社会中坚力量的过程中,在一个更为强调自由、自主以及多元的社会空间中完成着其对全新社会文化记忆的建构,而那些曾经与电视有关的生活,则也因为注定的无法重回而逐渐变成可以被缅怀的"远去的美好"。伴随人们的媒介日常实践从电视转向网络,最后的"电视世代"似乎正在宣告着落幕的到来,带着哪怕无意识的现实抉择。

第二节 从观众到用户的变迁

新媒介技术深入社会生活,这种影响是结构性的。较之包括电视在内的诸种传统媒体而言,强调多媒体属性、去中心传播、友好交互体验的互联网和移动互联网,不仅仅改变了大众对媒介的日常使用习惯,更在进一步定义着媒介化生存的丰富意涵。尤其是实现迅速成长的移动新媒体,其技术及技术的运用场景对生活方式的重构可谓是颠覆性的。如受访者所言:"一切完整的时段和文化生活,都被一个小屏(手机)所瓦解;无论这种影响是积极还是消极的,但让我们得以在等车间隙、无聊空闲甚至是上厕所时都能拥有丰富的媒体文化娱乐活动,终归是要归功于这种新技术的到来。"

互联网和移动互联网对受众的全方位赋权,是传统媒介时代所难以想象的社会景象。这种赋权的意识首先体现在对"受众本位"意识的重构,一切技术与观念皆指向人本身,体现人的意志和能动性。尽管中国电视业在跻身市场化、产业化进程的初期就培育出了较为明确的"观众意识",但这主要表现为对消费逻辑或言市场逻辑的洞察与反应,较之于新媒体为个体创造的有如碎片化场景使用和参与式生产等独特优势,电视的赋权俨然还是不够彻底的。在技术的驱动之下,大众的媒介使用身份正在发生巨变:从观众到用户,从"阅听人"到"赛博人",变化背后也描摹出了媒介变迁对大众日常生活方式的重构;从电视到互联网,"人"的身份转变固然不仅仅指向着不同媒介载体的选择,更再现着不同媒介的运用之于社会的塑造性影响。

一 媒介的"人性化趋势"与人的赛博化生存

伴随电报在十九世纪中期的横空出世并催生现代通信产业的雏形,人们或许很难想象到在此后的一百余年历史中,信息与通信技术(ICT, information and communications technology)将在人类社会转型的宏大过程中扮演如此关键的角色。[1] 互联网作为当前信息通信技术的重要成果,非常直观地展现出这种深入日常生活并对之形成重构性力量的技术可供性特征。由于某些天然的特征,以互联网为代表的数字技术拥有了左右人的认知、态度、情感乃至行为的特殊效应,而在很多时候这种效应是具有主导性的。[2] 而相较于电视等传统大众媒介,互联网的技术可供性在极大程度上整合了人—机的关系,使之消解边界、逐渐融为一体,这也是媒介演化到一定社会阶段后所必然指向的"人性化趋势",如莱文森(Paul Levinson)所言,"一切媒介演进的终点就是越来越人性化……媒介的演化总在不断适配着人的理性,在无穷的发展潜力中变得越来越人性化,越来

---

[1] Andrew Wheen, *Dot-dash to Dot. Com: How Modern Telecommunications Evolved from the Telegraph to the Internet*, New York: Springer-Verlag, 2010, p.7.

[2] 常江:《互联网、技术可供性与情感公众》,《青年记者》2019年第25期。

越合理，越来越完美"[1]。而所谓"人性化"，互联网基于其技术可供性则创造出了此前的大众媒介所无法比拟的优势，一是使媒介更"自然化"，也即传播过程更近似于人"自然"加工和处理信息的方式；二是使感官需求的满足丰富化，互联网的多媒体属性显然延伸了个体在电视时代中主要诉诸视觉和听觉的感官知觉，融入更强调体验感的交互感知要素。

不仅如此，互联网本身也构造出了一个有别于现实空间与传统意义上的媒介现实空间的虚拟现实时空，具有脱离于现实空间之外但近似现实空间体感的特征。这与航天科技领域在二十世纪六十年代萌发的理论概念"赛博格"（cyborg）[2]具有某种程度上的一致性，这一概念最初仅仅作为一个单纯的技术概念存在，用以为宇航员提供一种在地外环境但类地球环境的生活空间以帮助其更有效适应太空旅行的解决方案。从"自体平衡"（homeostatic）和"无意识"（unconsciously）[3]这两个内在于理论概念的关键技术特征出发，逐渐延伸成为一个凸显人与机器（技术）有机融合的哲学概念。赛博格的隐喻，亦成为媒介进化至今的一种现实。以互联网技术作为依托的数字新媒体，正在不断整合个体与媒介的关系，强调一种"人机互嵌"的赛博化生存的经验。这种经验"既改变了以往人们接受、处理信息的方式，也拓展了人们交往的空间，重新调整了人和人、人和社会甚至于和自然的关系"[4]。在互联网的视域中，人们借助技

---

[1] ［美］保罗·莱文森：《软利器：信息革命的自然历史与未来》，何道宽译，复旦大学出版社2011年版，第3页。

[2] 赛博格一词，最早出现在二十世纪中期的美国航天科技领域，专门用以为宇航员的太空生存问题提供解决方案的一种思路，由两位科学家Manfred Clynes和Nathan Kline在一篇名为《赛博格与空间》（Cyborgs and Space）的论文中提出。

[3] 阮云星、高英策：《赛博格人类学：信息时代的"控制论有机体"隐喻与智识生产》，《开放时代》2020年第1期。

[4] 黄锫坚、曾国屏、孙喜杰、李正风、段伟文：《赛博空间的哲学探索》，清华大学出版社2002年版，第3页。

术的中介作用构建了其身体经验无法直接感知的事物①，其自身又同时深度依赖于技术，这使得媒介技术作为一种结构性的力量更深度地嵌入具身关系中，赋予人—媒介相融合的身体形式得到某种层面上的确认。

互联网作为一种媒介"人性化"演进的直接结果，在强化媒介技术所体现的具身性的同时为大众普遍性地营造出了赛博化生存的可能性。在电视作为主导性大众媒介的阶段，人们对于媒介日常生活实践的"在场"主要依托于电视作为一种中介进而为身体转化出媒介经验，而新媒介技术的崛起则让人们的日常媒介经验进一步突破身体的边界，能够是远程的、虚拟的、机器（技术）构造出的一种"在场"。人的主张与价值在与媒介（技术）的互嵌中得到了尽可能充分的释放，这在数字媒介勃兴以前仅仅只体现为一种有限的能动性：人们对诸如"看电视"的媒介参与无论在技术或意识层面上都是基于现实时空的局部体验卷入，电视在深入社会生活的数十年里也无法构造出尽然超越现实的赛博化生存的条件。互联网的媒介转向带来大众从"意识沉浸"到"知觉沉浸"②的媒介体验变迁，背后也关涉人们通过使用媒介来重塑日常生活文化的重要社会过程。"今天几乎所有中国人都或深或浅地浸润在赛博化生存的现实或趋向中……尤其对于与新技术有天然亲缘性的年轻一代而言，互联网生存的意义俨然比其他任何一种基于现实生存的媒介体验更具吸引力，也在个人生活中占据更大的比重。"③而这样的变化，俨然对曾经长期培养而来的电视生活构成了颠覆性的冲击。

---

① ［美］唐·伊德：《让事物"说话"：后现象学与技术科学》，韩连庆译，北京大学出版社2008年版。
② 吴倩：《从意识沉浸到知觉沉浸：赛博人的具身阅读转向》，《编辑之友》2019年第1期。
③ 陈培浩、王威廉：《赛博化生存与当代城市书写》，《鸭绿江》2019年第19期。

二 视听媒介的日常生活实践：观看还是体验？

"90代"受访者：电视或者是视频，本质上有什么差别吗？……我可以在电视频道上看《极限挑战》①，也可以在视频平台上看，但都是在看《极限挑战》。

"00代"受访者：看电视还是用网络，这不是一个需要复杂去想的选择啊——我们当然更愿意接受体验最丰富的那个选项。

在本书涉及的访谈中，一则关于看电视和使用网络的习惯偏好问题在不同代际群体中形成意见分野。作为电视世代的"80代""90代"观众，受到电视对日常生活的长期浸润和培养，即便能够明确感知互联网及其文化的感染力，但出于生活方式的惯性，他们没有从日常生活中彻底剥离电视这一社会要素，或者是并不抗拒电视较之于互联网作为一种保守的、传统的视听传播形态的存在。相比之下，对于"00代"观众，互联网作为他们的"原生媒介"，其媒介体验的优势无疑体现着显著性。在短时间内快速崛起的互联网媒介，毫无疑问地正在重新定义大众对媒介的日常使用习惯及其媒介化生存的特征，无论采取何种立场来审视电视以及互联网的建构性力量，正在发生的媒介变革改进的都不仅仅是原有的生产和传播机制，更进一步地作用在媒介和受众之间的日常关系重构上：在新的语境下，媒介的日常生活实践正在发生从"看"到"体验"②的转向，新技术赋予了个体以主张和权力的充分自主性，并能够以更

---

① 《极限挑战》是东方卫视于2015年推出的一档户外真人秀节目。作为在2013年以后开始不断壮大的中国真人秀节目浪潮代表作，这档真人秀节目在第一、二季以平均收视率超2%的亮眼成绩成为国内真人秀节目的现象级作品之一。

② 周勇、何天平：《从"看"到"体验"：现实体验技术对新闻表达的重构》，《新闻与写作》2016年第11期。

丰富多元的手段进行媒介参与；蕴藏在背后的，则是作为"阅听人"的受众从电视时代的"观众"身份向互联网时代的"用户"身份的让渡，这也意味着，大众媒介与社会文化的互动在更深层次、更多维度上实现了更为紧密的关联。

而在这一过程中，电视生活与互联网生活在技术与观念等不同层面上的进退也呈现出此消彼长的力量巨变。自中国电视在八九十年代开始步入千家万户，其日常生活实践作为一种稳定的社会结构要素便深度嵌入在普遍的社会文化之中，个体通过电视的使用以实现社会地位的彰显，亦作为一种流动的社会行为构造不同的生活场景，电视本身便成为社会生活变迁的一种重要表征。而伴随互联网技术及终端的成熟与普及，尤其是在2014年后智能移动终端（如手机、平板电脑等）成为多数普通民众在物质条件上可负担的电子设备，崛起的网络视听业以大众能够随时随地、自由选择视频内容的特点，对强调固定编排逻辑以及"你播我看"特征的电视线性观看传统构成显著性的冲击。自2015年开始，以腾讯视频、爱奇艺、优酷、搜狐视频、芒果TV为代表的视频网站逐渐完成平台经验的积累，并从过去主要集成版权电视节目/电影全面转向规模化的长视频内容自制[1]，这也意味着原本依赖于电视内容输出的网络视听业已经实现了"自己走路"的目标，人们通过在线视频业可获取的已不仅仅是有限且隶属于电视的内容，而拥有了更充足、多样的内容消费选择。

在这样的背景下，网络视听业则在一个成熟的媒介业态下逐步深入社会生活。相较电视观看更重于对集体主义式的生活经验和情感的召唤，突出家庭以及社群场景，新兴的在线视频则全方位地推翻了这种媒介经验，基于更灵活的技术逻辑突出人们对媒介内容的体验感，强调受众作为"用户"的身份对媒介使用更为个体化的意

---

[1] 周勇、何天平：《视频网站"下半场"发展观察：线索、路径与前瞻》，《新闻与写作》2018年第5期。

志和更为个性化的主张。"用户体验"价值的凸显，对电视塑造出的诸种日常生活实践发起了根本性的挑战。以网络短剧《屌丝男士》和网络综艺《奇葩说》的推出为标志，大众对网络视听的"体验"体现在两个方面的日常性观照。其一，场景的灵活度。例如《屌丝男士》以短、平、快的单元剧体例，适用于碎片化时间的利用，在跨屏传播的现实条件下促成人们在不同场景的观看。相比电视与客厅空间的固定位置关系，人们借助手机、平板等移动终端可以在无论躺着、坐着、站着、走着的不同状态里进行观看，其场景的选择以个人为中心，不再依托于家庭或其他任何特定社群空间。其二，内容的丰富度。互联网的技术逻辑让个体对内容的参与式生产变为可能，受众不再仅仅作为被动的接受者，其能动性得以充分凸显。弹幕实时评论、基于原文本解构出的包括表情包、"鬼畜"视频等的二次生产……这些超越"观看"的体验，进一步发散出文化生活的诸种可能性，也令互联网的文化更深度地嵌入人们日常生活中。

在近十年间，从电视向互联网流动的文本中有两个较为典型的案例可以充分说明这种得益于"体验"的吸引力。电视购物作为一种较为特殊的节目形态，最早出现在二十世纪九十年代，广东珠江电视台将线下实体家用品商店移至线上催生"电视特惠店"这一新兴概念。而其真正开始活跃于电视荧屏则要到电视市场化、产业化程度更高的二十一世纪，2004年上海电视台东方购物频道开播，成为国内首个针对电视家庭购物需求而组织的专门化频道。[1] 自此之后，电视购物以其依托于家庭观看场景的精准销售与变现转化的思路，有力拓宽了电视产业的格局，亦为大众挖掘出了电视生活之于经济生活的充分潜力。相关数据显示，2010年前后电视购物步入鼎盛发展时期，并深受中国家庭的青睐，仅东方购物单频道最高年销

---

[1] 参见《上海广播电视志》编辑委员会编《上海广播电视志》，上海社会科学院出版社1999年版。

售额便逾20亿。① 在巅峰期，全国购物节目/频道一度发展到200余家，其中不乏湖南广播电视集团旗下快乐购发展势头强劲，实现新三板的挂牌、成为湖南广电系统中最为创收的电视业务之一，并由此跻身主流市场。电视购物风潮一度席卷中国社会，这一方面源于人们在电视观看的日常审美之外开掘出了更为丰富的消费生活，构成"看电视"的全新想象空间；另一方面，电视购物也充分彰显社会服务属性，以其特殊的方式直接介入人们的现实生活并形成与之的紧密互动。在很大程度上，电视购物展现出贴近于日常生活需求的便利性，当然也逐步暴露更多现实问题。有过电视购物经历的电视观众表示②：

> 孩子两岁前我都没办法抽身，只能整天陪伴，心情特别容易烦躁。等到晚上孩子睡后，我才能自己一个人看会电视，就这样关注并且接触到了电视购物。在半夜的电视购物节目里，我买过吸尘器、辅食料理机等等家用物件。当时就跟完全被洗脑了一样，想也没想就一个个下了单，毕竟花钱还能让自己心情舒服一些。但买回来一看，价钱是不高，但质量确实也相当一般。
>
> （全职家庭主妇　姚女士）
>
> 我自己是做企业的，但曾经也是个电视购物的狂热爱好者。节目里的珠宝玉器让我很感兴趣，但毕竟是价格不菲的收藏品，对商品真假还是有疑虑，就没有购买……更喜欢在上面购买家用生活品，性价比不错，300块的挂烫机差不多用了四五

---

① 徐帆：《电视购物的本质、机制与功能：基于东方购物的一种阐释》，《中国广播电视学刊》2011年第2期。
② 参见《销售额363亿，平均客单价700，35岁以下用户增长……电视购物为啥还能这么火？》，《中国经营报》百家号，2019年6月6日，https://baijiahao.baidu.com/s?id=1635576799366885433&wfr=spider&for=pc。

年……但近两年（主要指2017年和2018年）少了，因为网购发达了。妻子认为网购选择更多，也不像电视购物容易上当受骗。但我还是觉得电视购物方便，电视上看到什么想买的，一通电话就能解决问题。

（民营企业负责人　王先生）

中国电视购物在蓬勃发展的阶段，曾对二三线城市的家庭受众形成空前的影响力。这种下沉的社会效应主要源于其简单直白的传达形式：其推荐的商品往往集中在日常必需的消费品和彰显社会身份的奢侈品两类，因价格亲民产生吸引力，但也面临品牌仿制、真伪难辨、品质低劣等问题；节目的表达方式重在动员购买力的情绪渲染。"只要998！只要998！"等主持人推销惯用语一度成为大众调侃电视购物的标志性话语，曾"专属"于电视购物的知名品牌如"八心八箭"（钻石产品）、"劳斯丹顿"（手表产品），也在大众趋之若鹜的同时被验证是假冒伪劣商品。广告内容虚假、现场实验误导消费者、售后维权难度大[1]等问题层出不穷，缺乏有效规制的电视购物在市场逐利的过程中也透支了电视的公信力，步入衰落期。据公开报道，到2015年以后，中国电视购物市场进入整体性的负增长状态。即便是快乐购等上市企业也以每年同比锐减三成到四成的速度难复营收盛况。[2] 近年来，电视购物节目甚至成为赋闲在家的老年群体因缺乏甄别能力和易于被动员之特点的专属"老年电视节目"，争议与纠纷不断。

但与此同时，"降温"的电视购物却又在互联网空间里找到了重新萌芽的土壤。除了以淘宝等为代表的互联网电商平台深入日常生活，线上消费逐渐催生大众的全新生活方式，自2018年起，网络直播业（尤其是移动直播）崛起并实现与电商市场的快速整合，催生

---

[1] 邱静君、邓毅萍：《浅议加强对电视购物广告的监管》，《中国工商报》2014年11月4日。

[2] 常涛：《你不相信电视购物，为什么却为直播带货疯狂？》，《现代商业银行》2019年第24期。

"直播带货"的空前热度。而对于已经深谙电视购物关窍的普罗大众来说，又再度被迅速地带入这一相似业态当中。一方面固然是更激烈的市场竞争催生购物品质的相应提升，另一方面也源于网络直播赋予人们购物体验的独特互动性、参与感和情感卷入程度，相较电视时代的线上购物体验仅仅基于观看和通话的有限介入，互联网时代的线上购物俨然有了更多元丰富的"可操作性"。当然，大众也意识到了网络直播购物与电视购物之间的渊源，"网络直播莫走电视购物的老路"[1] 这样的警示常有发声，侧面反映人们对互联网改变消费生活的期许和要求。

对于上述媒介体验因"可操作性"的丰富而重回（但也被重塑）的生活方式，另一典型案例便是国人对新一阶段的电视春晚所引发的不同审视。无论媒介环境如何变迁，"中国人如何过除夕"这个特定的生活命题始终深嵌在社会文化的脉络中。如前文所述，电视春晚在二十世纪八九十年代对于中国社会如何理解并且诠释春节这一重要的节庆话语发挥至关重要的作用，其在二十一世纪初开始走向的滑落，既是电视媒介发展的内生问题使然，也面对着构建社会话语乏力的现实困境。然而，在互联网和移动互联网逐渐勃兴的 2010 年，电视春晚以一种不同的"被诠释"方式重回大众生活，在抽离原文本语境的同时也生成了新的社会文化意涵：移动小屏为大众选择性地接触自身偏好的春晚内容创造了可能性，"从电视大屏到移动小屏的切换，意味着春晚从形式到内涵上的碎片化开始，全家人共同观看电视春晚的仪式感逐渐被各种各样的'屏'所瓦解"[2]；社交属性的崛起赋予"观看"更多的附加意义。有观众指出："年夜饭从为家人准备变成为微信朋友圈准备，红包从仪式的作用变为数字化的地位象征，电视春晚也从一年一度的全民期待变成一年一度的全民'吐槽'。"话语的背后，是互联网与移动互联网介入

---

[1] 胡立彪：《网络直播莫走电视购物的老路》，《中国质量报》2019 年 11 月 15 日。
[2] 腾讯传媒：《解构与重塑：短短十载，移动互联网重新定义"过除夕"》，"全媒派"微信公众平台，https://mp.weixin.qq.com/s/1mXLDXJI5iIIN6woDqXThA。

电视春晚观看所形成的强势影响，比起曾经由电视加以塑造的家国情怀与民族共同体意识，今天依然"火热"的电视春晚之于普罗大众而言更体现为一种表达个体主张和强调个人经验的伴随式"背景"——基于电视春晚所延伸出的一切媒介实践似乎都比"观看"春晚更有感召力，这在近两年愈发走俏的将手机与电视相关联进而催生出的"扫一扫、摇一摇，抢红包大作战"的生活景观中可见一斑。

电视的观看，在过去数十年中以一种颇为集中的方式将国人的意志、认知和情感凝聚到一起，并生成了不容小觑的社会动员能力——电视所具有的强劲社会影响，体现在其对国人社会生活的"提前"安排，有计划、成规模地实现对日常的介入。而媒介技术的进步，为媒介组织日常生活的机制提供了更丰富的想象力，对"体验"的重视即是对个体在媒介化生存中所处地位的凸显，人们意识到除了"观看"还有更多关于生活方式的可能性；当互联网赋予媒介使用以全新的意义注脚，曾几何时千家万户静候电视播出前难以言表的期待似乎也就成为某种意义上的"已经远去的美丽"，难以重回但可以供以缅怀。

三 看电视作为共同生活经验的消解

当然，"看电视"在2008年以后面临难以强势维系大众日常生活方式的困境，其本质原因不仅仅囿于"新""旧"媒介之争下的技术变革问题，更关涉整体性的社会结构变迁及其现实影响。"看电视"作为共同生活经验的消解，是媒介演进造成的直观结果，也同样能从主流社会的运行变化中探寻到线索。相比看电视时间向互联网使用的偏转，电视疏离日常生活的社会学显影也能让我们看到内在其中的严峻挑战：不同社会身份和群体的结构性分化，令寻求差异化的媒介经验成为当前构建日常生活方式的一个主要目标。

作为大的社会背景，家庭结构进一步变迁解构了家庭电视观看的文化生活传统。如前文所述，自二十世纪九十年代以来中国家庭结构呈现向小型化、核心化趋势变动的特点，家庭户规模持续缩小。但这种状况在2010年后出现波动升降的状况，2014年降至历史最低点

2.97 人，在 2015 年后又出现回升，峰值数据达 3.11 人。① 家庭户规模的整体性下降趋势是制度、观念、经济、人口等各方面社会要素长期综合作用的结果，也是社会现代化进程的必由走向。但出现在二十一世纪第二个十年时的波动变化，也再现着其背后更复杂的社会状况。其一，民众对婚育的观念和选择趋于多元，单人户与夫妇核心家庭比例增长，由此导致家庭户规模降低。② 然而，即便是这种高度集中的家庭结构特点，也正在面临多种多样的变化现实。据国家民政部统计公报数据（如图 6.3 所示），我国结婚率自 2013 年以来持续下降，离婚率自 2010 年以来持续上升，小型化、核心化的家庭规模并不再是一种体现稳定性的社会结构，反而可能引发更多变动的发生。

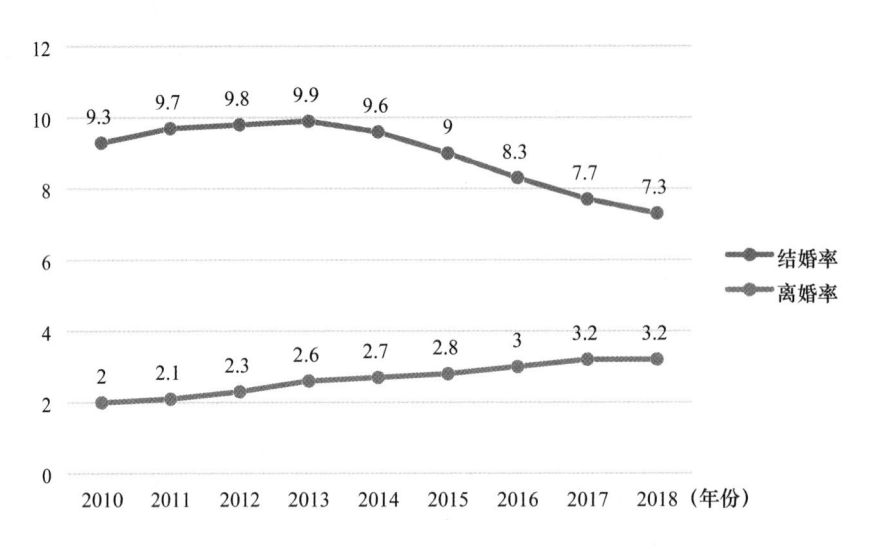

图 6.3　2010—2018 年中国结婚率与离婚率数据变化（‰）

资料来源：中华人民共和国民政部门户网站发布 2010 年至 2018 年《民政事业发展统计公报》《社会服务发展统计公报》。

---

① 汪建华：《小型化还是核心化？——新中国 70 年家庭结构变迁》，《中国社会科学评价》2019 年第 2 期。

② 胡湛、彭希哲：《中国当代家庭户变动的趋势分析——基于人口普查数据的考察》，《社会学研究》2014 年第 3 期。

另结合国家统计局的相关数据可见,结婚率下滑、离婚率上升的趋势体现较为明显的地域差异。地区经济发展程度与结婚率负相关、与离婚率正相关,也即经济越发达的地区,当地人口的结婚率越低、离婚率越高,这种状况在北京、上海、广东、浙江等地体现出一致性,上海作为2018年全国结婚率最低的城市,仅有4.4‰。① 而这种婚育观念的变化,也造成一种特殊的社会生活面貌:长期的计划生育政策使得多数家庭只有独生子女,而独生子女新组建的单人户或夫妻核心家庭(甚至包括育有下一代的三口之家)在生活上依赖父母,有很大可能与父母共同居住并再度"重组"为一个直系家庭。② 直系家庭比例在这种状况下得到扩张并间接推动了家庭户规模的增长。③ 而在形式上向原生家庭的回归,却无法改变已经分家的实质,经历这种状况的受访者表示:"主要是每天的吃和住跟父母在一起,但'成家'后与父母的生活状态之间还是有相对的独立性,他们有他们的日常生活安排,我们也有我们的。"这意味着差异性的生活方式在经由"重组"后的原生家庭里并存,无法重回所有家庭成员分享共同生活经验的状态。而哪怕是对于并没有在成家后与父母共同生活的新生家庭,也有研究表明,其家庭成员的日常生活时间安排发生了根本性的变化。相关调查结果显示,婚姻使人更休闲④,有配偶的家庭生活普遍会寻求在媒体休闲之外更多样的娱乐方式,例如健身、社会交往等,这在客观上也压缩了传统的以媒体休闲主导的家庭生活方式。

其二,人口伴随城市化进程的流动趋势也构成影响家庭户规模状况的一个重要变量。人口的流动,尤其是务工人员的迁移,客观

---

① 国家统计局官方网站发布《中华人民共和国2018年国民经济与社会发展统计公报》。

② 王跃生:《中国城乡家庭结构变动分析——基于2010年人口普查数据》,《中国社会科学》2013年第12期。

③ 汪建华:《小型化还是核心化?——新中国70年家庭结构变迁》,《中国社会科学评价》2019年第2期。

④ 魏翔、范虹:《中国家庭闲暇时间利用与社会问题调查》,辑冯长根主编《中国休闲研究学术报告2012》,旅游教育出版社2013年版。

上并没有动摇原本的家庭结构,但家庭成员长时间的异地分离也在实质上造成空巢、独居家庭的增多。① 这些空巢和独居家庭,多以老人或老人与青少年相伴为特点。在这些社会群体身上,反而呈现出媒介日常使用的"逆潮流"现象,也即当大多数人向互联网分流转移注意力时,上述老人或青少年因为生活的聊赖且缺乏对新技术的习得,故而强化了对电视的生活依赖,使得电视进一步加剧分化性的特征,反映在"主流"之外特殊的电视生活实践。

上述家庭结构的复杂变化,一并折射出生活方式分化的现实。对于长期存在于中国社会的电视生活图景,这样的变化自然对大众原有的凸显"共享"意义的电视经验构成了挑战。对于大部分尚未"走出家庭"的年轻人而言,寻求更自主、丰富的生活方式成为构建其自身的主流社会话语,旅行,健身,观看话剧、演唱会,上网和游戏等休闲消遣都比看电视更受到青睐;已组建家庭的年轻人,无论是实现真正的自立门户或者依然保持跟父母共同居住,其生活方式也表现出有别于上一辈人的独立性。即便原有的家庭场景仍存在,但看电视之于不同代际的家庭成员而言已然有了不同的意义:长辈认真观看电视,但子女往往身处电视前却低头沉浸互联网,刷微博、朋友圈,看网络直播,玩手游……这种现象还大有反哺之势,有人表示:"就在(和长辈)一起看电视的过程里也带动了老人们一起玩转手机。"当以强调家庭观看场景和维系家庭情感见长的电视逐渐失去了其赖以生存的社会基础,看电视作为共同生活经验的意义消解势必成为不可避免的结果。

更进一步地,电视媒介经验的分化也在不同社会维度投射出具体表现。其一,电视的日常生活实践之于受众的分化。在代际的维度,电视的"老龄化"特征在二十一世纪第二个十年里不断凸显,因为年轻受众群体向其他媒介或休闲方式的流动,中老年受众则成

---

① 杨菊华、何炤华:《社会转型过程中家庭的变迁与延续》,《人口研究》2014年第2期。

为电视收视的主力。相关数据能够印证,这种迹象在2009年已经有颇为显著的表现。据2009年的相关电视数据,在当年开播的历史传奇剧《走西口》成为全年收视表现最好的电视剧。该剧围绕主角田青的发家史,铺展了民国初年晋商到"西口"外发展商贸的历史轨迹,并以小见大地将小人物的奋斗叙事纳入壮阔的移民进程中去。作为一部严肃端正的历史正剧,该剧收视的持续走高得益于中老年观众的口碑扩散。据当时的观众反馈信息表明,《走西口》的收视特征以35岁以上观众为主导,有不少年长的观众指出:"从《走西口》中看到了劳动人民的血泪史、奋斗史和革命史,深沉而耐人寻味。"[1] 这样的状况在中国电视业得到不断壮大,甚至在近些年催生出老年电视收视市场的"银发经济"[2] 效应。在性别的维度,不断崛起的女性意识成为2008年后流行电视文化颇为关切的一个社会命题。这尤其体现在婆媳题材的家庭伦理剧和制度异化背景下的年代/历史剧两类文本,源于中国独特的社会历史语境,家庭空间和封建制度的父权凝视往往构成了对女性生存长久的压抑。2008年以后涌现的上述电视剧中,前者代表作品如《媳妇的美好时代》(2009)、《裸婚时代》(2011)、《金太郎的幸福生活》(2011)、《离婚前规则》(2012)等,后者代表作品如《后宫·甄嬛传》(2011)、《红高粱》(2014)、《芈月传》(2015)、《那年花开月正圆》(2017)等。在这些作品中,女性的意识和力量备受关注,剧集也通常会更多着墨于女性置身异化的制度结构(家庭/社会)中的觉醒之路。与九十年代初电视剧《渴望》通过不断压抑自我以完成女性美德建构的价值观迥异,今天的电视文化不断再现并强调着父权文化传统下"缺

---

[1] 中央电视台:《2009年中央电视台观众反馈信息综述》,载《中国广播电视年鉴》编辑委员会编《中国广播电视年鉴2010》,中国广播学院出版社2010年版,第299—301页。

[2] 银发经济,亦称老年经济、老年产业,意指专门为老年受众群体提供的消费服务,这在社会诸多领域得到体现,也不断得到壮大,是顺应社会老龄化趋势的现实而蓬勃发展的朝阳产业。

席"的女性身份与权力的重回,进而使得大众尤其是女性观众开始重新审视自己所处的社会位置。电视文化对女性主体性的观照,一方面表现在电视剧的创作不断代入具有进步性的性别意识（哪怕是微弱的）,另一方面也反映在主流观众尤其是女性观众,对于诸如物化女性这样的落后社会文化观念所展开的批判反思。在无论都市或历史的叙事场景下,女性观众得以从剧中完成现实主义的自我投射,并由此唤起具有进步性的社会意识。例如 2018 年播出的电视剧《娘道》,因其以异化女性、张扬落后过时的价值观而遭到大量观众（尤其是女性观众）的批驳,并在网上引发关于"传统女性价值观"的热门讨论。一个值得关注的现象是,该剧在收视群体中呈现代际分化的两极评价,如有观众感慨:

> 世上最远的距离,是爸妈坐客厅看《娘道》,而我在卧室里看《使女的故事》。当美剧早已疾声大呼女性理应勇敢面对过时的男权制度发起挑战和抗争,警惕着一切可能对女性身份和权力构成威胁的力量,而我们热播的国产剧竟然还沉溺在鼓吹女性自我牺牲、恪守"女德"的价值观当中。更糟糕的是,还有相当一部分的人并没有意识到这种危害。[1]

也有积极的例证。如电视剧《后宫·甄嬛传》讲述了一位后宫女性在封建皇权的压迫下实现觉醒并为自己争取权力的故事,播出后引发丰富的现实思考。流传在网络上有不少热门探讨,如"甄嬛教你如何职场上位"[2],更有女性观众将其戏称为《甄嬛升职记》,视"甄嬛"为女性先锋。有研究指出,该剧对后宫女性身体政治的反思,"通过（主角）自身的智慧、能力来追求自由以及呼唤本性

---

[1] 王琴:《〈娘道〉的争议和受众的两个世界》,《中国妇女报》2018 年 10 月 25 日第 B1 版。
[2] 解敏:《〈甄嬛传〉教你如何上位　后宫戏被白领奉为职场宝典》,东方网,http://sh.eastday.com/m/20120425/u1a6512242.html。

和自主意志的回归，进而完成对男性权力的反叛，彰显具有现代性的女性主义精神"[1]。除了女性剧的崛起，男性剧也逐渐成为一个专门化的审美对象，这在2015年播出的《琅琊榜》之后获得越来越多的关注。一批脱胎于"男频"[2] 网文的影视改编剧先后得到市场的关注，性别维度对于电视文化的影响日益深入。

其二，电视的日常生活实践之于地域的分化。电视使用之于城乡的差异，伴随广播电视"村村通"工程推进到2010年底基本实现全面拉平。但新的分野随之而来，同期城镇受众向互联网的流动不断加速，城与乡在互联网覆盖规模方面差距持续扩大，到2018年农村网民规模也仅占到总体的26.8%（如图6.4所示）。

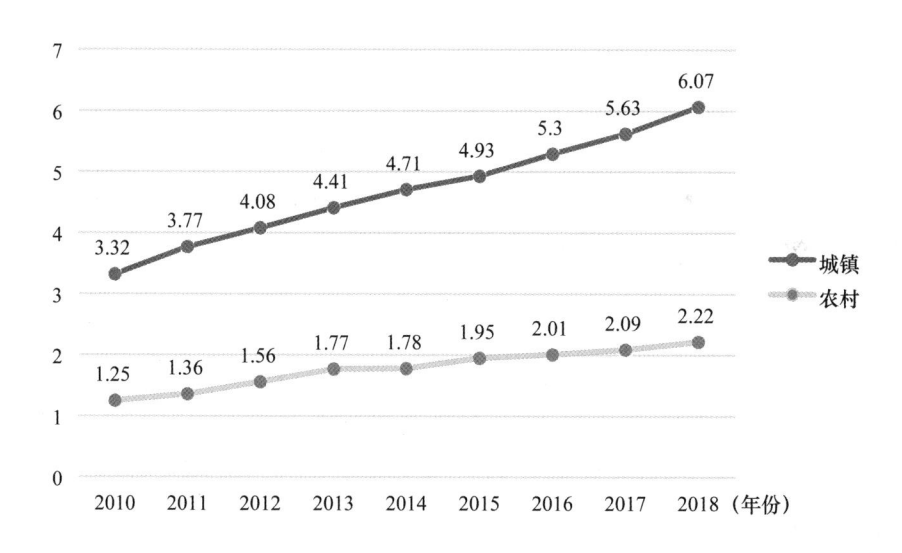

图6.4 2010—2018年中国城乡网民规模变化（亿）

资料来源：中国互联网络信息中心2011年至2019年发布的历次《中国互联网络发展状况统计报告》。

---

[1] 常江、李思雪：《身体的异化与解放：电视剧〈后宫·甄嬛传〉里的女性身体政治》，《新闻界》2014年第11期。

[2] 男频，是网络小说网站中对男性频道的一种简称，男频网文主要指以男性作为主要目标阅读对象的网络小说。

除了城乡差距之外，我国一线城市和东部沿海地区较之中西部地区也体现出向互联网迁移的更显著趋势。某种意义上，才实现不久的媒介使用的地域平衡，又被迅猛发展的互联网所打破；电视的日常生活实践，也随之成为在媒介习惯更迭过程中的一种"落后"表现。在入"网"门槛的设限上，技术的物质性条件掣肘是先决性的要素[1]，但除此之外，受制于经济水平、受教育程度等综合影响，不断加剧的数字鸿沟（digital divide）亦成为这种媒介经验形成地域性分化的重要表征。

上述变化，进一步促使电视收视重返此前的地域化特点。换言之，电视之于日常生活的深入影响，在二十一世纪的第二个十年逐步呈现出远离城市的趋势，在农村及相对欠发达地区的下沉收视渐成主流市场。另一种社会现象也加剧了这种特征。据2010年至2015年的全国人口普查和抽样调查数据，我国人口的流动呈现出由东部地区向中西部地区"回流"的态势。历年的农民工监测调查亦表明，外出务工的农民工群体比例，在东部地区持续减少、在中西部地区持续增加。流动人口"返乡"带来的直接变化是：一方面，务工人员更愿意在居住地的周边购房或者发展，因而大幅提升了与其他家庭成员共同生活的可能性；另一方面，即便是选择"外出"，此前原始资本的一定积累也使得家庭化迁移的比重变得越来越高。[2] 在这样的背景下，电视在务工人员家庭场景的重回中实现了影响力的重回，也进一步增强了电视收视的地域性分化现象。

---

[1] 陈莹：《农村受众对大众媒介的接触与使用行为研究》，《东北师大学报》（哲学社会科学版）2013年第6期。

[2] 汪建华：《小型化还是核心化？——新中国70年家庭结构变迁》，《中国社会科学评价》2019年第2期。

第三节　电视场景的浮沉

在社会变迁抑或媒介变迁的背景下,晚近十年的中国电视都毫无疑问地面对着更为严峻的考验。落实到微观的生活经验,电视使用的场景仍然有其强势的社会影响所在,但其曾为大众培育而来的具有主导性的日常媒介经验,却也面临着日益乏力的现实状况。

这首先反映在技术的物质性层面。互联网以超乎想象的渗透扩张速度深入社会生活,电视生活的焦灼不言而喻。"互联网+"的国家战略号召,赋予了电视尝试在技术可供性上向互联网靠拢的强烈意愿。新一代(智能)电视的研发与面世未曾缺席这一社会阶段,传统电视向数字电视的升级亦成为电视业谋求转型发展的一个重要信号。从黑白到彩色,从小型电视到大屏电视,从有线电视到数字电视,从笨重的老式电视到轻盈的背投电视、网络电视,从低分辨率到4K乃至于8K电视……"屏"的变化缩影着电视与社会生活互动关系的变化,也在不断重新定义电视的观看行为本身,但与此同时,互联网的技术想象力也在同步创造出更多的可能性。电视场景的浮沉,显影于新一阶段的电视日常生活实践中;在已知和未知之间,电视对人们生活方式的观照也逐渐表现出更为复杂且值得阐释的状况。

一　"屏"之变与电视场景的追随

随着互联网与移动互联网对日常生活中的媒介经验进行重新定义,电视嵌入社会生活的诸种意义也随之发生了变迁。"小小一间房只有一扇窗,唱歌又跳舞天天变花样"的电视生活图景已成过去,一方屏幕正在发生的变化足以让人看到电视的迷思以及现实抉择。有观众对电视与生活的巨变有颇为生动的描述:

> 我家就跟无数现实中国家庭一样,电视的成长就见证了家

庭和家庭成员的成长。电视机的从无到有、从迷你到巨型、从"大屁股"到液晶、从接入天线到接入宽带,观看节目也早已从单调枯燥到缤纷多彩,如今甚至能够做到自选、回放、点播,用 Wi-Fi 连接电脑或者手机,还能看在儿子小时候录制的影像,一家人欢声笑语。①

一个值得关注的现象是,电视的物质性变化,同样在很大程度上受到新的媒介技术和媒介形态的影响。缩影在"屏"之变中的,是作为一种技术观念的电视自觉向互联网靠拢以重新获取被互联网分流乃至于重构的生活实践。在电视的影响还如日中天的 2008 年前后,这样的忧患意识以及针对潜在的危机所做出的相应调适已经有所展露。以 2008 年为标志性的时间节点。一方面,截至这一年,中国电视之于社会的规模影响力全面抵达高潮。相关数据显示,2008 年全国电视观众数量为 12.36 亿,占 4 岁以上总人口数的 97%。家庭的电视机保有率达 97.9%,拥有 2 台及以上电视机的比例近 30%,城乡居民家庭户均可收看频道 46.2 个。此前一直相对滞后的中国农村地区电视覆盖,已实现与城镇数据的拉平,规模达 96.58%。② 有线电视网络以 85% 的使用比例成为全国范围内接收电视信号的最主要方式,其用户规模自 1998 年有统计数据以来的 2803.46 万户壮大到 2008 年底的 1.64 亿户,用户总量居于全球第一。有线电视收视费收入自 2002 年有统计数据以来的 86.89 亿元增加至 2008 年的逾 250 亿元,规模和效益可观。③ 另一方面,中国电视业也意识到传统收视方式在面对更灵活、多元的互联网技术时所

---

① 袁燕:《电视变迁折射美好生活》,《农电管理》2018 年第 10 期。
② 央视—索福瑞媒介研究公司:《2008 年中国电视收视报告》,载《中国广播电视年鉴》编辑委员会编《中国广播电视年鉴 2009》,中国广播学院出版社 2009 年版,第 230—237 页。
③ 《2008·广播电视数字》,载《中国广播电视年鉴》编辑委员会编《中国广播电视年鉴 2009》,中国广播学院出版社 2009 年版。

表现出的乏力和滞后，进而在同年正式拉开技术转型升级的大幕。尽管二十一世纪以来，如前文所论及，电视从互联网中汲取养分的进程从未止步，但真正开启结构化的技术转型则是在 2008 年作为一个新起点。这一年是中国数字电视整体转换迅速推进的一年，在数字电视转换过程中受益的有：主流的有线电视用户通过数字电视改造得以提升观看质量，到 2008 年底有超过 4500 万户有线电视户转为数字电视户。① 除此之外，还包括长期依赖于无线电视信号传输且收视内容与质量始终不尽人意的农村地区、偏远山区以及少数民族地区等。②

源于对不断兴起中的互联网及其技术的洞察，电视谋求转型的意识在其发展高峰期早已有迹可循。中国电视自 2008 年开始全面加速的电视数字化进程，是二十一世纪初以来一系列动作铺垫之下的结果：例如 2003 年首开先河的全国数字电视商业广播试验，2005 年包括高清机顶盒、高清电视显示器等高清电视技术的研发，电视模拟信号向数字信号的转换，等等。当时尚且鼎盛的电视发展试图借力互联网以期实现数字化、网络化、高清化的新一轮发展目标。但伴随互联网的社会影响渐成规模，电视作用于日常生活的优势不断滑落，上述技术转型的实践则逐步转变为电视场景"不得不"借此谋求自救的关键路径。自这一阶段开始，互联网以传统媒体不具备的充分潜力在空前的扩张速度中实现增量发展，而电视场景从引领到追随的降格变化，使其更无法停止向互联网"取经"的步伐，这甚至直接关系到电视场景在日常生活中存续的问题。

"追随"的直观体现便是电视终端（技术）的互联网转型，这在 2008 年以后得到了包括国家在内的自上而下的确认。2009 年全国

---

① 《2008·广播电视数字》，载《中国广播电视年鉴》编辑委员会编《中国广播电视年鉴 2009》，中国广播学院出版社 2009 年版。

② 央视—索福瑞媒介研究公司：《2008 年中国电视收视报告》，载《中国广播电视年鉴》编辑委员会编《中国广播电视年鉴 2009》，中国广播学院出版社 2009 年版，第 230—237 页。

广播影视科技工作会议提出通过科技创新推动互联网、大数据、人工智能与广播电视的融合。2010年，国务院提出电信网、计算机网和电视网"三网融合"的阶段性目标和重点工作。① 2012年，则将适应移动互联传播特性纳入发展目标，强调推动新媒体时代的广播电视与新兴移动媒体融合与协同发展。② 到2018年，全国已批准开办超过150个高清数字电视频道，全国有线数字电视双向网络覆盖规模突破1.59亿，广电智慧融媒体建设实现提速发展。③ 此外，5G+4K+AI的智慧广电建设也开始推进。

硬件条件的变化，带来电视场景的变化。2010年，数字电视网络完成第一轮普及，覆盖全国308个地市以上的城市④，令观看数字电视为普通家庭所可以享受；2014年，电视机的消费升级拉动新一轮"电视购买热"，多数城镇居民家庭以及部分农村居民家庭开始寻求电视机的更新换代，由原来的体积庞大CRT电视或传统的背投电视向液晶电视、等离子电视等平板电视机升级。更轻薄、高清的平板电视在当时的全国普及率已达43.3%。⑤ 到2015年，中国家庭中的数字电视网络覆盖已超过50%（如图6.5所示），加之诸种终端技术的进一步发展，包括高清数字电视、移动电视、IPTV（交互式网络电视）等在内的更高质量的电视观看，逐步在电视信号传输和终端技术方面得到落实。

电视向互联网的"看齐"，不断改造着其日常生活实践的面貌。

---

① 赵子忠：《中国广电新媒体10年》，中国传媒大学出版社2015年版，第7页。
② 欧阳宏生、朱婧雯：《论新中国70年广播电视传播理念的嬗变——基于媒介社会学框架之再梳理》，《现代传播》2020年第1期。
③ 《2018年全国新闻出版广播影视工作会议报告摘登》，中国新闻出版广电网，http://www.xinhuanet.com/zgjx/2018-01/05/c_136873692.htm。
④ 《2010·广播电视数字》，载《中国广播电视年鉴》编辑委员会编《中国广播电视年鉴2011》，中国广播学院出版社2011年版。
⑤ 央视—索福瑞媒介研究有限公司：《2014年全国电视收视报告》，载《中国广播电视年鉴》编辑委员会编《中国广播电视年鉴2015》，中国广播学院出版社2015年版，第234—241页。

在 2008 年至 2018 年之间，这样的探索未曾止步。然而尽管如此，这种转型始终表现出"＋互联网"而非"互联网＋"的特征，也即媒介底层逻辑面对互联网的冲击未能得以重建，大多停留在如何使"观看"这个动作更高效、更具品质的层面，而这与互联网所体现的传播本质还相去甚远，更无法满足大众通过互联网获得的体验的丰富性、场景的灵活性以及互动的友好性等作用于生活方式构建层面的更有力的变革。并不彻底的转型，带来电视场景在这一个十年中的起落浮沉：电视文化仍具有的社会影响力，为大众继续缔结着关于电视的集体记忆，而其不断陷入的危机，也在逐步瓦解着电视文化维系日常生活的传统以及话语权。

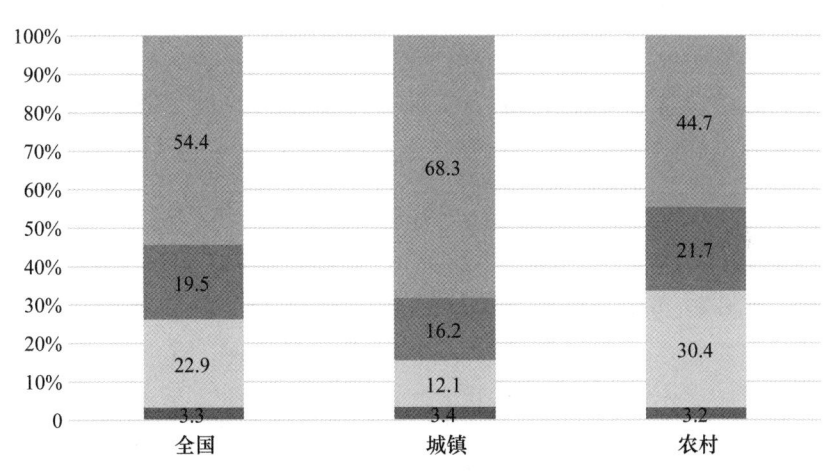

	全国	城镇	农村
数字用户	54.4	68.3	44.7
其他有线或闭路电用户	19.5	16.2	21.7
碟形卫星天线用户	22.9	12.1	30.4
无线用户	3.3	3.4	3.2

图 6.5　2015 年全国城乡居民家庭不同电视信号接收方式占比

资料来源：CSM 媒介研究 2015 年全国收视调查网基础研究。

二　场景的惯性：电视对日常生活的意义生产

受到诸种社会因素的影响，传统电视大屏的开机率在 2008 年以后不断下降，其维系社会日常生活的能力也大不如鼎盛时期。但尽管如此，电视场景之于中国社会的嵌入性依然表现出颇为牢固和广泛的社会基础。相关统计显示，截至 2018 年底，电视仍然是所有媒介中传播价值最高的媒体：全国电视观众规模达 99.6%，电视广告品牌认同度达 72%，电视广告的消费转化率逾八成。① 以对标互联网使用规模的月度活跃指标作为参照，2018 年电视的月度活跃受众规模逾 11 亿，也远超包括微信、微博、淘宝、优酷、爱奇艺、腾讯视频等在内拥有大型用户规模体量的所有互联网产品。②

在 2008 年到 2018 年之间，电视作为"第一媒介"的地位虽面临诸种冲击，但从媒介演进的大势来看，这样的传统优势地位或是暂时的，互联网拥有超越电视的社会影响力也仅仅是时间问题。但在互联网全面崛起和电视发展下行的十余年间，电视场景的惯性作用仍然起到了支撑性的作用：即便有更为丰富的媒介接触渠道，但于普罗大众而言，"看电视"这一长期养成的生活方式并不会迅速被取代，仍在观念和实践的路径方面生成着普遍的日常意义。如有受访者指出：

> 尽管客厅大屏打开得少了，但并不是不打开了……就像是很多看起来在生活里"理所当然"存在的东西，平时不会察觉它有多重要，但一旦突然消失总难免觉得缺了些什么。电视就是这样，在完整的空闲时段或者举国瞩目的大事件里，看电视还是一个不约而同的动作，可能我们习惯了，但也不代表（它）不重要了。

上述"不言而喻"的日常生活意义，即便在电视被不断唱衰的十年间依旧有鲜活的脉动。尤其是互联网在"野蛮生长"的数年间亦不断暴露出同质化、低质化、低媒介信任度等相关问题，对疲于

---

① 姜涛：《2018 中国媒体市场趋势》，2018 年 CTR 洞察系列研究报告，http://www.ctrchina.cn/attached/11/file/20180905/2018meitishichang.pdf。
② 2018 年央视市场研究（CTR 研究）媒介接触与消费专项调研报告。

在互联网和移动互联网中反复进行信息筛选的大众而言，电视曾被无数次确认的公信力亦展现出更高的触媒时间价值。一项在2018年针对电视城市居民的媒介接触调查显示，当一则社会事件面临人们的众说纷纭时，有64.8%的受众会更信任电视媒介所传播的信息，而这一数据在2010年以来持续上升；广告的媒介信任度也反映这一趋势，相比其他媒介，认为"在电视上播出的广告会给人留下更佳的印象"的民众占比最高，这一比例在2017年是30.84%，到2018年则提升为33.59%。①

以强劲的媒介公信力为基底，中国电视的下沉影响依然稳健。这得益于电视自二十世纪九十年代以来的社会服务属性深化，实现从传统意义上的重视经济服务向二十一世纪以后以公共服务主导的立意与视野升级。② 一批电视民生节目催生的观看热潮，则是对这一电视文化效应的直观缩影。中国电视观照民生议题的意识，深度契合着电视深入日常生活的现实逻辑，不仅没有被互联网的力量所取代，反而在电视场景所维系的文化传统中寻求到了新的可能性。一方面是本地性的增强。电视的地缘文化，在新一阶段的民生节目创新中得到了较好的贯彻。尤其在强调本地帮扶特征的层面上，地方性的电视民生节目往往承载了对话本地群众、沟通本地生活、疏解本地难题的独特社会功能。这种本土化意义的生成，亦表征着不同地区百姓的日常生活特征。以江浙沪一带为例，历来有"老娘舅"（也有"老舅妈""和事佬"等类似称呼）作为一种民间社会纠纷调解机制的传统，"老娘舅"是对江南地区传统大家族中具有声望、权威的长者的一种指代称呼，在该地区的文化传统中，许多民间的社会矛盾化解，通常会依赖于一位纠纷双方均"给面子"的"老娘舅"讲和。其调解机制长期植根于日常生活中，被视作是人民调解

---

① 2018年中国城市居民调查（CNRS – TGI），http://www.tgi-cnrs.com/index.asp。

② 欧阳宏生、朱婧雯：《论新中国70年广播电视传播理念的嬗变——基于媒介社会学框架之再梳理》，《现代传播》2020年第1期。

员的一个重要组成部分，亦有深厚的社会基础。① 这种体现本地意义的基层社会治理手段，既深植在大众日常生活中却又面临作为非制度性安排的民间调解力量并不高的社会效能。电视民生节目的介入，则成为探索民间纠纷调解新模式的一种重要社会力量。在此背景下，2009年前后有一批"老娘舅"的身影亮相江浙沪一带的电视频道中，代表性的如浙江电视台民生休闲频道《钱塘老娘舅》、上海电视台娱乐频道《新老娘舅》、常州电视台生活频道《常州老娘舅》等，多以塑造一位民间热心公正的"老娘舅"作为电视调解人，面对诸种日常生活问题如婚姻纠纷、遗产继承、邻里关系、消费权益等进行现场调解，使用市井语言、重视情理。有对《钱塘老娘舅》的统计显示，节目在开播的两个月内，合计调解170余例生活纠纷，大部分事件都体现长期积怨、难以化解的顽固性，在这样的情况下，节目调解成功率达七成，"当场摆平"或"有实质进展"多达120余例。② 另一方面是实用性的增强。这一阶段的民生节目文化体现出较为突出的实践色彩，"在对个体的生存状态、生活质量等方面予以更全面的关注和有针对性的服务资讯供给，帮扶的特点深度影响百姓生活"③。例如《小强热线》开辟寻找生活中的错别字专题节目、子版块"小强实验室"测评对比诸种常见日用品的质量提供民众消费参照等，还有如《1818黄金眼》，线下帮扶方面的强介入能力带来空前的社会反响，因其在消费打假方面的特色，许多普通商家甚至"闻声色变"：

"1818"（《1818黄金眼》）在浙江肯定算得上是"瘟神"，

---

① 陈晓晖：《论构建审调分离下的人民调解制度》，《法制与社会（上旬刊）》2009年第1期。
② 林珍：《民间纠纷调解的社会工作介入——基于沪浙等地的"老娘舅"的思考》，《社会工作（下半月）》2010年第3期。
③ 周勇、何天平：《电视民生新闻的功能嬗变与发展契机》，《新闻与写作》2016年第8期。

一看到带这个节目 Logo 的摄像机和记者来，心里马上会想：什么事，怎么又来了？有时这辆采访车停在哪个商家门口，老板后背都要一紧，我们最近有被投诉过吗？[1]

除此之外，中国电视的下沉影响，也体现在对市民文化趣味的进一步开掘。2010 年，一档名为《非诚勿扰》的节目将"相亲"这一不断凸显现实意义的议题搬上荧屏。作为一档聚焦社会转型过程中个体情感选择的节目，其对社会现实的洞察与窥探激发了大多数普通百姓的好奇和关注。都市生存的压力、女性意识的崛起、婚恋择偶观念的多元，这些现实的变化都使得"相亲"这个原本司空见惯的社会行为被注入了更多富于变化的时代意涵。节目自开播后以 4.23% 的最高收视率，成为 2010 年以来中国大陆收视最高的综艺节目，这与节目向大众输出诸多社会热点话题并形成广泛的文化讨论有紧密关联。代表性的话题如节目女嘉宾马诺及其拜金主义爱情观的宣扬，其言论"比起跟你一起骑自行车逛街，我宁愿坐在宝马车里痛哭"触动了社会的敏感神经，争议一时间甚嚣尘上：有人专程奔赴节目现场只为好好"教训"她。有人也站出来替其辩解："个人选择而已，爱财又有什么错？"[2] 对于《非诚勿扰》的社会文化审视，与其认为是一档相亲节目的胜利，不如将其视作一个呈现价值观分野的文化容器，这对于不同身份的受众之间都具有现实意义：无论是亲历者或是观看者，青年或者中老年，男性或者女性，皆在以"相亲"为名的特定空间里重新审视现实情感生活的多元意涵，或积极或消极。当然，《非诚勿扰》也并非总是"真实刺痛"，经由节目放大的诸种生活"奇观"也在节目走热后不断遭到异化，出现了过度强调戏剧性和过度娱

---

[1] 转引自李颖迪《一位在〈1818 黄金眼〉做了 15 年记者的北大毕业生》，"GQ 报道"微信公众平台，https://mp.weixin.qq.com/s/2jzt_ADMlKDVQCcB_b2DSw。
[2] 李东红：《从〈非诚勿扰〉看社会热点问题》，《今日科苑》2010 年第 24 期。

乐化的负面状况，引来许多批评。① 另一档同年播出的综艺节目《中国达人秀》，引进自国外知名节目模式"达人秀"（Got Talent），无关表达形式、表演类型，旨在让身怀绝技的普通人充分展现自我的立意，赢得了广泛关注。相关数据显示，节目开播的前三期在本地平均收视率高达 10%，在全国范围内也仅次于《非诚勿扰》。② 节目摒弃宏大叙事转向聚焦小人物的平民理念，为普通百姓创造了一个能够呈现真实日常生活情感的舞台，无论参与者或观众从中完成的"成功""成名"想象，亦成为一种最普遍而有效的共情机制。如节目总导演的自述：

> （《中国达人秀》）这个舞台，就像是我们去剧院看戏、去电影院看电影，看着看着哭哭笑笑，悲情和欢呼，兴奋和低落，你能想象或不能想象的人生以及生活际遇都在这里展示出来，它体现着一种仪式感……（在节目里）我们表面上是在观看一段一段闪光又平凡的演绎，但台上台下的每个生命都会因此被激发出最为朴素却也最为热切的愿望——要去表达自己，要去证明自己，哪怕我们只是平凡无奇的普通人。③

当然，无论节目以怎样的立意来完成对自身的构造，其价值的落地在面对消费主义的深刻影响时显而易见地部分印迹有想象性生产的特质。如有学者所指出："说到底，这只是商业化的娱乐节目，在表达普通阶层欲望的同时也承载着特定意识形态主张下的价值观念和道德标准。人们别指望通过一个娱乐节目，就能轻松成就自己

---

① 代表性观点如：吴丹《电视娱乐节目的传播与思考——兼谈"非诚勿扰"的传播效应》，《电影评介》2011 年第 19 期；王雄《对媒体规制的社会学反思——以"非诚勿扰事件"为例》，《新闻记者》2010 年第 10 期；颜浩《娱乐时代的文化乱象与价值本真——"〈非诚勿扰〉现象"解析》，《理论与创作》2010 年第 6 期。
② 普莉：《从收视数据看〈中国达人秀〉影响力》，《当代电视》2010 年第 12 期。
③ 转引自于靖园《〈中国达人秀〉：凡人梦更耀眼》，《小康》2011 年第 5 期。

的理想。"① 但毫无疑问，上述两档节目在 2010 年的"引起注意"，使得电视作为一种近乎无门槛的全民娱乐文化再度引发大众狂欢，而这种颇具消费色彩的电视文化，也在此后几年中国电视真人秀的全面崛起中重回主流生活。

2012 年，中国电视真人秀全面性地步入大众视野。作为一种舶来的电视文化，真人秀（Reality TV）的概念发轫于"真实电视"的创作理念与手法，强调一种在"假定情境中的真实展现"，如李普曼（Walter Lippman）指出的"拟态环境"（pseudo-environment）或者鲍德里亚所称的"仿真"（simulation）、"超真实"（hyperreality）世界，以一种"人造环境"（man-made environment）的视觉快感机制赋予大众以"真实"的幻觉，并令其从中完成情感投射和社会学意义上的诸种想象。② 真人秀在全球范围内的崛起被视作数码文化时代到来之前人类生活某种意义上的一次"预演"。如波斯特（Mark Poster）所指出，第二媒介时代所强调的"拟仿"文化的强劲力量，使得媒介对日常生活文化的介入程度空前之高。与之相对的，当文化越来越凸显其拟仿性，"现实"也旋即体现出多重意涵。诸种拟仿实践得以直接地"摆弄"现实，而这种变化也会改变自我身份赖以依存的条件。③ 以 1999 年荷兰真人秀《老大哥》（Big Brother）和 2000 年美国真人秀《幸存者》（Survivor）为代表的节目在全球范围内首开先河并引发席卷式的文化效应，真人秀"源于真实生活的社会参与，剧本式对话但表演最小化，影像的风格更近似于纪实或游戏作品"④ 之特征，进一步为观众创造了一种比纪实影像更有戏剧

---

① 曾一果、李莉：《平民乌托邦神话："中国达人秀"的批判性解读》，《现代传播》2011 年第 12 期。

② 阎安：《拟态生存中的真人秀——对"真实电视"的一种文化解读》，《现代传播》2003 年第 4 期。

③ ［美］马克·波斯特：《第二媒介时代》，范静哗译，南京大学出版社 2000 年版，第 41—43 页。

④ Jeremy G. Butler, *Television: Critical Methods and Applications*, New York and London: Routledge, 2006, p. 118.

性、比剧情片更具真实感、比现实生活更有强度、比戏剧故事更具生活质感的特殊媒介体验。① 而这种体验，又区别于传统综艺受到荧屏分隔之下的有限情感带入，在这个强调真实的游戏环境中不断昭显着人们有如窥私（peeping）、猎奇、恶的快感等人性底色，再现出充分的文化社会学意义。②

尽管世界范围内的真人秀浪潮兴起于二十世纪九十年代末至二十一世纪初，但中国电视业对真人秀的引进及其规模化效应的形成，则要到2012年《中国好声音》的出现。在此之前，有如上述《老大哥》《幸存者》的"翻版节目"亦被部分中国地面电视频道尝试创作，但并没能形成气候。而引进自荷兰"好声音"（The Voice）的版权真人秀节目《中国好声音》的横空出世，令真人秀独特的情感心理机制在中国社会之间引发关注热潮。节目在巅峰时期突破6%的全国收视纪录，是同期的《新闻联播》和央视春晚都难以企及的盛况。较之此前早有观众基础的音乐节目或选秀节目而言，《中国好声音》的"盲选"和"转椅"机制在制造戏剧矛盾的同时，也给予了草根音乐梦想肆意张扬的更充分可能，"无论外貌、经历和出身，音乐是唯一的衡量标准"以及"人们共同选择的偶像出自于人们之中"的强大共情效应，使得节目的进程一度成为市井生活中被热议的谈资，久违的电视景观重回日常生活，甚至被认为对于"拯救"电视生活发挥着重要的意义。据媒体在当时的报道，《中国好声音》开播不久后，就有观众在节目主创的微博中留言："谢谢你们（《中国好声音》节目组），将日渐流失的电视观众尤其是精英人群，重新拉回到电视机面前，这在这个时代是一件功德无量的事。"③ 尽管节

---

① 尹鸿、陆虹、冉儒学：《电视真人秀的节目元素分析》，《现代传播》2005年第5期。

② Nick Couldry, *Reality TV, or The Secret Theater of Neoliberalism*, Review of Education, Pedagogy, and Cultural Studies, 2008, 30 (1), pp. 3–13.

③ 李菁：《"中国好声音"如何唱响？——一个娱乐节目的样本分析》，《三联生活周刊》2012年第44期。

目也面对诸多争议，尤其是其"反选秀"的机制实质又构成另一种意义上的泛娱乐化效应。但电视之于社会生活的影响，最底层的逻辑始终是与"观众"的身份和选择所紧密绑定的，如有学者所指出：

> 电视产业需要的不是文化内涵或者精神内核，而是，且仅是——观众，受到大部分观众欢迎的任何一个好节目，包括《中国好声音》，包括在文学界或有争议但老百姓却津津乐道的《甄嬛传》，都在助力电视产业的发展，或者说"拯救电视"。①

在2012年之后，从全球发达电视工业引进真人秀模式的思路，在中国电视市场逐渐明晰并随之形成火热之姿，这也直接投射到日常生活文化之中，大量具有社会话题或此前未曾出现过的电视娱乐样式丰富着人们的闲暇时间。2013年，《我是歌手》和《爸爸去哪儿》分别在年初和年末亮相，真人秀文化的空前影响力几乎贯彻全年。前者专注于专业歌手的强强对决，音乐的竞技发生在已有知名度和影响力的歌手之间，无论在审美品质和社会话题度等方面无疑是前所未有的。在音乐的感染力下，现场观众颇为动容的姿态一度成为人们热议的焦点："节目播出以来，观众的精湛演技才是发挥最稳定的""论'演员的诞生'，《我是歌手》的观众才是最强王者""节目观众都是影帝，听歌能哭成这样"……节目500人大众听审团的召集"一票难求"，节目播出期间的社交网络"人人皆是乐评人"。诸种景象都侧面显现着这档节目的受关注程度。据当时的媒体报道：

> 想去现场节目的人首先要在各种平台上抢到报名入口，而这只是开始。真正能最终出现在演播厅的，还要经历许多轮电话面试和筛选。每轮电话当中，节目组都会复核个人信息，并

---

① 常江：《〈中国好声音〉中的各种声音》，《新闻界》2012年第24期。

询问一连串问题，例如"对节目了解多少""觉得自己为什么能胜任大众听审"等。在每轮电话结束前，节目组都会反复提醒观众："这并不意味着您已入选。"经历种种"选拔"最终收到确认电话和短信，才算落地。[1]

同样源于韩国真人秀节目模式的《爸爸去哪儿》，主打明星亲子真人秀的定位，让明星褪去偶像光环还原"父亲"的身份，开掘明星"不为人知"一面的新鲜感，在为司空见惯的荧屏光鲜形象祛魅的同时，满足观众对其的好奇与窥探。从过去的"平民偶像"到今天的"偶像平民"，以《爸爸去哪儿》为代表的电视真人秀将这种"熟悉的陌生感"推到高处，用体现差异性的内容诠释人类的普遍感情与普适价值，在打破日常生活经验范式的同时，也仅仅构成一种对社会秩序无伤大雅的颠覆，看电视的过程则再现出人们包容开放的心态以及更为多元的社会文化。[2]《爸爸去哪儿》的火热，在市井生活中能得到丰富的投射：节目主题曲中的一句"老爸老爸，我们去哪里呀"响彻街头巷尾，节目同名大电影成为电影春节档黑马，就连参与节目的明星子女都收获了无数粉丝。当然，明星子女面临过度曝光的状况甚至引发人们对媒体伦理规制的广泛探讨，在2016年播出的第四季《爸爸去哪儿》中，"实习爸爸"董力和并无亲子关系的"女儿"阿拉蕾在节目中的表现引起关注。童言无忌的阿拉蕾多次向董力表达："等我长大了我妈妈就把我嫁给你！"而董力也在接受采访时多次回应："以后就想找个阿拉蕾这样的女朋友。"[3]这样的表达无疑对未成年人的保护和引导产生了负面影响。

---

[1]《揭秘〈歌手〉大众听审 热泪盈眶"表情帝"演技何来》，国际在线，http://ent.cri.cn/201723/b6e0ecee-1493-4a59-4de7-b7b6c9a22226.html。

[2] 万婧：《从"平民偶像"到"偶像平民"：电视真人秀的文化解读——以〈爸爸去哪儿〉为例》，《现代传播》2014年第6期。

[3] 徐宁：《〈爸爸去哪儿4〉引争议 董力阿拉蕾"父女"变CP?》，新闻晨报网，http://media.people.com.cn/n1/2016/1122/c40606-28885729.html。

除此之外，《奔跑吧兄弟》《极限挑战》《最强大脑》等真人秀节目先后崛起，大多取得了较好的社会反响。有如《奔跑吧兄弟》等户外真人秀节目，甚至一度引领着日常生活中的娱乐休闲文化。节目中的"撕名牌"游戏环节被大众所效仿，在亲友聚会、学校活动、企业年会中等成为"标配"项目。事实上，真人秀节目对日常生活的深度卷入，在不同的侧面皆有迹可循。2012年至2014年是中国电视真人秀发展的鼎盛时期，也是国内快消品通过电视广告实现品牌增值和消费转化的最好时期。手机品牌VIVO和OPPO、奶制品品牌伊利和蒙牛都通过冠名真人秀节目的方式实现了市场份额的大幅增量；加多宝与王老吉的品牌大战在《中国好声音》的冠名落定后最终落下帷幕；坐拥《爸爸去哪儿》和《我是歌手》的湖南卫视当年仅凭两档节目的冠名费用就高达上亿元……通过电视的观看，卓有成效地促进了人们的消费行为，这样的情景大有超过九十年代末二十一世纪初中国电视产业盛况的趋势。

观看真人秀，无疑是这一阶段最有吸引力的社会文化活动之一，这也使得真人秀浪潮在短时间内充斥电视荧屏，鼎盛时期一年有多达一百余档真人秀亮相各大电视平台，在为观众带来多元文化消费选择的同时，也因其过度消费主义的色彩以及大量同质化节目的输出而暴露出一系列问题。2015年，有关部门发布《关于加强真人秀节目管理的通知》以规制过热的真人秀节目市场，强调"避免过度明星化""抵制低俗和过度娱乐化倾向"等[①]。"限真令"的出台，无疑对当时炙手可热的真人秀文化，尤其是大众喜闻乐见的视听体验和情感元素构成了根本性的冲击。而在这样的状况下，电视真人秀节目在2015年之后的"降温"，大有一蹶不振的发展态势。尽管也有富于影响力的节目出现，但在互联网视听的夹击下电视娱乐的影响力似乎也难以再重回巅峰。

---

① 国家新闻出版广电总局：《总局发出〈关于加强真人秀节目管理的通知〉》，国家广播电视总局官网，http：//www.nrta.gov.cn/art/2015/7/22/art_31_27852.html。

三　场景的脱嵌："看电视"的多元语境生成

尽管"看电视"的习惯并不会在短时间内尽然丧失其日常生活的内涵，但诸种力量对电视场景的解构也早已是二十一世纪第二个十年里避无可避的状况。即便有惯性作用的影响，电视阶段性地再现着对大众生活的意义生产。然而在内外部因素的共同作用下，电视场景的瓦解已然有迹可循。当"看电视"的日常生活实践分化出脱离原语境的多元意涵，脱嵌于既有生活秩序及其意义的媒介使用场景亦揭示出中国电视面临的更本质的存续危机。

从媒介构建生活方式的视角加以审视，家庭观看意识的消解是中国电视在这一个十年中面临场景危机的外在因素。电视长期以来围绕家庭情境为中心开展日常生活实践，家庭关系作为一种相对牢固的社会结构既赋予了电视场景与日常生活交互的流动性，也使得电视场景体现出可以延续的稳定性。二十世纪九十年代以来，电视作为一种家庭媒介的功能特征得以固化，但这种内涵也伴随现实家庭结构的变迁发生了变化。如前文中所论及，2008 年以后的家庭户规模不再如之前那般稳健地向核心化、小型化发展，出现波动的复杂状况。有研究发现，工业化、城市化、现代化并不必然导致家庭结构的线性变化，相反，在越来越成熟的社会机制之下家庭结构的离散化效应会更趋显著。而在这一过程中，一个应对这种离散化困境的宝贵社会资源是传统直系家庭，这与经典家庭现代化理论预言的趋势相背离。[①] 这一研究结论侧面体现出在近十年的家庭结构变迁趋向中，家庭关系的构成是越来越强调个人主体性的，尤其在民众生存质量、受教育水平不断提升、区域人口及各类要素的加快流动等诸种社会要素的影响下，人们的生活观念以及价值取向都呈现更为多元且难以用一套标准去划定主流的特点，不断分化出来的例如

---

① 汪建华：《小型化还是核心化？——新中国 70 年家庭结构变迁》，《中国社会科学评价》2019 年第 2 期。

单人户、丁克家庭、晚婚晚育家庭等，已经与传统意义上人们对于家庭结构的理解有本质不同。小型家庭未必具有稳定性，大型家庭的实质可能是若干个小型家庭在形式上的组合，加之不同社会阶层、群体对于"家"的不同诉求，中国家庭进一步彰显家庭成员作为独立个体的意志而非作为一种集体关系的象征，已经构成一种显见的趋势。在这样的情况下，依托于家庭集体行动意识的"看电视"，也显而易见地面临场景失效的危机。一个侧面的状况是，伴随物质生活水平的提升以及电视终端价格的下调，2008年以后家庭平均拥有两台及以上电视的比例大幅增加，电视的"个人使用"经验有了得以普遍化的基础，这也在客观上成为电视客厅文化消解的一种物质条件变化。

瓦解电视场景的另一个内在因素，则体现在新技术更高的易用性。有学者认为，倘若技术的狂飙突进是造成群体非理性的直接原因，那么对技术自身规律的深刻剖析便成为思想进步的一种必需。[①]新媒体的技术想象力不断突破着人们对于媒介使用及其体验获取的理解。立足于2018年的时间节点，人们或许无法想象未来5G时代的到来将对社会生活构成怎样的颠覆性影响。而就在五年前，这样的"不可预知"发生在刚刚落地的4G技术上，人们普遍对3G到4G技术的升级持有存疑的态度："又贵又费流量，为什么要用4G？""看视频用电脑就好，4G看手机视频？鸡肋！"有网友则在5G时代到来前夕，对比了2013年底4G技术拉开序幕及此后4G技术应用带来的实际变化：

> 4G崛起的这些年，有太多"万万没想到"。或许人们在最初就意识到了看高清影像或者用手机看视频会变得更高效、更便捷，却没有想到在长视频之外催生短视频产品的爆发式增长；或许人们在最初就意识到了4G能够重塑直播的业态，比如广泛

---

① 常江：《互联网、技术可供性与情感公众》，《青年记者》2019年第25期。

运用于新闻领域，却没有想到令"全民直播时代"的到来变成了现实；或许人们当时都以为桌面互联网还有无尽的可能等待发现，却不曾料想到4G培育出了有更大想象空间的移动互联网，生活因此有了天翻地覆的变化。①

互联网技术以超乎想象的迭代速度重塑着人们的认知和理解，而就在数十年前，这个技术革新的先驱者是才诞生不久的电视。技术对视听文化的影响，不止于让客厅的大屏化身为无处不在的多屏，其易用性的提升更带来了灵活多元构造生活场景的主动性。以直播为例，网络直播更充分地把握住了大众潜在的认知盈余（cognitive surplus）形成长尾价值，大大拓展了电视直播所凝聚的有限的受众注意力时空；② 加之更低成本、无门槛的操作路径，使得"全民直播时代"变成可能。

在互联网深入日常生活的过程里，电视的技术则显得越来越"不易用"。例如，有观众表示：

> 很多年没再看电视的我，早已对电视机遥控器密密麻麻的按键无从下手。家里的电视，几乎只有爸爸一个人在开机关机的遥控，而我们早已把播着的电视当作背景音了。看电视的爸爸偶然有观后感来，才会跟着他瞄一眼电视，附和几声。③

在这样的状况下，更多与电视有关的场景在脱嵌于原本的电视场景后生成了新的意义空间：参与性文化的特征不断改造着电视的观看

---

① 博主"老师好我叫何同学"在B站发布的测试5G技术的视频《有多快？5G在日常使用中的真实体验》，https://www.bilibili.com/video/av54737593。
② 周勇、何天平：《"全民直播时代"：网络直播对电视发展的启示》，《新闻与写作》2017年第2期。
③ 网友"丢丢521"对"新周刊"微信公众平台《电视机没了就没了，反正你我都不看》一文的评论。

场景，个体通过文本游牧与意义盗猎等方式完成对电视文化的意义重塑。在互联网崛起的语境下，电视受众——尤其是青少年受众——通过具有能动性的文化消费来重构自身的电视身份并由此完成自我赋权或争夺更多的文化权力，粉丝文化的特征日益深刻地作用在电视观看之中。詹金斯（Henry Jenkins）用参与性文化（participatory culture）的概念来阐释电视粉丝的文化互动行为，其最为突出的一个特征即在于"（粉丝式的主动文化参与）将媒介消费的经验转化为新文本，乃至新文化和新社群的生产"[1]。这种源于媒介消费群体的特征变化，是文化工业繁荣以及互联网文化壮大之下消费主义的必然结果。电视观众从被动接受者到体现协商的能动性再到主动创造文化的变迁，亦是"看电视"的过程之于受众身份及其权力的重新确认，如詹金斯所言"（如同粉丝的行为那样）将自我的个体反馈进一步转化为社会互动，将观看的文化转化为参与性文化"[2]。其文化实现的主要手段往往依托于受众脱离原语境的意义再生产，德赛都（Michel de Certeau）用"游牧民（the nomads）的盗猎"来形容作为粉丝的读者没有固定的位置却积极在不同文本间挺进，挪用新的材料，创造新的意义。[3] 而詹金斯亦对此有进一步的解读，认为电视粉丝"还将盗猎发展成为了一种形式"，集体性地、持续性地倾注于这种文化参与。电视粉丝既作为观众又作为文化消费者的能动性，"提示了不同于波兹曼批判的'娱乐至死'的另一种可能性，表现出粉丝圈作为亚文化社群的复杂性和多样性"[4]。

詹金斯所在的年代，粉丝群体仅仅是广大电视观众群体中的特

---

[1] Henry Jenkins, *Textual Poachers: Television Fans and Participatory Culture*, New York: Routledge, 1992, p. 65.

[2] Henry Jenkins, "Star Trek Rerun, Reread, Rewritten: Fan Writing as Textual Poaching", *Critical Studies in Mass Communication*, 1998, 5 (2).

[3] Henry Jenkins, *Textual Poachers: Television Fans and Participatory Culture*, New York: Routledge, 1992, p. 36.

[4] 黄家圣、赵丽芳：《从盗猎、狩猎到围猎：亨利·詹金斯的参与文化理论及其实践》，《电影评介》2019年第2期。

例，其通常还是"电视迷"和狂热的流行文化爱好者，在互联网尚未全面崛起的阶段，他们往往处在电视文化工业的边缘。而经由二十余年的社会文化巨变，诸种媒介日常实践对个体的赋权及其自我赋权，已然令这种体现充分能动性的受众参与性文化生产跻身主流。"像追星一样看电视"成为二十一世纪第二个十年里颇为广泛的一种电视文化景观，人们更普遍地通过"观看"并对电视制造的流行文化资源进行挪用、戏仿、拼贴、重构等，进而来完成文化抵抗和自身权力身份的昭显。与此同时，原有的电视观看场景被离散了意义并完成进一步的解构。

这种状况，在2016年以后的中国电视文化中越来越多地得到体现。较为典型的一个特征是观众对于题材迥异的电视作品（尤其是电视剧）经由一系列的二次创作赋予其无差别的流行样貌。自2017年开始的中国历史正剧回潮现象，则是对这种状况的一种直接投射。例如，首播于2007年的电视剧《大明王朝1566》在十年后的复播却获得截然不同的社会声量，当然也形成了侧重不同的观众评价。作为一部讲述清官海瑞向封建皇权发起挑战的现实主义厚重巨制，在戏说剧、偶像剧和都市剧风行的2007年并没有得到大众太多的关注，首轮播出仅以不到0.5%的收视率潦草收场。口碑和影响力的倒挂使得在此后几年中常有媒体或观众抱憾其为"一颗被中国电视剧遮蔽的遗珠"。但在十年后的2017年，这部剧重新播出却以另类的方式走红：剧中的主角嘉靖、海瑞经由观众的表情包、"鬼畜"视频再创作化身为亲密无间的CP[①]组合，不仅如此，就连剧中的配角也被去严肃化成为受到互联网文化追捧的网络红人。据当时的媒体报道，该剧在首播时的受众定位主要以中老年观众为主导，而在重播时则对30岁以下的主流观剧群体产生极大的吸引力。电视文本的编

[①] CP，coupling的缩写。来源于日本ACGN同人圈，本意指有恋爱关系的同人配对，现泛指人们对影视作品中原无亲密关系的人物关系通过"脑补"完成的想象性的亲密情感关系。

码和观众的解码之间存在巨大分野,且观众作为具有主动性的解码者在挪用元文本素材及意义后进行多样的次生传播,并促使文本的内涵在脱嵌原语境后实现内涵的增值。如有(参与过此类二次生产的)受访者对这一现象的反思:

> 有时候我们自己都不太搞得明白,这样流行起来的究竟是剧本身,还是从剧中衍生出来的各种表情包和"鬼畜"视频?

如此文化现象并非孤例。同年播出的另一部反腐题材剧《人民的名义》也以相似的路径,在主流年轻观众中觅得空前的影响力。该剧讲述了以侯亮平为代表的当代检察官维护公平正义、严查贪腐案件的故事,播出后社会关注度持续走高,平均收视率达8%,刷新了近十年中国电视剧收视的最高纪录。[1] 因其空前的社会关注度,该剧甚至被赞誉为"中国第一反腐大剧"[2]。作为一部主旋律题材电视剧,有观点指出,"'人民'在剧中仅仅作为反腐的'名义',创作者(编码者)的本意则是希望强调反腐运动的实质是体制内部纠错和自我净化,其根本目标是展现一个理想、有机的政权体系"[3]。然而实际的状况是,《人民的名义》的走红却是从剧中李达康书记一角变身"网红"真正开始,激发大量观众自发参与制作、分发围绕李达康形象所制作的表情包、鬼畜视频等周边作品进而实现广泛曝光。"书记别低头,GDP会掉;书记别流泪,祁同伟会笑"等"李达康语录"活跃于社交网络,甚至有观众自发为该角色结成名为"darkcom"的粉丝群,并发表粉丝宣言称要"守护书

---

[1] 《再创新高!〈人民的名义〉收视破8,结局受期待》,腾讯娱乐,https://ent.qq.com/a/20170427/011969.htm? t =1506667469703。

[2] 姜丽佳:《电视剧〈人民的名义〉爆红背后的受众状况》,《西部广播电视》2018年第17期。

[3] 薛静:《夹缝中的"李达康":〈人民的名义〉如何缝合官方话语与民间逻辑》,《文艺理论与批评》2017年第3期。

记的保温杯与双眼皮"：

> 京州爆了炸，达康书记不放假
> 京州要重启，达康书记不休息
> 风里雨里，政府大院等着你
> 没有四季，人民满意就是旺季，人民不满就是淡季
> 风里雨里，我们陪你一起去肝政绩
> 只要你一声令下，我们都是背锅侠
> 千言万语，不及你的 GDP
> 无论谁作妖拍马屁，都不及你的欧式大双眼皮
> 省里市里，最爱还是你①

虽然上述话语实践总体仍着眼于政治和反腐的叙事框架，但编码意义上的对政权体制、权力机制的强调，则在大众的观看及阐释中转向了对某位具体的角色形象个人化的喜爱与崇拜中，"如追星一样追剧"成为这种场景里体现广泛性的话语策略。② 而在这场不断壮大的文化狂欢中，诸种建构性的甚至带有信息误差的次生文本稀释了创作者的意志，并在另一重电视观看场景中为观众（尤其是年轻观众）确立了全新的文化权威。这种脱嵌后全新生成的电视场景，则指向着关乎媒介使用与社会交往的更深层意涵。

"看电视"作为一种新型的社交手段，在移动互联网崛起的数年间变为现实。尤其是相似的视频产品在电视和互联网不同的使用情境下则形成了不同的体验。有如上述"正剧萌化"现象的出现，尽管是在电视语境里上演的，但却在很大程度上依托于互联网的手段得以实现。人们在电视消费中使用了包括弹幕、表情包、鬼畜视频

---

① 狂飞：《〈人民的名义〉爆红 观众为何心疼"达康书记"？》，《南方都市报》2017 年 4 月 7 日。
② 何天平、王晓培：《"正剧"的年轻化传播：一种考察受众解码电视剧的新视角》，《中国电视》2018 年第 7 期。

等互联网社交手段及产品，得以实现在剥离元文本意义的同时形成专属性的、个人化的解释力。在"看电视"的日常生活意义发生巨变的几年间，人们对电视内容的消费追求甚至反映出了超越"观看"本身的意义所在。一个突出的特点是，社交作为"看电视"的一种伴随性需求，通过无处不在的（移动）互联网得以实现，依托于弹幕、表情包、视频卡段等二度创作手段，变成了至少是当下主流年轻观众某种意义上的"刚需"。一项2013年的调查表明（如图6.6所示），有81.9%的受众在看电视时会伴随着诸种社会化媒体的使用，且这种比例和程度在此后几年间持续增长，在2016年以后，"电视社交已形成非常宽泛的使用场景"[①]。

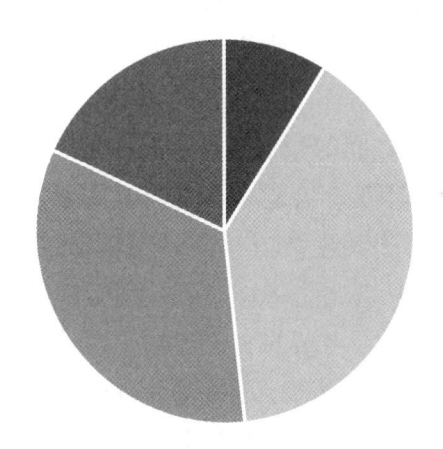

■经常使用 ■有时使用 ■较少使用 ■从不使用

图 6.6 受众收看电视时的社会化媒体使用行为（%）

资料来源：赵曙光：《传统电视的社会化媒体转型：内容、社交与过程》，《清华大学学报》（哲学社会科学版）2016 年第 1 期。

上述观看场景的脱嵌以及再嵌入，对于电视的日常生活实践具有一体两面的影响。一来，观众积极投身于无论题材偏好的电视文化

---

① 粟战：《从表情包的盛行看电视社交路径》，《青年记者》2017 年第 8 期。

中,且更多表现出乐于亲近相远于自身审美偏好的作品。这在2017年和2018年电视新闻、电视纪录片、严肃题材电视剧等不断变身"网红"的现象中可见一斑:《新闻联播》主播被称作"硬核主持天团",由此带来新一轮的收视率增长,《大秦帝国》《白鹿原》等历史或年代正剧在观众构成上以20—30岁代际的观看为主流,等等。在一定程度上,这促成了不断下行的电视观看场景重回大众生活。二来,当"看电视"在互联网语境的浸润下被赋予了更个性化、私密化的体验,人们在弹幕等的社交伴随中也构成了一种虚拟化、抽象化的集体主义精神:"此段内容过于舒适请重复观看"等弹幕经典句式构成了当代观众在情感心理上的认同感,无论人们在怎样的现实场景下观看作品或者基于怎样的解读视角,这种游离在文本之外的心理机制,都在线上的虚拟生存中为大众创造了某种意义上的归属感。

四 惯性与变革之间的张力

电视场景的变与不变,在这一个十年中形成了巨大的张力作用:一方面,看电视作为一种生活方式的构建固然面临着莫大的现实危机,无论是巨变中的社会文化环境或者全面崛起的互联网文化对其展开的改造,媒介之于日常生活的文化影响正在被重新评估和定义。即便"看电视"尚未真正抽离于中国普通民众的日常生活,但其社会影响力的下行态势是显见的。有电视从业者在访谈中指出:"电视对普罗大众的影响力强弱在数据层面有直观表现,二十世纪八九十年代的现象级电视作品收视率可以达到50%以上,而在进入二十一世纪后,10%的收视数据已经是顶尖的流量,再到后来,收视率达2%就能跻身当年电视作品影响力的前列,近年来的这个数据标准可能还在持续下滑。"但另一方面,电视的日常生活实践是长期深入中国社会的一种文化建构,其下行趋势同样会是一个缓慢且波动的社会过程,更不会在短时间内丧失结构社会的能力。面对诸种消解电视场景意义的力量介入,对于流变中的电视生活而言,也呈现出某种整合的可能性。

有观众这样评价今天的电视所体现的日常生活价值:

一切的媒体能够深入日常生活，多少因为其中潜藏着生活的真谛和智慧。读书是这样，玩手机是这样，看电视也是这样。生活在这样一个时代，可能觉得电视没过去那么重要了，但完全屏蔽电视也就屏蔽了很多新生事物……不用为了读书和玩手机特意"回避电视"，那样拒绝的其实是真实的社会与生活，是生活的倒退。①

也有观众认为，在互联网和移动互联网走向主流之后，"看电视"恰恰成为避免让自己深度沉浸于"低头一族"不可或缺的一种生活习惯。一则调查表明，尽管年轻人看电视越来越少，但这些用户家里的电视机存量却很丰富，放置于起居室内的电视在入睡前等特定时段反而体现出使用的必然状况。面对新媒体使用助推传播增益的强势影响，电视一方面暴露出线性传播低效和臃肿的特点，如有受访者指出："多达数百个的电视频道，即便个个能收到，也不知道该选择哪个好。每个城市都有若干个频道，实在太浪费资源。"在这样的情况下，"频道关停并转"成为必要的电视资源整合方式。②另一方面，即便互联网体现更科学地对传播资源的配置，但电视文化依然是凝聚情感和共识的一个重要出口。2012年纪录片《舌尖上的中国》热播，社交网络对构成该作品在中国美食文化背后的"乡愁"议题展开了广泛的议论，成功助推这部电视作品深入人心；2018年纪录片《我在故宫修文物》，片中文物修复师的"匠人精神"为大众所称道，并在互联网上形成深入探讨……在互联网的助推下，这些电视作品被赋予了更强劲的号召力和感染力。

与此同时，电视的家庭观看也在迭代中呈现更为丰富的社会意涵。有学者针对中国台湾地区的调查研究表明，在愈加多元的媒

---

① 郝雪梅：《"不看电视只读书"并非美好的生活》，《声屏世界》2018年第6期。
② 周勇、倪乐融：《拐点与抉择：中国电视业发展的历史逻辑与现实进路》，《现代传播》2019年第9期。

介接触下，"看电视"之于家庭人际互动的内涵趋于丰富：既有拉近互动的作用，也有推拒互动的作用。① 尤其在亲子关系的层面，电视休闲的社会性功能从重量到重质，亲子共视电视时间的多寡与促进家庭人际关系的相关性有限，但电视为亲子互动提供了最常见的谈话素材，亲子之间谈论因看电视引起的话题建立共同经验，其中由于经常触及道德或价值观相关者，故而使得看电视成为家庭教化的必要一环，反映出看电视的延迟性报酬功能。与此同时，亲子共视或独视也折射着家庭秩序的健康状态。跟父母共视的家庭习惯，往往反映着亲子之间在"相互协定"之下更积极的情感关系培养。例如一位父亲与在读高中的女儿之间达成的看电视"契约"：

> 我告诉我女儿，我们不是不准你看电视，而是希望你能计划好，像礼拜二有什么节目，礼拜三有什么节目，几点到几点，好，你就在那时候看，譬如八点看到八点半就好了，不要说拿着遥控器切来切去，或者看完又接着看，所以我们就和她一起商量出一个看电视的时间表。②

而相较之下，自己看电视的青少年则更易于体现出其与父母相处的紧张因素。

除了亲子关系层面的互动，在电视"老龄化"现象加剧的背景下，成年子女的电视消费亦成为践行孝道的一种重要表现。置身当代中国社会的大多数人，普遍面临生存压力过载的状况，疏于陪伴的成年子女与长辈的关系难免面临日渐冷漠的危机。在这样的状况下，观看电视则成为有限的家庭陪伴时间中能够最快速、

---

① 孙曼苹：《都会家庭多频道电视使用、家庭休闲、家庭人际关系之研究》，中华传播学会1998年会论文。

② 孙曼苹：《青少年新电视使用与其家庭人际关系之研究》，《新闻学研究》1997年第54期。

便捷地启动家庭情感相处的一种日常生活机制。一项中国台湾地区的研究表明，对成年子女而言，与长辈共视电视是不费力且日常化的陪伴方式，在这一过程中谈论与电视有关的话题既是增进情感沟通的有效方式，也体现为一种更"安全"的互动策略——能够免于无话可说、尴尬或不自在的局面。同时，当"一同看电视"成为忙于工作生活的子女和长辈在家庭相处中的一种固化安排，人们对于电视的消费则得以不着痕迹地被编入生活日程，成为家庭成员为此配合与调适工作、休闲和社会文化活动的结果，这在某种程度上也强调了"为彼此考虑和着想"的情感联结。① 即便成年子女与长辈之间普遍存在着媒介使用习惯的分野，前者或热衷于互联网或并无强烈兴致投身"看电视"的活动，但对于"看电视"的场景而言，例如伴随性地使用手机也不会与之冲突，并无碍于这项家庭活动的开展。

上述状况，对于强调"孝"之文化传统的中国社会具有普遍性。亦有观众表示：

> 小时候一放学回家，书包还没放下就着急先把电视打开，一分一秒都不会错过想看的动画片。长大以后，虽然不再那么迫切地想看电视了，但是家里的老人喜欢啊！没话题可说，那就安静地陪在他们身边看看自己不怎么提的起兴趣的谍战剧，偶尔迎合几句剧情的讨论，很明显地感觉到老人家是开心的。②

在前文提及的电视剧《娘道》，其催生的跨代际观看热度也部分源于这样一种体现折中性的选择。该剧导演在接受媒体采访中表示，其创作初衷是因为当下很多年轻人抱着手机远离客厅，《娘道》就是

---

① 陈婷玉：《爱就是陪他们"看电视"！——成年子女的电视消费与新孝道实践》，《广播与电视》2012年第34期。
② 网友"惠层"对"新周刊"微信公众平台《电视机没了就没了，反正你我都不看》一文的评论。

专门做给那些还坐在客厅手握遥控器的传统观众看的。① 但在实际播出中，这样一部面向中老年受众的类型剧却激发了另一层社会文化效应：因其"封建三观"的争议，引发了大量年轻观众激进参与的广泛批判。在这一过程中，代际观众之间的审美与价值观差异，也为"共同观看"创造了基础：播出期间适逢国庆长假，很多回家过节的年轻人都与父母在观点的碰撞中追完了这部剧，"陪父母看《娘道》"甚至一度成为这一阶段社交网络上的热门话题。②

第四节　被解构的电视文化

电视的文化，伴随社会文化的变迁而不断被赋予新的内涵。相比二十世纪八九十年代或是刚刚步入二十一世纪的阶段，这一个十年里的中国电视，一方面体现着其作为一种文化工业的更高成熟度，精致的视觉与富于冲击力的感官都在臻于体系化的生产和传播逻辑中将其打造为一种近乎标准化的优质文化消费品；另一方面，在消费主义以及中国特色行政规制逻辑的共同作用下，电视作为一种文化作品日渐空洞且乏于美学或价值上的更多意义。有人用"越来越美却越来越简单粗暴"描述中国电视文化在过去四十年中的变化，从富于朝气和锐气的启蒙精神走向尽然消解宏大话语的后现代文化，中国电视在不断亲近世俗社会的同时，也形成了对自身文化的全面解构。与此同时，大的社会文化环境也同样重塑着个体的文化认同，自嘲、自我解构亦普遍性地成为人们理解和阐释电视文化的一种重要路径，电视出于市场化的需求在不断"迎合""讨好"观众的同时，也逐渐削弱了自身解释日常生活复杂性的强劲能力。于是乎，

---

① 视频采访：《郭靖宇：看〈娘道〉的观众只知道豆瓣酱，不知道豆瓣》，腾讯视频，https://v.qq.com/x/page/x0807g4qjkg.html。

② 王琴：《〈娘道〉的争议和受众的两个世界》，《中国妇女报》2018年10月25日第B1版。

在晚近的十年间,一个独特的社会文化现象正值发生:人们从电视生活中寻求到的是相比过去越来越无关痛痒的文化和情感记忆,而曾经对于电视的热忱和期许也在时间的加冕里逐渐化作一种越来越普遍的怀旧气氛,成为供以怀旧的重要素材——那些年,曾给无数中国人带去欢笑或悲伤、兴奋或刺痛的电视文化,今天仍旧为大众所津津乐道。

一 以安全和消费之名

> 现在的(电视)审查越来越严,像曾经《超级女声》或者《重案六组》这样能让大家都感到兴奋或者震撼的电视作品越来越少。当然,也能理解管理的初衷,太过娱乐化或者调子过重都可能有不好的社会影响。但总是不免遗憾,当电视变得越来越安全,我们又还能从电视里获得什么?我看着自己的孩子守着"汪汪队"和"熊出没"①,或是喜羊羊和灰太狼,至少还挺感谢我的童年有过《魔方大厦》《天书奇谭》这样的记忆,让我早早地知道这个世界除了快乐其实有各种各样的麻烦和恐惧。

有观众这样来审视电视的文化之于日常生活的意义变迁。自中国电视在二十世纪八九十年代走向千家万户后,其作为一种文化的面貌也在被诸种社会力量不断改造着:从精英主义的话语走向后现代化的全面解构,从作为思想和文明的启迪步入被消费主义全面重塑的文化工业,电视世代曾在这方荧屏中拥有的审美趣味,无论雅俗、粗糙或精致、残酷或炽热,直到今天已然消解了其原本丰盈的意涵,更普遍地成为一种"安全而无害"的且被"娱乐"意义尽然填充的消遣方式。这样的变化并非骤然产生,是电视在长时间的社

---

① 《汪汪队立大功》(PAW Patrol)是美国尼克儿童频道推出的系列电视动画片,于2013年首播;《熊出没》则是中央电视台少儿频道在2012年首播的系列电视动画片。

会互动过程中酝酿而来，而内在其中至关重要的两条关键线索则体现为国家的规制力量和市场的消费驱动。

着眼于中国独特的社会历史语境对此加以理解，这两种力量对电视的构造性影响无疑是具有持续性和显著性的，这在前文里皆有相关探讨。前者维系着电视作为一种意识形态容器的重要社会作用，中国电视自诞生起就体现为一种能够起到充分宣传作用并动员大众的国家意志，中国电视的社会话语建构始终包孕着社会控制的制度性力量；后者则是社会转型面临的一种必然结果，大众文化的崛起基于对文化工业的消费性不断形成深入认识的过程，中国电视的文化在其市场化、产业化进程臻于成熟的阶段就已然充分体现为一种彻底的消费文化，凸显个体的意志和主张，对大众"喜闻乐见"的强调也彻底瓦解了早期电视（主要是八十年代）被寄托的启蒙精神。

这十年的中国电视，上述两种力量的塑造尤为显著。一方面，对于社会转型后更多元的社会面貌，电视作为一种主流媒介势必要在形塑主流价值观、引领主流文化潮流的方面起到凝聚共识、消弭分野的重要作用，这意味着较之此前任何时期，这一阶段中国家对电视业的规制是更为严苛的。有如八十年代在社会精英阶层主导下的电视文化，蓬勃生长于相对宽松和自由的社会氛围之中，这样的景象俨然无法被今天的电视所重回；另一方面，轰轰烈烈的市场化大潮，亦使得电视作为一种商品的价值进一步凸显。到二十一世纪以后，这种特征早已不再是"暗含"其中的隐秘力量，以收视率和广告变现转化能力作为电视传播效果的评价依据走向巅峰期为标志，最终衡量电视作品的标准主要体现为是否满足了观众的消费需求和消费主张。

值得注意的是，政策规制和市场驱动在过去十年间展现出充分的张力作用：电视监管和市场发展之间的逻辑不断形成着对抗，一来相关监管部门需要抑制电视过于市场化的趋向，电视一味讨好观众则面临其作为一种公共社会资源的价值消耗，也要尽可能避免一系列潜在的负面社会效应；二来电视面向市场的生产与传播逻辑，使之不断降格为一个流行文化制造容器，喧哗和躁动之后除了留下亮眼的收视数据和丰厚的广告创收，无他。面对相关的规制力量，电视市场要持续性地在"安全"和"喜闻乐见"的夹缝中求生存。长此以往，电视文化的日常生活意义便体现出颇为浓重的折中与妥协意味，并且不断丧失着自身的意义空间。

意识形态工作对电视文化的规制，在二十一世纪以来不断趋于审慎。一个典型的代表就是对于电视娱乐节目的监管。如前文中所论及，伴随电视综艺崛起，中国电视文化中的泛娱乐化及文化商品化现象在二十一世纪第一个十年中达到高潮。广电总局在 2011 年专门召开了"关于防止部分广播电视节目过度娱乐化座谈会"并向电视各方力量征求对于电视娱乐管理的相关意见，并在当年度下发《关于进一步加强电视上星综合频道节目管理的意见》（下文简称《意见》），业界称其为"限娱令"。《意见》要求各地方卫视在晚间黄金时段加大新闻类节目播出比例，对电视过度娱乐化、格调低俗、形态雷同等倾向进行调控。[①] 这在当时成为对不断壮大的电视娱乐消费的一种重要干预策略，亦成为有关部门此后监管电视娱乐逻辑的一份指导性意见。以此为先声，伴随真人秀浪潮席卷全国，行政力量对电视娱乐的监管策略进一步从严。当然，需要指出的是，规制逻辑的起点并非限制电视娱乐消费，而在于对不断显著化的泛娱乐化现象进行调控。这在 2015 年《关于加强真人秀节目管理的通知》[②]（业界称"限真令"）、2016 年《加强未成年人节目建设和管理》[③]（业界称"限童令"）、2018 年《关于进一步加强广播电视和网络视听文艺节目管理的通知》（业界称"限偶令"）等一系列动作

[①] 广电总局：《广电总局就进一步加强电视上星综合频道节目管理答问》，国家广播电视总局官网，http：//www. nrta. gov. cn/art/2011/10/26/art_ 166_ 17880. html。

[②] 国家新闻出版广电总局：《总局发出〈关于加强真人秀节目管理的通知〉》，国家广播电视总局官网，http：//www. nrta. gov. cn/art/2015/7/22/art_ 31_ 27852. html。

[③] 国家新闻出版广电总局：《2016 年广播电视宣传管理工作综述》，国家广播电视总局官网，http：//www. nrta. gov. cn/art/2017/10/20/art_ 2178_ 39200. html。

中得到具体而微的落实。同时，上述调控策略，大多着眼于电视娱乐节目实时发生的状况，如大量国外引进的真人秀节目的趋同或狂欢效应，明星亲子类节目存在过度消费儿童之嫌，偶像养成类节目催生粉丝大量集资、过度应援等不良示范等。从电视市场的状况而言，政策从严是应对电视过度消费主义化的必由选择，尽管市场看上去在为大众提供"多样"（variety）的文化产品，但具备经济可行性的节目并不等同于"多元"（diversity）[①]。电视"娱乐中心"的倾向表面上是对观众审美趣味的投其所好，然而其实质是诉诸感官和趋利意识的消费选择，并没有将真正的"大众"及其意志纳入其中：电视娱乐在这一个十年中呈现供远大于需的状况，面对有限的电视资源势必会造成其他类型电视内容的空间挤压。一个典型的代表是，伴随各类真人秀在2014年的全面崛起，曾经颇具影响力的对农节目《乡村发现》《农业新闻》等出于让渡版面或商业价值微弱等原因而遭到停播。但另一方面，政策的调控往往针对当时备受大众关注的电视内容，例如对《非诚勿扰》和其他相亲交友类节目的模式版权管理，对《快乐男声》《中国好声音》等歌唱选秀的同质化趋向管理，对《爸爸去哪儿》等亲子真人秀节目的导向管理，等，上述节目皆因政策的规制面临整顿或停播的状况，这无疑也对观众空前高涨的观看心理造成了打击，进一步削弱了电视文化在其日常生活中的号召力和感染力。

在电视剧审查方面，这种规制力量也对人们日常的追剧文化构成显著影响。中国电视剧审查制度的形成，是伴随电视业诞生而兴起的，此前已有论述如二十世纪八十年代对境外引进剧《加里森敢死队》等的监管。然而，在不同社会阶段，国家意志对电视剧文化的控制也体现不同特点，例如，"文革"至改革开放初期对革命理想主义和现代化诉求、西方流行文化引入和国家政治安全诉求的调

[①] 张志华：《浅析电视娱乐背后的市场审查机制》，《当代电视》2015年第2期。

和①；九十年代至新千年相对宽松的制度环境；二十一世纪第二个十年里对电视剧文化向主流价值观回归、推崇现实主义创作。② 不同阶段的电视剧审查逻辑，再现着不同社会阶段主导性的大众文化趋向。在近十年中，其主张向现实主义复归，亦是对九十年代后期至今荧屏文化一度被戏说、宫斗、玄幻等后现代文化所解构的回应，避免中国电视剧的文化走向虚无主义进而强调了重回现实生活的必要性。这样的规制逻辑实现着整体性的调节，但也随之产生新的问题：以"安全"为名的电视创作越来越多地以保守和传统的文化路径进入日常生活。一方面，对于"尺度"的把握更为审慎。2014年底，电视剧《武媚娘传奇》播出。其"大尺度"的服饰造型受到热议，引发道德风化的讨论致使电视剧停播数日、回炉整改。③ 然而，重新播出的该剧却引来更大争议，原本因为女性胸部画面"尺度过大"进行画幅调整后景别进一步缩小，出现人物时大多只留下头部画面，观众戏称其为满屏"大头贴"，"《武媚娘》变《武大头》"。④ 经"裁减"后的《武媚娘传奇》受到观众不同着眼点的争议讨论：

  上到嫔妃下到宫女，从脖子这里"一刀切"，全部变成了可笑的大头娃娃。

  这是一个连胸都害怕的年代，以后都不要播跳水游泳这样的体育赛事了，尺度更大！

---

① 张永峰：《中国电视剧审查制度的形成》，《新闻大学》2014年第1期。
② 参见《刘云山在影视创作座谈会上的讲话》，国家广播电视总局官网，http：//www.nrta.gov.cn/art/2010/10/14/art_112_12895.html；《广电总局召开全国影视创作座谈会》，国家广播电视总局官网，http：//www.nrta.gov.cn/art/2012/2/15/art_112_14276.html；《努力开创新时代中国电视剧繁荣发展新局面》，国家广播电视总局官网，http：//www.nrta.gov.cn/art/2018/4/4/art_112_34717.html。
③ 倪学坤：《〈武媚娘传奇〉的热播与争议》，《当代电视》2015年第11期。
④ 《武媚娘变"大头贴" 网友脑洞太大停不下来》，人民网，http：//sn.people.com.cn/n/2015/0106/c354697-23460564.html。

虽然唐朝是中国历史上最为开放的朝代，但开放不等于大尺度着装，武媚娘那个年代的领口本来也没到酥胸半露的地步。①

尽管这一整改要求是基于创作尊重史实以及引导未成年人健康观剧的目标②，在规制的初衷上具有正当性和自洽性。但也有人指出，中国电视剧在播出前就有严格的审查机制，那么上述问题又如何通过播前审查？这也侧面反映出即便"尺度"从严，却也乏于一个明确的标准来加以衡量。行政力量和社会舆论之间愈发突出的矛盾，使得电视剧的管理逻辑在此后若干年中渐趋保守，鼓励创作现实主义题材，但对"现实主义"的阐释却又尽可能规避过于浓重的批判性色彩，在主张上提倡"温暖又明亮"，这也使得电视剧的创作较之过去数十年而言更"无害"却也消解了更多潜在的社会力度。在2008年以后，中国电视剧市场鲜见有刑侦、罪案、公安等"尺度较大"的作品，这样的状况逐渐普遍，电视剧的文化出于"安全"考虑似乎也难以再回到此前的锐度和力度。

另一方面，成为规制重要对象的电视的"消费性"，也在近十年中不断壮大，成为解构中国电视文化的重要因素。一个代表性的特征如前文所论述，越来越多的观众在互联网文化影响下赋予电视观看行为以更强的能动性，借助诸种脱离原文本意义的二次创作完成文化参与和自我主张的凸显。消费主义给予了电视观众更个性化的体验，但也在实质上瓦解着其文化的意涵和社会话语的意义空间。以民生节目为例，原本对其社会帮扶属性的强调，逐渐异化于收视率压力和"求新""求变"的社会期待之下。例如《1818黄金眼》

---

① 刘文韬：《〈武媚娘传奇〉"剪胸门"事件成因及对策研究》，《传播与版权》2015年第10期。

② 韩啸：《电视剧内容审查的法律规制——内容审查视域下的"武媚娘被剪"事件》，《传播与版权》2015年第3期。

这样的社会民生节目先行者，在近年来也逐渐远离了其功能底色，如有观众所形容的："谁能想到是一档民生节目成为一代人的快乐源泉？"仅以2018年为例，为该节目创造社会话题的不再是调解帮扶行动本身，最具讨论热度的是"发际线小吴"形象的意外走热。在当年的一期节目中，小吴因遭遇"天价理发"走进节目，一条因修正发际线而产生的电视民生新闻，让小吴不经意地成为互联网狂欢的主角，其命运的改变，仅仅源于一对让人"看了就想笑"的眉毛。[①]

有受访观众感慨："这些年的中国电视管得越来越多，市场看起来也越来越火热，但遗憾的是，电视似乎并没有因此而变得更好。"在近十年里，中国电视的发展被予以了空前的关注度，其文化却也在全方位的解构中催生一种独特的社会景象："当我们在讨论电视时，所谈起的却大多与电视本身无关。"以"安全"和"消费"之名，中国电视文化曾缔造出的美好记忆也似乎正在渐行渐远。

二 作为怀旧素材的电视

电视世代所共同拥有的电视记忆，在二十一世纪的第二个十年里，正陆续止步于以互联网文化为主导的日常媒介实践之中。尽管"看电视"尚未全然从大众的日常生活中抽身，但这种纯粹且集体主义式的经验，也在张扬自由和多元的原子化（atomized）的社会中被建构成为一种全新的文化记忆。也是在这一过程中，那些曾经伴随电视世代成长、生活的电视经验，寄托在一方荧光屏里的对美好世界的诸种想象，以及通过观看进而勾画出的现实生活，也在迈向"20代"的同时因为无法重回而成为供以缅怀的重要文化素材。

伴随电视文化的进一步解构，另一种关于电视的讨论不断在大众的日常生活得到放大：重回经典，电视记忆在近十年间的"复古"

[①] 转引自李颖迪《GQ报道｜男孩小吴奇遇记：一场因眉毛起落的网络狂欢》，"GQ报道"微信公众平台，https://mp.weixin.qq.com/s/cNQXZx1cWAbHoUhl AaNGKw。

风潮正在制造出一种全新的流行文化景观，人们习惯将这一过程称为"回忆滤镜"。"回忆滤镜"作为一种流行文化生产机制，在过去十年的电视业变化中有迹可循，当然也折射出社会文化变迁的复杂性：一方面着眼于电视精品创作断代的现实状况，另一方面是互联网文化为大众创造的全新共情机制，两相作用之下便生成了一种行之有效的路径使人们在电视生活的"过去"和"当下"之间形成某种关联的确认。由是，大量电视经典作品"翻红"于当下的文化生活之中：有通过表情包和视频卡段等次生传播手段将作品剥离原语境实现更具当下性的文化阐释，如电视剧《三国演义》中一句"我从未见过如此厚颜无耻之人"，电视剧《回家的诱惑》中一段"风流洪世贤"的演绎，也有通过剧情考古重新解构作品并沟通出对接现实的意义，如电视剧《情深深雨濛濛》中"反PUA斗士"陆依萍和"渣男"何书桓的人设重阐，再如凭借"佟掌柜教你人生箴言"（《武林外传》）、"刘星家到底多有钱"（《家有儿女》）等话题受到社交网络热议并引发众人重新爬梳剧情细节。① 重看电视剧《亮剑》的年轻人不仅从剧中的"亮剑精神"中汲取着养分，也热衷于开发"周边乐趣"，如衍生出一系列第二次世界大战的历史常识题供观众们在社交网络上互动。因为喜爱《武林外传》，有观众在现实中为此开出了一家高度还原剧中场景的"同福客栈"供大家巡礼。"宁愿刷十遍老剧，也不想看一眼新剧"的观看心态正在年轻社群中逐步壮大为一种普遍的现实。有调查表明，更偏好经典电视作品的受众并非中老年群体，而是以"90代"观众为主力，他们贡献了42.7%的观看时长。②

而曾在二十世纪九十年代至二十一世纪初缔造了无数流行文化记忆的香港电视节目、台湾电视节目，也逐渐在2014年以后伴随越

---

① 何天平：《影视经典"翻红"，是巧合还是必然?》，《文汇报》2020年3月4日第10版。

② 陈静：《数据显示：6000万90后爱经典老片》，中国经济网，http://www.ce.cn/xwzx/gnsz/gdxw/201912/06/t20191206_33798898.shtml。

来越多"关停"消息的出现而激发起人们的怀旧情绪。开播于1957年的香港亚视（aTV），曾经一度是华人地区中颇有影响力的电视台之一，二十世纪八十年代初打造的《大侠霍元甲》作为引进内地的首部香港电视剧引发观看盛况，甚至直接推动了内地的武侠影视热和人们学习粤语的热情，也培养了包括黄秋生、汪明荃、苑琼丹等知名"港星"，成就了《精武门》（1995）、《我和僵尸有个约会》（1998）、《纵横四海》（1999）等至今为大众所津津乐道的电视作品。2014年的破产危机带来该频道不可逆转的没落危机，直至2016年香港亚视所有频道被撤销，一个香港电视节目的黄金时代走向落幕。无独有偶，2016年，香港华娱卫视（CETV）停播；香港电视广播有限公司（TVB）自2010年以后人才大量流向中国内地，到2018年已进入持续裁员的财政维护状态。而在二十世纪九十年代末曾为中国大陆的电视文化注入无数娱乐精神的台湾电视节目，如今偶像剧的影响力滑落、电视综艺的青黄不接，都让这一曾经活跃的电视版图面临转型重塑的境遇。2016年，开播12年的台湾日播综艺《康熙来了》正式停播，无论两岸观众，许多"80代""90代"唏嘘不已。有媒体曾评价这档节目"见证了一代人的成长，甚至构成了一代又一代年轻人的流行话语体系"。也有观众对拥有《康熙来了》的"看电视"记忆表示怀念：

> "康熙"停播了，这几乎是一个流行文化时代的落幕。我似乎早已习惯了，在吃点什么时，耳边就得响着蔡康永和徐熙娣（节目主持人）的声音，也习惯了看"康熙"时嘴里就得吃点什么，这大概成了一种生活伴侣最佳组合：食物＋"康熙"。曾在我寂寞、不开心或者很开心的时刻，它似乎永远在那里，就在那里等着我，陪伴我长大，也陪伴我度过一个又一个日月。[1]

---

[1] 参见知乎平台"《康熙来了》停播，你有什么感触？"的问题回答。

相比之下，此时的电视文化虽看起来鲜活，却远未及曾经的电视记忆更懂得如何把握住关于流行的脉动。有观众对央视春晚近年来的创新进行了反思，从寻找电视和年轻人之间的同频共振里回溯电视春晚曾经的珍贵记忆。而这些"未曾远去的美丽"，也成为今天的人们观看春晚时无比窘迫的捉襟见肘之感。

> 这些年的春晚总想迎合年轻人，但年轻人究竟想看到什么呢？是尊重文明、有真正进步意识的内容与审美。春晚年年都在迎合年轻人，但年轻人年年都在怀念曾经的老人。"宫廷玉液酒，一百八一杯""树上骑个猴，地上一个猴，到底几个猴"……数不胜数的经典闭着眼睛就能想起，这些语言类节目老人小孩都能乐不可支，而如今却是靠网络段子养活节目。中国人看春晚图的是过年的仪式感，吃团圆饭坚持打开电视看春晚的，多数是老人，然后是承欢膝下的中年人，再是拿着手机边看边"吐槽"的年轻人。感谢春晚对我们年轻人的厚爱，但我真不想老人们认识的熟脸一个也没有了，然后问我：你们年轻人原来喜欢看这个啊？——我不是，我也没有。为了"流量"请"流量"的结果，无非是老人不喜欢，也并讨不到年轻人的好罢了。[1]

在一零年代的尾声里，有观众感慨道：

> 1984年的皇后乐队写了一首名叫《Radio Ga Ga》的歌，三十多年过去，会不会有人在今天写一首《Television Ga Ga》呢？[2]

---

[1] 参见微博用户"浪里赤条小粗林"的微博内容发布。
[2] 网友"威化"对"新周刊"微信公众平台《电视机没了就没了，反正你我都不看》一文的评论。

第七章

重返日常生活：
"后电视时代"的可能路径

"如果忽略电视在社会中所发挥的作用，那么我们无法谈论二十世纪的社会文化变化。"① 中国电视经由过去数十年的发展，早已在作用于大众日常生活的过程中内化为一种普遍的文化机制，或许并不总是显著，但恰恰是这种潜移默化的影响才令电视的媒介实践得以深植于中国社会的文化土壤中，并持续展开着日常生活的意义生产。当代社会文化最为显著的一个特征在于"文化的日常生活化"以及"日常生活的文化化"②，电视文化作为中国社会生活的一种重要表征，其"日常性"的特征理应被予以充分的重视。因而，从构建生活方式的视角来加以审视，也成为理解和阐释中国电视文化及其变迁脉络的关键线索，甚至在很大程度上，这种视角正逐步凸显出更明确的主体性地位，如有学者指出："目前对电视的规定，已从原初的'技术规定'开始、经由'文化规定'，转向了最新的'生活规定'。"③ 就在电视文化于全球范围内蓬勃发展的几十年间，其与大众日常生活习惯的互动实现了紧密的对接，被认为是"嵌入在

---

① ［日］藤竹晓：《电视社会学》，蔡林海译，安徽文艺出版社1987年版，第1页。
② 金惠敏：《文化理论究竟研究什么》，《文艺争鸣》2013年第5期。
③ 刘悦笛：《走向"生活美学"的新电视本体论》，《现代传播》2015年第6期。

人们每天的时间日程表中的一个固定标记"①。然而，伴随社会文化结构的变迁、数字新媒介的崛起等诸种因素的到来，电视的日常生活文化正在面临不断被削弱乃至于被彻底颠覆的危机。

事实上，自二十一世纪以来，对电视存续的反思已在全球范围内不绝于耳。有如"我们所知的电视终结"（The end of television as we know it）、"为什么电视不会永远一样"（Why TV will never be the same）、"电视已死，电视永恒"（The TV is dead. Long live the TV）等②"唱衰"电视的声量渐大。而关于电视的媒介运行机制面对互联网的冲击能否继续保有活力，则成为近十余年来频频被论及的一个议题。尤其在底层技术逻辑的认知上，基于同轴电缆信号传播和带宽技术的有线电视服务，正在流媒体服务的不断扩张下渐渐丧失生存空间。相关数据显示，截至 2018 年第四季度，我国有线电视的收视份额已下探至不足五成，且用户呈现加速负增长状况，相比之下，智能电视（OTT TV）收视份额已近四成，其增长速度将以可见的趋势超越有线电视。③ 与此同时，电视的中心化的频道机制被互联网去中心的传播模式所离散，受众的收视（看）需求也进一步分化，观众从电视机前流向散落各处的内容场景，以时间资源和时段价值为中介的电视存续结构被打破。④ 如此也便有了如洛茨所判断的电视业从"多频道切换期"到"后电视网时代"的转向。⑤ 今天的电视

---

① David Gauntlett and Annette Hill, *TV Living: Television, Culture and Everyday Life*, London: British Film Institute, 1999, p. 51.

② 参见 "The End of Television as We Know it", https://www.wired.com/2004/12/the-end-of-tv-as-we-know-it/; "The TV is Dead. Long Live the TV", https://www.wired.com/2007/04/tvhistory-0406/.

③ 中国广播电视网络有限公司、北京格兰瑞智咨询有限公司：《2018 年第四季度中国有线电视行业发展公报》，《有线电视技术》2019 年第 2 期。

④ 周勇、倪乐融：《拐点与抉择：中国电视业发展的历史逻辑与现实进路》，《现代传播》2019 年第 9 期。

⑤ ［美］阿曼达·洛茨：《电视即将被革命（第二版）》，陶冶译，中国广播影视出版社 2015 年版，第 2 页。

无论在客观或主观的意义上，其技术以及运用场景都很难再用围绕"电视机"的观看行为加以参照，相比人们早已习惯的"走进家门、打开电视、选择频道、如约观看"，电视在新的技术逻辑和社会文化语境作用下势必将形成一种全新的应用程序（application），并强调更为复杂、多元和个性化的使用（包括观看）体验，以满足"无论在什么时间、地点看什么节目"。在这种难以预料快慢但却必然走向的轨迹中，"看电视"本身会高度互联网化，尽管不一定指向着互联网电视这种终极的技术形态，但毫无疑问的是，"电视"将作为一种新媒体重新出现，并纳入以泛在的视听传播为特征的大视频业态中成为一个组成部分。当然，最终所形成的介入或言重要程度，则取决于另一个层面的探讨，也就是对塑造电视文化的底层逻辑的商榷——当电视的文化发生本质性的改变，如何看电视？谁在看电视？看电视在与日常生活的互动中如何传播观念并开展相应的意义生产？

上述基本问题，关乎中国电视文化存续的"日常性"，也为理解电视转型这个现实命题提供了在媒介（技术）功能理解之外的另一种视点与思路：电视机或许会在未来某一天尽然淡出人们的生活，电视文化能否以某一种新的面貌加以重回？

第一节 消失的"大众"和变化中的生活方式

自改革开放以来，中国电视在逐步走向千家万户的过程里成为真正意义上的大众化媒介。中国电视的社会底色，不仅仅体现在作为最为主流的视听媒介所拥有的广泛覆盖率和触达率，更体现着其之于日常生活秩序的独特意涵：一方面，其"大众化"体现下沉效应，也即逐步实现对不同代际、地缘、阶层的社会群体的无差别覆盖。当发生某一社会状况需要为全民所知晓时，那么电视无疑是所有媒介中传播壁垒最小、接受门槛最低但触达效果最佳的一种信息通道；另一方面，电视的"大众化"强调社会互动的特征，"看电视"作为一种日常化的生活方式，并不以个体的媒介使用作为基本要素，它更多地体现为一种集体主义式的文化经验的培养，从早期的集会式看电视到后来的家庭观看场景，看电视的过程通常伴生着交流和沟通的内涵，这种超越个体主张的"观看"也一并促成了诸种社会关系的交往，使得"大众"之于电视的概念体现着网状而非点状连接的脉络。

因为电视所面向的"大众"具有上述结构化的特征，电视文化在深入中国社会生活的过程里才制造出了无数令人难以忘怀的集体记忆。在2018年的一档电视访谈节目中，1998年版电视剧《水浒传》演员时隔二十年再聚首，其中有人提到该剧当时播出时深刻印象的一则细节：

> （在《水浒传》播出时）也是有人在骂的，这个骂的程度回想起来也是前所未有。当剧情里把"招安"放进来后，有的观众看了就十分生气，生气到把家里的电视机都砸了。他砸的是一个20寸的电视，后来中央电视台买了一台29寸的赔给了他。[1]

今天的人们或许很难想象彼时的中国电视之于日常生活的介入程度、强度，而这种社会文化效应也难以通过个体独立的媒介经验加以建构，恰恰是源于看电视作为一种群体式的社会行为，才有空前的情感卷入以带来上述看起来甚至不可思议的举动。而这一切，却在二十年后发生了天翻地覆的变化。伴随互联网及其文化的繁荣，中国电视在长期日常生活实践中生成的"大众"概念逐步瓦解，"万众瞩目"的电视场景越来越少地出现在社会生活中，取而代之地则是强调个体主张和能动性的体验（包括观看），如莱文森所言体现

---

[1] 根据中央电视台《中国文艺》栏目影像资料整理，2018年9月15日，http://tv.cctv.com/2018/09/15/VIDEhfnHdCCVbgrVKtFRKVaK180915.shtml。

"个性化和去专业化"[1]的特征。观众的分化使得人们分享共同观看经验的机会愈发有限,"圈层"概念在互联网语境中的崛起则直观投射了这种变化。受众的互联网虚拟生存形成了在现实生活之外更多元、灵活的社群关系,相对松散但凸显个人偏好的主张,"按照社会需求的最大公约数设置社群、区分归类,受众自觉在互联网空间中依据某种个人化的标准选择性地接受传播,进而有助于网络空间的信息分层和精准传播"[2]。互联网不再视"大众"为一个整体性的概念,为不同特点和诉求的受众匹配和分发相应的内容消费。近些年的网络视听实践充分开掘出了"圈层"的想象力:2017年网综《中国有嘻哈》让作为青年亚文化的说唱文化步入主流视野,2018年网剧《镇魂》改编自耽美题材网文,同样成了这一圈层受众中备受关注的热门作品。

从"大众"到"分众"的流变,背后再现出的是包括技术可供性、媒介环境、社会文化等一系列要素的共同作用,也折射着生活方式在不同社会阶段所具有的不同特点。在更趋开放化、多样化、全球化的当代社会文化语境中,日常生活的秩序结构呈现为一种不稳定的——且持续不稳定的——全球统一性和本土多样性的"大杂烩"[3],人们浸润在更强调个体经验的社会文化之中,"对文化试验、融合和混杂持有更开明的态度"[4]。从这个视角来加以审视,受众的变化,恰恰是整体性的社会文化变迁之下投影出的一个具体社会结果。

---

[1] [美]保罗·莱文森:《新新媒介》,何道宽译,复旦大学出版社2012年版,第19页。

[2] 周大勇、王秀艳:《互联网"圈层"传播与新受众的信息反映》,《图书馆学研究》2017年第21期。

[3] [英]戴维·英格利斯:《文化与日常生活》,张秋月、周雷亚译,中央编译出版社2010年版,第176页。

[4] Robert Fine and Robin Cohen, "Four Cosmopolitan Moments", in Steven Vertovec and Robin Cohen (eds.), *Conceiving Cosmopolitanism: Theory, Context, and Practice*, Oxford: Oxford University Press, 2002, pp. 137–164.

回顾电视文化在不同社会阶段中再现日常生活的特质，便不难发现，变动的个体和变动的电视生活之间始终保持着起伏消长的互动关系。有学者对中国电视自诞生以来表征日常社会生活的阶段性特征作出了梳理，从改革开放以前的"试探与压制"到八十年代的"入场与超越"，再到九十年代及其以后的"发现与转向"，进而逐步完成了电视文化进行日常生活书写的合法性确立。[1]而在这一过程中，受众在媒介参与中的主体性地位也在不断流变，从作为群体的一员到构成群体的关键要素，直至今日，个体在"将自己转化成媒介内容"的过程中得以普遍的赋权和自我赋权，"日常生活更成为人们通过媒介使用充分体现文化主导性的表征场"[2]。从"大众"到"分众"的变化，不仅是媒介演进带来的结果，亦是媒介作用于日常生活之后体现的社会结构变化。

我们自然不能轻而易举地为任何一种观看特征下的生活文化作出优劣判断，以电视为代表的媒介文化与日常生活的互动，本也是伴随整体性的社会变迁而在不断加以调适；媒介参与建构的大众生活方式，变化才是其不变的常态。换言之，"大众"的概念之于电视生活的逐渐离场，或许就意味着另一种全新生活方式的崛起：电视尝试通过转型重返日常生活，势必要更准确地去反馈当下的社会语境，而并非"旧瓶装新酒"的改进——从电视时代到后电视时代，全新的电视文化如何满足"分众"的需求？曾经的电视文化逻辑在当前的社会文化逻辑下又应当作出怎样的调整与再匹配？

这构成了电视转型需要直面的本质问题。对于今天的电视而言："电视已然过渡成为了一种窄众（分众）媒介——以体现独特性和独立性的小部分观众为目标——随着它身在其中的更广泛的媒介文化调整，电视的产业逻辑被显著改变，而其作为一个文化机构的运

---

[1] 廖金生、马骁：《中国电视文化的日常生活表征流变》，《编辑之友》2017年第6期。

[2] ［澳］格雷姆·特纳：《普通人与媒介：民众化转向》，许静译，北京大学出版社2011年版，第38页。

作方式也需要重新进行根本性的评估。"① 这也随之带来一个新的思考方向：电视能否重返生活，相比"已经有什么"的商榷，更重要的是关注"理应有什么"——面对今天已然呼之欲出的日常生活文化变动，电视的文化也正等待着一场改头换面的重新塑造。

第二节　电视转型：不可忽视的社会文化视角

有学者曾用"俯视媒介"和"仰视媒介"的概念②来阐述媒介变迁过程中受众日常媒介使用及其文化情感卷入的差异。前者的特点在于受众常常需要保持低头姿势来进行媒介使用，代表性的如移动小屏。俯视媒介强调受众的主动性，无论使用状态和使用体验都体现复杂操作、深入参与的特点，并需要卷入更多的情感，是一种更为积极的媒介使用。但这一特点同时也决定了其多以短、平、快的资讯传播为主体，"很难形成欣赏型或享受型的使用感受"。后者顾名思义，受众对这种媒介的使用常需保持仰头的姿势，代表性的如电视大屏。仰视媒介多体现被动使用的特点，也被口语化地称作"懒人媒介"，因为不需要有太多的操作和参与度就能够实现"躺在沙发上的文化娱乐"，这便成为电视构建"客厅文化"的重要基础：打开电视，人们不需要做什么，共同看着电视、共同分享作为家庭陪伴要素的电视所维系的家庭情感，就有了家庭生活文化的浓厚气氛。

---

① ［美］阿曼达·洛茨：《电视即将被革命（第二版）》，陶冶译，中国广播影视出版社2015年版，第6页。

② 国内有多位学者论及这一组由媒介使用延伸而来的媒介概念，代表性的如尹鸿与《解放日报》的对谈，《先是报纸，再是电视，真会消失吗——怎样看待"媒介消亡论"》，《解放日报》2013年4月16日第7版；喻国明与"广电独家"的对谈，《预测2019：5G将威胁电视收视，能整合资源才是英雄》，"广电独家"微信公众平台，2019年2月17日，https://mp.weixin.qq.com/s/Eyp3e5Jh7RKGxKkx8LYOAA。

伴随互联网和移动互联网在今天的全方位崛起，人们显而易见地对俯视媒介有越来越高的依赖度，各式各样能随时随地使用的智能终端定义着人们全新的生活方式。但从媒介使用的视角加以进一步的审视，不断趋于俯视化的媒介使用特征，之于电视的危与机并存：一方面，个性化、自主化的媒介使用，逐步消解着媒介构造日常生活文化的公共性特点，过去强调的共享经验被解构；另一方面，"懒人媒介"的需求总是存在，人们对于深度的享受型媒介使用很难从小屏中得到满足。走向主流的俯视媒介便会通过一定的改造手段来匹配受众的这种"仰视"需求，这在互联网视频向大屏的进军中可见一斑。故而在一定程度上，传统电视与网络视听在物质基础层面的分野正在缩小，因为主动或被动的媒介使用都是人们日常生活的一部分，大屏如果能适应充分体现个性化、能动性的观看，也会成为电视谋求转型的一种有效路径。

对于电视转型议题的关注，时常被技术、媒介功能或媒介机制体制等话语所主导，这些视角固然反映着至关重要的阐释意义，但有如上述基于电视日常生活实践的社会文化视角，作为理解电视及其社会效果生成的一种底层逻辑，同样应当被予以充分的重视——电视的历史就是人们使用电视的历史，而电视所作出的诸种转变，最终也都会作用在人们使用电视的改变之上。

一　社会文化语境中的电视危机

电视，作为一种视觉性的力量深入中国社会，并在过去数十年中生成了强劲的号召力和影响力。这源于媒介（技术）功能的建构，体现在不同阶段与社会颇为紧密的文化互动之中，是媒介内外部力量共同塑造的结果。回顾电视之于中国社会的主流化之路：二十世纪八十年代的"文化电视"召唤富有启蒙精神与现代性意识的社会话语；到九十年代不断崛起的"商品电视"，更为普遍的电视大屏对家庭生活形成可持续的意义再生产，人们亦在电视的日常消费中反身定义着自身的身份与权力；再到二十一世纪以来的"后现代电视"，拥有凝聚共识、广泛动员的强劲能力的同时，也在频繁的泛娱乐狂欢和自我解构中反叛宏大叙事。可以说，"几乎没有哪一种媒介比电视更全面、深度地得益于社会的建构，也没有哪一种媒介比电视更充分、准确地再现着社会文化的诸种变迁"[1]。社会文化对中国电视的建构力量一以贯之，社会性由此构成电视至关重要的媒介底色。哪怕是在数字新媒体异军突起的当下，社会文化变迁对互联网的塑造或是对电视的瓦解都彰显着至关重要的作用。有学者认为，"连接"是互联网相较其他传统媒体的独特演进逻辑[2]，这不仅仅体现在技术的物质性层面，也为个体及其关系、意见情绪及其舆论的关联创造了更丰富的可能性，且在不断的裂变中生成了互联网在技术和文化意义上的底层逻辑。反观电视在今天所面临的滑落，媒介形态及其功能属性遭遇的危机是外在表现，就其本质而言，电视与社会文化之间渐趋乏力的互动机制，则是造成电视逐渐疏远社会日常生活不可忽视的重要线索。

从电视与社会文化互动的视角出发来商榷电视转型的命题，则构成一种视野更开阔的思考方向。结合本书对中国电视的社会文化史考察，可以看到电视作为一种构造性的力量究竟是如何对中国社会生活产生作用的：自中国电视在二十世纪八九十年代步入千家万户后，电视的日常生活实践一方面展现出其作用于社会结构的稳定性，作为一种有机的社会要素实现向普遍的社会文化的逐步嵌入，与此同时，个体通过电视的使用以完成社会地位的彰显，电视表征着日常生活的身份与权力；另一方面，"看电视"也体现着作为一种社会行为的流动性，不确定的生活方式和确定的生活场景之间在电视经验之下完成了统合，"观看"这个动作本身便构成再现社会生活变迁的一种重要象征。而关乎社会结构和社会行动的两条脉络之间

---

[1] 何天平、严晶晔：《媒介社会史视域下的中国电视60年》，《中州学刊》2019年第5期。

[2] 彭兰：《"连接"的演进——互联网进化的基本逻辑》，《国际新闻界》2013年第12期。

又体现着张力的作用,电视文化得以在不同社会阶段中生成不同的特点及塑造日常生活的能力。反观当下,当电视作为一种社会地位的象征、"看电视"作为一种流动的生活场景的内涵逐渐被消解,关于电视的存续话题自然便有了被谈论的现实意义。

"电视会不会亡,取决于它该不该亡。"① 这一观点从侧面揭示了阐释电视转型议题的更本质视角。当诸种"拯救电视"的举动不断围绕着电视作为一种传播功能的存续而此起彼伏,或许电视业并没有更进一步地认识到,作为传播工具的电视的盛衰取决于其在传播过程中究竟是否有或者有多大的社会价值,而对这一问题的关注,便构成了在社会文化语境下重新审视电视转型议题的必要性和重要性。

二 重构"电视"及其日常生活实践

在过去数十年中,尤其是改革开放以来的四十年,电视的日常生活实践之于中国社会的影响几乎是任何一种媒介所无法比拟的。即便在互联网落地中国并实现快速发展的二十余年间,强调日常性的电视文化依然有着颇为牢固的下沉效果,在技术普及、共识凝聚、社会信任等方面发挥着不可替代的社会作用。在显见的电视下行趋势中,有两个方面的特点能够侧面反映出电视不可或缺的社会价值。其一,互联网的数字鸿沟所造成的信息不平等将长期存在(甚至会因为技术壁垒的存在而进一步扩大化),其使用的权力在受教育水平、阶层、城乡等方面都有显著差异。这也意味着互联网的"高线"发展特征在短时间内不会改变,其文化很难形成有如电视的"低线"覆盖,进而也无法取代电视的下沉社会效果。在关涉全社会福祉或利益的公共议题方面,电视的广播式传播仍然会是一种主导式的手段。其二,互联网与传统电视遵循的文化逻辑有本质不同。前者突出个体的意志和能动性,后者则强调集体主义的观念。对于日常生

---

① 李新民:《电视会不会亡,取决于它该不该亡》,《影视制作》2019 年第 12 期。

活的媒介实践而言，如果说互联网是在不断离散人们共同拥有的价值观与文化，那么电视则更强调一种整合的作用，在凝聚社会共识、召唤共同体精神等方面的价值不可替代。尤其是在当前信息过剩而信息价值稀缺的媒介环境中，电视在甄别信息、社会引导等方面的权威性依然体现着很强的媒介信任度。

媒介新旧交替的本质是在优化传播，无论在技术逻辑还是在社会逻辑的维度。互联网的冲击，使得传统电视基于其技术特征而生成的封闭、线性的传播机制备受挑战。在互联网尚未崛起时，当时的电视传播常被视作空间偏向的，蒙太奇的语法令身体不在场的个体得以在对一方荧屏的观看中实现在场，这是刚刚勃兴的视觉媒介制造出的前所未有的经验；互联网的出现，则重新定义了传播的具身性，实现了更有机的"人的延伸"，相较之下的传统电视便只能展现为一种时间偏向的特征。这是源于技术逻辑构造出的媒介演进轨迹，电视在这一维度上面临的危机不言而喻。然而，从另一个维度来看，也即传播的社会（文化）逻辑，尽管互联网形成了全新的塑造性力量，但如前文所商榷，并没有形成有如技术逻辑般的替代性优势。换言之，电视的传播仍然体现着具有独特性的社会文化意涵，并且深嵌在日常生活的秩序结构之中。从某种意义上而言，这也从社会价值的层面回应了"电视该不该亡"的问题。

事实上，这也构成了当下电视转型所面临的复杂状况。一方面，传统电视的技术升级势在必行，在技术的实践和传播的观念上促成传统电视的互联网化，从有限的时间资源开发逻辑向更去中心化的空间资源开发逻辑加以改造，"后电视"的概念呼之欲出；另一方面，电视的社会文化逻辑，同样应当随着技术逻辑的转变而转变，但这种变化的轨迹却并非指向尽然的互联网化，恰恰需要依托于电视自身的场景优势进行"以我为主"的升级，以壮大自身与日常生活实现互动的独特优势。在很大程度上，"后电视时代"的到来，是能够从电视文化的日常生活实践中寻找到答案的。

正在发生的现实变化亦能对此加以印证。近年来，新技术驱动下的智能电视大屏普及逐步完成对传统意义上围绕"电视机"为中心来组织的电视业态的升级，大众重回家庭场景大屏收视的趋势显著。相关数据显示，截至 2018 年底，中国智能电视激活量突破 1.85 亿台，有预计表明四年内将有超过 2.8 亿台的保有量（已激活），且规模超越传统电视。倘若取均值的家庭户规模，到 2022 年中国智能电视将覆盖近 9.5 亿的人口规模。[1] 与此同时，智能电视的活跃度不断走高，2018 年的开机率数据在 52.5% 以上，观众收视时长大幅增加，2018 年的日均观看时长达 318 分钟[2]，观众从移动小屏向智能电视日常化的家庭使用回流趋势越来越明显。而智能电视超越线性观看的多场景应用，包括直播、点播、应用服务等在内的不同入口对空间资源版面进行充分开发，既实现了不同媒介使用场景叠加的兼容性（例如在观看电视的同时使用互联网或者大小屏联动使用等），亦展现出与不同特征的受众及其日常生活精准互动的特点。相关数据显示，直播场景更受到男性、中老年受众的偏好，尤其是 45 岁以上保留传统电视收视习惯的代际；点播场景体现受众的年轻化特质，尤其是深受灵活自主的互联网使用习惯影响之下的 35 岁以下用户；应用服务场景则以女性尤其是中老年女性为主要受众，这也部分延承了电视购物的使用惯性，但因其更具易用性的特征体现出向年轻代际扩散的趋势。智能电视在技术层面的互联网化，实现了人们从"观看"向"体验"的转变，也颠覆了以电视机为中心组织的日常生活，逐渐形成新的家庭媒介场景。这种具有积极意义的变化，呈现着电视重构日常生活互动的可能性，也带来了更进一步的思考。

未来的电视，在全面实现技术的转型后究竟会迎来怎样的体现普遍性和深入性的日常生活实践？仅通过当前的有限探索，我们或许无

---

[1] 勾正数据（Gozen Data）、国家统计局综合统计。
[2] 酷云互动、AdMaster X：《2018 智能电视大屏全场景白皮书》，http：//www.199it.com/archives/808863.html。

法为此作出盖棺定论的判断。但至少可以看到的是，两条本质性的线索已经在尝试揭示电视重回日常生活可能的互动机制。其一，伴随智能化社会的呼之欲出，重新被技术定义的"电视"依然会对家庭生活场景形成构造性的力量，但这种力量有别于传统电视时代时作为维系家庭秩序结构的重要表征，而成为家庭空间里的智能中枢，实现对家庭生活的全方位管理。从观看的设备到智能应用的入口，电视的家庭生活意义正在发生流变。其二，当智能电视从作为终端的"电视机"的语境中全面脱离，电视的内容和电视之间的一致性也将会逐步被取消。[1] 这意味着电视不再仅仅是一个播放属于电视内容的终端，更成为一个能够接受用户自定义偏好内容的智能交互设备。能够针对不同受众特点进行相应匹配的"高价值内容"（prized content），将越来越成为未来电视的一种核心机制。无论人们进行个性化、个人化的媒介日常使用，或是家庭式、社群式的，电视都能将"观看"和"观看者"实现更有机的对接。从广谱化的生活意义创造到垂直化的个性偏好定制，电视文化的日常生活实践正在发生流变。

技术的想象力远超乎人类的预期，就像未来的电视大屏究竟会以怎样的形态存在也尚且是一个未知数。但能够预期的是，倘若电视有重回日常生活的可能性，势必将承担起整合人们对视听文化的日常生活需求的功能，这在当前的"大屏"环境中已然得到了具体的实践；呼之欲出的"后电视时代"，也将伴随被技术重构后的"电视"重新被赋予结构日常生活的强劲能力，而得以真正意义上的再度出发。

第三节　理解"后电视"：两个关键概念

"后电视时代"并非一个全新的概念，在电视转型议题渐趋显著

---

[1] ［美］阿曼达·洛茨：《电视即将被革命（第二版）》，陶冶译，中国广播影视出版社2015年版，第13页。

化的近些年,对其的把握和阐释已经受到了国内外电视学界的广泛关注。洛茨在二十一世纪的第一个十年针对美国电视业的困境——"随着电视网和频道大肆扩张以及越来越多可以让我们获得视频内容方式的出现,看电视作为整个社会的共享盛会的功能已经大打折扣"[1]——创造性地提出了"后电视网时代"(post-television network era)的概念,用以描述电视业在告别频道制等一系列固有传统后所迎来的全新面貌。在"电视"向"后电视"演进的过程中,对此在不同视角、不同脉络展开的商榷层见叠出,重新定义作为一种"新媒体"的电视及其媒介实践,相关的探讨也可谓是车载斗量。其中较为主流的观点集中在"后电视"的媒介功能构建:在媒介形态的维度,"后电视"强调广义上的视频信号传输,也体现兼容多场景应用的特征,指向的是从电视内容到多媒体视听内容的变化;在传播机制的维度,多元交互手段催生多样传播渠道,趋向于空间化的电视传播亦会反向构造不同特点的视听文化。较之传统电视,"'后电视'在内容生产、传受关系、消费习惯等方面形成颠覆性变革,乃至带来媒介组织及生态的改变"[2]。

然而,也有如前文中所论述,"后电视"无论形成怎样的技术、形态或者机制体制变革,其原生的动力也即最终的落点都在于能否匹配更普遍的受众对体现日常性的视听文化的需求和习惯。传统电视的衰落无论时间早晚是必然面临的状况,而电视所扮演的社会角色和文化角色也在持续发生流变。当电视业的阵痛正值发生,要回应"今天的电视是什么"并理解一切与之有关的变革,则同样需要重返两个基本面的问题:怎么观看(使用)电视?谁在观看(使用)电视?

这也意味着,解析"后电视"的转型理应将社会文化的视角纳

---

[1] [美]阿曼达·洛茨:《电视即将被革命(第二版)》,陶冶译,中国广播影视出版社2015年版,第5页。
[2] 谭天:《"后电视"的转向与转型》,《编辑之友》2020年第1期。

入其中，电视的一系列转型能否达成有效的社会互动，并且重返社会生活建构出一种全新的"日常性"？作为一种延伸性思考，这里希望基于能够回应上述问题的两个关键概念进行探索性的商榷。

一 观看

毫无疑问，基于视觉性的当代文化主导特征，使得观看的政治成为一种至关重要的社会话语。电视作为主流的视觉媒介，即便面临着今天在诸种操作方式上的转变，但从电视时代就延续下来的"观看"传统依然无处不在。因而，以"观看"为中心的媒介结构并没有被打破，那么随之而来的思考就是，今天的"观看"究竟发生了怎样的内涵变化？

一个核心的逻辑在于，被重新定义的电视，其"观看"显然不止于文化审美的价值，更体现为一种彰显能动性的社会行为。当"看电视"变成一个多义词，其能再现的社会文化意涵也将更趋丰富。

新的技术将"看电视"从固定的空间中解放出来，使得人们可以自由选择在"任何时间""任何地点"接触自己所需的视听文化。[1] 当然，也是源于被全然打破的技术壁垒，得以重构的电视观看以其流动性的特征成为社会控制更为关注的对象。如有学者所指出的："电视是什么？在很大程度上取决于你在哪儿！"[2] 在全球化趋势日益凸显的当下，观看本身就体现出一种超越固有地缘边界的更为鲜明的权力结构关系。

数字技术的崛起创造了一种全新的观看实践，其最主要的特征在于：打破了传统电视为对人们的日常生活加以塑造而开展的具有宰制性组织的线性播放时刻表，今天的受众可以借由多种多样的互动机制反复审视、"使用"电视的内容，这种"自我确认"式的观

---

[1] 陶冶：《美国电视"后电视网时代"的命名》，《浙江传媒学院学报》2015年第4期。

[2] Graeme Turner and Jinna Tay, *Television Studies after TV: Understanding Television in the Post-Broadcast Era*, London: Routledge, 2009, p. 8.

看正在得到日益强化。① 更进一步而言，今天需要被重回的电视"观看"概念，实质上更被强调为一种可被个性化定制的"体验"，而差异性的体验亦正在不断重塑着媒介和人之间的关系。电视不断凸显的社交属性成为颇具代表性的一种变化。曾经，传统电视的使用在事实上也兼容了一定程度的社交属性，例如电视作为家人对话沟通的谈资等，电视在大众传播功能之外部分体现着人际传播的功能。② 然而，这种特征在今天的媒介环境下得到了全方位的壮大，人们依托于各种小屏在观看电视的同时达成了越来越丰富的社交体验，且这种媒介经验正在不断普遍化，甚至有学者用"虚拟客厅"③ 的表述来阐释人们在观看电视时的线上社交参与所形成的共同体意识。然而在传统电视时代，人们在观看需求与社交需求的满足方面时常存在明显的割裂，电视仅仅作为一个播放工具而存在；"后电视"的变化则在于电视媒介本身也会被进一步整合到社交使用中，电视的社会化媒体转型，意味着电视媒体自身就能够作为集纳观看和社交体验为一体的综合平台。④ 有国外的研究指出，电视内容正在越来越广泛而深刻地影响着网络热门话题的设置。有调查表明，常态下的每日晚间时段有近八成的热门网络话题源于电视；一周电视收视的高峰期——周末晚间时段，同样是网络热议电视内容的高峰期，最多时能达到90%的话题占比。⑤ 电视使用与社交网络使用之间实现更紧密的对接、互动，"观看即社交"的特征正在成为越来越主流的

---

① 常江、石谷岩：《阿曼达·洛茨：未来的电视是一种非线性文化——数字时代的电视与电视研究》，《新闻界》2019 年第 7 期。
② 李岭涛、李扬：《电视媒体的发展空间：基于社交属性的思考》，《现代传播》2019 年第 6 期。
③ 许良：《"虚拟客厅"：弹幕评论的心理分析——以电视剧〈人民的名义〉为例》，《当代电视》2018 年第 7 期。
④ 赵曙光：《传统电视的社会化媒体转型：内容、社交与过程》，《清华大学学报》（哲学社会科学版）2016 年第 1 期。
⑤ Video Advertising Bureau, *TV is Social: How "Live" TV Sparks Continuous Online Conversations*.

一种趋势。除此之外，近些年已经不断臻于成熟的多种"自定义"观看操作，例如倍速观看、专享 CUT 或直拍、多应用窗口（除电视观看外）等，更是不断丰富着上述从"观看"电视到"体验"电视的转型。

而在观看的文化层面，"后电视"也将更为强调参与性生产的经验。受众的观看体现充分的主动性。"当现实的集体行动链接入互联网空间，或在互联网空间中被组织动员的集体行动，其参与方式就不仅仅局限在身体在场的直接参与，会催生更多样化、间接性的媒介参与形式。"① 也是源于这种体现能动性和灵活性的文化参与，使得"观看"的语境及其解读权限被全面释放，无论依托于观看对象元文本的意义进行解码，或是进行二度生产、次生传播的新语境生成，都不再受到编码意志的制约，而成为人们基于不同观看选择所形成的不同观看效果。

二 观看者

观看者，也即观看的身份问题，同样是理解"后电视"的关键概念之一。前文曾论及在普遍的社会文化空间和特殊的电视文化空间中催生的"阅听人"身份。在媒介消费空前繁盛的当代社会，"阅听人"几乎已经成为所有人都或多或少涉入的日常生活角色，且这种角色的身份正在变得越来越多元。如洪美恩所指出："因为人们生活在（后）现代社会中，这种媒介消费环境的持续存在和壮大，使得人们不管出于自愿或被迫必然已经是多种媒介的阅听人……随着（视觉）媒介消费从异质、零散的走向交错与矛盾的文化实践所形成的不断增生的过程，这其中也势必伴生越来越复杂和多重化的主体以及主体意识。"②

---

① 王建武：《集体行动的社会空间转向及其呈现机制》，《黑龙江社会科学》2015年第4期。

② Ien Ang, *Living Room Wars: Rethinking Media Audiences for a Post-Modern World*, London: Sage, 1996, p. 126.

这就不难理解"后电视"语境下对观看者这个角色所形成的重新界定：一方面，伴随大众"阅听人"身份的不断崛起，其媒介使用不会在真空状态下发生，而是会越来越多地与不同的具体社会情境相结合，体现日常生活的多元状况；① 另一方面，"阅听人"身份对媒介提出的使用要求也趋于多样化，不仅仅是"阅""听"等单一的信息接受诉求。源于媒介的赋权以及受众在使用媒介过程中的自我赋权，都令观看者的身份主张不断凸显，并成为得以重塑的电视文化不可或缺的重要组成。尤其值得注意的是，技术的日益深化使得重新被构造的电视很难再拥有所谓的"广大观众朋友"，新媒介技术尽管做到了在理论上可以对任何一个人进行传播，并对社会整体的思想文明观念交流产生根本性的影响，但技术本身是在消解共性、彰显个性的，电视要满足的不再是一个不言自明的受众"整体"的普遍需求，而要基于技术的智能性来匹配组成"整体"的个体或社群的分化需求。② 分众或言窄众的特质，也同时成为"阅听人"身份的一个全新注脚。

基于这样的变化来洞察"后电视"的观看者，可以梳理出其身份建构的主要特征。其一，多元化的身份认同。人们在不同的社会情境中观看电视，并由此获得身份认同的多重意义。受众通过媒介使用不仅能够获得讯息，也构成管理社会关系的一种重要机制。③ 其二，更细分的观看习惯。观看者的日常电视实践在与不同的社会情境结合后形成具有稳定性的生活方式。例如，重复性的使用。回放、点播等互联网技术创造的可能性，使得电视的媒介使用习惯不再受制于线性机制"转瞬即逝"的特点，而嵌入可被循环的日常生活安

---

① 卢岚兰：《阅听人与日常生活》，台北：五南图书出版股份有限公司2007年版，第33页。
② 陶冶：《美国电视"后电视网时代"的命名》，《浙江传媒学院学报》2015年第4期。
③ James Lull, *Inside Family Viewing: Ethnographic Research on Television's Audiences*, London: Routledge, 1990.

排中，得以与人们日常生活长期共存。再如，类型化的经验。日常生活的经验建构是一种基于常识的类型化过程。① 传统电视为大众创造的观看经验，对于细分化、类型化观看需求的满足始终有限，这在"后电视"的阶段中将得到全面的改观，观看者基于自身的偏好、旨趣和经验可以进一步寻求到真正"专属"的电视内容消费对象。其三，观看行为的偶然动机。因为技术的便捷性，观看者对电视的使用将不仅仅依托于特定的空间处所，而体现更多情境时机上的即兴特点。其四，观看行为的矛盾心理。阅听人的媒介经验并非全然一致或合乎理想，人们选择观看电视的缘由时常面临自相抵触的矛盾，例如，一边看电视一边"吐槽"电视内容。这也从侧面反映出观看者对于媒介的认知、态度与行为之间的复杂状况。②

总体上，后电视时代的观看者体现着一种高度流动性的结构特征，在触发不同的观看行为背后也折射出人们对于不同的权力关系以及文化主张的认同。在智能电视勃兴的近些年，传统电视流失的青年观众正呈现出不断向电视大屏回流的显著趋势。一项基于智能电视消费人群的调查显示，25—34岁人群已成为目前智能电视的主导受众群体。③ 智能电视基于高清大屏、高价值内容、人性化功能交互等体验，吸引着越来越多的年轻用户回归"电视观看"。也有国外的研究表明，"后电视"的一个关键变化在于，观看者能够实现对电视体验的充分自定义，着眼于个性化、交互性和社会整合的特征，观看者的观看行为变化将会持续影响人们对电视使用的认知与习惯。④

---

① Alfred Schutz, *Phenomenology of the Social World* (Fredrick Lehnert Trans.), Evanston: Northwestern University Press, 1967.

② 卢岚兰：《阅听人与日常生活》，台北：五南图书出版股份有限公司2007年版，第36页。

③ 酷云互动：《消费主力人群电视大屏用户行为揭秘》，https://mp.weixin.qq.com/s/6Dc8H-4RqIDt5JBo2ts-sw。

④ Century Link, *The changing nature of TV*, 22 October 2019, https://www.ibc.org/manage/the-changing-nature-of-tv/5110.article.

当然，在正值发生的电视业新旧交替之间，上述商榷都只能视为一种前瞻式的思索，并非完整而确定的判断。"后电视"的塑造，仍处在一个不断变化的过程中，这也意味着电视的转型还将有很长的道路要走。但无论如何，电视重返社会生活的可能性，离不开对"观看"和"观看者"这两个关键概念的更深入认识——电视的日常生活实践，既是理解传统电视的终点，也是思考电视再出发的起点。而这里所作出的探索和阐释，也正是源于这样的初衷，尝试为丰富和拓展电视史论研究提供有益的思考方向。

第八章

终点，还是新的起点？

今天的人们或许难免有这样的感慨：全家人围坐一起看电视的年代过去了，我很怀念它。

关于中国电视的社会文化倒影，在过去数十年中留下了无数浓墨重彩的集体记忆。理解电视的文化，并不仅仅是对这种曾经深入影响中国社会的主流媒介的审视，更是对使用并且依赖这一媒介的社会群体及其结构秩序、文化表达的认识。在过去的半个多世纪中，尤其是近四十年间，几乎可以说没有什么比国人共同观看过的电视更足以来解析印迹于人们身上体现普遍性的价值观与精神世界，也没有什么比那些即便诞生于某些独特的社会历史语境却又深刻而长久地留存于社会文化空间中的电视文化更具阐释的价值。这便构成了本书的研究初衷：中国电视究竟在怎样的日常生活互动中定义了自身及其文化，而我们又应当如何来审视电视之于中国社会文化的独特意义？

长期以来，电视的文化塑造了人们对社会外部世界的想象与认知，也在这一过程中塑造了个体的意识和主张。较之其他的大众媒介而言，过去数十年的电视文化发展无疑起到了整合当代生活的至关重要的作用，而一切有关电视生活方式的影响也基于这一社会性的基础向外不断发散，透过一方荧屏将不同的生活观念、生活场景、生活实践等传递给观众，"看电视"遂成为关联个体与社会的一种日常化机制。本书对于中国电视社会文化史的考察，也即对电视生活形成过程的阐释，就在尝试回应这个更本质的问题：深植于中国社会土壤中的电视文化，如何构成了"我"，又如何构成"我们"所在的社会？

尽管在今天看来，曾经影响一代代国人的电视文化早已成为"未曾远去的美丽"，二十一世纪以来关于"电视已死"的声量不断得以放大。数十年过后，我们似乎又重新回到那个最基本的问题："电视是什么？"也正因此，重返历史的叙述能为我们提供最有效的答案，就像去理解曾经的国人对当时一无所知的电视所逐渐培养起来的生活方式那样。如洛茨所言，今天不断普及的互联网能否扼杀电视，需要从它影响观众的方式改变中找寻答案。基于这一视角，或能有益地启示电视的存续问题——电视作为一种文化、一种思维方式、一种整合人群的机制，即便在衰退的局面中仍然可以从既有的日常生活传统中重新汲取强劲的生命力。[1] 这也构成了本书选择日常生活的视角来重返中国电视史的现实意义。

无论是辉煌的过去，还是面对危机的当下，中国电视作为全球最发达的电视业之一，始终具有被重返和阐释的重要价值。然而，学界对于中国电视业发展历程的系统研究却长期处于有限而稀缺的状态，更遑论基于中国电视史所开展的不同视角、不同脉络的重述。对于电视这种既对社会文化和公共生活有巨大的影响力，又深入人们日常生活细节的强势媒介，系统性的历史研究理应被置于一个重要的位置之上。对于这份学术工作的深耕，本书仅仅是一个起点，更有待于以更长的时间和精力投入来完成进一步的探索。

关于本书的研究不足与反思：其一，对中国电视长达四十年的文化史书写，涉及史料之多、跨度之长，使得本应充分的"深描"难免体现为"浅描"，这是在研究之初的野心，但遗憾未能尽善尽

---

[1] 常江、石谷岩：《阿曼达·洛茨：未来的电视是一种非线性文化——数字时代的电视与电视研究》，《新闻界》2019年第7期。

美，有待于未来的学术工作进一步加以丰满；其二，本书涉及的主观史料众多，研究的梳理工作始终有限，更多尚未用及的史料理应在后续研究中将其进一步纳入，使得研究更为丰厚、扎实；其三，第七章的内容是在完成作为研究主体的历史梳理和阐释后形成的延伸思考，它提供了一个理解电视转型的重要方向。但囿于篇幅和研究侧重的考虑，这一部分的探讨仅仅只能视作一个初步勾勒的纲要，远不及成体系的思考，这同样有待于后续研究的发掘和拓展。

参考文献

著　作

艾知生：《广播影视工作谈》，中国广播电视出版社1997年版。

蔡玉辉：《每下愈况：新文化史学与彼得·伯克研究》，译林出版社2012年版。

查建英：《八十年代访谈录》，生活·读书·新知三联书店2006年版。

常江：《中国电视史（1958—2008）》，北京大学出版社2018年版。

陈飞宝、张敦财：《台湾电视发展史》，海风出版社1994年版。

陈恒、耿相新主编：《新史学·第四辑：新文化史》，大象出版社2005年版。

陈立强：《电视频道的本体阐释与传播研究》，新华出版社2007年版。

陈龙：《在媒介与大众文化之间：电视文化论》，学林出版社2001年版。

戴锦华：《隐形书写：九十年代的中国文化研究》，江苏人民出版社1999年版。

范国华、黄绍辉：《现代化与生活方式》，西南师范大学出版社1989年版。

冯长根主编：《中国休闲研究学术报告2012》，旅游教育出版社2013年版。

高小康：《狂欢世纪——娱乐文化与现代生活方式》，河南人民出版社1998年版。

顾明编:《中国改革开放辉煌成就十四年·广播电影电视卷》,中国经济出版社 1993 年版。

《广播电视报论》编委会编:《广播电视报论》,中国广播电视出版社 1997 年版。

广播电影电视部办公厅编:《广播影视工作文件选编(上下册)》,中国广播电视出版社 1994 年版。

广播电影电视部政策研究室编:《广播电视工作文件选编(上下册)》,中国广播电视出版社 1988 年版。

广播电影电视部政策研究室、《当代中国的广播电视》编辑部编:《梅益谈广播电视》,中国广播电视出版社 1987 年版。

广播电影电视部政策研究室、《当代中国的广播电视》编辑部编:《中国广播电视大事记》,北京广播学院出版社 1987 年版。

广东广播电视志编委会编:《广东广播电视志》,广东人民出版社 1996 年版。

郭德宏等主编:《中华人民共和国专题史稿》(卷五),四川人民出版社 2004 年版。

郭镇之:《中国电视史》,中国人民大学出版社 1991 年版。

郭镇之、邓理峰、张梓轩等编:《第一媒介:全球化背景下的中国电视》,清华大学出版社 2008 年版。

国家广播电影电视总局外事司编:《传诵友谊——中国广播电视的对外合作与交流》,中国广播电视出版社 1998 年版。

何天平:《藏在中国电视剧里的 40 年》,浙江工商大学出版社 2018 年版。

洪民生:《我与电视》,中国国际广播出版社 1990 年版。

湖北省地方志编纂委员会编:《湖北省志:新闻出版》,湖北人民出版社 1993 年版。

黄会林、绍武:《黄会林 绍武文集:电视研究卷》,北京师范大学出版社 2009 年版。

黄锫坚、曾国屏、孙喜杰、李正风、段伟文:《赛博空间的哲学探索》，清华大学出版社2002年版。

吉林省地方志编纂委员会编：《吉林省志：广播电视志》，吉林人民出版社1991年版。

蒋原伦：《媒体文化与消费时代》，中央编译出版社2004年版。

旷湘霞：《电视与观众》，台北三民书局1984年版。

李剑鸣：《隔岸观景》，社会科学文献出版社2012年版。

李舒东编：《中国中央电视台对外传播史（1958—2012）》，人民出版社2013年版。

李宇：《对外电视与文化传播研究》，安徽大学出版社2012年版。

梁晓涛：《震撼（媒体回想5·12汶川大地震备忘）》，中国民主法制出版社2008年版。

林青编：《中国少数民族广播电视发展史》，北京广播学院出版社2000年版。

凌燕：《可见与不可见：90年代以来中国电视文化研究》，中国传媒大学出版社2006年版。

刘习良编：《中国电视史》，中国广播电视出版社2007年版。

卢岚兰：《阅听人与日常生活》，台北：五南图书出版股份有限公司2007年版。

马戎、周星主编：《文化自觉与跨文化对话（一）》，北京大学出版社2001年版。

马原等：《重返黄金时代（八十年代大家访谈录）》，吉林出版集团股份有限公司2016年版。

南京市地方志编纂委员会编：《南京广播电视志》，南京出版社1998年版。

祁林：《电视文化的观念》，复旦大学出版社2006年版。

卿志军：《电视与黎族生活方式的变迁》，中国传媒大学出版社2013年版。

陕西省地方志编纂委员会编：《陕西省志：广播电视志》，中国广播电视出版社1993年版。

《上海广播电视志》编辑委员会编:《上海广播电视志》,上海社会科学院出版社 1999 年版。

上海文广新闻传媒集团节目资料中心、上海音像资料馆编:《老电视人口述历史》,学林出版社 2009 年版。

四川省地方志编纂委员会编:《四川省志:广播电视志》,四川科学技术出版社 1996 年版。

宋瑞主编:《休闲绿皮书:2017—2018 年中国休闲发展报告》,社会科学文献出版社 2018 年版。

孙秋云等:《电视传播与乡村村民日常生活方式的变革》,人民出版社 2014 年版。

孙玉胜:《十年——从改变电视的语态开始》,人民文学出版社 2012 年版。

唐元恺:《电视生活 365 天》,外文出版社 2008 年版。

汪云天等:《电视社会学研究》,上海三联书店 1988 年版。

汪振城:《当代西方电视批评理论》,中国广播电视出版社 2007 年版。

王玉波、王辉、潘允康:《生活方式》,人民出版社 1986 年版。

温世光:《中国广播电视发展史》,台北三民书局 1983 年版。

吴飞:《火塘·教堂·电视——一个少数民族社区的社会传播网络研究》,光明日报出版社 2008 年版。

吴素玲:《中国电视剧发展史纲》,北京广播学院出版社 1997 年版。

夏之平:《铭心往事:一个广播电视人的记述》,中国广播电视出版社 2009 年版。

徐光春编:《中华人民共和国广播电视简史》,中国广播电视出版社 2003 年版。

徐勇编:《走向现代文明——大变革中的中国社会生活方式》,华夏出版社 1987 年版。

杨秌编著:《北京电视史话》,中国广播电视出版社 2012 年版。

杨伟光编:《中央电视台发展史》,北京出版社 1998 年版。

杨伟光、李东生编:《新闻联播20年》,生活·读书·新知三联书店1999年版。

杨雪睿:《分化与重聚——对城市居民消费行为的重新解构》,中国广播电视出版社2009年版。

于广华编:《荧屏岁月记》,人民出版社1993年版。

于广华编:《中央电视台简史》,人民出版社1993年版。

岳淼:《中国电视新闻发展史研究(1958—2008)》,厦门大学出版社2009年版。

云南地方志编纂委员会编:《云南省志:广播电视志》,云南人民出版社1996年版。

泽玉:《电视与西藏乡村社会变迁》,中国传媒大学出版社2015年版。

张振东、李春武编:《香港广播电视发展史》,中国广播电视出版社1997年版。

赵化勇编:《中央电视台发展史》,中国广播影视出版社2008年版。

赵玉明:《声屏史苑探索录——赵玉明自选集》,北京广播学院出版社2004年版。

赵玉明:《中国广播电视史文集》,中国广播电视出版社1993年版。

赵玉明编:《中国广播电视通史》,中国广播影视出版社2014年版。

赵子祥、沈殿忠:《消费文化的蜕变与解读——消费文化与现代生活方式变迁》,辽宁人民出版社2004年版。

赵子忠:《中国广电新媒体10年》,中国传媒大学出版社2015年版。

中广协会史研会、云南广播电视台编:《广播电视历史研究文存(2009—2014)》,中国国际广播出版社2015年版。

中国电视收视年鉴编写委员会编:《中国电视收视年鉴》2003—2018年各卷。

中国广播电视报简史编写组编:《中国广播电视报简史(1953—1995年)》,中国广播电视出版社1997年版。

中国广播电视年鉴编辑部编:《中国广播电视年鉴》1986—2018年各卷。

中国国家广播电影电视总局法规司编:《中华人民共和国广播影视法规汇编》,中国法制出版社 2013 年版。

中华人民共和国广播电视编辑部编:《当代中国广播电视回忆录》,中国广播电视出版社 1995 年版。

中华人民共和国广播电视简史编辑部编:《当代中国广播电影电视大事记:1984—1995》,中国广播电视出版社 1997 年版。

钟艺兵、黄望南:《中国电视艺术发展史》,浙江人民出版社 1994 年版。

周兵:《新文化史:历史学的"文化转向"》,复旦大学出版社 2013 年版。

周宪:《视觉文化的转向》,北京大学出版社 2008 年版。

左漠野编:《当代中国的广播电视》,中国社会科学出版社 1983 年版。

[奥] 阿尔弗雷德·舒茨:《社会世界的意义构成》,游淙祺译,商务印书馆 2012 年版。

[澳] 格雷姆·特纳:《普通人与媒介:民众化转向》,许静译,北京大学出版社 2011 年版。

[德] 格奥尔格·G. 伊格尔斯:《二十世纪的历史学:从科学的客观性到后现代的挑战》,何兆武译,辽宁教育出版社 2003 年版。

[德] 马丁·海德格尔主编:《林中路》,孙周兴译,上海译文出版社 2007 年版。

[德] 于尔根·哈贝马斯:《后形而上学思想》,曹卫东、付德根译,译林出版社 2001 年版。

[法] 皮埃尔·布尔迪厄:《关于电视》,许钧译,南京大学出版社 2011 年版。

[法] 让·鲍德里亚:《消费社会》,刘成富、全志钢译,南京大学出版社 2001 年版。

[美] 阿曼达·洛茨:《电视即将被革命》,陶冶译,中国广播影视出版社 2015 年版。

[美] 保罗·莱文森:《软利器:信息革命的自然历史与未来》,何

道宽译，复旦大学出版社 2011 年版。

［美］保罗·莱文森：《新新媒介》，何道宽译，复旦大学出版社 2012 年版。

［美］柯克·约翰逊：《电视与乡村社会变迁：对印度两村庄的民族志调查》，展明辉、张金玺译，中国人民大学出版社 2005 年版。

［美］克利福德·格尔茨：《文化的解释》，韩莉译，译林出版社 1999 年版。

［美］罗伯特·C. 艾伦：《重组话语频道》，麦永雄、柏敬泽等译，中国社会科学出版社 2000 年版。

［美］罗伯特·帕特南：《独自打保龄：美国社区的衰落与复兴》，刘波、祝乃娟、张孜异等译，北京大学出版社 2011 年版。

［美］马克·波斯特：《第二媒介时代》，范静哗译，南京大学出版社 2000 年版。

［美］尼尔·波兹曼：《娱乐至死：童年的消逝》，章艳、吴燕莛译，广西师范大学出版社 2009 年版。

［美］尼古拉斯·阿伯克龙比：《电视与社会》，张永喜、鲍贵、陈光明译，南京大学出版社 2007 年版。

［美］唐·伊德：《让事物"说话"：后现象学与技术科学》，韩连庆译，北京大学出版社 2008 年版。

［日］藤竹晓：《电视社会学》，蔡林海译，安徽文艺出版社 1987 年版。

［西］米格尔·卡布雷拉：《后社会史初探》，李康译，北京大学出版社 2008 年版。

［英］彼得·伯克：《什么是文化史》，蔡玉辉译，北京大学出版社 2009 年版。

［英］戴维·钱尼：《文化转向：当代文化史概览》，戴从容译，江苏人民出版社 2004 年版。

［英］戴维·英格利斯：《文化与日常生活》，张秋月、周雷亚译，中央编译出版社 2010 年版。

［英］多米尼克·斯特里纳蒂：《通俗文化理论导论》，阎嘉译，商务印书馆2001年版。

［英］雷蒙德·威廉斯：《电视：科技与文化形式》，冯建三译，台北远流出版事业股份有限公司1992年版。

［英］雷蒙德·威廉斯：《文化与社会》，高晓玲译，北京大学出版社1991年版。

［英］迈克·费瑟斯通：《消费文化与后现代主义》，刘精明译，译林出版社2000年版。

［英］斯图亚特·霍尔：《表征：文化表象与意指实践》，徐亮、陆兴华译，商务印书馆2003年版。

［英］索尼娅·利文斯通：《理解电视：受众解读的心理学》，龙耘译，新华出版社2006年版。

［英］约翰·伯格：《观看之道》，戴行钺译，广西师范大学出版社2015年版。

［英］约翰·菲斯克：《电视文化》，周宪、许钧译，商务印书馆2010年版。

［英］约翰·菲斯克：《解读大众文化》，杨全强译，南京大学出版社2006年版。

期　刊

CSM媒介研究：《北京奥运会开幕式收视率创新高》，《市场研究》2008年第9期。

卜卫：《关于我国城市儿童媒介接触与道德发展的研究报告》，《新闻与传播研究》1994年第1期。

柴志芳：《〈超级女声〉走红的传播学思考》，《新闻界》2005年第5期。

常建华：《日常生活与社会文化史——"新文化史"观照下的中国社会文化史研究》，《史学理论研究》2012年第1期。

常江：《20世纪80年代中国的精英话语与电视文化》，《新闻春秋》

2016年第1期。

常江:《互联网、技术可供性与情感公众》,《青年记者》2019年第25期。

常江:《纪实、审美、控制:二十世纪八十年代中国大陆的电视批评及其文化意涵》,《新闻学研究》(台北)2016年第128期。

常江:《〈中国好声音〉中的各种声音》,《新闻界》2012年第24期。

常江、何天平:《平台化差异化互动性:解读湖南卫视的内容生产创新》,《新闻与写作》2014年第8期。

常江、李思雪:《身体的异化与解放:电视剧〈后宫·甄嬛传〉里的女性身体政治》,《新闻界》2014年第11期。

常江、石谷岩:《阿曼达·洛茨:未来的电视是一种非线性文化——数字时代的电视与电视研究》,《新闻界》2019年第7期。

常涛:《你不相信电视购物,为什么却为直播带货疯狂?》,《现代商业银行》2019年第24期。

陈婷玉:《爱就是陪他们「看电视」!——成年子女的电视消费与新孝道实践》,《广播与电视》(台北)2012年第34期。

陈晓晖:《论构建审调分离下的人民调解制度》,《法制与社会》2009年第1期。

陈亚丽:《试论电视人的社会责任感——写在汶川地震一周年》,《新闻窗》2009年第3期。

陈莹:《农村受众对大众媒介的接触与使用行为研究》,《东北师大学报》(哲学社会科学版)2013年第6期。

陈正伟:《居民休闲方式统计分析》,《改革》2002年第5期。

程前、陈杭:《望诊电视民生新闻》,《视听界》2004年第6期。

崔慧琳:《论当前台湾偶像剧风靡的原因》,《吉林省教育学院学报》(学科版)2009年第12期。

大众电视编辑部:《大众电视》1980—1989年各期。

戴海波、杨惠:《媒介与媒介化的互动机制》,《编辑之友》2018年第3期。

哈艳秋、庞亮:《举集体之力成奠基之功——评〈中国少数民族广播电视发展史〉》,《现代传播》2001 年第 4 期。

韩彪:《抗击非典直播:一场新闻报道的遭遇战》,《新闻实践》2003 年第 6 期。

韩啸:《电视剧内容审查的法律规制——内容审查视域下的"武媚娘被剪"事件》,《传播与版权》2015 年第 3 期。

韩正:《为了居者有其屋的美好理想——上海九十年代住房制度改革回首与前瞻》,《上海国资》1999 年第 5 期。

郝雪梅:《"不看电视只读书"并非美好的生活》,《声屏世界》2018 年第 6 期。

何天平、王晓培:《"正剧"的年轻化传播:一种考察受众解码电视剧的新视角》,《中国电视》2018 年第 7 期。

何天平、严晶晔:《媒介社会史视域下的中国电视 60 年》,《中州学刊》2019 年第 5 期。

黑龙江电视台:《电视与观众》1984—1985 年各期。

洪民生:《电视文化思考》,《电视研究》1990 年第 2 期。

侯东阳、高佳:《媒介化理论及研究路径、适用性》,《新闻与传播研究》2018 年第 5 期。

胡丽霞:《〈武林外传〉成功的符号学解读》,《青年记者》2007 年第 18 期。

胡秀梅:《电视休闲与休闲电视》,《声屏世界》1998 年第 12 期。

胡湛、彭希哲:《中国当代家庭户变动的趋势分析——基于人口普查数据的考察》,《社会学研究》2014 年第 3 期。

胡智锋、周建新:《从"宣传品"、"作品"到"产品"——中国电视 50 年节目创新的三个发展阶段》,《现代传播》2008 年第 8 期。

黄家圣、赵丽芳:《从盗猎、狩猎到围猎:亨利·詹金斯的参与文化理论及其实践》,《电影评介》2019 年第 2 期。

江小鱼:《超级女声:时代的超级笑话》,《中国报道》2005 年第 12 期。

江曾培：《看电视不宜成"迷"》，《群言》1991年第5期。

姜德卫、邱建国：《余暇运动的社会学思考》，《体育与科学》2002年第5期。

姜红：《"仪式"、"共同体"与"生活方式"的建构——另一种观念框架中的民生新闻》，《新闻与传播研究》2009年第3期。

姜丽佳：《电视剧〈人民的名义〉爆红背后的受众状况》，《西部广播电视》2018年第17期。

金岱：《文化现代性：作为普世性的生活方式现代化——当下中国问题的文化进路论略》，《学术研究》2011年第1期。

金惠敏：《文化理论究竟研究什么？》，《文艺争鸣》2013年第5期。

景志刚：《存在与确认：如何概括我们的新闻》，《中国广播电视学刊》2003年第11期。

康树华：《中外女性犯罪的现状与特点研究》，《南都学坛》2005年第3期。

雷蔚真、胡百精：《对香港回归直播报道的收视调查与引申思考》，《电视研究》1997年第10期。

李长莉：《交叉视角与史学范式——中国"社会文化史"的反思与展望》，《学术月刊》2010年第4期。

李东红：《从〈非诚勿扰〉看社会热点问题》，《今日科苑》2010年第24期。

李海兴：《看电视修电视拍电视——我的电视"机"缘》，《农业发展与金融》2019年第8期。

李宏图：《当代西方新社会文化史述论》，《世界历史》2004年第1期。

李菁：《"中国好声音"如何唱响？——一个娱乐节目的样本分析》，《三联生活周刊》2012年第44期。

李岭涛、李扬：《电视媒体的发展空间：基于社交属性的思考》，《现代传播》2019年第6期。

李美枝：《中国人亲子关系的内涵与功能：以大学生为例》，《本土心理学研究》（台北）1998年第9期。

李霞、杨豫:《走向开放的综合——新文化史学探析》,《国外社会科学》2001 年第 5 期。

李新民:《电视会不会亡,取决于它该不该亡》,《影视制作》2019 年第 12 期。

梁晓涛:《中央电视台全国电视观众抽样调查分析报告》,《电视业务》1988 年第 3 期。

廖金生、马骁:《中国电视文化的日常生活表征流变》,《编辑之友》2017 年第 6 期。

林珍:《民间纠纷调解的社会工作介入——基于沪浙等地的"老娘舅"的思考》,《社会工作》(下半月) 2010 年第 3 期。

刘海龙:《从费斯克看通俗文化研究的转向》,《国际新闻界》2002 年第 4 期。

刘建鸣:《1992 年全国电视观众抽样调查分析》,《电视研究》1994 年第 1 期。

刘仁圣、叶伏华:《江西农村三地传播状况的调查》,《中国广播电视学刊》2001 年第 10 期。

刘文韬:《〈武媚娘传奇〉"剪胸门"事件成因及对策研究》,《传播与版权》2015 年第 10 期。

刘悦笛:《论哈贝马斯"生活世界"的意蕴》,《河北学刊》2002 年第 3 期。

刘悦笛:《走向"生活美学"的新电视本体论》,《现代传播》2015 年第 6 期。

娄和军:《〈大国崛起〉何以崛起?》,《视听界》2007 年第 1 期。

吕萌、李芸:《试论电视民生新闻的差异化表现》,《现代传播》2006 年第 6 期。

骆世查:《"媒介化":日常生活中的媒介实践——兼评〈媒介消费与公共联结的未来〉》,《全球传媒学刊》2019 年第 1 期。

马艺、张培:《电视民生新闻的话语建构——从话语理论出发看电视民生新闻的发展模式》,《中国广播电视学刊》2006 年第 S2 期。

倪雪坤：《〈武媚娘传奇〉的热播与争议》，《当代电视》2015年第11期。

宁丹丹、何玉巧：《〈武林外传〉的传播学解读》，《青年记者》2008年第14期。

欧阳宏生、朱婧雯：《论新中国70年广播电视传播理念的嬗变——基于媒介社会学框架之再梳理》，《现代传播》2020年第1期。

潘忠党：《传播媒介与文化：社会科学与人文科学研究的三个模式（下）》，《现代传播》1996年第5期。

裴玉章：《〈丝绸之路〉是一次成功、有力的对内对外宣传》，《现代传播》1982年第1期。

彭兰：《"连接"的演进——互联网进化的基本逻辑》，《国际新闻界》2013年第12期。

普莉：《从收视数据看〈中国达人秀〉影响力》，《当代电视》2010年第12期。

戚方：《对〈河殇〉及其讨论之我见》，《求是》1988年第8期。

全国妇联：《全国农村留守儿童状况研究报告》（节选），《中国妇运》2008年第6期。

全国主要省市：《广播电视报》历年各期。

阮云星、高英策：《赛博格人类学：信息时代的"控制论有机体"隐喻与智识生产》，《开放时代》2020年第1期。

尚勤、许蕾：《纪实类电视公益广告的美学分析——以央视〈真诚·沟通〉为例》，《声屏世界》2012年第5期。

沈忠阳：《浙江电视网站何去何从——第四届全国电视台互联网站年会的启示》，《视听纵横》2005年第6期。

石凝：《关于"电视剧是大众化艺术"的探讨》，《中外电视》1987年第1期。

宋涛：《关于〈大国崛起〉的思考》，《苏州科技学院学报》（社会科学版）2007年第2期。

粟战：《从表情包的盛行看电视社交路径》，《青年记者》2017 年第 8 期。

孙曼苹：《青少年新电视使用与其家庭人际关系之研究》，《新闻学研究》（台北）1997 年第 54 期。

谭天：《"后电视"的转向与转型》，《编辑之友》2020 年第 1 期。

唐华：《追踪意识——从两篇获奖作品想到的》，《中国记者》1993 年第 10 期。

陶冶：《美国电视"后电视网时代"的命名》，《浙江传媒学院学报》2015 年第 4 期。

童辉杰、黄成毅：《当代中国家庭结构的变迁及其社会影响》，《西北人口》2015 年第 6 期。

万婧：《从"平民偶像"到"偶像平民"：电视真人秀的文化解读——以〈爸爸去哪儿〉为例》，《现代传播》2014 年第 6 期。

汪建华：《小型化还是核心化？——新中国 70 年家庭结构变迁》，《中国社会科学评价》2019 年第 2 期。

王锋：《记录下广播电视学术发展的历史轨迹》，《中国广播电视学刊》1996 年第 1 期。

王扶林：《电视剧及其样式》，《现代传播》1982 年第 1 期。

王甫：《北京奥运会开幕式：视觉传播的巅峰之作》，《现代传播》2008 年第 5 期。

王建武：《集体行动的社会空间转向及其呈现机制》，《黑龙江社会科学》2015 年第 4 期。

王琪延：《北京市居民生活时间分配研究》，《管理世界》1997 年第 4 期。

王青：《中央电视台 1996 年黄金段位广告招标纪实》，《世纪行》1996 年第 1 期。

王雄：《对媒体规制的社会学反思——以"非诚勿扰事件"为例》，《新闻记者》2010 年第 10 期。

王雄：《论民生新闻与"公众新闻"——兼议民生新闻的转型方

向〉,《江苏社会科学》2012年第2期。

王耀廷:《电视对家庭的影响》,《河南师范大学学报》(哲学社会科学版)1990年第1期。

王跃生:《中国城乡家庭结构变动分析——基于2010年人口普查数据》,《中国社会科学》2013年第12期。

王跃生:《中国家庭结构变动与特征》,《人口与计划生育》2017年第9期。

王臻:《伯明翰学派电视研究概论》,《甘肃广播电视大学学报》2004年第2期。

卫明、陆吉连:《试析〈超级女声〉的大众化效应》,《视听纵横》2005年第6期。

温世君:《海内存知己天涯若比邻——评〈中国中央电视台对外传播史〉》,《电视研究》2014年第4期。

吴倩:《从意识沉浸到知觉沉浸:赛博人的具身阅读转向》,《编辑之友》2019年第1期。

吴郁:《真情互动〈艺术人生〉》,《电视研究》2001年第8期。

伍春明、蒋舒恬:《青春偶像剧对广州大学生婚恋观的影响》,《经济研究导刊》2009年第22期。

向荣高:《"超级女声现象"透视》,《青年研究》2005年第10期。

小鹦:《是走近科学还是走近伪科学》,《西部广播电视》2007年第5期。

肖晓冬:《让观众完整地见证历史——观香港回归电视现场直播有感》,《新闻界》1997年第4期。

谢耘耕、李文超:《2008中国电视:在挑战中前行》,《传媒》2008年第12期。

徐帆:《电视购物的本质、机制与功能:基于东方购物的一种阐释》,《中国广播电视学刊》2011年第2期。

徐敏:《电视的兴起:1980年之际中国内地电子媒介与日常生活》,《文艺研究》2014年第12期。

许良:《"虚拟客厅":弹幕评论的心理分析——以电视剧〈人民的

名义〉为例》,《当代电视》2018 年第 7 期。

薛静:《夹缝中的"李达康":〈人民的名义〉如何缝合官方话语与民间逻辑》,《文艺理论与批评》2017 年第 3 期。

阎安:《拟态生存中的真人秀——对"真实电视"的一种文化解读》,《现代传播》2003 年第 4 期。

杨菊华、何炤华:《社会转型过程中家庭的变迁与延续》,《人口研究》2014 年第 2 期。

杨胜慧、陈卫:《中国的家庭结构转变——来自居住方式与人口因素的作用》,《人口与经济》2017 年第 3 期。

杨伟光:《九十年代的中国电视》,《视听界》1990 年第 1 期。

杨伟光:《中国电视发展史上的里程碑——第十一届亚运会电视报道》,《中国广播电视学刊》1991 年第 1 期。

尹鸿、陆虹、冉儒学:《电视真人秀的节目元素分析》,《现代传播》2005 年第 5 期。

游洁:《电视娱乐本性的回归——从〈快乐大本营〉说起》,《现代传播》1999 年第 3 期。

于靖园:《〈中国达人秀〉:凡人梦更耀眼》,《小康》2011 年第 5 期。

余磊、黄恩泽:《构筑电视与互联网的互动平台》,《中国广播电视学刊》2005 年第 5 期。

余志为:《语法更新的历史:从"冷媒介"视角分析中国电视进化史》,《现代传播》2014 年第 11 期。

袁燕:《电视变迁折射美好生活》,《农电管理》2018 年第 10 期。

曾一果、李莉:《平民乌托邦神话:"中国达人秀"的批判性解读》,《现代传播》2011 年第 12 期。

詹正茂、梁君健:《省级卫视周末黄金时段节目分析》,《电视研究》2004 年第 11 期。

张长明:《增强政治意识搞好电视对外宣传》,《中国广播电视学刊》1996 年第 12 期。

张聪、陈美霞、白谦诚:《电视事业的发展与电视机工业的繁荣》,

《中国广播电视学刊》1988年第1期。

张宏森：《中国电视剧给我们带来了什么》，《新华文摘》1995年第10期。

张军：《从直播看电视的本性》，《中国广播电视学刊》1999年第S2期。

张俊峰：《也论社会史与新文化史的关系——新文化史及其在中国的发展》，《史林》2013年第2期。

张永峰：《中国电视剧审查制度的形成》，《新闻大学》2014年第1期。

张志华：《浅析电视娱乐背后的市场审查机制》，《当代电视》2015年第2期。

章莲华：《电视文化与青少年教育》，《青年研究》1995年第12期。

赵敏：《现场救灾与"电视救灾"的互动机制——汶川大地震中的电视互动研究》，《大众文艺》（理论）2008年第10期。

赵曙光：《传统电视的社会化媒体转型：内容、社交与过程》，《清华大学学报》（哲学社会科学版）2016年第1期。

中共中央宣传部广播电影电视部联合调查组：《我国不发达地区农村广播电视听众、观众抽样调查综合分析报告》，《中国广播电视学刊》1989年第3期。

中国广播电视网络有线公司等：《2018年第四季度中国有线电视发展公报》，《有线电视技术》2019年第2期。

中国中央电视台：《电视周报》1981—1985年各期。

中国中央电视台：《中国电视报》1986—2018年各期。

周长城：《媒体融合背景下的大型电视直播探索》，《中国广播电视学刊》2015年第9期。

周大勇、王秀艳：《互联网"圈层"传播与新受众的信息反应》，《图书馆学研究》2017年第21期。

周可：《电视文化与现代人的社会心态——对电视作为一种文化现象的批判》，《文艺评论》1989年第5期。

周宪：《视觉文化的三个问题》，《求是学刊》2005年第3期。

周勇：《电视会终结吗？——新媒体时代电视传播模式的颠覆与重构》，《国际新闻界》2011 年第 2 期。

周勇、何天平：《从"看"到"体验"：现实体验技术对新闻表达的重构》，《新闻与写作》2016 年第 11 期。

周勇、何天平：《电视民生新闻的功能嬗变与发展契机》，《新闻与写作》2016 年第 8 期。

周勇、何天平：《"全民直播时代"：网络直播对电视发展的启示》，《新闻与写作》2017 年第 2 期。

周勇、何天平：《视频网站"下半场"发展观察：线索、路径与前瞻》，《新闻与写作》2018 年第 5 期。

周勇、何天平、刘柏煊：《由"时间"向"空间"的转向：技术视野下中国电视传播逻辑的嬗变》，《国际新闻界》2016 年第 11 期。

周勇、刘凡平：《1997 中国电视直播年》，《中国广播电视学刊》1997 年第 12 期。

周勇、倪乐融：《拐点与抉择：中国电视业发展的历史逻辑与现实进路》，《现代传播》2019 年第 9 期。

朱维铮：《中国文化史的过去和现在》，《复旦学报》（社会科学版）1984 年第 5 期。

作者不详：《电视连续剧〈红楼梦〉中的败笔》，《文艺争鸣》1987 年第 4 期。

作者不详：《电视迷短寿》，《医学文选》1998 年第 6 期。

作者不详：《〈正大综艺〉的定位》，《浙江广播电视高等专科学校学报》2000 年第 1 期。

［丹］施蒂格·夏瓦、刘君、范伊馨：《媒介化：社会变迁中媒介的角色》，《山西大学学报》（哲学社会科学版）2015 年第 5 期。

［德］格奥尔格·G. 伊格尔斯、张爱红：《世纪之交西方史学的转折点》，《山东社会科学》2005 年第 11 期。

［英］彼得·伯克、刘华、李宏图：《西方新社会文化史》，《历史教学问题》2000 年第 4 期。

报　纸

《2018年中国彩电市场零售量规模为4774万台》，《北京日报》2019年1月18日第16版。

龚丹韵、尹鸿：《先是报纸，再是电视，真会消失吗——怎样看待"媒介消亡论"》，《解放日报》2013年4月16日第7版。

何天平：《为什么说"现实主义"是国产剧最珍贵的组成？》，《文汇报》2018年8月3日第11版。

何天平：《向善引力和文化底色应是偶像剧根基》，《文汇报》2019年11月15日第10版。

何天平：《影视经典"翻红"，是巧合还是必然？》，《文汇报》2020年3月4日第10版。

何天平：《影视植入广告泛滥背后的隐忧》，《光明日报》2017年7月12日第12版。

何天平、颜梅：《文化类电视节目功能再审视》，《中国社会科学报》2018年8月2日。

洪民生：《电视文化漫议》，《人民日报》1998年7月5日。

胡立彪：《网络直播莫走电视购物的老路》，《中国质量报》2019年11月15日第2版。

《〈渴望〉牵动万人心》，《北京日报》1990年12月24日第3版。

狂飞：《〈人民的名义〉爆红观众为何心疼"达康书记"？》，《南方都市报》2017年4月7日第15版。

卢扬、陈丽君：《湖南卫视成去年首个创收破百亿省级卫视》，《北京商报》2016年1月19日第4版。

邱静君、邓毅萍：《浅议加强对电视购物广告的监管》，《中国工商报》2014年11月4日第7版。

人民日报：《首都各界欢庆北京申办2008年奥运会成功》，《人民日报》2001年7月14日第1版。

人民日报群众工作部：《全国电视机市场问卷调查分析报告》，《人民日报》1993 年 11 月 23 日第 7 版。

汪丹：《当年红遍大江南北的〈渴望〉》，《北京日报》2018 年 9 月 14 日第 17 版。

王琴：《〈娘道〉的争议和受众的两个世界》，《中国妇女报》2018 年 10 月 25 日第 B1 版。

王天根、张朋：《中国广播电视史研究的发端与历程——对话赵玉明教授》，《中国社会科学报》2014 年 5 月 21 日。

邢刚：《浅析〈渴望〉热——关于北京市民对电视剧〈渴望〉态度的调查》，《北京日报》1991 年 3 月 8 日第 3 版。

张荣：《那时候南京人看电视要买票》，《现代快报》2009 年 11 月 16 日第 28 版。

《中国消费者协会提供彩电比较试验结果》，《人民日报》1994 年 8 月 16 日第 9 版。

网　络

常江：《一部春晚史：中国的"春晚"和"春晚"中的中国》，2017 年 1 月 30 日，https：//mp. weixin. qq. com/s/mjl-L-PktvM3u AzwdY-VU6w？。

陈静：《数据显示：6000 万 90 后爱经典老片》，2019 年，http：// www. ce. cn/xwzx/gnsz/gdxw/201912/06/t20191206_ 33798898. shtml。

陈溯：《报告称国人每天平均休闲时间 2. 27 小时不及欧美一半》，2018 年，http：//finance. chinanews. com/cj/2018/07 – 13/8566279. shtml。

陈艳涛：《杨洁十年不看〈西游记〉》，2006 年，http：//news. sina. com. cn/c/cul/2006 – 07 – 21/181910498505. shtml。

《从央视热播电视剧〈刘老根〉看"赵本山现象"》，2002 年，http：//www. chinanews. com/2002 – 03 – 18/26/170392. html。

《〈大国崛起〉引发收视热潮引起学界的广泛讨论》，2007 年，http：//ent. sina. com. cn/v/m/2007 – 01 – 11/08401405515. html。

方兴东：《中国互联网在退却中崛起》，2001 年，http：//arts. 51job. com/

arts/03/14173. html。

国家广播电影电视总局：《广电总局就进一步加强电视上星综合频道节目管理答问》，2011 年，http：//www. nrta. gov. cn/art/2011/10/26/art_ 166_ 17880. html。

国家广播电影电视总局：《刘云山在影视创作座谈会上的讲话》，2010 年，http：//www. nrta. gov. cn/art/2010/10/14/art _ 112 _ 12895. html。

国家新闻出版广电总局：《2016 年广播电视宣传管理工作综述》，2017 年，http：//www. nrta. gov. cn/art/2017/10/20/art _ 2178 _ 39200. html。

国家新闻出版广电总局：《总局发出〈关于加强真人秀节目管理的通知〉》，2015 年，http：//www. nrta. gov. cn/art/2015/7/22/art_ 31_ 27852. html。

姜涛：《2018 中国媒体市场趋势》，2018 年，http：//www. ctrchina. cn/attached/11/file/20180905/2018meitishichang. pdf。

解敏：《〈甄嬛传〉教你如何上位后宫戏被白领奉为职场宝典》，2012 年，http：//sh. eastday. com/m/20120425/u1a6512242. html。

《九十年代的日剧回忆》，2015 年，https：//m. hexun. com/news/2015－09－29/179560662. html。

酷云互动：《消费主力人群电视大屏用户行为揭秘》，2019 年，https：//mp. weixin. qq. com/s/6Dc8H-4RqIDt5JBo2ts-sw。

酷云互动、AdMaster X：《2018 智能电视大屏全场景白皮书》，2018 年，http：//www. 199it. com/archives/808863. html。

《老北京的"三转一响"》，2017 年，http：//www. sohu. com/a/138295116_ 745765。

李怡等：《春晚开创者黄一鹤去世，当年热线电话被打到来了消防队》，2019 年，http：//shareapp. cyol. com/cmsfile/News/201904/09/share204915. html？t＝1554760989。

李颖迪：《男孩小吴奇遇记：一场因眉毛起落的网络狂欢》，2019

年，https：//mp. weixin. qq. com/s/cNQXZx1cWAbHoUhlAaNGKw。

李颖迪：《一位在〈1818 黄金眼〉做了 15 年记者的北大毕业生》，2019 年，https：//mp. weixin. qq. com/s/2jzt_ ADMlKDVQCcB_ b2DSw。

林沛、喻国明：《预测 2019：5G 将威胁电视收视，能整合资源才是英雄》，2019 年，https：//mp. weixin. qq. com/s/Eyp3e5Jh7RKGxKkx8LYOAA。

陆兆谦：《电视机没了就没了，反正你我都不看》，2019 年，https：//mp. weixin. qq. com/s/o6YFP0AH6xg_ RX9O3TtEzg。

潘小京：《由〈编辑部的故事〉想起"百龙矿泉壶"》，2013 年，http：//blog. sina. com. cn/s/blog_ 5fc9d63c01018e12. html。

孙玉胜：《视频是传播的最高形态未来也不会改变》，2018 年，http：// news. cctv. com/2018/09/08/ARTIm8o6zw5hjdnXrXnqQldU180908. shtml。

腾讯传媒：《解构与重塑：短短十载，移动互联网重新定义"过除夕"》，2020 年，https：//mp. weixin. qq. com/s/1mXLDXJI5iIIN6woDqXThA。

腾讯新闻：《"四大件"的变迁》，2018 年，https：//new. qq. com/omn/20180920/20180920G033YY. html。

王荷月：《那些伴随着我们"80 后"成长的"电视文化"》，2013 年，http：//www. wenming. cn/wxys/diaocha/201311/t20131115_ 1583453. shtml。

韦国峰：《惯习延展与资本图景：新传播生态下中国电视新闻场域的变迁》，2018 年，http：//media. people. com. cn/n1/2018/0124/c416771 - 29784285. html。

新京报书评周刊：《国产剧 40 年：从精英主导到大众狂欢，我们终究还是怀念老剧》，2018 年，https：//baijiahao. baidu. com/s? id = 1610008644790925025&wfr = spider&for = pc。

熊志：《13 年前胡戈神作〈一个馒头引发的血案〉，到底改变了什么》，2018 年，https：//www. sohu. com/a/226532945_ 100121259。

徐颖哲：《揭秘〈歌手〉大众听审热泪盈眶"表情帝"演技何来》，

2017 年，http：//ent. cri. cn/201723/b6e0ecee – 1493 – 4a59 – 4de7 – b7b6c9a22226. html。

徐宁：《〈爸爸去哪儿4〉引争议董力阿拉蕾"父女"变CP?》，2016 年，http：//media. people. com. cn/n1/2016/1122/c40606 – 28885729. html。

张侠：《〈东方时空〉诞生记》，2013 年，http：//media. sohu. com/20130516/n376150901. shtml。

中国新闻出版广电网：《2018 年全国新闻出版广播影视工作会议报告摘登》，2018 年，http：//www. xinhuanet. com/zgjx/2018 – 01/05/c_136873692. htm。

中央电视台海外中心联络部：《海外观众反映》（历年），http：//blog. cntv. cn/html。

英　文

Ien Ang (1985), *Watching "Dallas": Soap Opera and the Melodramatic Imagination*, London: Methuen.

Ien Ang (1996), *Living Room Wars: Rethinking Media Audiences for a Post-Modern World*, London: Sage.

Reuben M. Baron & David A. Kenny (1986), "The Moderator-Mediator Variable Distinction in Social Psychological Research: Conceptual, Strategic, and Statistical Considerations", *Journal of Personality and Social Psychology*, 51 (6).

Zygmunt Bauman (1992), *Intimation of Postmodernity*. London and New York: Routledge.

Erin Bell & Ann Gray (2008), "History on Television: Charisma, Narrative and Knowledge", in Helen Wheatley (eds.), *Reviewing Television History: Critical Issues in Television Historiography*, London and New York: I. B. Tauris & Co., Ltd..

Walter Benjamin (1976), *Charles Baudelaire: A Lyric Poet in the Era of High Capitalism*, London: Verso.

Victoria E. Bonnell & Lynn Hunt et al. (eds.) (1999), *Beyond the Cultural Turn: New Directions in the Study of Society and Culture*, Calif: University of California Press.

John Borland & Evan Hansen (2004), *The TV is Dead. Long Live the TV*, https://www.wired.com/2007/04/tvhistory-0406/.

Millard J. Bienvenu (1969), "Measurement of Parent-Adolescent Communication", *The Family Coordinator*, 18 (2).

Richard Biernacki (1999), "Method and Metaphor after the New Cultural History", in Victoria E. Bonnell & Lynn Hunt (eds.), *Beyond the Cultural Turn: New Directions in the Study of Society and Culture*, Calif: University of California Press.

Charlotte Brunsdon & David Morley (1978), *Everyday Television: "Nationwide"*, London: British Film Institute.

Jennifer Bryce (1987), "Family Time and Television Use", in Tom Lindlof (eds.), *Natural Audiences*, New Jersey: Norwood Ablex.

Vivien Burr (1995), *An Introduction to Social Constructionism*, London: Routledge.

Jeremy G. Butler (2006), *Television: Critical Methods and Applications*, New York and London: Routledge.

James Carey (1992), *Communication as Culture: Essays on Media and Society*, New York and London: Routledge.

Nick Couldry (2008), "Reality TV, or The Secret Theater of Neoliberalism", *Review of Education, Pedagogy, and Cultural Studies*, 30 (1).

William Douglas (1996), "The Fall from Grace? The Modern Family on Television", *Communication Research*, 23 (6).

Olivier Driessens & Karin Raeymaeckers et al. (eds.) (2010), "Personalization According to Politicians: A Practice Theoretical Analysis of Mediatization", *Communications: The European Journal of Communi-*

cation Research, 35 (3).

Richard A. Easterlin (1974), "Does Economic Growth Improve the Human Lot? Some Empirical Evidence", in Paul A. David (eds.), *Nations and Households in Economic Growth*, New York: Academic Press.

Mats Ekström & Johan Fornäs & André Jansson et al. (eds.) (2016), "Three Tasks for Mediatization Research: Contributions to an Open Agenda. Media", *Culture & Society*, 38 (7).

Richard J. Evans (2002), "Prologue: What is History? -Now", in David Cannadine (eds.), *What is History Now?*, New York: Palgrave Macmillan UK.

Elizabeth Evans (2011), *Transmedia Television: Audiences, New Media and Daily Life*, London and New York: Routledge.

Andreas Fickers & Catherine Johnson (eds.) (2012), *Transnational Television History: A Comparative Approach*, New York: Routledge.

Robert Fine & Robin Cohen (2002), "Four Cosmopolitan Moments", in Steven Vertovec & Robin Cohen (eds.), *Conceiving Cosmopolitanism: Theory, Context, and Practice*, Oxford: Oxford University Press.

Cara A. Finnegan (2004), "Doing Rhetorical History of the Visual: The Photograph and the Archive", in Charles A. Hill, *Marguerite Helemers. Defining Visual Rhetorics*, New York: Routledge.

John Fiske & John Hartley (2003), *Reading Television*. Oxon: Routledge.

Jean François Lyotard (1984), *The Postmodern Condition: A Report on Knowledge*, Manchester: Manchester University Press.

David Gauntlett & Annette Hill (1999), *TV Living: Television, Culture and Everyday Life*, London: British Film Institute.

Anthony Giddens (1989), "A Reply to My Critics", in David Held & John B. Thompson, *Social Theory of Modern Societies: Anthony Giddens and His Critics*, Cambridge: Cambridge University Press.

Rose Gillian (2007), *Visual Methodologies: An Introduction to the Inter-*

pretation of Visual Materials, London, Sage: Publications Ltd. .

Irene F. Goodman (1983), "Television's Role in Family Interactions: A Family Systems Perspective", *Journal of Family Issues*, 4 (2) .

Amy Gorin & Hollie Raynor & Kim Chula - Maguire & Rena Wing (2006), "Decreasing Household Television Time: A Pilot Study of a Combined Behavioral and Environmental Intervention", *Behavioral Interventions*, (21) .

Jürgen Habermas (1989), *The Theory of Communication Action*. London: Polity Press.

Stuart Hall (1980), "Encoding/Decoding", in Stuart Hall (eds.), *Culture, Media, Language*, London: Hutchinson.

John Hartley (1987), "Invisible Fictions: Television Audiences, Paedocracy, Pleasure", *Textual Practice*, 1 (2) .

John Hartley (1999), *Uses of Television*, London: Routledge.

Wolfgang Fritz Haug (1986), *Critique of Commodity Aesthetics*, trans. Robert Bock, London: Polity Press.

Dolores Hayden (1984), *Redesigning the American Dream: The Future of Housing, Work and Family Life*, New York: W. W. Norton.

Andreas Hepp (2013), "The Communicative Figurations of Mediatized Worlds: Mediatization Research in Times of the 'Mediation of Everything'", *European Journal of Communication*, 28 (6) .

Junhao Hong (1998), *The Internationalization of Television in China: The Evolution of Ideology, Society, and Media Since the Reform*. Greenwood Publishing Group.

Edmund Husserl (1970), *The Crisis of European Sciences and Transcendental Phenomenology*, trans. David Carr, Evanston. IL: Northwestern University Press.

Christine Jackson & Jane D. Brown & Carol J. Pardun (2008), "A TV in the Bedroom: Implications for Viewing Habits and Risk Behaviors During Early Adolescence", *Journal of Broadcasting & Electronic Media*, (52).

Henry Jenkins (1992), *Textual Poachers: Television Fans and Participatory Culture*, New York: Routledge.

Henry Jenkins (1998), "Star Trek Rerun, Reread, Rewritten: Fan Writing as Textual Poaching", *Critical Studies in Mass Communication*, 5 (2).

Youna Kim (2005), *Women, Television and Everyday Life in Korea: Journeys of Hope*, London and New York: Routledge.

Youna Kim (2006), "How TV Mediates the Husband-Wife Relationship", *Feminist Media Studies*, (6).

Robert Kubey (1986), "Television Use in Everyday Life: Coping with Unstructured Time", *Journal of Communication*, 36 (3).

Robert Kubey & Mihaly Csikszentmihalyi (1990), *Television and the Quality of Life: How Viewing Shapes Everyday Experience*, London and New York: Routledge.

Charles Lemert (2004), *Sociology After the Crisis* (2nd Ed.), Boulder, Co.: Paradigm.

Dafna Lemish (2007), *Children and Television: A Global Perspective*, Blackwell Publishing.

Tania Lewis & Fran Martin (2010), Learning Modernity: Lifestyle Advice Television in Australia, Taiwan and Singapore, *Asian Journal of Communication*, (20).

Century Link (2019), *The Changing Nature of TV*, https://www.ibc.org/manage/the-changing-nature-of-tv/5110.article.

Amanda D. Lotz (2007), *The Television Will Be Revolutionized*, New York: New York University Press.

James Lull (1990), *Inside Family Viewing: Ethnographic Research on Television's Audiences*, London: Routledge.

James Lull (1991), *China Turned On: Television, Reform, and Resist-*

ance, London and New York: Routledge.

Purnima Mankekar (2012), "Television and Embodiment: A Speculative Essay", *South Asian History and Culture*, (3).

Elliott A. Medrich (1979), "Constant Television: A Background to Daily Life", *Journal of Communication*, 29 (3).

W. J. T. Mitchell (1986), *Iconology: Image, Text, Ideology*, IL: University of Chicago Press.

David Morley (1980), *The "Nationwide" Audience*, London: British Film Institute.

David Morley (1986), *Family Television: Cultural Power and Domestic Leisure*, London: Comedia.

David Morley (1992), *Television, Audiences and Cultural Studies*, London: Routledge.

Margaret Morse (1990), "An Ontology of Everyday Distraction: The Freeway, the Mall and Television", in Patricia Mellencamp (eds.), *Logics of Television*, Bloomington and London: Indiana University Press and British Film Institute.

Robert F. Murphy (1972), *The Dialectics of Social Life: Alarms and Excursions in Anthropological Theory*, London: George Allen & Unwin.

Douglas D. Perkins & Marc A. Zimmerman (1995), "Empowerment Theory, Research, and Application", *American Journal of Community Psychology*, 23 (5).

Frank Rose (2012), The End of *Television as We Know it*, https://www.wired.com/2004/12/the-end-of-tv-as-we-know-it/.

Buck Clifford Rosenberg (2012), "Dangerous Houses: Scientific Lifestyle Television and Risk Management", *Home Cultures*, (9).

Frances H. Scherz (1962), *Multiple-Client Interviewing: Treatment Implications*, Families in Society: The Journal of Contemporary Social Services.

Herbert Schiller (1989), *Culture Inc: The Corporate Takeover of Public Expression*, New York: Oxford University Press.

Alfred Schutz (1962), "On Multiple Realities", in Maurice Natanson (eds.), *Collected Papers*, (1), The Hague, Martinus Nijhoff.

Alfred Schutz (1967), *Phenomenology of the Social World*. trans. Fredrick Lehnert, Evanston: Northwestern University Press.

Winfried Schulz (2004), Reconstructing Mediatization as an Analytical Concept, *European Journal of Communication*, 19 (1).

Roger Silverstone (1988), "Television, Myth and Culture", in John W. C. and James W. Carey (ed.), *Media, Myths and Narratives: Television and the Press*, London: Sage.

Roger Silverstone (1994), *Television and Everyday Life*, London and New York: Routledge.

Georg Simmel (1950), "Metropolis and Mental Life", in Kurt H. Wolff (trans. and eds.), *The Sociology of Georg Simmel*, New York: Free Press.

Inger Stole (2003), "Televised Consumption: Women, Advertisers and the Early Daytime Television Industry", *Consumption Markets & Culture*, (6).

John Tomlinson (1997), *Cultural Imperialism: A Critical Introduction*, London: Pinter.

Graeme Turner & Jinna Tay (2009), *Television Studies after TV: Understanding Television in the Post-Broadcast Era*, London: Routledge.

Steven Vaitkus (1999), *Phenomenology and Social Theory*, Hoboken: John Wiley & Sons.

Anthony J. Veal (2001), "Leisure, Culture and Lifestyle", *Loisir et Société / Society and Leisure*, (24).

James G. Webster (1986), "Audience Behavior in the New Media Environment", *Journal of Communication*, 36 (3).

Andrew Wheen (2010), *Dot-dash to Dot. Com: How Modern Telecommunications Evolved from the Telegraph to the Internet, New York: Springer-Verlag.

Raymond Henry Williams (1976), Keywords: A Vocabulary of Culture and Society, Glasgow: Fontana.

Raymond Henry Williams (1981), Culture, Glasgow: Collins.

Jianying Zha (1995), How Soap Operas, Tabloids and Bestsellers are Transforming a Culture, New York: Free Press.

Yuezhi Zhao & Zhenzhi Guo (2005), "Television in China: History, Political Economy, and Ideology", in Janet Wasko, A Companion to Television, Blackwell Publishing.

索　引

A

安全感　53,70,71,90,108－110,125,155,162

B

伯明翰学派　20,22－24,60

C

彩色电视　54,72,73,78,79,81,82,84,96,97,144,151,179,188,189,202,221,252

参与性生产　325

村村通　188,221,269

D

第一媒介　39,66,145,175,192,202,204,276

电视迷　44,67,101,158,290

电视社交　293

电视世代　2,44,49,56,66,114,133,246－248,253,257,299,305

电视文化　1,2,9,19－21,27－30,32,34,36－39,44,49,50,52,60,61,63,66－68,81,97,102,104,106,109,115,116,119,121,122,127,130,133,135,137,140,142,144,152,154,155,157,159,160,162,163,166－169,175,179,180,182,184－186,190,212,214,215,217,223,226,231－234,238,240,243,244,247,252,253,267－269,275,277,281,289,290,293,295,298－302,305,307－309,311,312,314,318,319,321,325,326,329,330

电视瘾　67

定居　67,95,98,221

F

泛娱乐化　232－234,237,283,301

肥皂剧　61,126,127,142,182

服务性　109,111,153,204,209,213

赋权　57,214－217,253,254,289,290,314,326

G

公共性　51,59,60,94,146,204,316

共同体　3,39,104,105,154,160,170,172,174,192,193,200,201,263,319,324

H

黑白电视　54,55,66,75,77－79,82－84,96,104,144,145,188,202,242

后电视　25,159,231,259,309,310,314,319,321－328

后现代状况　231－233

互联网文化　193,223－226,231,289,290,294,304－306

华夏第一屏　75,242

黄金时段　90,92,172,176,177,184,192,201,208,237,240,301

J

集会看电视　79,94

家庭媒介　113,128,141,152,286,320

K

看电视　3,5－7,22,24,25,28－32,35－38,48,49,52,56－58,60,62－70,72,75,79,83,86,90,92－98,101－109,111,117－119,121,123,127－131,133－137,140,142,143,146－148,150,152－161,166,169,172－176,181,186－190,192,194,198,202,203,205,209,214,215,217,220－223,226,228,230－232,234,238－241,245－249,251－253,256,257,260,262,263,266,276,284－290,292－297,305－307,311,312,317,318,320,322－324,326,327,329

可供性　171,254,255,271,287,313

客厅文化　1,31,44,52,53,140,146,148,245,287,315

M

媒介化　3,29,40－44,46,50,56,60,63,191,226,227,253,257,263

媒介事件　31,40,104,172,194,198,244

美学热　108,114,118

P

频道专业化　202

R

人性化趋势　254

S

社会话语　2,35,49－53,105,117,126,137,141,168,210,244,262,266,300,304,316,323

社会认同　30,108,109,146,155,204

社会性格　39,40

生活方式　5－7,15－19,25－32,

34-38,40-43,49,51,57,60,63-67,70,72,75,77,79,90,92-94,97,98,117,119,121,123,125,127,128,130,132,137,138,140,146,148,158,162,167,170,174,175,181,186,189,193,210,215,223,227,240,242,243,245,248,252-254,257,261-263,265,266,271,275,276,286,294,309,311-314,316,317,326,329,330

生活世界 16-18,33,34,205

世界图像时代 60

视觉文化 27,32,33,35,60

视觉性 1,32,34,44,107,109,122,160,316,323

双重连接 68

四大件 82

四级办电视 87,96

T

图像转向 60

W

文化电视 115-118,131,135,140,162,316

文化商品化 237,301

物质性 67,70,95-98,146,217,218,226-228,252,270-272,317

X

现代性 1,27,43,45,57,60,115,117,131,269,316

消费文化 25,26,58,140,152,175,182,183,231,300

新文化史 4-6,11-15,19,25,27,33,34,37

Y

影视合流 93,94,103

余暇社会学 63

阅听人 43,60,63,254,258,325-327

Z

真人秀 257,281-285,301,302

真实的审美 122,126

智能电视 252,310,320,321,327

中国电视 1-3,5-10,25,28-32,34-40,45-49,52,53,55,56,69,71-76,78-81,84-90,92-95,99-105,109,110,112-133,135,137-146,159-167,169-176,178,179,183-187,190-194,196,201-205,209,212-214,219,221-226,229,230,232,233,237,238,243,244,247,248,251,254,258,261,267,270,272,273,277,279,281-283,285,286,290-292,295,298-305,309-312,314,317,329,330

主动受众 22,61

后　　记

　　这是一篇见证了特殊时期的博士学位论文。

　　当一段漫长的论文写作暂告一段落，落笔时正值举国居家抗疫之时，而在本书即将出版时，疫情过去，我们正在开启全新生活，竟忽然有些百感交集。

　　一方面，是感慨这些年持续追寻在电视研究道路上的执念。做这项研究，就像是在脑海中放了一部长长的默片，主角就是中国电视；对于它或近或远的把握，都化作了这篇远超乎我想象体量的，又或许远不及成熟的研究之中。这些年的求学，所有的一切似乎都与这方闪动的荧光屏有关。对于它的"偏爱"，也构成了我选择走上学术道路的最初动力。而选择以日常生活的视角重返中国电视史作为我博士求学之路的收束，既是研究层面酝酿、积累许久的结果，也有着情感层面的特别意义——寄托了我这些年不断追逐着"电视"的诸种收获、思考或者感受，尽管今天的它早已不如往日那般风采奕奕。即便在选择这个题目来进行博士学位论文写作之前就作了大大小小的一些学术积累工作，但面对汗牛充栋的史料，以及前辈学者作出的厚重研究，选择重新回到这一段历史的叙事中并尝试以一个新的视角去阐释它，其实还是需要莫大的勇气。

　　每个人都有自己的史观，每个研究历史的人也有自己阐释历史的观念。对于这一项关于电视史的研究，与其说对准的是平凡生活里的电视，不如说对准的是平凡生活里的每一个我们。电视之于每个普通人的意义或各有差异，但都曾经在每个普通人的心里制造过或多或少的不平凡时刻。很久以前看过一部韩剧《耀眼》，里面有一句台词让我印象深刻："了不起或许是与生俱来，但能做得好才是事在人为。"作为一个寻常到不能再寻常的青年研究者，选择一个寻常到不能再寻常的话题来加以求索，这就是我做不到"了不起"但想尽力做好的"事在人为"——我也希望永远能拥有这样一份温和而纯粹的审视，于自己，于自己做的事。

小时候大人总会朝我念叨着：你以后能靠"看电视"变成一个有用的人吗？有趣的是，我的这篇研究好像就在隐隐约约回答着这个遥远的提问。除了在童言无忌的年幼时代说过自己想开动物园、做科学家的不靠谱梦想，在逐渐长大的过程里，我心里想要以电视为业的愿望一直在坚挺地壮大着。从一个"看电视"的人到一个"研究电视"的人，在我三十岁时，大概算是做到了吧——很确定的并且能够一直为之努力的人生，真的没有什么不好！

另外，是对"当时当地"的感慨。比别人多了好些年作为"学生"的身份，这一次的毕业自然被赋予了更多的意义。而我曾经预想过无数次的"最终回毕业"，撞上了见证历史的 2020 年。宅家抗疫的日子里，一边关注着总是牵动人心的疫情变化，一边给自己的这篇博士学位论文收尾，这段旅程怎么也不会忘记。线上答辩、线上毕业，这样的告别和落幕，都算是另一种意义上的特别纪念了。这大概也是我过去几年里从未想象到的一个场面。

关于这篇远不及成熟的研究，想感谢的人太多。我的博士生导师周勇教授给予了我学术和生活上事无巨细的关心，无论是日常的科研工作还是不时遇到的生活麻烦，他都会耐心地帮助我一同解决。也要感谢我的硕士生导师常江教授、在日本的博士生导师黄英哲教授，给予了我这些年在求学或者成长路上的诸多关怀。可能花掉了很多运气去遇见带着自己往前跑的人，我的三位导师让我不断坚定着要更努力地成长，然后有机会变成像他们那样强大的人。

在本书的写作过程中，赵玉明教授作为研究中国广播电视史的大家，给予了我这个小辈无私的指导，甚至在我登门拜访时逐一解答了我在研究过程中的困惑，但遗憾的是，斯时赵老师已千古，这无疑是中国新闻传播史学界的重大损失。此外，我的博士后合作导师冯仕政教授和在日本曾为我授课的周星教授对我研究的社会学视角给予了诸多启发，我的博士学位论文选题就是上周星老师课时迸发出的灵感。王润泽教授、高贵武教授、刘海龙教授、张辉锋教授、邓绍根教授、赵云泽教授都为我的研究提供了细致而有针对性的指导，让我的研究得以进一步提升、完善。一路走来，感谢所有的遇见。

最后，感谢我的父母。给我最无条件的信任和爱，让我能没有任何顾虑地成长为那个自己想要变成的人。你们的理解和支持，以及对我的无限包容，让我知道无论得意或者失意，"家"永远都会是最温柔的港湾。

三十而立时，终于开启了下一段新的生活。这些年最常期望自己做到的放在这个尾声似乎也再合适不过——

有所爱，有所求，有所自由。

再一次地，感谢这一切。

何天平

初稿作于 2020 年 3 月 22 日

修改定稿于 2022 年 8 月 20 日